감산의 기신론직해

감산의 기신론직해

起信論直解

● 감산덕청 해설 ● 윤현로 역주

운주사

如經偈云

信爲道元功德母라　　增長一切諸善根하며

除滅一切諸疑惑하야　　示現開發無上道로다

저『화엄경華嚴經』의 게송에 이르시되,

"믿음은 도의 으뜸이요, 공덕의 어머니가 되나니,

 일체 모든 선근을 증장하며,

 일체 모든 의혹을 제거하고 소멸하여

 위없는 도를 개발하여 나타내 보임이로다."

 _ 원효의 『기신론소』에서

역자의 말

『대승기신론』은 대승불교의 핵심을 기술한 최고의 논서로 알려져 있을 뿐만 아니라 비교적 간단한 구성과 간결한 문체로 쓰여 있다. 본문에서 말하는 바와 같이 부처님의 가르침을 모두 거두어 압축한 내용이므로 읽으면 읽을수록 깊은 뜻이 함축되어 있음을 알 수 있다. 불교의 철학적인 근본 개념부터 시작하여 신앙적인 측면까지 실천 수행의 단계를 간단명료하게 구성하였다. 현대적인 용어로 해석하자면 인간 심식心識의 작용을 알기 쉽게 '모델링(modeling)'하고 거기에 맞게 수행론을 전개한 것으로 이해할 수 있겠다. 따라서 마음의 본질에 대하여 수행이 깊을수록 본 논서가 의미하는 바를 알게 된다.

원효 대사께서는 『기신론소』에서 다음과 같이 논論의 요점을 찬탄하셨다.

"마명馬鳴보살이 무연無緣의 대비大悲로서 중생들을 가엾게 여기시고 이에 동체同體의 지력智力으로 이 논을 지어, 여래의 깊은 경전(深 經)의 심오한 뜻을 찬술하시니, 배우는 이로 하여금 잠깐 한 권의 책을 열어서 삼장三藏(經律論)의 지취旨趣를 두루 탐구하게 했으며, 도를 닦는 자로 하여금 온갖 경계를 길이 쉬게 해서 드디어 일심의 근원에 돌아가게 하고자 하신 것이다. 『기신론』의 서술한 바가 비록 넓으나 가히 간략하게 말하자면 일심을 이문(二門: 心眞如門

心生滅門)으로 열어서 …… 이문二門의 안에 만 가지 뜻을 용납하되 혼란스럽지 않으며, 가없음(無邊)의 뜻은 일심과 같아서 섞여 한 덩어리로 뭉침(混融)이다. 이로써 열고 합함(開合)이 자재하고 세움과 파함(立破)이 걸림이 없어서 열어보이되 번잡하지 않으며, 합하여도 좁아지지 않고, 세워도 얻음이 없으며, 파破하여도 잃음이 없으니, 이것이 마명보살의 신묘한 글재주이며 『기신론』의 종체宗體가 되는 것이다."

본 『기신론직해』를 저술한 분은 명나라 때 감산 덕청(憨山德淸, 1546~1623)이다. 감산은 선禪과 교敎에 모두 통달한 분으로 『화엄경』·『법화경』·『능엄경』·『능가경』·『금강경』, 유식 등의 대승경론과 『노자』·『장자』·『대학』·『중용』 등 중국 고전에 대하여 탁월한 주석서를 여러 권 저술하였다. 『기신론』의 주석서로는 혜원慧遠의 『기신론의소起信論義疏』·원효元曉의 『기신론소起信論疏』(海東疏)·법장法藏의 『기신론의기起信論義記』 등이 있다.

원효의 『기신론 소·별기』는 여러 대승·소승 경전을 망라하고 『섭대승론』·유식학·인명론 등을 동원하여 상세하게 풀이하였기 때문에 어려운 용어가 많아서 초심자가 공부하기에는 버거운 면이 없지 않다. 문체가 호방하고 논증의 사례를 든 경론이 방대하며, 내용이 장황하여 충분한 사전 공부가 없다면 논서의 큰 줄거리를 잡는 것이 쉽지 않다. 특히 법장이 『의기義記』를 저술할 때 원효의 『기신론소』를 참고한 것으로 알려져 있다. 법장의 『의기』도 역시 장황하여, 감산은 해제에서 '후학들을 위하여 법장의 저술을 알기 쉽게 간추려서 본 직해直解를

지었다'고 하였다. 그러나 『직해』에는 『의기』의 교판敎判의 내용과
경론 인용 부분을 축소하고 감산 자신의 해석과 천태사상과 현장玄奘의
유식·선종의 어록까지 추가하여, 이 책은 대승을 배우는 교과서로
사용하기에 손색이 없다.

『감산자전憨山自傳』에는 대중에게 여러 경전과 『기신론』을 강의하
였다는 내용이 자주 등장하는 것으로 보아, 『기신론』의 해설서의
필요성을 느끼고 만력萬曆 43년(1615년)에 먼저 『의기』를 줄여서 『기신
론약소略疏』를 저술하였고, 그것을 더욱 이해하기 쉽게 핵심만을 뽑아
이 『직해』를 저술한 것으로 보인다. 『감산연보』에는 만력 48년(泰昌元
年, 1620년) 감산 나이 75세 때 광산匡山(현 후베이성湖北省 황강시黃岡市
일대)에 8년째 머무르며 『직해』를 강의한 것으로 되어 있다. 따라서
이 책은 그 사이에 저술된 것으로 보인다.

이 『직해』는 여러 주석서 가운데 비교적 적은 분량으로, 논의 핵심을
이해하기 쉽도록 간략하게 줄여서 해설하여 공부하는 이에게 도움이
되도록 한 것이다. 문장이 유려流麗하고, 특히 초심자를 위하여 알기
쉽게 문답의 형식을 빌려 자상하게 설명한 것은 참으로 자비심의
발로임을 알 수 있다. 감산의 『도덕경 해설』에서는 다음과 같이 『기신
론』이 불교의 핵심을 대표한다고 말하고 있다.

"부처님의 설법을 접해보면 그 크기가 한없이 넓고 광대하지만,
중생의 삼세三細 육추六麤와 아집·법집을 깨뜨리는 데 불과하다.
아집과 법집을 깨뜨리면 곧 부처의 경지에 오른다. 경율론 삼장三藏

8

의 글은 모두가 이 두 가지 집착을 깨뜨리는 도구일 뿐이다.

감산 대사의 행장行狀은 자신이 기술한 『감산자전』에 자세히 기술되어 있다. 대사의 속성은 채蔡이고 이름은 덕청德淸이다. 지금은 안휘성安徽省 동부에 속한 금릉金陵의 전초현全椒縣에서 태어났다. 대사의 어머니는 평생토록 관음보살을 모셨는데, 어느 날 관음보살이 동자를 데리고 집으로 들어오는 꿈을 꾸고 대사를 잉태하였다고 한다. 대사는 19세에 출가하여 젊어서 득도한 뒤, 산동성 뇌산牢山에서 오래 교화하다가 나이 50세 때 황제의 노여움을 사서 투옥되고 당시 변방인 광동성 뇌주雷州로 유배되었다. 유배지에서 선종禪宗 육조六祖의 조계산문曹溪山門인 남화사南華寺를 복원하면서 설법과 강경講經, 법담과 서신으로 많은 사람들에게 법은法恩을 베풀었다. 대사는 자신을 무고하여 고초를 겪게 한 사람들의 석방을 위하여 노력하였으니 대승보살이 아니면 감당하기 어려운 불도를 행하는 모범을 보였고, 78세에 입적한 뒤에 대사의 법구法軀는 남화사에 안치되어 지금껏 육신이 보존되는 신이神異를 나타내 보이고 있다.

불교를 공부하는 데 젊은 세대들이 한문과 전문화된 불교용어를 모르기 때문에 어려움을 겪는 것으로 알고 있다. 본서는 이 점을 염두에 두고 한문을 배우는 계기가 되기를 바라는 마음에서 현토한 한문과 한글 해석을 같이 배치하여 전통적인 방법으로 한문과 번역문을 쉽게 비교할 수 있도록 하였다. 『기신론』은 마음의 본질에 대하여 깊은 이해를 요구하고 있기 때문에 한 번 읽었다고 해서 바로 이해되는

책이 아니다. 처음에는 이해와 접근이 어려우나 『기신론』 강의를 듣고, 여기에 공을 들이면 믿음이 깊어지는 동시에 수행의 측면에서도 이해의 정도가 나날이 향상될 수 있다. 또 『기신론』 특유의 용어를 이해하는 노력이 필요하다. 『기신론』에 대하여 정성껏 공부하면 어느덧 본 논서가 뜻하는 바를 이해하는 동시에 수행의 노정路程에 이르게 되고, 위없는 깨달음을 향하여 일보씩 나아가게 될 것이다.

　한문 경론에 대하여 짧은 지식과 경론의 이해가 부족하여 힘이 부치는 데도 불구하고 이 감산의 『직해』가 불교 공부를 하는 초심자에게 도움이 될 것 같아 어설픈 솜씨로 만용을 부려보았다. 안목 있는 분들의 질책을 기다린다. 집에 앉아 인터넷으로 대장경을 열람하고 검색하며 법문을 들을 수 있는 세상이 되었다. 공부할 수 있는 자료는 넘치고 다양한 연구도 가능한 시절 인연을 만났으니 공부에 노력한다면 성과를 얻을 수 있을 것이다.

　선종의 종지를 따르면 감산의 판각사板刻辭에서 기술한 바와 같이 '먼저 그 뜻을 얻어 언어 문자를 버리고 오직 마음뿐으로 곧바로 들어가는 지혜 안목을 갖추는 것'이 무엇보다도 중요하다. 원효의 『열반경종요』에서도 "도道는 지극히 멀어서 가르침만 따라가면 천겁千劫을 지내더라도 이르지 못하지만, 지극히 가깝기 때문에 말씀을 잊고 찾으면 한 생각을 지내지 않고서도 스스로 알게 된다(由至遠故 隨敎逝之 綿歷千劫而不臻 由至近故 妄言尋之 不過一念而自會也)."라고 하였다.

　독자의 이해를 돕기 위하여 경론을 인용한 부분은 각주로 표시하고 관련 자료를 동원하여 해설을 시도하였다. 『직해』에는 관련 불경과 논서의 양이 많고 선사들의 어록도 많아서 다양한 견해가 가능하기 때문에 역자의 편협한 한 가지 견해로 알고 공부하는 데 참고하시기 바란다. 교학적인 측면에서 『기신론』과 『직해』의 내용을 잘 이해하려면 유식을 어느 정도 아는 것이 도움이 된다. 감산은 『팔식규구통설』에서 "유식을 밝히지 않으면 교敎의 대강大綱을 통하지 못하게 되니, 이것을 잘 모르면 불법의 정수인 자기 마음이 일어나고 없어짐 (心起滅頭數)에 대하여 알지 못하게 된다."라고 하였다. 유식사상이 미륵보살·무착·세친으로 내려오는 과정에서 여러 논서들이 나왔고, 역경하신 분들의 번역상의 문제가 겹치면서 여래장 관련 경과 『기신론』, 유식사상 관련 논장論藏에서 용어의 의미가 서로 정확히 일치하지 않는 부분이 있다. 여래장 관련 경론, 『유가사지론』·『해심밀경』·『섭대승론』·『유식삼십송』에서 주요 용어의 개념이 조금씩 변하면서 구체적으로 발전한 것으로 이해할 수도 있다. 여기서는 이러한 유식에 대한 문헌을 살펴볼 기회를 제공하여 독자로 하여금 그 의미를 파악하도록 하였다. 역사적으로 논장이 발전하면서 생겨난 용어들의 차이를 잘 이해하고 회통會通하는 것이 바른 공부일 것이다. 『직해』에 나오는 유식 용어들은 전거를 밝혀서 각주로 설명하였으니 관심이 있는 독자는 스스로 연구해 볼 일이다. 역자는 감산이 해제에서 기술한 바와 같이, "이 글을 읽는 사람이 바른 안목으로 이 마음에 믿음을 성취하기를 소망한다."

『기신론직해』가 판각된 지 400년 되는 해
경자년(庚子年, 2020) 만추晚秋 대연大然 근향謹香

일러두기

- 『직해』의 저본은 만신속장卍新續藏(第45冊)의 『기신론직해起信論直解』를 따랐다. 여기에서 『직해』 원문을 해석하는 데 한문 문단의 이해를 돕기 위해 대만臺灣의 보불은망報佛恩網 자료를 참고하고 일부분 수용하였다.
- 본서는 감산 대사의 뜻에 근접하고자 감산 대사의 글을 참고하여 주석으로 사용하였다.
- 『기신론』 원문에서 탄허呑虛 스님의 현토를 주로 채용하였고, 특히 『직해』의 번역에서 원문(漢文)이 간략히 축약되어 해석이 필요한 부분은 고故 송찬우 교수의 번역을 참고하였다. 그러나 직해 원문에 충실하려 노력하였고 부연 설명은 최소로 하였다.
- 원효 대사의 『기신론소·별기』에 인용된 경론을 찾아서 주석으로 활용하였다. 또 독자의 이해를 돕기 위하여 원효 대사의 저술 가운데 일부를 인용하여 주석으로 달았다.
- 초심자의 이해를 돕기 위하여 각주를 달았는데, 주로 생소한 용어에 대한 해설, 『직해』 원문에 감산이 첨부한 설명(이 경우는 괄호로 감산원주라 표시), 학술적 설명이 필요한 부분, 그리고 『직해』에 나오는 유식용어 등을 간략히 설명하는 방향으로 정리하였다.
- 책 이름에는 겹낫표(『 』)를, 게송 제목이나 논문 등 기타의 경우엔 홑낫표(「 」)를 사용해 표시했다. 그리고 인용구에는 따옴표(" ")를, 간접인용이나 강조에는 쉼표(' ')를 사용했다.

이 책을 쓰는 데 주로 참고한 책은 아래와 같다.

① 『大乘起信論講義』, 吳杲山, 寶蓮閣, 1977. ② 『起信論』, 金呑虛, 敎林, 1982. ③ 원효의 『대승기신론 소·별기』, 은정희 역주, 一志社, 1991. ④ 『大乘起信論』, 송찬우 옮김, 세계사, 1991. ⑤ 『감산의 起信論풀이』, 오진탁 옮김, 서광사, 1992.

12

⑥『肇論(憨山德淸略註)』, 송찬우 옮김, 고려원, 1989. ⑦『감산자전』, 대성 옮김, 여시아문, 2002. ⑧『唯識哲學』, 金東華 著, 寶蓮閣, 1973. ⑨『유식학 강의』, 김철수 역, 불광출판사, 1993. ⑩『唯識綱要』, 全明星, 운문승가대학, 1991. ⑪『佛光大辭典』, 慈怡 主編, 臺灣, 佛光出版社, 1989. ⑫『古鏡/조계선종 所依語錄集』, 藏經閣, 1993. ⑬기타 동국대학교 출간 한글대장경 다수.

『기신론직해』의 판각에 즈음하여 (刻起信論直解題辭)

起信論者 乃馬鳴大師爲破小乘 外道邪見 宗百部大乘經典所作 以爲
發起正信也 故立論宗法界一心 開眞妄二門 徹生滅之本 窮迷悟之源
指修行之正路 示止觀之妙門 總括一萬一千餘言 理無不盡 事無不該
可謂大敎之關鑰 禪宗司南也

『기신론』은 마명 대사께서 소승과 외도와 삿된 견해를 깨뜨리고 100부
대승경전의 종지를 저술한 논서로서, 배우는 이로 하여금 바른 믿음을
내기 위한 것이다. 따라서 논의 종지를 세웠으니 법계 일심을 진여문과
생멸문의 두 가지 문으로 열어서 생멸심의 근본인 미혹과 깨침의
근원을 철저히 파헤치고, 수행의 바른 길을 가리켜 지관止觀의 오묘한
수행문을 보였다. 『기신론』은 모두 1만 1천여 자의 글자이나 이치가
다함이 없으며, 모든 사事를 말하지 않은 바가 없어 가히 큰 가르침의
관문이자 선종의 나침반이라 일컬을 만하다.

以文約義博 幽深窈渺 難以致詰 賢首舊疏 科最爲精詳 加以記文瀚
學者望洋杳莫可究 予嘗就本疏 少刪其繁 目爲疏略 業以刻雙徑 率多
尊崇

이 글이 문장은 간략하지만 그 이치가 넓고 심원하여 알기 매우 어렵다.

16

현수賢首의 주석서(義記)는 단락을 나눔과 해석이 매우 상세하나 덧붙여진 글이 장황하여 배우는 사람이 난감하기가 마치 바다를 보는 것같이 망망하다. 이에 내가 현수의 주석서 가운데 그 번잡함을 축약하여 저술한『소략疏略』을 쌍경雙徑에서 판각해 펴냈더니 많은 이들이 받들었다.

頃念法門寥落 講席荒涼 初學之士旣無師匠可憑 己眼不明 非仗此論 無以入大乘正信 將恐久而無聞焉 山居禪悅之暇 因祖舊章 率意直注 本文 貴在一貫 不假旁引技蔓 而一心眞妄迷悟之義了然畢見如視白 黑 足有便於初學 非敢聞於大方也

이 명나라 시대에 불교는 쇠락하여 법문을 듣는 자가 적다. 처음 배우는 사람에게는 의지할 수 있는 스승이 없고, 더욱이 스스로 법문을 꿰뚫어 볼 수 있는 안목도 없다. 이『기신론』을 의지하지 않는다면 대승에 올바른 믿음을 내어 들어갈 수 없다. 장차 이런 상황이 오래 지속되어 불법을 못 듣는 일이 염려스러웠다. 나는 산속에서 참선의 즐거움에 살면서 한가한 틈을 내어 법장法藏의 주석서(『義記』)를 정리하여 이 직주(直注,『기신론직해』)를 저술하게 되었다. 일관되게 정리하되 방만하게 곁가지를 치지 않았다. 일심의 진여와 망념, 미혹과 깨침의 뜻을 마치 흑백을 보듯이 밝게 보도록 하여 처음 배우는 사람에게 편의를 주는 데 충분하도록 한 것이고, 명성이 널리 들리게 하려고 한 것이 아니다.

門人超逸久依在座 深討論義似得其旨 今攜草歸粵 志欲刻之以爲法
施. 予謂無佛法地 後學有志參究大法者 又當以此爲瓦注也 若夫得意
遺言 直入唯心現量 是在當人智眼
時 泰昌改元歲在庚申仲冬朔 匡山逸叟憨山釋德淸述

제자 초일超逸은 오랫동안 나를 의지하고 법좌에 있으면서『기신론』의
뜻을 깊이 검토하여 그 종지를 얻은 듯하다. 그가 월越 지방으로 돌아가
이 책을 판각하여 법보시하고자 했다. 나는 그에게 말하였다. "부처님
의 가르침이 없는 장소에서 후학이 뜻을 가지고 대승법을 참구하여
배우고자 한다면, 마땅히 이 책을 위주로 해야 한다. 그 뜻을 얻어
언어 문자를 버리고 오직 마음뿐으로 목전에 드러난 법(現量)의 경계로
곧바로 들어가는 것은 그 사람의 지혜 안목에 달려 있다."

때는 태창개원세(泰昌元年, 서기 1620년) 경신년 동짓달 초하루
광산匡山의 숨은 늙은이 감산 덕청이 쓰다.

『대승기신론직해』 해제

【직해】此論之題目乃一論之綱宗也 言大乘起信者爲欲發起大乘正信
故 言大乘者卽所信之法體 所言法者謂衆生心 是心卽攝一切世間出
間法 具有體相用三大義 故云大也 乘者謂此一心有運載義 以諸佛乘
此而證菩提涅槃 菩薩乘此廣修萬行下化衆生 上求佛果 衆生乘此而
輪轉生死 以此一心 是一切聖凡迷悟因果之總相故

이 논의 제목은 논의 종지를 나타낸 것이다. 대승기신이라 한 것은
대승에 바른 믿음을 내도록 하기 위한 까닭이다. 대승이란 믿는 바
법체法體이다. 법이라고 말하는 것은 이른바 중생의 마음이니, 이
마음이 일체 모든 세간법과 출세간법을 갖추고 있고 더불어 체體·상相·
용用 삼대三大의 의義가 있어 '대大'라고 하였다. '승乘'이란 일심을
실어 나르는 뜻이니 모든 부처님들이 이를 타고 보리열반에 증득하고,
보살이 이를 타고 만행萬行을 널리 닦으며, 아래로는 중생을 제도하고
위로 불과를 구한다. 반면에 중생이 이를 타고 생사를 흘러다닌다.
이 일심一心이 일체 성인과 범부, 미혹과 깨침, 인과因果의 총체적
모양(總相)인 까닭이다.

故下文云卽是一法界大總相法門體 今者欲令衆生諦信此心卽是大

乘 正解不謬 意要發起大乘正信 故云大乘起信 然能信者是人 大乘卽
所信之法 義兼人法 以法爲機設故 此論之作以佛入滅六百年中 小乘
之人不信唯心 心外取法多起諍論 外道邪執破壞正法 故論主興悲特
造此論 故下因緣云爲欲除疑捨邪執故 以疑與信反 今信此心則疑自
除矣

그러므로 아래 문장에 이르기를 "이것이 일법계의 대총상법문체(一法
界大總相法門體)이다."라고 하였다. 이제 중생들로 하여금 진리에 믿음
을 내어 이 마음이 곧 대승이라는 것을 바르게 이해하고 잘못이 없도록
하려는 것이다. 대승에 바른 믿음을 내도록 하기 위한 까닭에 '대승기신
大乘起信'이라 하였다. 그러나 바른 믿음을 내는 주체가 사람이고,
대승은 곧 법을 믿는 바 마음이니 사람과 법을 겸하여 표했다. 법으로써
근기에 맞게 시설施設한 까닭이다. 이 논을 지은 것은, 부처님 멸도
후 600년경에 소승의 사람들이 유심唯心을 믿지 않고 마음 밖의 법을
취하여 많은 논쟁을 일으켰기 때문이다. 외도들은 삿된 집착으로
정법을 파괴함에 논주인 마명보살은 이들을 가엾이 여겨 특별히 이
논을 지으셨으니, 아래 인연분에서 "삿된 집착과 의심을 제거하기
위함"이라 했다. 의심은 믿음과 반대가 되니, 이제 이 마음을 믿으면
곧 의심이 저절로 없어지는 것이다.

此論蓋宗楞伽思益等百部 大乘經所造 發明唯心識之旨 統歸一心 遵
爲性相二宗之綱要 深窮迷悟之根源 指示修行之捷要 所謂總攝如來
所說深廣之義 實大敎之綱宗 禪門之的旨也 論者決擇是非 發明正理

揀非經律 故以論明 賢首本疏精詳 但科段少隔 前已刪繁從略 謂之疏
略 然其中文義少有不馴 故今仍遵本疏正義順爲直解 以便初學 非敢
妄有臆說 觀者幸無以人廢言 取信於心是所望也

이 논은『능가경』·『사익경』등 100부의 대승경전을 종합하여 지은
것으로 유심唯心·유식唯識의 종지를 밝혔다. 모두 일심으로 돌아가기
위한 것으로 성상이종性相二宗[1]의 강요綱要이며, 미혹과 깨침의 근원을
깊이 궁구하고 수행의 요긴한 점을 가리켰다. 이른바 여래가 설한
깊고 넓은 뜻을 모두 포섭한 것이니 실로 큰 가르침의 요점이 된다.
이것이 선종禪宗의 종지宗旨인 것이다.

논論이란 옳고 그름을 가려내고 바른 이치를 밝게 드러내며 경經과
율律에 대한 시비를 가리는 것이니, 그런 까닭에 논으로 밝힌 것이다.
현수賢首 법장法藏의 주석서(『義記』)가 자세하지만, 과판과 단락을
나눔에 작은 간격이 있어서 번잡한 부분을 삭제하고 간략하게 정리하
여 이름을『소략疏略』이라 하였다. 그러나 그 글 가운데 순조롭지
못한 부분이 있어 이제 주석서의 본래 바른 뜻을 존숭하면서『직해直
解』를 저술하여 처음 배우는 사람에게 편의를 주되 감히 망령되이
억측으로 말하지 않았다. 이 글을 읽는 사람이 다행히 내가 한 말까지
폐지하지 말고 마음에서 믿음을 취하기를 소망하는 바이다.

---

1 성상이종性相二宗: 법성종·법상종을 나란히 칭한 말. 법성의 한맛의 이치를 강조한
  것을 법성종法性宗이라 하고, 제법諸法의 차별을 강조한 것을 법상종法相宗이라
  한다. 일반적으로 삼론종三論宗·화엄종華嚴宗·천태종天台宗·밀종密宗 등을 성종
  性宗으로 분류하고, 유식종唯識宗·구사종俱舍宗 등을 상종相宗으로 분류한다.

馬鳴菩薩 造

마명보살 지음

【직해】此造論人也 馬鳴者以此菩薩初生之時 感群馬悲鳴 故以爲名
及說法時 諸馬聞之亦皆悲鳴 疏引摩訶摩耶經云 如來滅後六百歲已
諸外道等邪見競興毀滅佛法 有一此丘名曰馬鳴 善說法要 降伏一切
諸外道輩

이 논서를 지은 사람은 마명馬鳴보살이다. 마명이라는 뜻은 보살이
태어날 때 여러 말들이 울었다고 하여 붙여진 이름이다. 또 마명보살이
설법할 때 말들이 설법을 듣고서 감동하여 슬프게 울었다고 한다.
법장法藏 주석서(義記)의 인용에 의하면 『마하마야경摩訶摩耶經』(一名
佛昇忉利天 爲母說法)에 이르기를 "여래가 멸도한 후 600년경에 여러
외도들의 삿된 견해가 다투어 일어나서 불법佛法을 훼손하려 할 때,
한 사람의 마명이라는 비구가 불법의 요점에 대하여 설법을 잘하여
모든 외도 무리의 항복을 받는다."라고 하였다.

眞諦三藏 譯

진제삼장 번역

【직해】此譯人名也 論有二譯一西印土優禪尼國沙門波羅末陀 此云眞
諦 梁元帝承聖三年於衡州建興寺譯成一卷 二十四紙 一于闐國沙門

實叉難陀 此云喜學 大周則天時於東都佛授記寺譯成兩卷 亦二十四
紙 今行前譯

이 논서를 번역한 사람은 진제삼장眞諦三藏이다. 번역된『기신론』의
본은 두 가지가 있으니, 하나는 서인도 땅 우선니국優禪尼國의 사문
파라마르타(Paramārtha, 波羅末陀, 499~569), 곧 진제의 번역이다. 그는
양나라 원제元帝 3년에 형주衡州 건흥사建興寺에서 한 권으로 번역해
냈으니 24장의 분량이다. 또 하나는 우전국于闐國 사문 실차난타
(Śikṣānanda, 652~710), 곧 희학(喜學: 배우기를 좋아한다는 뜻)의 번역이
다. 그는 대주大周 측천무후則天武后 때에 동도東都 불수기사佛授記寺에
서 두 권으로 번역해 냈으니 역시 24장의 분량이다. 여기에서는 진제의
번역본에 대하여 해석한다.

唐西京太原寺沙門 法藏 造疏

당나라 서경 태원사 사문 법장 주석

明匡山法雲寺沙門 德淸 直解

명나라 광산 법운사 사문 감산 직해

귀경송歸敬頌

마명보살이 본 논문을 저술함에 있어, 먼저 삼보三寶께 귀경歸敬하고 위신력威神力을 빌어 가피加被를 청한 뒤에 정식으로 논문을 저술한다. 처음에 귀경하는 순서이다.

❀

歸命盡十方토록

시방(十方)세계가 다하도록 목숨으로 귀의歸依하나이다.

【직해】 將造斯論 先須歸命三寶 請求加被 所以然者 以造論釋經 經乃 佛說 佛智甚深 非情可測 故請三寶威力加被攝受 故使論義印契佛心 且示法有所宗 以三寶是所依故

이 논서를 지음에 있어서 먼저 반드시 삼보에 '목숨으로 귀의(歸命)'하 고 가피력加被力을 청하여 구해야 한다. 그 까닭은, 논서를 지어 부처님 의 경전을 해석함에 있어서, 경전은 부처님의 법을 설한 것으로서 부처님의 지혜는 매우 심오하여 범부의 망정妄情으로는 헤아릴 수 없기 때문이다. 그러므로 삼보의 위신력을 빌어 가피를 청하고 섭수攝 受하여, 논서의 내용이 부처님의 마음에 인계印契하도록 하여야 한다.

또 법에는 종지宗旨가 있음을 보이니, 삼보가 의지하는 대상이 되기 때문이다.

今云歸命 表能歸之心也 欲入法性先忘我相 然命以統攝六根 今以命歸則身心俱亡 能歸之至也 十方乃所歸之分際 意謂所著論義 乃十法界之宗 故須歸命盡十方之三寶 以心無分限 故境亦無量 意在歸十方法界帝網刹中無盡三寶也

여기서 '목숨으로 귀의함'이라고 한 것은 귀의하는 주체인 사람의 마음을 표시한 것이다. 법성法性에 들어가고자 한다면 먼저 아상我相을 잊어야 한다. 그러나 목숨은 육근六根을 통괄하고 포섭한다. 여기에서 목숨으로써 귀의하는 것은 마음과 몸을 모두 잊은 것이므로 귀의하는 사람이 지극한 것이다. 시방十方은 귀의할 대상의 범위이다. 뜻(意)을 말하자면 저술한 논의論義는 십법계十法界의 근본 종지이다. 때문에 반드시 시방세계가 다하도록 삼보에 목숨으로 귀의해야 한다. 마음이 한계가 없으므로 경계도 한량이 없다. 이 뜻은 시방법계十方法界 제망찰중帝網刹中의 다함이 없는 삼보께 귀의한다는 것이다.

最勝業徧知하시며 色無礙自在하신 救世大悲者와

최상의 수승한 업으로 두루 아시며
색色 무애자재하신 구세대비자와

【직해】此歸佛寶也 佛以三輪應物 今所歸三輪 皆最殊勝 意顯非應化

身 乃從法垂報之身也 遍知意業最勝也 凡夫不知 外道邪知 二乘偏知
菩薩分知 唯佛遍知

이것은 불보佛寶에 귀의하는 것이다. 부처님은 신신·구口·의意의 삼륜
업三輪業으로써 모든 중생들에게 감응하신다. 여기에서 우리가 귀의할
대상인 부처님의 삼륜업은 모두가 세간에서 가장 수승하시다. 뜻하는
바는 세간에 감응하시는 응화신應化身이 아니고 법을 따라서 드리우신
보신報身²임을 나타낸 것이다. '두루 아신다'는 의업이 가장 수승하신
것이다. 범부는 전혀 모르고, 외도는 삿되게 알며, 성문과 연각인
이승二乘³은 치우치게 알고, 보살은 부분적으로 알지만, 오직 부처님만
진여법계의 이치를 두루 아신다.

─────────

2 보신(報身, saṃbhoga-kāya): 부처님 과보의 몸을 가리키는 말. 부처님이 인행을
  닦아 무량한 원행願行의 보과報果로 얻은 만덕萬德의 원만한 몸이므로 보신이라
  한다. 예컨대 아미타불阿彌陀佛, 약사여래藥師如來, 노사나불盧舍那佛 등이 모두
  보신불報身佛이다.

3 이승二乘: 대승에서는 소승의 성자인 성문聲聞과 벽지불辟支佛을 이승이라고 하여,
  자신만의 깨달음에 만족하고 대비심이 부족하여 중생 교화에 소극적이라는 의미
  로 사용될 때가 많다.
  ①성문(聲聞, śrāvaka): 부처님의 음성을 듣고 깨달음을 증득한 출가 제자, 또는
  사제四諦의 이치를 관하여 아라한阿羅漢을 이루는 것을 이상으로 하는 소승의
  성자.
  ②벽지불(辟支佛, pratyeka-buddha의 음역): 의역意譯으로 연각緣覺, 독각獨覺이라
  고도 한다. 스승이 없이 스스로 깨달음을 얻은 성자. 부처님이 세상에 출세하지
  않고 불법이 멸했을 때 전세前世 수행의 인연으로 스스로의 지혜로 득도得道하는
  성자. 스스로 깨닫고 남에게 들어 좇지 않으며, 12인연의 이치를 관하여 득도하는
  성자 등의 의미가 있다.

以實智證理 理無不徹 權智鑒機 機無不宜 乃至法界衆生念樂欲 無不
盡知 云遍也 色無礙自在身業最勝也 華嚴 佛有無量相 相有無量好
根根圓融 周遍自在 十身歷然 無壞無雜 故云無礙

부처님은 실다운 지혜로 진여의 이치를 증득하시어 그 이치를 끝까지
사무치시지 않음이 없고, 방편 지혜로 중생의 근기에 알맞게 화순和順
하지 않음이 없으시다. 내지는 법계중생의 심념心念과 낙욕樂欲까지도
끝까지 알지 못함이 없으시기 때문에 '두루 아신다'고 한 것이다. 색무애
자재色無碍自在는 신업身業이 가장 수승하신 것이다. 『화엄경』에서
이르기를 "부처님은 한량없는 상호가 계시고, 그 낱낱의 상호에도
한량없는 상호가 있어[4] 낱낱의 육근이 서로가 원만하게 융합하고,
두루 보편하고 자재하여, 십신十身[5]이 분명하여 무너짐도 없고 서로가

---

4 『기신론의기義記』에서 부처님의 정보正報와 의보依報를 밝히는 가운데 설명이다.
　"부처님의 몸에는 무량한 색이 있고, 색에는 한량없는 상相이 있으며, 상에는
　한량없는 호好가 있고, 부처님이 머무는 의보依報 역시 한량없는 갖가지 장엄이
　있어, 나타내 보임을 따라 가없고 끝없으니 분제分際의 상을 여의었으며 그 감응하
　는 바를 따라 항상 머물러서 훼손되지도 않고 잃지도 않는다(身有無量色 色有無量相
　相有無量好 所住依果亦有無量種種莊嚴 隨所示現 卽無有邊不可窮盡 離分齊相 隨其所
　應 常能住持 不毁不失)."
5 『화엄경』제8지 부동지不動地에서의 십신十身: 보살이 중생들이 즐겨하는 바를
　알고 중생의 몸·국토의 몸·업보의 몸·성문의 몸·독각의 몸·보살의 몸·여래의
　몸·지혜의 몸·법의 몸·허공의 몸으로써 자기의 몸을 삼는 것.
　한편, 『화엄현담華嚴玄談』에는 십신을 다음과 같이 말한다. "십신이라 말한 것은,
　곧 8지에 이르되 '이 보살이 멀리 일체 신상분별身相分別을 여의어서 평등에
　머물러 이 보살이 중생신衆生身과 국토신國土身과 업보신業報身과 성문신聲聞身과
　독각신獨覺身과 보살신菩薩身과 여래신如來身과 지신智身과 법신法身과 허공신虛

뒤섞이지도 않는다."라고 하였다. 그 때문에 '걸림이 없다'라고 하였다.

救世大悲語業最勝也 佛以音聲輪應機說法 一音各解 故語最勝也 世乃
衆生世間 所救之處 大悲乃能救之心 如來唯用大悲爲力故 者指人也

'구세대비救世大悲'는 어업語業이 가장 수승하신 것이다. 부처님이 어
업인 음성륜音聲輪으로써 중생의 근기에 따라 설법을 하시어, 한결같
은 원음圓音에서 중생들은 각자의 근기에 맞추어 이해[6]한다. 그 때문에
부처님의 어업이 세간에서 가장 수승하신 것이다. '세世'는 중생세간으
로서 부처님이 구제해야 할 대상의 처소이고, '대비大悲'는 중생을
구제하는 주체인 부처님 마음이다. 여래께서는 오직 대비로써 힘을

空身을 안다.' 했나니라. 상작相作이라 말한 것은 다음 경經에 이르되 '이 보살이
모든 중생의 마음이 좋아하는 바를 알새 능히 중생신으로써 자신自身을 지으며,
또한 국토신과 업보신과 내지 허공신을 지으며, 또 중생의 마음이 좋아하는
바를 알아서 능히 국토신으로써 자신을 짓고, 또한 중생신과 업보신과 내지
허공신을 지으며, 또 중생의 마음이 좋아하는 바를 알아서 능히 업보신으로써
자신을 짓고, 또한 중생신과 국토신과 내지 허공신을 지으며, 또 중생이 마음으로
좋아하는 바를 알아서 능히 자신으로써 중생신과 국토신과 내지 허공신을 지어서
모든 중생의 좋아하는 바가 같지 않음을 따라서 이 몸에 이와 같은 형形이 나타남이
라.' 하니라."

6 『유마경維摩經』「불국품佛國品」에 다음과 같은 게송이 있다.
　"부처님은 한 가지 음성으로 설법하시나
　중생들은 갈래(類)에 따라 각기 이해하나니
　모두들 세존께서 자기의 말로써 말씀하시다고 하니
　이것은 부처님의 위신력으로 '함께하지 않는 법(不共法)'이네."
　(佛以一音演說法 衆生隨類各得解 皆謂世尊同其語 斯則神力不共法)

삼기 때문이다. '자者'는 사람을 지칭한 것이다.

❀

及彼身體相이며 法性眞如海인 無量功德藏과

및 저 불신의 체상體相이며
법성진여 바다인 무량한 공덕장과

【직해】此歸法寶也 及者謂不但歸佛 亦歸法也 彼身指上佛身 佛以法
爲身故 謂從眞如所流敎法 卽是法身常住 以此中已有如來全身故 意
顯此法卽佛之體相本無二故

이것은 법보에 귀의한 것이다. '급及'은 불보에만 귀의하는 것이 아니라
법보에도 함께 귀의함을 말한다. '피신彼身'은 위에서 나온 불신佛身을
지적한 것인데, 불佛은 법으로써 의지할 몸(身)을 삼기 때문이다.
말하자면 진여법성으로부터 유출한 교법이 바로 법신상주法身常住인
것이다. 왜냐하면 이 가운데 이미 여래 전체의 몸이 있기 때문이다.
그 뜻을 나타내자면 이 법과 부처님의 몸이 본래 둘이 아닌 까닭이다.

法性眞如正指法體 謂眞如法性 卽法身眞體 以此法身 在有情爲佛性
在無情爲法性 以與一切染淨諸法爲體性故 以有隨緣不變 不變隨緣
故喩如海 遇風起諸波浪 濕性無二 故云相也 如來藏中 含攝衆德 故云
功德藏

'법성진여法性眞如'는 법체를 바로 지적하였는데, 이는 진여법성이
바로 법신의 진실한 자체임을 말한다. 이 법신이 유정有情에 있으면

불성佛性이라 하고 무정無情에 있으면 법성法性이라고 한다. 왜냐하면 이 법신이 일체의 염법染法·정법淨法과 더불어 그들 자체의 성품이 되기 때문이다. 법신은 생멸의 인연을 따르면서도 체성이 변치 않으며, 체성이 변치 않으면서도 생멸의 인연을 따른다. 그 때문에 법성진여를 비유하여 '바다(海)'와 같다고 하였다. 바다가 바람을 만나면 많은 파랑이 일어나지만 젖는 성품(濕性)은 둘이 아니다. 그리하여 '상相'이라고 하였다. 여래장如來藏[7] 가운데는 모든 공덕을 함용하고 포섭하기 때문에 '공덕장功德藏'이라고 하였다.

---

7 여래장(如來藏, tathāgata-garbha): 일체중생의 번뇌의 몸 가운데 본래 청정(自性淸淨)한 여래의 법신이 감추어져 있는 것을 여래장이라 한다. 여래장은 비록 번뇌 가운데 감추어져 있으나 번뇌에 오염되지 않고 본래 절대 청정하여 영원히 변하지 않는 성품을 갖추고 있다. 또 일체 염오와 더불어 청정한 현상으로 모두 여래장을 연하여 교법을 일으키게 되므로 여래장연기如來藏緣起라 부른다.

※『승만경勝鬘經』「법신장法身章」, "여래의 법신이 번뇌장을 여의지 않은 것을 여래장이라 한다."

※『불성론佛性論』〈현체분顯體分〉제삼 중「여래장품如來藏品」제삼, "다시 여래장이란 세 종류가 있는 줄 알아야 할지니, 그 세 종류가 무엇이냐 하면 첫째는 소섭장所攝藏, 둘째는 은부장隱覆藏, 셋째는 능섭장能攝藏이다. 첫째, 소섭장(所攝藏, 포섭되는 장)이란 부처님의 말씀을 요약하건대 모두가 자성의 그대로이므로 일체중생이 다 여래장인 것이다. 여如라는 말이 두 가지 뜻이 있으니 첫째는 그대로의 지혜이고, 둘째는 그대로의 경계이다. …… 둘째 은부장(隱覆藏, 숨어 덮인 장)이란 여래께서 스스로가 숨어 나타나지 않으시기 때문에 이를 장藏이라고 한다(隱覆爲藏者 如來自隱不現 故名爲藏). 셋째 능섭장(能攝藏, 포섭하는 장)이란 과를 얻을 지위(果地)의 일체가 항하사 수보다 뛰어난 공덕인 것임을 말함이다. 여래가 성품을 얻어야 할 때에 그 포섭이 이미 다했기 때문이다."(각주 160의 여래장에 대한 원효의 설명 참조)

❀

如實修行等하사옵나이다

여실수행如實修行 등에게 (목숨으로 귀의합니다.)

【직해】 此歸僧寶也 僧通凡聖大小 今言如實修行 乃地上菩薩也 據後
譯云 無邊德藏僧 勤求正覺者 則上句歎德 人能攝德 故名爲藏

이것은 승보에 귀의한 것이다. 승僧은 범부와 성인, 대승과 소승 모두를
통틀어 말한 것이다. 그러나 여기에서 '여실수행如實修行'이라고 말하
였으니 이는 십지十地 가운데 초지初地로부터 십지까지인 지상地上
보살인 것이다. 실차난타가 나중에 번역한 당역본唐譯本[8]을 의거하면
"가없는 공덕을 간직한 승보(無邊德藏僧)와 부지런히 정각正覺을 구하
는 사람"이라 하였다. 이 두 구절 가운데서 앞 구절은 간직한 공덕을
찬탄한 것인데, 사람이 공덕을 포섭하는 주체이기 때문에 '간직함(藏)'
이라 하였다.

下述造論意

다음에서는 본 논서를 짓게 된 의도를 기술한다.

---

8 실차난타實叉難陀가 번역한 당역(新譯)『대승기신론』의 해당 원문은 다음과 같다.
  "歸命盡十方 普作大饒益 智無限自在 救護世間尊 及彼體相海 無我句義法 無邊德
  藏僧 勤求正覺者 爲欲令衆生 除疑去邪執 起信紹佛種 故我造此論."

✿

爲欲令衆生으로 **除疑捨邪執**하고 **起大乘正信**하야 **佛種不斷故**니이다

중생으로 하여금 의혹을 없애어 삿된 집착을 버리게 하고, 대승의 올바른 믿음을 일으켜서 부처의 종자가 끊어지지 않도록 하려는 까닭이다.

【직해】 此述造論意也 法不虛設 必有所爲 今有四意一以二乘不信唯心 故顯示一心正義 令除疑惑 二以外道邪執 故對治執 令捨邪見 三以修行者 未起正行 故分別發趣道相 令起正信以爲行本 四爲使信成滿入住不退 堪受佛果 故云佛種不斷 爲此多意 所以造論

이것은 논서를 짓게 된 의도를 서술한 것이다. 법이란 부질없이 시설하는 것이 아니라 반드시 하고자 하는 이유가 있어야 한다. 여기에는 네 가지가 있다. 첫째, 이승二乘은 유심唯心의 올바른 이치를 믿지 않기 때문에 일심의 올바른 대승법의 의義를 나타내 보여서 그들의 의혹을 없애기 위함이다. 둘째, 외도들은 삿되게 집착하기 때문에 그들의 집착을 다스려서 잘못된 견해를 버리게 하기 위함이다. 셋째, 불법佛法을 수행하는 자들이 대승의 올바른 수행을 일으키지 않기 때문에 대승도로 발심하여 나아가는 수행의 모양을 분별하여, 그들로 하여금 올바른 믿음(正信)을 일으키게 함으로써 이를 수행의 근본으로 삼게 하기 위함이다. 넷째, 대승법에 대한 십신十信[9]의 수행을 거의

---

9 십신위十信位: 보살의 52계위 가운데 최초의 십위十位를 말한다. 십신위에서 십종심十種心을 닦는데, 이 믿음의 자리에 있어 능히 도와서 신행信行을 이루므로 간략히

다 이룬 사람들을 위한 것으로, 그 다음 단계인 십주十住[10]의 수행으로 들어가 물러나지 않고 불과佛果를 감당하여 받아들이게 하기 위함이다. 그 때문에 '부처의 종자가 끊어지지 않도록 하기 위함'이라고 말한 것인데, 이처럼 많은 의도가 있어 본 논서를 지었다.

✿

論曰有法이 能起摩訶衍信根일새 是故로 應說이니라

논에 이르되 법이 있어 능히 마하연(摩訶衍, 대승)의 신근信根을 일으킬 수 있어서 이런 까닭으로 마땅히 설해야 한다.

【직해】 此總標論宗本也 法者卽論所依宗本 謂一心法具二門 三大義 故正示所宗 摩訶衍此云大乘 謂所宗心法 卽是大乘 能信此心 卽是大 乘根本 有此勝益 是故須說

이것은 논論의 종지와 그 근본인 일심법一心法을 총체적으로 표한 것이다. 법法이란 논이 의지하고 논리를 전개할 종지이며 그 근본이다. 말하자면 일심법에는 이문二門과 삼대三大의 의義를 갖추고 있기 때문

───────────────

칭하여 십신심十信心이라 한다.

한편, 『영락본업경瓔珞本業經』의 십심十心은 신심信心, 염심念心, 정진심精進心, 혜심慧心, 정심定心, 계심戒心, 회향심迴向心, 호법심護法心, 사심捨心, 원심願心이다. 『인왕반야경(仁王般若波羅蜜護國經)』에도 유사한 내용이 있다.

10 십주十住: 법의 이치를 알게 되어 안주부동安住不動하는 지위이다. 십신 이후에 십주에는 10개의 지위가 있다. ①초발심주初發心住, ②치지주治地住, ③수행주修行住, ④생귀주生貴住, ⑤방편구족주方便具足住, ⑥정심주正心住, ⑦불퇴주不退住, ⑧동진주童眞住, ⑨법왕자주法王子住, ⑩관정주灌頂住.

34

에 논의 종지를 바로 보인 것이다. '마하연(摩訶衍, mahā-yāna)'은 번역하면 대승大乘이라고 한다. 말하자면 본 논이 종지로 삼는 심법心法이 바로 대승이며, 이 마음이 바로 대승의 근본임을 믿는 것이다. 여기에 수승한 이익이 있는 까닭에 '반드시 설해야 한다'고 하였다.

❀

說有五分하니 云何爲五오 一者는 因緣分이요 二者는 立義分이요 三者는 解釋分이요 四者는 修行信心分이요 五者는 勸修利益分이니라

설함에 다섯 가지 나눔이 있으니, 무엇이 다섯 가지인가? 첫째는 인연분因緣分이요, 둘째는 입의분立義分이요, 셋째는 해석분解釋分이요, 넷째는 수행신심분修行信心分이요, 다섯째는 권수이익분勸修利益分이다.

【직해】 此標作論規製 初開章門也 然分章者 使知義有所屬 故此一論 大文 立有五分而爲次第 法不孤起 必有因由 故首列因緣 由致旣彰 必有宗本 故次立義 宗本幽深 非釋莫解 故次解釋

여기서는 논을 짓는 데 있어 범위를 정하고 처음에 각 장章을 분分으로 소개하고 있다. 여기에서 본론의 문장을 다섯 분의 형식으로 나눈 것은 각 분마다 알아야 할 내용(義)이 있음을 알도록 한 것이다. 그 때문에 이 일부 논서의 전체를 다섯 개의 분으로 나누어 차례를 정한 것이다. 법이란 오로지 홀로 일어나지 않고 반드시 일어날 동기로써 연유가 있기 마련이다. 그래서 제일 먼저 인연분因緣分을 배치하였다.

그 연유가 드러나고 나면 반드시 그 법의 종지와 근본이 있게 된다. 그래서 다음으로 입의분立義分이 오게 되었다. 법의 종지와 근본은 그윽하고 매우 심오하여 해석하지 않으면 이해할 수가 없다. 그리하여 다음으로 해석분解釋分이 오게 되었다.

旣解法義 非行莫階 故次修行信心 解行雖陳 鈍根懈退 故次勸修 此一論之大節也 凡經有三分此因緣卽序 中三分爲正宗 勸修爲流通

법의法義을 해석하고 나서 그 행을 실천에 옮기지 않는다면 불과佛果로 향한 수행단계에 오를 수가 없다. 그 때문에 다음에 수행신심분修行信心分이 오게 되었다. 법을 알게 함(解)과 동시에 실천수행을 진술하여도 중생 가운데서 둔한 근기는 게으름을 피우며 퇴굴심을 낸다. 그 때문에 권수이익분勸修利益分이 그 다음에 오게 된 것이다. 이것이 『기신론』 논서를 구성하고 있는 큰 나눔(分節)이다. 흔히 경전을 세 부분으로 나누는데 여기에서 인연분은 서분序分에 해당하고, 중간의 세 분分은 정종분正宗分에 해당하며, 권수이익분은 유통분流通分에 해당한다.

下釋因緣分

다음에서는 인연분을 해석한다.

제1장 인연분因緣分

※

初說因緣分하리라. 問曰 有何因緣하야 而造此論이니잇고 答曰 是
因緣이 有八種하니 云何爲八고 一者는 因緣總相이니 所謂爲令衆生
으로 離一切苦하야 得究竟樂이언정 非求世間名利恭敬故요

처음에 인연분을 설하겠다. 물어 이르되 "어떤 인연으로 이 논을
짓는가?" 답해 이르되 "이 인연이 여덟 가지가 있으니, 무엇이
여덟 가지인가? 첫째는 인연 총상總相이니, 이른바 중생으로 하여금
일체의 고苦를 여의어서 구경락究竟樂을 얻게 하기 위할 뿐, 세간의
명리와 공경을 구함이 아니기 때문이다."

【직해】 此八因緣中 第一總相 與一論爲發起之由也 以凡夫外道迷此
一心 以招苦苦壞苦行苦分段生死之苦 二乘菩薩 尙有變易生死之微
苦 今開示此心令依之而修 則證得菩提覺法樂 涅槃寂滅樂 但爲衆生
離苦得樂 非求世間名利恭敬故

이것은 논을 짓게 된 여덟 가지 인연 가운데서 첫 번째인 총체적인 모양(總相)이다. 이 총체적인 모양이 본 논서가 대승법에 대한 믿음을 일으키게 된 연유인 것이다. 범부와 외도들은 이 일심을 미혹하여 고고苦苦·괴고壞苦·행고行苦·분단생사고分段生死苦[11]를 초래한다. 이승二乘과 대승보살에게는 변역생사變易生死[12]의 은미한 괴로움이 아직 남아 있다. 여기에서 이 일심을 열어보였으니, 이를 의지하고 수행하면 보리菩提의 각覺인 법의 즐거움(法樂)과 열반적정의 즐거움을 증득하게 된다. 이처럼 중생들이 괴로움을 여의고 열반의 즐거움을 증득하게 하려 하였을 뿐 세간의 명예·이익·공경을 구함이 아닌 것이다.

❀

二者는 爲欲解釋如來根本之義하야 令諸衆生으로 正解不謬故요

둘째는 여래의 근본 의義를 해석하여 모든 중생으로 하여금 올바로 이해하여 그릇되지 않게 하고자 한 까닭이다.

---

11 분단생사分斷生死: 삼계에 윤회하는 중생들이 받는 몸(有情身)의 생사生死. 육도에 윤회하는 중생의 신체는 각각 그 감응感應하는 업인業因에 따라 수명에 분한分限이 있고, 형체의 단별段別이 있기 때문에 분단이라고 한다. 한마디로 분단생사는 삼계 내의 범부들이 받는 생사이다.

12 변역생사變易生死: 분단생사에 대응하는 말. '변역變易'이라는 말은 바뀐다는 뜻. 부사의변역사不思議變易死라고도 한다. 아라한阿羅漢·벽지불辟支佛·대력보살大力菩薩 등 삼승의 성자들은 중생과 같은 분단생사를 받지 아니하고, 무루無漏의 비원력悲願力으로 뜻에 따라 나는 몸(意成身)을 받아 수생受生하므로 '변역생사'라고 한다. 한마디로 변역생사는 삼계 밖의 성자들이 받는 생사이다.

38

【직해】 此與立義分 及解釋分中 顯示正義 對治邪執 作發起因緣也 以衆生無有正解 多起邪見 以不達如來根本義故 今立義分中一心二門三大之義 乃如來之根本 今廣解釋 令諸衆生正解不謬故也

여기서는 입의분과 해석분 가운데서 대승법의 바른 의(正義)를 나타내 보임(顯示正義)과 삿된 집착을 다스림(對治邪執)을 말하는 것이니, 신심을 일으키는 인연이 된다. 중생들은 법에 대한 올바른 이해가 없어 삿된 견해를 일으키는 경우가 많다. 그 까닭은 여래께서 말씀하신 법의 근본 의義를 통달하지 못하였기 때문이다. 다음에 보인 입의분 가운데 일심一心·이문二門·삼대三大의 의義는 여래의 근본이다. 이것을 자세하게 풀이하여 모든 중생들로 하여금 올바르게 이해하여 그릇됨이 없게 하려는 것이다.

❀

三者는 爲令善根成熟衆生으로 於摩訶衍法에 堪任不退信故요

셋째는 선근이 성숙한 중생으로 하여금 대승법을 감당하도록 맡겨서 신심이 물러나지 않게 하기 위한 까닭이다.

【직해】 此卽下分別發趣道相因緣也 以彼文云 令利根者 發決定信 進趣大道 堪任住於不退信故 此當十信滿心 故云成熟 入十住正定聚 故云不退

이것은 아래 문장의 분별발취도상分別發趣道相의 인연에 해당한다. 그 문장에서 말하기를 '근기가 영리한 자가 대승법에 결정적인 믿음을 일으키고 대승도로 진취進趣하여, 법을 감당하도록 신심이 물러나지

않는 지위에 머물게 하기 위함'이라고 하였다. 이 수행 지위는 십신
가운데 마지막 단계인 십신만심十信滿心에 해당한다. 그래서 '성숙成熟'
이라 하였다. 십주十住에 들어가면 정정취正定聚가 되기 때문에 '신심
이 물러나지 않는다'고 하였다.

✿

四者는 爲令善根微少衆生으로 修習信心故요

넷째는 선근이 미소한 중생으로 하여금 신심을 닦아 익히게 하기
위한 까닭이다.

【직해】 此卽下修行信心分 謂爲令善根微少衆生 發四種心 修五種行
漸得善根成熟 以信未滿 故云微少 令進向滿 故云修行信心也

이것은 아래 문장의 수행신심분修行信心分에 해당한다. 말하자면 '선근
이 미약한 중생들로 하여금 사종신심四種信心을 일으키고 오종행五種
行[13]을 닦아 점차 십신十信의 선근이 성숙되게 한다'고 하였다. 그들은
십신이 아직 가득차지 않았기 때문에 '선근이 아주 적다'고 하였고,
그들을 십신만심十信滿心으로 나아가도록 하기 때문에 '수행신심'이라
고 하였다.

---

13 아래 문장 수행신심분에서 근본 진여법과 불법승 삼보 각각에 대한 신심으로
  4종신심을 설하고, 육바라밀 가운데 선정바라밀과 지혜바라밀을 하나로 묶어
  지관문을 해서 모두 5종 방편문으로 수행의 바탕을 삼은 것을 말한다.

✿

五者는 爲示方便하야 消惡業障하야 善護其心하고 遠離癡慢하야 出
邪網故요

다섯째는 방편을 보여서 나쁜 업장을 소멸하여 그 마음을 잘 보호하
고 어리석음과 교만함을 멀리 여의어서 삿된 그물에서 벗어나게
하기 위한 까닭이다.

【직해】 此下爲根劣易退者 賴多方便 故有四也 四中前三 爲下中上
後一勸修 今當下品 謂爲令業重惑多者 善根難發 故說禮懺方便 銷惡
業障 遠離癡慢 出邪魔網故

여기서부터 다음 여덟째의 인연까지는 근기가 하열하여 신심에서
쉽게 물러나는 자들을 위한 것으로 많은 방편에 힘입어야 한다. 네
가지 인연이 있으니 그 가운데 앞의 세 인연은 순서의 차례에 따라
하품·중품·상품 중생에 배열하였고, 마지막은 권수이익權修利益의
인연이다. 이 다섯 번째의 인연은 삼품 가운데 하품 중생에 해당한다.
말하자면 업이 무겁고 견사이혹見思二惑[14]의 번뇌가 많은 자들은 수행

---

14 견사이혹見思二惑: 견혹見惑과 사혹思惑의 두 가지 혹을 말한다. 여기서 혹惑은
  미혹迷惑의 뜻으로 일체 번뇌를 일컫는 말이다. 혹에는 본혹本惑과 수혹隨惑이
  있다. 본혹은 근본번뇌로 탐貪·진瞋·치癡·만慢·의심疑·악견惡見 등의 여섯 가지
  를 말하고, 수혹은 수번뇌로 악견惡見 가운데 신견身見·변견邊見·사견邪見·견취
  견見取見·계금취견戒禁取見 등의 5가지 삿된 견해를 말한다. 이 열 가지를 십종
  번뇌라고 한다.
  견혹과 사혹에 대해 천태종에서는 다음과 같이 설명한다. ① 견혹과 사혹(見思惑)

신심의 선근을 일으키기가 어렵다. 그 때문에 예불 참회의 방편을 설명하여 악업의 장애를 소멸하고 아치我癡·아만我慢을 멀리 여의어 삿된 그물에서 벗어나게 하려는 까닭이다.

❀

六者는 爲示修習止觀하야 對治凡夫二乘心過故요

여섯째는 지관止觀을 닦아 익히는 법을 보여서 범부와 이승二乘의 마음 허물(心過)을 다스리기 위한 까닭이다.

【직해】 此當中品也 下文修習止觀門中 雙明止觀 遣凡小二執 故云對治

이것은 중품 중생에 해당한다. 아래 본문의 지관문止觀門을 닦아 익히는 부분 가운데 지문止門과 관문觀門을 쌍으로 밝혀, 세간에 머무르는 범부와 생사를 두려워하는 이승의 두 가지 잘못된 집착을 버리게 하였다. 그 때문에 '마음의 허물을 다스린다'고 하였다.

은 소승불교(藏敎)의 견혹과 사혹을 말하는 것으로 삼계에서 분단생사를 받게 하는 일체의 번뇌를 말한다. 이것은 공관空觀으로 다스릴 수 있다. 견혹은 의근意根이 법진法塵에 대하여 일으키는 모든 사견邪見이며, 사혹은 안이비설신 오근五根과 색성향미촉을 탐애하는 오진五塵에서 일으키는 상착想著이다. 견사혹 이외에 ②진사혹塵沙惑은 일체의 이사理事에 통달하는 못하는 소지장所知障을 말하는 것으로 그 번뇌의 수가 항하사 미진수와 같다는 뜻에서 붙인 이름이다. 이 혹장惑障은 보살이 견사혹을 제거한 다음에 끊을 수 있다. ③무명혹無明惑은 중도실상中道實相·중도제일의제中道第一義諦를 명료하게 알지 못하는 것이며, 진사혹과 함께 삼계의 변역생사의 과보를 초래하는 번뇌이다. 천태사상에 따르면 이 세 가지 혹은 공가중空假中 삼제三諦에 미혹한 각각의 경우에 해당된다.

七者는 爲示專念方便하야 生於佛前하야 必定不退信心故요

일곱째는 전념專念의 방편을 보여서 불전佛前에 왕생往生하여 반드시 신심이 물러서지 않도록 하기 위한 까닭이다.

【직해】此當上品也 卽下文修行信心分末 勸生淨土 爲劣根怯弱衆生 恐後報緣差成退 故令往生淨土 成不退也

이는 상품 중생에 해당한다. 이는 곧 아래 본문의 수행신심분의 말미에 정토淨土에 왕생하기를 권한 부분이다.[15] 근기가 하열하여 겁 많고

---

15 원효의 『무량수경종요無量壽經宗要』에는 정토에 왕생하는 조인助因으로 하배의 십념十念을 밝히면서 십념을 은밀의隱密義와 현료의顯了義로 나누어 설명한다. 그중 '은밀의'에서의 십념으로 염불하여 정토에 왕생하는 것은 범부가 아닌 초지初地 이상의 보살 계위라고 하였다. 해당 본문을 소개하면 다음과 같다. "십념이란 ①일체중생에게 항상 자심慈心을 내고, ②일체중생에게 깊은 비심悲心을 내고 해칠 생각이 없으며, ③법을 보호하는 데 신명을 아끼지 않으며, ④인욕하는 마음으로 결정심을 내며, ⑤깊고 청정한 마음으로 이양利養에 물들지 않는 것이며, ⑥일체종지의 마음을 내어 날마다 항상 생각하는 것이며, ⑦일체중생에게 겸손하여 아만심이 없으며, ⑧속된 이야기를 듣지 않으며, ⑨깨달음에 가까이 하여 선근을 깊이 일으키고 산란심을 여의며, ⑩정념으로 부처님을 관觀함에 감관에 충동이 없는 것이다. 이와 같은 십념을 가지면 이미 범부가 아니고, 초지 이상의 보살이라야 능히 이 십념을 갖추며 순정토純淨土에 대한 하배下輩의 인因이 된다. 이것은 은밀의隱密義의 십념이 된다."
한편, 『무량수경종요』의 '현료의'에서는 『관무량수경觀無量壽經』 하품하생의 십념에 대해 설명한다. '현료의'의 내용을 요약하면 다음과 같다.
"하품하생이란 착하지 못한 짓을 하던 중생이 온갖 죄를 짓다가 목숨을 마칠

나약한 중생들은 후생後生의 과보果報와 연緣이 어긋나서 신심에서 물러나게 될까봐 두려워한다. 그 때문에 정토에 왕생하여 다시는 물러나지 않는 불퇴지不退地를 이루도록 한 것이다.

❀

八者는 爲示利益하야 勸修行故니
여덟째는 이익을 보여서 수행하도록 권하기 위한 까닭이다.

【직해】 此卽下勸修利益分 謂爲懈慢衆生 擧彼損益 勸令修習 總策成 前諸行也

이것은 아래 권수이익분勸修利益分에 해당한다. 말하자면 게으르고 교만한 중생들을 위하여 수행하지 않은 손해와 수행한 이익을 들고 닦아 익히도록 권하여, 앞에서 열거하였던 모든 수행들을 성취하도록 총체적으로 경책한 것이다.

때 다행히 선지식을 만나 미묘한 법문을 듣고 염불의 가르침을 받을 때, …… 지극한 마음으로 그 목소리가 끊기지 않게 '나무아미타불'을 부른다면, 부처님 명호를 부르므로 80억겁에 지은 생사의 죄를 소멸하고 목숨이 마친 뒤에 곧 왕생하게 된다. …… 여기서 '지극한 마음'이란 오직 마음에 이 생각만 있고 다른 생각이 없는 것이니, 이와 같은 십념에는 다른 생각이 섞일 수 없다. 행자도 이와 같아서 부처님의 명호를 생각하거나, 끊임없이 부처님을 생각하여 십념에 이르러야 한다."

44

❀

有如是等因緣일새 所以造論이니라

이와 같은 등의 인연이 있는 이런 까닭에 이 논을 지은 것이다.

【직해】此總結造論因緣也 蓋菩薩本意 爲度衆生 故以衆生發起造論
之因緣也 八因緣 初一是總 餘七別緣 總括一論 具載下文

여기서는 본 논을 짓게 된 인연들을 총체적으로 결론지었다. 대체로
마명보살의 근본 의도는 중생을 제도하기 위함이다. 그 때문에 이
논을 짓게 된 여덟 가지의 인연을 일으킨 것이다. 이상의 여덟 가지
인연 가운데 첫 번째 인연은 총체적인 인연(總緣)이고, 나머지 일곱은
별도의 인연(別緣)이다. 이 여덟 가지 인연으로써 한 부의 논서를
총괄하여 다음의 본문에서 모두 자세히 실었다.

❀

問曰 脩多羅中에 具有此法이어늘 何須重說이니잇고 答曰 脩多羅中
에 雖有此法이나 以衆生의 根行이 不等하고 受解緣別이니 所謂如來
在世엔 衆生이 利根하고 能說之人도 色心業勝하사 圓音一演에 異類
等解라 則不須論이어니와

물어 이르되 "수다라(修多羅, 契經) 가운데 이 법이 갖추어져 있거늘
어찌 반드시 거듭 설명해야 하는가?" 답하여 이르되 "수다라 가운
데 비록 이 법이 있으나 중생의 근기와 수행이 같지 아니하고,
받아들여 이해하는 연緣도 다르기 때문이다. 이른바 여래께서 세상

에 계실 때에는 중생들의 근기가 영리하고 법문을 설하는 사람(부처
님)도 색심업色心業이 수승하시어, 원음圓音으로 한번 연설함에 다
른 종류(異類)의 중생들이 똑같이 이해할 수 있어서 논을 필요로
하지 않았다.

【직해】 此問明所以造論之意也 問曰 如上所示——法門 佛說契經中
具有 何暇重論? 答曰 以衆生根有利鈍 受教之緣不等 故有經論之殊

여기서는 문답으로 본 논서를 짓게 된 이유를 밝혔다.
문: 위에서 보인 낱낱의 법문은 부처님이 설하신 계경契經 가운데
빠짐없이 갖추어 있다. 어느 겨를에 거듭 논서를 지을 필요가 있겠는가?
답: 중생들에게는 영리하고 둔한 근기가 있으며 부처님의 가르침을
받아들이는 연緣도 같지 않다. 그 때문에 부처님이 설법하신 경전과
그 경전을 쉽게 풀이한 논서가 다르게 되었다.

所謂下 釋成根機不同 受解各別 故有經論廣略之不一也 蓋如來在世
衆生根利 機因勝也 親見佛身三業殊勝 親聞圓音 緣勝也 如此則一音
演說 異類齊解 此則尙不假結集之經 又何須論?

'이른바' 다음부터는 '중생들의 근기가 동일하지 않고 부처님의 가르침
을 받아들여 이해하는 바가 각각 다르다' 한 이유를 들어서 질문을
풀이하였다. 그 때문에 경전과 논서가 자세하기도 하고 간략하기도
하여, 그 내용이 한결같지 않게 되었다. 말하자면 여래께서 세간에
생존해 계실 때에 중생들의 근기가 영리하였던 것은 중생 근기의

인因이 수승함이다. 불신佛身 삼업三業이 수승하심을 직접 뵙고 부처님의 원음 설법을 직접 들을 수 있었던 것은 연緣의 수승함이다. 이와 같아서 부처님이 일음(一音, 즉 圓音)으로 연설하면 이류異類 중생들이 가지런히 이해하게 되었다. 그렇다면 후세에 결집된 경전도 필요치 않는데 다시 무엇 때문에 논서를 지어야만 했는가?

❀

若如來滅後엔 或有衆生이 能以自力으로 廣聞而取解者하며

그러나 여래께서 멸도하신 후에 혹은 어떤 중생이 능히 자력으로 널리 듣고 아는 사람도 있고,

【직해】此言如來滅後 根機不一 因緣各別 受解不同 於經於論 則有廣略不等也 且如來滅後 當正法之時 去佛不遠 衆生根利 有自智力 故能廣聞多經而取解者

여기서는 여래께서 입멸하신 뒤에는 중생의 근기가 한결같지 않음을 말하였다. 중생들의 인因과 연緣도 각각 다르고, 부처님의 가르침을 받아들이고 이해하는 정도도 동일하지 않아서 경전과 논서가 자세하기도 하고 간략하기도 하며 같지 않게 되었다. 또 여래께서 입멸하신 뒤 정법正法 시대를 당해서는 부처님이 멸도하신 지 오래되지 않았고, 중생들의 근기도 영리하여 스스로 지혜의 힘이 있어서 많은 경전을 자세하게 듣고 그 의미를 알 수 있었다.

❁

或有衆生이 亦以自力으로 少聞而多解者하며

혹은 어떤 중생이 또한 스스로 지혜의 힘이 있어서 조금만 듣고도 많이 아는 사람도 있으며,

【직해】此亦利根衆生 有自智力 不假多聞 或一言之下 心地開通 一軸 之中 義天朗耀 如上二類之機 則不須論

여기서도 역시 영리한 근기의 중생은 스스로의 지혜의 힘이 있어서 많은 경전의 내용을 듣는 것이 필요치 않으며, 혹 한마디의 말만 떨어져도 즉시 마음이 열리고, 한 권의 경전 가운데서도 그 진리의 하늘이 밝게 드러났다.[16] 이상에서 열거한 두 부류 근기의 중생들에게 는 논서가 필요치 않았다.

---

16 "한마디의 말만 떨어져도 즉시 마음이 열리고, 한 권의 경전 가운데서도 그 진리의 하늘이 밝게 드러났다(一言之下 心地開通, 一軸之中 義天朗耀)"라는 문장은 『전등록(景德傳燈錄)』제13권의 '종남산 규봉 종밀 선사' 대목에도 나오기에 소개한다.
규봉圭峰 종밀宗密 선사가 원화 5년(810)에 양한襄漢으로 가니 어느 병든 스님이 『화엄대소華嚴大疏』한 질을 주었다. 그것은 서울(上都)의 징관澄觀 대사가 저술한 것이었다. 선사는 일찍이 익힌 바가 없지만 한번 척 보고는 이어 강講을 하고 대견히 여기면서 말했다. "나는 선禪을 (조계 육조 혜능의) 남종선에서 만났고, 교敎는 『원각경圓覺經』에서 만나 한마디의 말에 심지心地가 열렸으며 한 권의 책 가운데 진리의 하늘이 환하게 밝았다(一言之下 心地開通, 一軸之中 義天朗耀). 이제 또 다시 절세의 『소疏』를 얻게 되니 내 정성을 쏟게 되었다."

❁

或有衆生이 **無自心力**하고 **因於廣論**하야 **而得解者**하며

혹 어떤 중생이 스스로 마음에 지혜의 힘이 없어서 자세한 논을
의지해야 이해할 수 있는 사람도 있으며,

【직해】 此乃劣機鈍根 無自智力 不能於經解甚深義 要假廣論多聞而
得解者

여기에서 근기가 하열하고 둔한 중생은 스스로 지혜의 힘이 없어,
부처님의 경전에서 매우 심오한 의미를 이해할 수 없기 때문에 '자세히
설명한 논서를 빌려서 많이 듣고 이해하는 중생도 있다'고 하였다.

❁

自有衆生이 **復以廣論文多**로 **爲煩**하고 **心樂總持少文而攝多義**하야
能取解者이니

스스로 어떤 중생이 다시 자세히 밝힌 논서에 문장이 많은 것을
번거롭게 여기고, 모든 것을 갖추면서도 분량이 적은 문장에 많은
뜻이 거두어진 것을 마음으로 좋아하여 능히 아는 사람도 있다.

【직해】 此自有厭煩要略之機 故略論不可不作 正爲此論之因緣也

여기서는 '스스로 번거로운 문장을 싫어하고 간략한 요점만을 필요로
하는 근기의 중생도 있다'고 하였다. 그 때문에 간략한 논서를 짓지
않으면 안 되었으니, 이것이 바로 본 논서를 짓게 된 인연인 것이다.

❀

如是此論이 爲欲總攝如來의 廣大深法無邊義故로 應說此論이니라.

이와 같이 이 논은 여래의 넓고 크고 깊은 법의 가없는 의義를
모두 다 거두어들이는 까닭에 마땅히 이 논을 설해야 한다."

【직해】此結今造論之意也 此論始終萬一千餘言 則已總攝如來廣大深
法無邊妙義 盡在其中 可謂文至略而義至廣 所謂總百部大乘奧義 包
括無遺 廓法界一心 如觀掌果 誠入理之玄門 修行之妙指也 學者可不
盡心焉?

여기에서 마명보살이 여기서 논서를 짓게 된 의도를 결론지었다.
본 논서는 처음부터 끝까지 일만 일천여 자에 불과하다. (적은 분량인
데도) 이미 여래의 광대하고 심오한 법을 총체적으로 포섭하여 가없이
오묘한 의미가 남김없이 그 가운데 내포되어 있다. 이른바 표현한
문장은 지극히 간략하지만 그 의미는 지극히 광대하다고 할 수 있다.
이른바 백부百部 대승경전의 심오한 의미를 빠짐없이 포괄하여 확연히
트인 법계일심法界一心을 마치 손바닥에 있는 암라 과일을 보듯 분명하
게 하였다. 본 논서는 그야말로 대승의 올바른 이치를 깨달아 들어가는
현묘한 문이며 수행의 훌륭한 지침서인 것이다. 대승을 배우는 자라면
이 논서에 마음을 극진히 해야 하지 않겠는가!?

제2장 입의분立義分

❀

已說因緣分호니 次說立義分하리라 摩訶衍者는 總說有二種하니 云何爲二오 一者는 法이요 二者는 義니라 所言法者는 謂衆生心이니 是心이 則攝一切世間法과 出世間法이라 依於此心하야 顯示摩訶衍義하나니 何以故오 是心의 眞如相이 卽示摩訶衍體故며 是心生滅因緣相이 能示摩訶衍自體相用故니라

이것으로 인연분을 끝내고 다음에는 입의분을 설하겠다. 마하연(摩訶衍, 즉 大乘)이라는 것은 총설하면 두 가지가 있으니 무엇이 두 가지인가? 첫째는 법법이요, 둘째는 의義이다. 이른바 법이라 말하는 것은 중생의 마음을 이르는 것이니, 이 마음이 곧 일체 세간법과 출세간법을 거두어들임(攝)이라. 이 마음을 의지하여 마하연의 의義를 나타내 보임이니 무슨 까닭인가? 이 마음의 진여眞如 모양이 곧 마하연의 체體를 보이는 까닭이며, 이 마음의 생멸生滅·인연因緣 모양이 능히 마하연의 자체自體·상相·용用을 나타내 보이는 까닭이다.

【직해】此立義分 首標一心宗體 以顯大乘名義也 所言法者謂一眞法界大總相法門體 卽如來藏淸淨眞心也 然而此心 體絶聖凡 本無迷悟自性淸淨 了無妄染 離名離相 絶諸對待 唯一眞源 更無二法

이 입의분의 서두에서 일심의 종체宗體를 표시하여 대승의 이름과 의義를 나타냈다. 법이란 것은 일진법계一眞法界·대총상大總相·법문체法門體를 말한다. 즉 여래장如來藏의 청정한 진심眞心인 것이다. 그러나 이 진심은 사성四聖과 육범六凡[17]의 차별이 끊어져 본래 미혹과 깨침의 차별이 없다. 그 자성은 청정하여 허망한 염법染法이 없으며, 이름과 그 모양을 여의어서 모든 상대가 끊어진 일진법계의 근원일 뿐 다시 두 가지 법이 없다.

又何有大乘之名耶? 楞伽云 大乘非乘 今言大乘者 蓋依衆生心而立此名也 所言總攝世出世法者經云如來藏轉三十二相入一切衆生身中 是則迷如來藏而爲識藏 乃衆生心也

다시 어떤 이유에서 '대승'이라는 이름이 있는가? 『능가경』[18]에서는

---

17 사성四聖은 성문·연각(벽지불)·보살·부처님을 말하고, 육범六凡은 지옥·아귀·축생·아수라·인간·천상 중생을 말한다. 천태 지자 대사는 『대지도론』 26권에 근거하여 사성육범의 십법계十法界설을 창시하였다. 지옥으로부터 천상에 이르는 육계六界는 그 고락苦樂의 과보는 같지 않으나 다 같이 미망迷妄의 경계에 존재하므로 이를 육범이라 칭하고, 성문·벽지불·보살·부처님의 사계四界는 다소 심천深淺이 있으나 깨달은 경계에 있으므로 이를 사성이라 칭한다. 이를 합하여 십법계라 한다.

18 『대승입능가경大乘入楞伽經』(實叉難陀譯, 7권 唐譯本) 권제4에 나오는 게송이다. "나의 대승은 승이 아니다. 소리도 아니고 글자도 아니며

"대승은 대승이 아니다."라고 하였다. 여기에서 대승이라는 것은 대체로 중생의 마음을 의지해서 이 이름을 세운 것이다. '이 마음이 세간법과 출세간법을 총체적으로 거두어들인다'라고 말한 것은 다음과 같다. 『능가경』[19]에서 이르기를 "여래장이 삼십이상三十二相으로 전변하여 일체중생의 몸속으로 들어갔다."라고 하였다. 미혹한 여래장이 식장識藏으로 변한 것, 곧 이것이 중생의 마음인 것이다.

사제四諦도 아니고 해탈도 아니며, 무상의 경계 또한 아니다.

그러나 대승을 타면 삼마지에 자재하고

갖가지 의성신意成身은 자재의 꽃으로 장엄한다."

(我大乘非乘 非聲亦非字 非諦非解脫 亦非無相竟

然乘摩訶衍 三摩提自在 種種意成身 自在花莊嚴)

19 이후에 표시하는 『능가경』은 『능가아발다라보경楞伽阿跋多羅寶經』(求那跋陀羅 譯, 4권 宋譯本)을 나타낸다. 이것은 『능가경』은 권제2에 나오는 내용이다. "세존께서 수다라에서 말씀하셨다. '여래장은 자성이 청정하나 32상을 굴려 일체중생의 몸 안에 들어가 있으니, 마치 값진 보석이 때 묻은 옷에 싸여 있는 것과 같다. 여래장이 항상 머물고 있어 변하지 않음도 이와 같다. 여래장이 5음·18계·12입이라는 때가 묻은 옷에 감싸여 탐욕·성냄·어리석음의 진실하지 않은 망상·진로塵勞 등으로 더럽혀져 있는 것과 같다. 모든 부처님들이 말씀하신 것이다.'(世尊修多羅說如來藏自性清淨 轉三十二相 入於一切眾生身中 如大價寶垢衣 所纏 如來之藏常住不變 亦復如是 而陰界入垢衣所纏 貪欲恚癡不實妄想塵勞所汚 一切 諸佛之所演說)"

※ 또 자주 인용되는 『부증불감경』의 내용을 소개한다.

"사리불아, 즉 이 법신이 항하사보다도 많은 한량없는 번뇌에 감싸여서 무시無始 세래世來로 세간을 수순하여 파도에 흘러 떠다니며 생사를 왕래하는 것을 이름하여 중생이라 한다. … 이 법신이 일체의 번뇌의 부림(使)과 얽매임을 벗어나고 모든 번뇌의 때를 떠나서 피안彼岸의 청정한 법에 머물면서, 모든 장애를 떠나서 일체 법에 자재한 힘을 얻는 것을 이름하여 여래·응공·정변지라 한다."

以此心乃不生不滅與生滅和合而成 名阿賴耶識 而此識體原是眞如
亦名本覺 本無生滅 今因無明動彼淨心而有生滅 故爲業識 以此心本
是眞如 故攝出世四聖之法 以依業識則有生死 故攝六凡之法 故云是
心攝一切世間出世間法故

이 마음에서 불생불멸不生不滅이 생멸하는 마음과 하나로 화합하여
이루어진 것을 '아뢰야식阿賴耶識'[20]이라고 한다. 이 아뢰야식의 자체는

---

20 아뢰야식阿賴耶識: 또는 아려야식阿黎耶識이라고도 한다. 아뢰야는 범어 ālaya의
음역으로, 불교 유심론의 하나인 8가지 식 중의 하나이며, 아뢰야 연기의 근본이
되는 식이다. 역경사 진제眞諦 등은 무몰식無沒識이라 번역하고, 현장玄奘은
장식藏識이라 번역하였다. 진제 등은 아阿를 짧은 음으로 읽어 '아'는 무無,
'뢰야'는 멸진滅盡·몰실沒失이라 번역하여 '없어지지 않는 식'이라는 뜻으로 보았
다. 현장은 아阿를 긴 음('아')으로 읽어 가家·주소住所·저장소의 뜻으로 해석하
여 장식藏識이라 한 것이다. 이 식은 종자(種子: 이 식 속에 갈무리한 깨끗하거나
더러운 세계를 발현할 수 있는 세력)·5근·기세간을 소연所緣으로 하기 때문에
각자의 아뢰야로써 우주 만유를 전개하는 근본이라 한다. 따라서 우리는 모두
각자가 아뢰야식에서 변현變現한 세계 가운데 살고 있는 것이다. 현상인 실재를
말하는 진여연기론眞如緣起論(『능가경』, 『기신론』)에 대하여, 유식종은 진여를
본체로 하고 진여에 즉하지 아니한 가유假有의 현상을 인정하여 아뢰야연기론阿
賴耶緣起論을 이루게 된 것이다.
아뢰야식의 기능과 특징은 다음과 같이 정리할 수 있다(『유가론』 51권).
1) 아뢰야식의 기능: ①아뢰야식은 집수(執受: upādāna, upātta)에 의지한다.
집수란 유지維持하는 기능으로 전세의 업보인 이숙식과 현세의 눈 등의 감관(根)
으로 경계를 삼으며, 뜻 지음(作意)으로 말미암아 전식이 생기기 때문에 아뢰야식
의 의지할 바인 집수가 있어야 된다. 이것은 무부무기無覆無記의 이숙식으로
성품을 지속시킨다. ②아뢰야식은 개체의 발생(즉 카랄람 때부터), 즉 모태의
생명이 잉태되는 현상을 가능케 한다. ③아뢰야식을 인因으로 하여 여러 식이
협동하며 명료한 인식을 성립시킨다. ④아뢰야식의 종자의 성품을 유지하며

원래 진여이며, 또한 '본각本覺'이라 한다. 그 본각은 생멸이 없으나 여기에서 무명이 저 청정한 마음을 움직임으로 말미암아 생멸이 있게 되면 '업식業識'이 된다. 이 마음이 본래 진여이기 때문에 출세간의 사성법四聖法을 포섭하고, 생멸하는 업식을 의지하는 까닭에 생사가 있게 된다. 그리하여 육도六道 범부凡夫의 세간법을 포섭하게 되기 때문에 '이 마음이 일체의 세간법과 출세간법을 거두어들인다'라고

제법의 차별상을 성립시킨다. ⑤기세간(중생의 주위환경)·신체·아我·대경對境의 사종을 분별하는 작용을 일으킨다. ⑥신체의 여섯 가지 감각을 항상 유지하며, 사고思考의 차별이 있게 한다. ⑦현재심의 작용이 끊어진 무상정無想定·멸진정滅盡定에서도 식의 존재함이 가능케 한다. ⑧아뢰야식은 개체의 죽음에 이를 때까지 육체에 마음을 유지시킨다.

2) 아뢰야식의 특징: ①내적으로는 집수를 분별하여 알고 그 소의인 육체 감관과 집착된 인상(種子)을 유지하며, 외적으로는 기세간과 관계를 유지한다. 이것은 매우 깊은 경계로 세간의 총명한 사람도 알기 어렵다. ②항상 다섯 가지 변행遍行 심소인 촉觸·작의作意·수受·상想·사思의 5변행심소를 수반한다. 이 변행심소는 매우 미세하여 알기 어렵다. ③서로가 반연의 성품이 됨에서 유전의 모양을 세운다. 아뢰야식은 모든 전식轉識과 함께 두 가지 반연함의 성품이 있어 첫째는 그의 종자가 되고, 둘째는 그의 의지할 바가 된다. 아뢰야식으로부터 여러 식이 생기면 아뢰야식을 훈습하여 종자를 형성시킨다. ④아뢰야식으로 말미암아 말나식(manas)이 생겨나는데, 말나식은 중생이 '아我'를 고집하게 하는 염오식이며, 이 말나식으로 의지를 삼아서 의식이 작용한다. ⑤아뢰야식은 일체 염오의 근본이다. 기세간이 만들어지는 근본이니 이 염오는 유전流轉으로 말미암은 훈습의 결과이기 때문에 청정한 바른 법을 수행하면 의지처를 바꿀 수 있다. 순해탈분과 순결택분의 착한 법의 종자는 아뢰야식의 염오를 바꾸어서 없어지게 한다. 즉 일체의 염오법 종자가 의지하고 있는 소의所依인 아뢰야식을 전환하여 버리고, 일체의 선善·무기법無記法의 종자가 의지하고 있는 소의인 아뢰야식을 전환하여 반연을 버리고, 안의 반연의 자재함을 얻는 것이다.

하였다.

今依此心顯示大乘義者 以法界一心具有體相用三大義故 今依此一心 開眞如生滅二門 若約眞如門 則離一切相 名言雙絶 但顯其體 不顯相用 故云卽示摩訶衍體

여기에서 '이 마음에 의지하여 대승의 의義를 나타내 보인다'고 한 것은 법계일심法界一心에 체體·상相·용用 삼대三大라는 의義를 갖추고 있기 때문이다. 여기에서 일심을 의지하여 진여문과 생멸문의 두 가지 문을 전개한다. 만약 진여문을 따르면 일체의 모양을 여의어서 이름과 언어가 모두 끊어져서 단지 그 자체인 체體만이 나타날 뿐이고 상相·용用은 나타나지 않게 된다. 그 때문에 '마하연의 체體를 나타내 보인다'고 하였다.

若約生滅門 則妄依眞起 卽顯相用 故於生滅門中具體相用三大之義 是故名大 依此眞妄二法有二轉依 是故名乘 故云依衆生心顯示大乘義也 此總出大乘得名之所以 先示眞妄心法 通爲大乘法體也

만약 생멸문을 따르면 곧 망념이 진여를 의지해서 일어난다. 바로 상相과 용用을 나타낼 수 있기 때문에 생멸문 가운데에는 체體·상相·용用 삼대의 의義를 갖추게 된다. 그 때문에 '대大'라고 이름하였다. 이러한 진여와 망념인 두 법을 의지하여, 두 가지 세간 출세간의 전변轉變이 의지하기 때문에 '승乘'이라고 하였다. 그래서 '중생의 마음을 의지해서 대승의 의義를 나타내 보인다'라고 말한 것이다. 여기에서

56

는 '대승'이라는 이름을 얻게 된 이유를 총체적으로 드러내면서 먼저 진여眞如와 망념妄念의 심법이 모두 다 대승법체가 됨을 보인 것이다.

下示三大義

아래는 삼대의三大義를 풀이하여 나타낸다.

❀

所言義者는 則有三種하니 云何爲三고 一者는 體大니 謂一切法이 眞如平等하야 不增減故요 二者는 相大니 謂如來藏이 具足無量性 功德故요 三者는 用大이니 能生一切世間出世間의 善因果故라 一切諸佛이 本所乘故며 一切菩薩도 皆乘此法하야 到如來地故니라

이른바 의義라고 말하는 것에는 곧 세 가지가 있으니 무엇이 세 가지인가? 첫째는 체대體大이니 일체법이 진여와 평등해서 증감이 없기 때문이다. 둘째는 상대相大이니 여래장이 무량한 성품의 공덕(性功德)을 구족하기 때문이다. 셋째는 용대用大이니 일체 세간과 출세간의 선한 인과를 내기 때문이다. 일체 모든 부처님께서 본래 타신(乘) 까닭이며 일체 보살들도 모두 이 법을 타고 여래지에 이르기 때문이다.

【직해】 此標列義門 以顯大乘得名 爲下正義之張本也 所言義者謂名 依義立 有何義故而立大乘之名耶? 以有三大義 故得大名 以有二運 轉義 故得乘名 此之名義 蓋依眞妄二法和合而有 故云依衆生心顯示 摩訶衍義也 若言其體 則唯一眞如 平等不二 不增不減 故但言體

이것은 '의義'를 나타낸 부분(門)이다. 대승이라는 이름을 얻게 된 것을 나타냄으로써 아래 글에서 '바른 의(正義)'의 바탕이 되는 것이다. 의義라고 말한 것은 이름을 의義를 의지하여 세우는 것인데 어떤 의義가 있기에 '대승'이란 이름을 세웠는가? 대승에는 삼대三大의 의義가 있기 때문에 '대大'라는 이름을 얻게 되었고, 또 두 가지의 운전運轉하는 의미가 있기 때문에 '승乘'이라는 이름을 얻게 되었다. 이러한 대승이라는 이름과 의義는 진여와 망념의 두 가지 법이 화합해서 있게 된다. 그 때문에 '중생의 마음(心)을 의지해서 마하연摩訶衍의 의義를 나타내 보인다'고 말한 것이다. 만약 일심의 체를 말한다면 오직 하나의 진여眞如여서 진여와 망념이 평등하여 둘이 아니다. 따라서 진여는 증가하지도 않고 감소하지도 않는다. 그 때문에 단지 '체體'라고만 말한다.

今依如來藏隨染淨緣 以隨淨緣 則具無量自性功德 則成出世間因果 以隨染緣 則變自性功德而爲恒沙煩惱 則成世間因果 故相用方顯 以此三大染淨之所不虧 生滅之所不變 是故名大 諸佛菩薩皆乘此心 是故名乘 一論大旨 唯釋此義 故爲宗本

여기에서 진여는 여래장에 의지하여 염법染法과 정법淨法의 연을 따른다. 정법의 연을 따르면 한량없는 자성의 공덕을 갖추어 출세간의 인과를 이루게 되지만, 염법의 연을 따르면 자성 공덕이 항하사 수의 번뇌로 변하여 세간의 인과를 이루게 된다. 그 때문에 자체의 상相·용用이 바야흐로 드러난다. 이러한 삼대는 염법과 정법을 따라 손상되지 않으며, 생멸에 의해 변천하지도 않는다. 이런 까닭에 '대大'라 하였고,

모든 불보살이 이 마음을 탔기 때문에 '승乘'이라고 이름하였다. 이것이 논서의 커다란 주제(大旨)로, 오직 이 '의義'를 해석하는 것이 본서의 근본 종지가 된다.

제3장 해석분解釋分

❀

已說立義分하니 次說解釋分하리라

이것으로 입의분의 설명을 끝내고 다음 해석분을 설명하겠다.

【직해】 此結前生後

앞의 입의분을 결론짓고 다음 해석분을 낸다.

❀

解釋分에 有三種하니 云何爲三고 一者는 顯示正義요 二者는 對治
邪執이요 三者는 分別發趣道相이니라

해석분에는 세 가지가 있으니 무엇이 세 가지인가? 첫째는 바른
의義를 나타내 보임(顯示正義)이요, 둘째는 삿된 집착을 다스림(對治
邪執)이요, 셋째는 대승도로 발심하여 나아가는 수행의 모양을 분별
함(分別發趣道相)이다.

60

【직해】 此標列釋名也 顯示者正釋大乘所依法義 對治者旣明正體 須遣異計 上釋大義 發趣者趣進次第 正明乘義 此正宗一分 有此三段 依義解釋

이것은 앞으로 해석할 내용의 이름을 나열한 것이다. '바른 의義를 나타내 보임'이라는 것은 대승이 의지하는 법法과 의義를 바르게 해석하는 것이고, '삿된 집착을 다스림'은 올바른 체體를 밝혀서 본체와 다르게 헤아리는 잘못된 집착을 버리게 하는 부분이다. 위에서 삼대의 三大義를 해석하고, '발심하여 나아가는 도의 모양을 분별함'에서는 대승의 올바른 도로 취향해 나아가는 수행의 차제를 해석했는데, 여기에서는 '승乘의 뜻을 바르게 밝힌다. 이 해석분은 본론인 정종분의 하나에 해당하는데, 여기에 있는 이러한 세 가지 단락을 의義에 의거해서 해석한다.

1. 현시정의顯示正義

顯示正義者는 依一心法하야 有二種門하니 云何爲二오 一者는 心眞如門이요 二者는 心生滅門이니라 是二種門이 皆各總攝一切法하나니 此義云何오 以是二門이 不相離故니라

바른 의(正義)를 나타내 보임이란, 일심법一心法을 의지해서 두 가지 문이 있으니 무엇이 두 가지인가? 첫째는 심진여문心眞如門이요, 둘째는 심생멸문心生滅門이다. 이 두 가지 문이 각각 일체법을 모두 거두어들임(各總攝)이니 이 뜻이 어떠한가? 이 두 가지 문이 서로

여의지 않기 때문이다.

【직해】 此標宗本正義 以釋立義依衆生心顯示摩訶衍義 爲一論之綱要也 此論宗楞伽等經所造 今一心二門 蓋依經而立也

여기에서 종지의 근본인 대승법의 올바른 의義를 표시하였다. 앞의 입의분에서 '중생의 마음을 의지하여 마하연의 의義를 나타내 보인다'고 한 것을 해석하여 이것으로써 본 논서의 강요綱要를 삼았다. 본 논서는『능가경』등의 대승경전을 종지로 하여 지었다. 여기에서 말하는 '일심법을 의지해서 두 가지 문이 있다' 한 것은 대개『능가경』을 의지해서 세운 것이다.

經云 寂滅者名爲一心 一心者名如來藏 此心一法不立 有無俱遣 生佛智空 故云遠離覺所覺 是二悉皆離 是則眞妄不立 寂滅湛然 故經中百八句 大慧約十法界名相妄想而問 故佛答云一切皆非

경經[21]에서 이르기를 "적멸寂滅을 일심이라 이름하고 일심을 여래장이

---

21 『입능가경入楞伽經 菩提留支譯 10卷經』제1「청불품請佛品」의 다음 구절에 나오는 말이다.

"랑카(능가)왕이여, 비유하건대 거울 속에 영상이 스스로 제 모양을 보는 것과 같으며, 또한 물속의 그림자가 스스로 제 그림자를 보는 것과 같으며, 달빛과 등불 빛이 방안에 있으면서 그 그림자가 스스로 제 그림자를 보는 것과 같으며, 허공중에 메아리 소리가 스스로 소리를 내고 그를 제 소리인 양 하는 것과 같아서, 만일 이와 같이 법과 법 아닌 것을 취한다면 이는 모두 허망한 망상분별이다. 그러므로 법과 법 아닌 곳을 알지 못하고 허망만 더욱 더하여 적멸을 얻지 못하리라. 적멸이란 일심인 것이요 일심은 곧 여래장이니, 이는 자기 몸속

라 이름한다."라고 하였다. 이 마음은 하나의 법도 세울 수 없어 유有·무無를 함께 버리고 중생과 부처의 지혜가 공적하다. 그 때문에 경[22]에서 이르기를 "능각(能覺: 깨닫는 주체)·소각(所覺: 깨닫는 대상)을 멀리 여의고 유·무 두 가지를 모두 여의었다."라고 하였다. 이러하여 진여眞如와 망념妄念이 모두 세워지지 않고 모든 것이 적멸하여 담연하다. 그래서 경의 백팔구百八句 문답에서 대혜大慧보살이 십법계의 명名·상相·망상妄想인 차별에 따라 질문한 것에 대하여 부처님은 "모두가 아니다."라고 답하셨다.

今云是心眞如 爲一法界大總相法門體 卽經所示寂滅一心也 以一心寂滅 不可說示 故大慧便問諸識有幾種生住滅 是約生滅門中容有言說 故五法三自性 皆依生滅門而有也

지혜의 경지에 드는 것이며 무생법인無生法忍삼매를 얻는 것이니라(楞伽王 譬如鏡中像自見像 譬如水中影自見影 如月燈光在屋室中影自見影 如空中響聲自出聲取以爲聲 若如是取法與非法 皆是虛妄妄想分別 是故不知法及非法 增長虛妄不得寂滅 寂滅者名爲一心 一心者名爲如來藏 入自內身智慧境界 得無生法忍三昧)."

22 『능가경』 권제1의 다음 게송에 나온다.

"일체 어디에도 열반이 없으므로, 열반에도 부처가 없고
부처 열반이 없으니, 깨닫는 사람(能覺)도 깨달을 대상(所覺)도 멀리 여의었네.
있다거나 없다거나 이 두 가지를 다 여의고,
석가무니께서 적정寂靜을 관찰하시니, 이것이 곧 생사를 떠난 것일세.
이를 취하지 않는다고 이름하니, 금세에도 후세에도 청정하리."

(一切無涅槃 無有涅槃佛 無有佛涅槃 遠離覺所覺
若有若無有 是二悉俱離 牟尼寂靜觀 是則遠離生
是名爲不取 今世後世淨)

본 논서에서는 '이 마음의 진여가 일법계대총상법문체이다'고 하였다.
이는 바로 경에서 보여준 '적멸寂滅은 일심一心이다'는 것이다. 일심
적멸은 언설로 설명할 수 없다. 그 때문에 경[23]에서 대혜大慧보살이
부처님께 "모든 식識에는 몇 종류의 생주멸生住滅이 있습니까?" 하고
여쭈었는데 이는 생멸문을 따르면 언어의 설명이 용납될 수 있기
때문이다. 그러므로 경에서 세운 오법五法[24]과 삼자성三自性[25]을 모두

---

23 『능가경』 권제1에 나온다.

"이때 대혜大慧보살마하살이 다시 부처님께 사뢰어 말씀드렸다.

'세존이시여, 모든 식에는 몇 종류의 생김(生)·머무름(住)·사라짐(滅)이 있습니까?'

부처님께서 대혜보살에게 말씀하셨다.

'모든 식에는 두 종류의 생김과 머무름과 사라짐이 있으니 생각으로 헤아려
알 수 있는 것이 아니다. 모든 식에는 두 가지의 생김이 있으니 유주생流注生과
상생相生이고, 두 가지의 머무름이 있으니 유주주流注住와 상주相住이며, 두
가지의 사라짐이 있으니 유주멸流注滅과 상멸相滅이다. 모든 식에는 세 종류의
상이 있으니 전상轉相과 업상業相과 진상眞相이다.'(爾時大慧菩薩摩訶薩復白佛言
世尊 諸識有幾種生住滅 佛告大慧 諸識有二種生住滅 非思量所知 諸識有二種生 謂流注
生及相生 有二種住 謂流注住及相住 有二種滅 謂流注滅及相滅 諸識有三種相 謂轉相業
相眞相)" ※ 유주流注는 식의 종자種子, 상相은 현행現行으로 해석할 수 있다.

24 오법五法: 오법은 『능가경』의 주요 주제이다. ①명名: 현상계에 가립된 일체
명자를 말한다. ②상相: 각자의 인연에 의하여 생겨나는 유위법을 말하는 것으로
각종 현상의 차별된 모양이다. ③망상妄想(分別)은 위의 ①명과 ②상에 의하여
일어나는 분별심으로 허망한 생각이다. ④정지正智는 진여에 계합하는 지혜이
다. ⑤진여眞如 또는 여여如如는 일체 존재하는 본체이며, 이는 바로 평등여실平等
如實한 진리를 가리킨다. 앞의 셋은 미혹한 법(迷法)이고 뒤의 둘은 깨침의 법(悟
法)을 이룬다.

25 삼자성三自性: 유식사상의 핵심적인 용어로 유식삼성唯識三性을 말한다. 삼성이란
삼종三種의 자성, 즉 ①변계소집성遍計所執性, ②의타기성依他起性, ③원성실성

생멸문을 의지하여 설명하게 된 것이다.

圓成實性을 말한다. 현장玄奘보다 앞서 번역한 진제眞諦에 의한 구유식舊唯識에서는 변계소집성은 분별성分別性으로, 의타기성은 의타성依他性으로, 원성실성은 진실성眞實性으로 번역되었다.

① 변계소집성遍計所執性: 변계란 널리 일체 제법諸法을 반연해서 '나我다', '법法이다'라고 헤아려서 분별하는 것을 말한다. 변계소집성이란 범부의 허망한 분별(妄情)에 의해서 인연으로 생긴 것(因緣所生)의 거짓된 법을 실다운 주재자가 있는 것(實我)으로, 실다운 법(實法)이 있는 것으로 아는 잘못된 집착(迷執)이다. 가법假法은 본래 체體가 있는 것이 아니라, 다만 범부의 망정妄情으로 나타난 공무空無의 환영幻影에 불과한 것이다. 그러므로 이것을 체성도무(體性都無: 체성이 도무지 없음의 법)라고 한다. 여기에 능소能所로 둘로 나누면 능변계能遍計는 즉 망집妄執의 식識인 제6·제7의 두 가지 식이며, 소변계所遍計는 온蘊·처處·계界 등의 인연으로 생긴 의타기依他起의 법法이다. 변계소집성은 망정에 있어 유有라고 인정할 뿐이고 실다운 이치(理實)에 있어서는 없으므로(空無), 이것을 정유이무(情有理無: 망정으로 있는 것처럼 보이나 이치로 없음)라고 한다.

② 의타기성依他起性: 저 중연(衆緣: 여러 인연이 모임)에 의해서 생겨나는 유위법을 말한다. 의타기는 초기불교의 연기緣起에 대하여 그 존재성은 실체적인 존재가 아니라는 것을 나타내기 위하여 유식논사들이 만들어 사용한 용어이다. 유위법은 100법 가운데 무위법을 제외한 심왕心王·심소心所·색色·불상응행不相應行의 4위位 94법이 이것이다. 이는 앞의 변계소집성과 같이 체성體性이 도무지 없는 것은 아니나, 인연으로 생긴 것(因緣所生)이기 때문에 항상 머물러서 실답게 존재하는 것(常住實有)이 아니므로 여환가유(如幻假有: 허깨비처럼 거짓으로 있음)라고 한다.

③ 원성실성圓成實性: 원만圓滿·성취成就·진실성眞實性의 뜻으로 만유만법萬有萬法의 본체本體인 진여眞如의 이성理性을 말한다. 존재적인 측면에서 진여이고, 인식의 측면에서는 무분별지無分別智이다. 진여는 두루 일체법에 원만해서 한 법도 이것을 갖추지 않음이 없으므로 원圓이라 하고, 또 그 체體가 상주불멸해서 언제나 변하지 않고 성취되어 있으므로 성成이라고 하며, 또 제법의 진실한 체성體性으로서 허망한 법이 아니므로 실實이라고 한다. 이 원성실성인 진여는

以經云諸識略有三種相謂眞識 現識 分別事識 故今論依一心立二門
者 蓋依眞識立眞如門 依現識分別事識立生滅門 故今眞如乃一心之
眞如 故名相妄想一切皆非 一法不立 四句俱遣 以依二識 故三細六麤
五意六染 總屬名相妄想 皆生滅門收 此論立義之宗本也

경[26]에서 이르기를 "모든 식에는 대략 세 가지의 모양이 있으니, 이른바
진식眞識·현식現識·분별사식分別事識이다."라고 하였다. 그 때문에

진실하고 항상해서 모든 범부의 망정이 없고, 언어와 사려思慮가 끊어진 경계이므
로 이것을 진공묘유眞空妙有라고 부른다. 그러나 이는 유위문에 의한 것이고,
유루·무루를 따진다면 의타기성의 유위법 가운데 무루법도 원성실성이라 할
수 있으나, 앞의 뜻에 의하여 진여로서 원성실성을 삼는 것이다.

26 『능가경』 권제1에 나온다.
"대혜야, 간략히 말하면 세 종류의 식識이 있고, 널리 말하면 여덟 가지의 상相이
있다. 무엇이 세 종류가 되느냐 하면 진식眞識과 현식現識 그리고 분별사식分別事
識이다. 대혜야, 이는 마치 맑은 거울이 모든 색상을 지니고 있는 것과 같으니,
현식에 색상이 나타나는 것도 이와 같다. 대혜야, 현식과 분별사식의 이 두
가지는 무너지는 모습과 무너지지 않는 모습이 번갈아 인因이 된다. 대혜야,
부사의훈不思議熏과 부사이변不思議變은 현식의 인이다. 대혜야, 갖가지 경계를
취하는 것과 끝없는 옛날부터의 망상훈妄想熏은 분별사식의 인이다. 대혜야,
만약 저 진식을 덮은 온갖 진실하지 않은 모든 허망한 것이 사라지면 모든
근식根識이 사라진다. 대혜야, 이것을 '상이 사라진다(相滅)'라고 한다."
※ 원효의 『기신론소』의 설명: 부사의훈이라는 것은 이른바 무명이 능히 진여를
훈습함이니, 가히 훈습하지 않을 것이 능히 훈습하기 때문에 부사의훈이라
한 것이다, 부사의변이란 것은 이른바 진여가 무명을 훈습함을 받음이니 가히
변이變異하지 않을 것이 변이하기 때문에 부사의변이라 한 것이다. 이 훈熏과
변變이 매우 미세하고 또한 은밀하기 때문에 일어나는 현식의 행상도 미세하며,
이 가운데 전식과 업식이 있다. 그러나 거칠고 미세함을 겸하였기 때문에 다만
'현식'이라 한 것이다.

여기 이 논서에서 일심을 의지하여 두 가지 문門을 세웠는데, 대체로 진식을 의지하여 진여문을 세우고, 현식과 분별사식을 의지하여 생멸문을 세웠다. 여기에서 진여문은 일심의 진여이고, 오법五法 가운데 생멸에 해당하는 명名·상相·망상(妄想, 즉 分別)의 일체가 다 부정된다. 그리하여 한 법도 세울 수 없어서 사구四句를 모두 버린다. 그러나 (생멸문은) 현식과 분별사식의 두 식을 의지하기 때문에 삼세육추三細六麤와 오의五意·육염법六染法이 총체적으로 명名·상相·망상妄想에 소속되어 모두 생멸문에 거두어진다. 이것이 이 논서에서 세운 의義의 근본 종지인 것이다.

前立義中云衆生心攝世間法者 蓋總約眞妄和合之一心 以通含染淨諸法 爲顯大乘依之而得名也 今云是二種門皆各總攝一切法者 以顯如來藏識藏 眞妄和合 各有力用 互相含攝 以顯不思議熏變之妙也

앞의 입의분 가운데서는 말하기를 '중생의 마음이 세간법과 출세간법을 거두어들인다'고 하였다. 이는 대체로 진망眞妄이 화합된 것을 총체적으로 일심이라고 하여, 염법과 정법의 모든 법이 포함된다. 이를 의지하여 대승이라는 이름을 얻게 된 것을 보인 것이다. 그런데 여기에서 '이 두 가지 문이 모두 각각 일체법을 거두어들인다'고 한 것은 여래장과 식장의 진여와 망념이 화합하여 각자 그에 따른 세력과 작용이 있고 서로서로가 함용 포섭함을 나타냈다. 이로써 부사의하게 훈습하고 전변하는 오묘함을 나타낸 것이다.

以如來藏具有恒沙諸淨功德 今迷而爲識藏 而變恒沙淨功德而爲染
緣 今言各總攝者 以如來藏隨淨法熏 則眞有力而妄無力 故染緣卽變
爲淨法 則總攝染緣於如來藏中 通爲不思議之淨用

여래장은 원래 항하사와 같은 청정한 공덕을 갖추고 있는데 지금은
미혹하여 식장識藏[27]이 되었다. 그리하여 항하사와 같은 청정한 공덕이
염법의 연緣이 된다. 여기에서 '이 두 가지 문이 각각 일체법을 거두어들
인다'고 말한 것은 여래장이 정법淨法의 훈습을 따르면 진여의 편에
세력이 있게 되고 따라서 망념은 세력이 없게 된다. 그리하여 염법의
연緣이 곧 정법淨法으로 변한다. 염법의 연을 여래장 가운데 총체적으
로 거두면 모두가 부사의하고 청정한 작용이 된다.

若隨無明染緣熏 則妄有力而眞無力 故淨德卽變爲染緣 則攝淨德於

---

27 『능가경』 권제4에 다음과 같이 나온다. "여래장이 무시無始로부터 허위인 악습에
  훈습된 것을 식장識藏이라고 한다." 이와 관련한 자세한 경문은 각주 119 참조.
  한편, 『승만경』 「자성청정장自性淸淨章」 제13에 여래장에 대한 설명이 나온다.
  "세존이시여, 여래장이란 법계장法界藏이며, 법신장法身藏이며, 출세간상상장出
  世間上上藏이며, 자성청정장自性淸淨藏입니다. 이처럼 자성청정한 여래장이 객진
  번뇌客塵煩惱와 상번뇌上煩惱에 물드는 것은 불가사의한 여래의 경계입니다.
  왜냐하면 찰나의 착한 마음은 번뇌에 물들지 않고, 또한 찰나의 나쁜 마음도
  번뇌에 물들지 않기 때문입니다. 번뇌는 마음에 접촉하지 않고, 마음도 또한
  번뇌에 접촉하지 않습니다. 어떻게 접촉하지 않는 법이 능히 마음을 물들일
  수 있겠습니까. 세존이시여, 그러나 번뇌가 있고, 번뇌가 마음을 물들이는 일도
  있습니다. 자성청정심에 물드는 일이 있다고 하는 것은 참으로 알기 어렵습니다.
  오직 부처님만이 참다운 눈과 진실한 지혜로 법의 근본이 되었으니, 법에 통달하
  시고 바른 법에 의지하여 여실하게 알며 보시는 것입니다."

藏識中 通爲不思議之業用 是則總是一如來藏 但隨染淨熏變 以致眞
妄各別互相含攝

그러나 만약 무명을 따라 생멸 염법染法을 연緣하여 훈습하면 망념은
세력이 있게 되고 진여는 세력이 없게 된다. 그 때문에 진여의 청정한
공덕이 곧 염법의 연으로 변하여, 청정한 공덕을 식장識藏 가운데
포섭하게 되고 모두가 부사의한 업의 작용이 된다. 이렇게 되면 총체적
으로 이것은 하나의 여래장이다. 이렇게 염법과 정법의 훈습과 전변을
따르며, 진여와 망념이 각자대로 서로서로가 함용 포섭하는 관계에
이르게 된다.

故云以是二門不相離故也 此明如來藏不思議熏變之妙 故以此各總
攝標顯 向下論文中生滅因緣染淨熏習 皆發揮此三字而已

그 때문에 '이 두 가지 문이 서로 여의지 않기 때문이다'라고 하였다.
여기에서 여래장이 부사의하게 훈습되고 전변하는 오묘함을 밝히고
있다. 그래서 '각자가 총체적으로 거두어들인다(各總攝)'고 표시하여
나타냈다. 본 논서 가운데서 다음에 전개되고 있는 생멸의 인연과
그에 따른 염법·정법의 훈습 모두가 이 '각총섭各總攝'이라는 세 글자의
뜻을 충분히 나타낸 것이다.

1) 심진여문心眞如門

心眞如者는 卽是一法界의 大總相法門體니 所謂心性이 不生不滅
이라 一切諸法이 唯依妄念하야 而有差別이니 若離心念하면 則無一
切境界之相이니라 是故로 一切法이 從本已來로 離言說相하며 離名
字相하며 離心緣相하야 畢竟平等하고 無有變異하며 不可破壞라 唯
是一心일새 故名眞如니

심진여心眞如라는 것은 곧 이 일법계一法界의 대총상법문체大總相法
門體이니, 이른바 심성心性이 불생불멸이다. 일체 모든 법이 단지
망념을 의지해서 차별이 있으니, 만약 심념心念을 여의면 곧 일체
경계의 상相이 없다. 이런 까닭으로 일체법이 본래로부터 언설의
상(言說相)을 여의며, 명자의 상(名字相)을 여의며, 심연의 상(心緣
相)을 여의어서 필경에 평등해서 변하고 달라짐이 없으며 가히
무너지지 않는다. 오직 일심이므로 진여라고 이름한다.

【직해】 此標釋立義分中是心眞如也 何以名眞如耶? 謂卽是一法界大
總相法門體 一法界者卽無二眞心 爲萬法之所因依 界者因也

여기에서는 입의분立義分 가운데서 '이 마음이 진여이다(是心眞如)'라
고 한 것을 표시하고 해석하였다. '무엇 때문에 진여라고 이름하게
되었는가?'라는 질문의 답변으로 '이 마음이 일법계一法界의 대총상법
문체大總相法門體이기 때문이다'라고 하였다. '일법계一法界'란 바로
둘이 없는 진심眞心이며 만법이 이를 바탕으로 의지하는 대상이 된다.

'계界'는 인(因: 종자)이라는 뜻이다.

總相法門體者 卽一切聖凡依正因果之總相 皆依此心而爲其體 然此
心體本不生滅 所謂常住眞心也 旣云一眞 元無差別之相 而今有差別
者 唯依妄念而有返顯

'총상법문체總相法門體'라는 것은 곧 일체 성인과 범부, 의보依報와
정보正報,[28] 인과因果의 총체적인 모양 모두가 이 진심眞心을 의지해서
그 체體로 삼는다. 그러나 이 마음의 체는 본래 생멸하지 않는다.
이는 이른바 상주하는 진심인 것이다. 이미 이 마음을 일진一眞이라고
말하며, 원래 차별적인 모양은 없다. 그런데도 여기에서 눈앞에 만법의
차별이 있는 것은 '단지 망념을 의지해서 차별이 있다'고 하여 상대적으
로 나타냈다.

若無妄念 則湛寂一心 了無差別境界之相矣 雖則萬法差別 法法皆眞
是故一切法從本已來 言思路絶 心行處滅 故一切言說名字 分別皆不
可得 故皆云離也

만일 망념이 없다면 맑고 고요한 일심이다. 곧 차별적인 경계의 모양이
없는 것을 알게 된다. 비록 만법의 차별이 있으나 하나하나 법마다
모두가 진여이다. 이런 까닭에 일체법이 본래부터 언설과 생각의

---

28 정보正報: 과거에 지은 업인業因에 의하여 금세에 갚아지는 과보로 유정의 심신心身
을 정보라고 하며, 부처님의 몸이나 중생들의 몸 등을 들 수 있다.
의보依報: 정보로 받은 중생의 몸이 의지하는 주변 환경을 의보라고 한다. 부처님
의 수용토, 또는 중생들의 심신에 따라 존재하는 국토, 가옥, 의복, 식물 등이다.

길이 끊어졌고 마음이 행하는 처소마저 사라졌다.[29] 따라서 일체의
언설, 명자나 분별로는 진여를 모두 얻을 수 없다. 그 때문에 '모두를
여읜다'고 말한 것이다.

由是染淨不能異 故云畢竟平等 四相所不遷 故無變異 不屬有爲 故不
可破壞 唯是一心 更無別法 以不妄不變 故名眞如

이러한 진여는 염법과 정법이 다를 수 없기 때문에 '필경에 평등하다'고
하였고, 생주이멸의 모양을 따라 천류하지 않기 때문에 '변하고 달라짐
이 없다'고 하였으며, 유위법에 속하지 않기 때문에 '무너지지 않는다'
고 하였고, 오직 일심일 뿐 다시는 다른 법이 없고 허망하지도 않고
변치도 않기 때문에 '진여'라고 하였다.

---

29 언사로절言思路絶 심행처멸心行處滅: 이에 대한 여러 전거가 있으나, 『인왕호국반
야바라밀다경』(不空 譯) 「관여래품」 제2에 나오는 '심행처멸心行處滅 언어도단言
語道斷' 대목을 소개한다.
"부처님이 파사익왕에게 물었다. '그대는 어떤 모양으로 여래를 보는가? 파사익
왕이 아뢰었다. '몸의 실상을 보는 것처럼 부처님도 그렇게 봅니다. 과거도
없고 미래도 없고 중간도 없어서 …… 보는 것도 아니요, 듣는 것도 아니며,
깨닫는 것도 아니요, 아는 것도 아닙니다. 마음이 가는 곳도 없어지고 말의
길이 끊어져서 진제眞際와 같고, 법성이 평등하니 저는 이러한 모양으로서 여래를
봅니다.'(爾時世尊告波斯匿王言 汝以何相而觀如來 波斯匿王言 觀身實相觀佛亦然 無
前際無後際無中際 …… 非入非出非福田非不福田 非相非無相 非取非捨非大非小 非見
非聞非覺非知 心行處滅言語道斷 同眞際等法性 我以此相而觀如來)"

❀

以一切言說이 假名無實이라 但隨妄念하야 不可得故니라 言眞如者
도 亦無有相이로되 謂言說之極이라 因言遣言이어니와 此眞如體는
無有可遣이니 以一切法이 悉皆眞故며 亦無可立이니 以一切法이
皆同如故라 當知一切法이 不可說不可念일새 故名爲眞如니라

일체 언설이 거짓 이름(假名)뿐이요, 실다움이 없다. 다만 망념을
따라서 얻을 수 없기 때문이다. 진여眞如라고 말하는 것도 또한
모양(相)이 없는 것이지만 언설言說의 극極을 말한 것이다. 말을
인因해서 말을 버리는 것이지만 진여의 체는 버릴 것이 없으니
일체법이 모두 다 진眞인 까닭이며, 또한 가히 세울 것도 없으니
일체법이 다 한가지로 모두 여如와 같은 까닭이다. 마땅히 알라.
일체법이 말할 수도 없고 가히 생각할 수도 없기 때문에 진여라고
이름한다.

【직해】 此釋上離緣 以顯眞如絶待也 問 何以眞如離名言相耶? 答 以一
切言說假名無實故 問 何以離心緣相耶? 答 以隨妄念不可得故 問
若名言心緣一切皆離 如何是眞如相耶? 答 眞如者亦無有相 以眞如
體離相寂滅 不可以相取故 問 旣離名絶相 何以有眞如之名耶? 答
以眞如之名 乃言說之極 此名之外 更無有可加者 故以眞如之名 以遣
名言之執耳 非是眞如有相可名也

여기에서는 위에서 '반연을 여읜다' 함을 해석하여, 진여는 상대가
끊어진 것을 나타냈다.

문: 무엇 때문에 진여는 이름과 언설의 모양을 여의는가?

답: 일체의 언설이 임시적인 거짓 이름일 뿐 실체는 없기 때문이다.

문: 무엇 때문에 마음의 반연하는 모양을 여의는가?

답: 망념을 따라서는 얻지 못하기 때문이다.

문: 만약 이름과 언설과 심의식의 반연 일체를 모두 여읜다면 어떤 것이 진여의 모양인가?

답: 진여도 역시 실체의 모양이 없다. 진여의 체는 모양을 여읜 적멸이어서 모양으로는 취할 수 없기 때문이다.

문: 이미 이름을 여의고 차별적인 모양이 끊어졌다면 무엇 때문에 진여라는 이름이 있게 되는가?

답: 진여라는 이름은 언설로 표현할 수 있는 언어의 극치이다. 이 진여라는 이름밖에는 다시 보탤 것이 없다. 그 때문에 진여라는 이름으로써 이름과 언설에 대한 집착을 버리게 했을 뿐이다. 이 진여에는 이름을 붙일 만한 어떤 모양도 있는 것이 아니다.

問 若名旣遣 而此眞如之體亦可遣耶? 答 此眞如之體眞實無妄 則無可遣 以可遣者妄耳 不可遣者眞也 以一切法悉皆眞故 無可遣也 問 若諸妄俱遣 唯立眞如一法耶? 答 亦無可立 謂若眞外別有一法 則言可立 以一切法 皆與眞如同體 無二無別 又何可立? 以有如是義故 當知一切法不可說不可念 故名眞如 此究竟離相之地也

문: 만약 이름과 언설에 대한 집착을 이미 버렸다면 이 진여의 자체마저도 역시 버려야 하는가?

74

답: 이 진여의 자체는 진실하여 망념이 없어서 버릴 것도 없다. 버려야 할 것은 망념뿐이고 버릴 수 없는 것이 진여인 것이다. 일체법이 모두 다 진여이기 때문에 버릴 것이 없다.

문: 만약 일체법과 망념을 함께 버리고 나면 진여라는 오직 하나의 법을 세울 수 있는가?

답: 역시 세울 수 없다. 진여의 밖에 따로 하나의 법이 있다면 세울 수 있겠지만 일체법 모두가 진여로 더불어 동일한 체體여서, 일체법과 진여는 둘이 없고 구별도 없다. 다시 어찌 세우는 것이 가능하겠는가? 이러한 의미가 있는 까닭에 '마땅히 알라. 일체법은 말할 수 없으며 가히 생각할 수도 없기 때문에 진여라 한다.' 이것은 모양을 여읜 구경究竟의 경지인 것이다.

❊

問曰 若如是義者인댄 諸衆生等이 云何隨順하야사 而能得入이니잇고 答曰 若知一切法이 雖說이나 無有能說可說이며 雖念이나 亦無能念可念이면 是名隨順이요 若離於念이면 名爲得入이니라

물어 이르되 "만약 이와 같은 뜻이라면 모든 중생들이 어떻게 수순隨順하여야 들어갈 수 있는가?" 답해 이르되 "일체법이 비록 말할지라도 설하는 사람(能說: 주체)과 설할 것(可說: 대상)이 없으며, 비록 생각할지라도 또한 생각하는 사람(能念: 주체)과 생각할 것(可念: 대상)이 없음을 알면 이것을 수순이라 한다. 만약 생각(念)을 여의면 이름하여 '들어감(得入)'이라 한다."

【직해】此問明隨順得入 以明觀智境也 問曰 言眞如之體 旣言思路絶
擧心卽錯 動念卽乖 則諸衆生等 云何隨順而得悟入? 答曰 若知一切
法雖說無有可說 雖念無有可念 此是方便隨順 若離於念 名爲得入
以離念境界唯證相應 故云得入

여기서 진여로 수순하여 들어감을 묻고, 그 답으로 관지觀智의 경계를
밝혔다.

문: 진여 자체는 언설과 생각의 길이 끊어져서, '마음을 일으키면
잘못되었다'고 하고 '생각(妄念)을 움직였다고 하면 어긋난다'라고[30]
하니, 그렇다면 모든 중생들이 어떻게 수순해야 진여로 깨달아 들어갈
수 있는가?

답: 만약 일체법을 언설로 설명한다고는 하나 설명할 만한 실체가

---

30 '거심즉착擧心卽錯'와 '동념즉괴動念卽乖' 문장은 선가에서도 곧잘 인용되고 있는
데, 아래에 몇 가지 예를 든다.
① 황벽黃檗의 『전심법요傳心法要』: "마음을 일으켜 생각을 움직이면 즉시 법체와
어긋나고 모양에 집착하게 된다(擧心動念 卽乖法體 卽爲着相)." "생각을 움직이면
곧 어긋나는 것이니, 마치 허공이 끝이 없어서 가히 헤아릴 수 없는 것과 같다.
오직 이 한마음(一心)이 곧 부처여서, 부처와 중생衆生은 차이가 없건만, 중생들이
형상에 집착되어 밖으로 구하려 하므로 더욱 잃을 뿐이다(動念卽乖 猶如虛空無有
邊際 不可測度 唯此一心卽是佛 佛與衆生 更無別異 但是衆生著相外求 求之轉失)."
② 『임제록臨濟錄』: "대덕들이여, 이 정도 되면 배우는 사람의 경계는 바람이
통할 틈도 없고 전광석화라도 이미 맞지 않는 것이다. 그러므로 배우는 사람이
만약 눈동자를 두리번거렸다 하면 빗나가고, 마음으로 헤아리려 하면 틀리며,
생각을 움직였다 하면 어긋난다. 아는 이라면 눈앞을 여의지 않는다(大德 到這裏
學人著力處不通風 石火電光 卽過了 學人若眼定動 卽沒交涉 擬心卽差 動念卽乖 有人解
者 不離目前)."

76

없으며, 망념을 일으키지만 망념의 실체가 없다는 것을 알면 이것이
방편으로 수순함이다. 만약 망념을 여의면 '진여로 들어감'이라고 말하
는데, 망념을 여읜 경계는 오직 증오證悟해야만 상응하기 때문에 '진여
로 들어감'이라고 하였다.

上明離言以明觀智境 下依言辯德以明生信境

이상으로 진여가 언설을 여의고 있음을 밝히고, 수행방편으로 관지觀
智의 경계를 밝혔다. 다음에는 언설에 의지하여 진여가 지닌 공덕을
분별하고 믿음을 내어야 할 경계를 밝힌다.

❀

復次此眞如者는 依言說分別하면 有二種義하니 云何爲二오 一者는
如實空이니 以能究竟에 顯實故요 二者는 如實不空이니 以有自體하
야 具足無漏性功德故니라

다음에 진여라는 것은 언설에 의지하여 분별하면 두 가지의 의義가
있으니 무엇이 두 가지인가? 첫째는 여실공如實空이니 이것으로써
구경에 실實다움을 나타낼 수 있기 때문이요, 둘째는 여실불공如實
不空이니 자체가 있어서 무루無漏의 성품공덕(性功德)을 만족하게
갖춘 까닭이다.

【직해】 此依言辯德 以釋立義分中是心眞如相也 前顯離言但示其體
故云卽一法界體平等無二 今則依言辯相 故云有二種義 義卽相也 以
卽體之相故 但標眞如 謂顯體有空不空二義也

여기에서는 언설에 의지하여 진여의 공덕상을 분별하고, 입의분 가운데서 '이 마음이 진여의 모양(是心眞如相)이라' 한 것을 해석한 것이다. 앞의 문장에서 진여가 언설을 여의고 있음을 나타내면서 단지 그 체를 나타내 보였다. 그 때문에 일법계법문체一法界法門體가 평등무이平等無二라고 하였다. 여기에서 언설을 의지하여 진여가 지닌 공덕상을 분별하였다. 그 때문에 '두 종류의 의義가 있다'고 말하였는데 의義는 바로 모양(相)의 뜻이다. 진여는 체로 모양을 삼기 때문에 단지 진여라고 표시하였다. 말하자면 이는 진여의 자체에는 여실공如實空과 여실불공如實不空의 두 가지 의義가 있음을 나타낸 것이다.

如實空者謂眞如實體之中 空無妄染 以妄空故 實體自顯 故云究竟顯實 如實不空言有自體者以異妄無體 謂自體不空 非斷滅也 言具足無漏性功德者 以異恒沙有漏煩惱 故云具足等 言如實體中 雖空無妄染 而能具足無漏性功德故 佛性論云 由客塵空故 與法界相離 無上法不空 與法界相隨 是則妄染雖空 而德相不空也

여실공如實空이란 진여의 실체 가운데에는 공하여 망념妄染이 없으며, 망념이 공하기 때문에 진여의 실체가 저절로 나타난다. 그 때문에 '구경에 실다움을 나타낸다'고 하였다. '여실하게 공하지 않아 자체가 있다'고 말한 것은 망념의 자체가 없는 것과는 다르기 때문이다. 말하자면 진여의 자체는 공하지 않으며 단멸斷滅이 아닌 것이다. '무루無漏의 성품공덕(性功德)을 만족하게 갖추었다'고 말한 것은 항하사와 같은 유루有漏의 번뇌와는 다르기 때문에 '만족하게 갖추었다'고 하였다. '여실如實'이라 말한 것은 진여의 자체 가운데는 비록 공하여 망념妄染

이 전혀 없으나, 무루의 성품공덕을 만족하게 갖출 수 있기 때문이다. 『불성론』[31]에서 이르기를 "객진客塵의 번뇌가 공하기 때문에 법계와 더불어 서로 여읜 것이고, 위없는 법은 공하지 않아 법계와 서로 따른다."라고 하였다. 망념이 비록 공하다고 하나 진여의 덕상德相은 공하지 않은 것이다.

✿

所言空者는 從本已來로 一切染法이 不相應故니 謂離一切法差別 之相하야 以無虛妄心念故니라

이른바 공空이란 것은 본래로부터 일체 염법染法이 상응하지 않기 때문이니, 일체법의 차별적인 모양을 여의어서 허망한 심념心念이

---

31 『불성론佛性論』 제4권에 나오는 말로, 여래장이란 그 도리가 어떤 모양인가를 게송과 산문으로 설하고 있다.
"한 가지 법도 덜 수 없고, 한 가지 법도 더할 수 없으므로
마땅히 진실 그대로를 볼지니, 진실을 본다면 해탈을 얻으리라.
객진으로 말미암아 공함은 법계와 더불어 서로 여읜 것이고
위없는 법이 공하지 않음은 법계를 더불어 서로 따르는 것이네.
(無一法可損 無一法可增 應見實如實 見實得解脫
由客塵故空 與法界相離 無上法不空 與法界相隨)
여래의 성품이란 스스로가 청정하기 때문이고, 객진에 더럽혀질 수 있는 것이란 그 자성이 공하기 때문이다. 그러므로 한 가지 법도 덜할 수 없다고 말한다. 진여란 것은 청정한 원인을 더불어 서로 떠나지 않고 항하사보다도 많은 그 버리지 않는 지혜와 생각할 수 없는 모든 부처님의 공덕이 항상 상응하기 때문이다. 그러므로 한 가지 법도 더할 수 없다고 말한다(如來性者 自清淨故 能染客塵者 自性空故 故言無一法可損 眞如者 與清淨因不相離 過恒沙數等不捨智不可思惟諸佛功德恒相應故 故言無一法可增)."

없기 때문이다.

【직해】此略釋空義也 謂眞如實體 但依妄染本無 故說體空 若離妄染
則無空可說 謂此眞體從來與一切染法不相應故 謂離一切妄法差別
之相則絶境 以無虛妄心念則絶心 心境皆絶 故言如實空耳

여기에서 공空의 뜻을 간략히 해석하였다. 말하자면 진여의 실체는
다만 망념을 의지한 것으로 본래는 없다. 그 때문에 '진여의 체體가
공하다'고 하였다. 만일 망념의 염오染汚를 여의면 공이라고 말할
만한 것이 없다. 말하자면 이 진여의 체는 원래부터 일체의 염법으로
더불어 상응하지 않기 때문이다. 진여가 일체 망법妄法의 차별적인
모양을 여의면 경계가 끊어지고, 허망한 심념心念이 없어지면 마음이
끊어진다. 마음과 경계가 모두 끊어지기 때문에 '여실공如實空이다'라
고 말한 것뿐이다.

❀

當知眞如自性은 非有相이며 非無相이며 非非有相이며 非非無相이
며 非有無俱相이며 非一相이며 非異相이며 非非一相이며 非非異相
이며 非一異俱相이며

마땅히 알라. 진여의 자성은 상相이 있음도 아님이며, 상相이 없음도
아님이며, 비유상非有相도 아님이며, 비무상非無相도 아님이며, 유
와 무를 함께 갖춘 상도 아님이며, 같은 상도 아님이며, 다른 상도
아님이며, 같은 상이 아님도 아님이며, 다른 상이 아님도 아님이며,
같고 다른 것을 함께 갖춘 상도 아님이다.

80

【직해】此廣釋空義 以顯眞如實體 本離四句絶百非也 然有無四句 乃
內敎學佛法不得意者所計也 一異等四句 乃外道謬計也

이것은 여실공如實空의 의미를 자세히 풀이하여 진여의 실체는 본래
사구四句를 여의고 백비百非[32]가 끊어짐을 나타낸 것이다. 여기에서
유무有無 등 사구는 불교 내에서 불법을 배우면서도 올바른 뜻을 체득하
지 못한 자들이 헤아리는 것이며, 일이(一異: 같고 다름) 등 사구는
외도가 잘못 헤아린 것이다.

謂眞如之體 卽般若眞空 若不得般若義 則妄起四計 是爲四謗 今顯四
句旣離 百非自遣 般若實體 平等現前 故總云非 楞伽百八俱非 總不出
此二四句計

말하자면 진여 자체는 바로 반야 진공眞空이다. 만약 반야의 뜻을

---

32 사구백비四句百非: 유무·일이一異 등 상대적으로 생각하는 중생들의 미혹한 집착
과 삿된 집착과 견해를 없애고 진공眞空·무상無相 등을 설명하기 위해 사용하는
논리적인 용어. 백비百非는 백 가지 논리가 모두 그릇되었다는 뜻이다.
『능가경』 권제2에 이와 관련된 말씀이 나온다. "부처님이 대혜보살에게 말씀하셨
다. '또 대혜야, 여래의 설법은 다음과 같은 네 구(四句)를 벗어난다. 그것은
같음과 다름(一異), 함께함과 함께하지 않음(俱不俱), 있음·없음(有無)·있지도
않고 없지도 않음(非有非無), 상常과 무상無常이다. 유有와 무無의 건립과 비방을
벗어나 진제眞諦·연기緣起·도道·멸滅·해탈解脫을 분별하고 결집하니, 여래의
설법은 이것을 으뜸으로 한다. 성품(性)이 아니고 자재自在도 아니며, 무인無因도
아니고 미진微塵도 아니며, 시時도 아니고 자성상속自性相續을 설법하는 것도
아니다. 또 대혜야, 번뇌와 이염爾炎의 장애를 없애기 위한 까닭이다. 이는
마치 상주商主가 있지도 않은 108구句를 차례로 건립하여 모든 수레와 모든
땅의 모습을 잘 분별하는 것과 같다.'"

체득하지 못하면 망심을 일으켜 사구四句를 헤아리는데 이것은 네 종류의 비방(謗)이 된다. 여기에서 진여의 자체는 이미 사구를 여의어서 백비百非의 집착이 저절로 버려지고 반야의 실체가 평등하게 바로 앞에 나타난다. 그 때문에 '모두 다 아니다(非)'라고 부정하였다. 『능가경』에서 백팔구百八句를 모두 부정하였으니, 그것은 모두가 여기의 유무有無와 일이一異인 두 사구의 헤아림에서 벗어나지 않는다.

❀

乃至總說컨댄 依一切衆生이 以有妄心하야 念念分別하야 皆不相應일새 故說爲空이어니와 若離妄心이면 實無可空故니라

내지 통틀어서 설한다면 일체중생이 망심妄心이 있음을 의지해서 생각생각마다 분별해서 모두 다 상응하지 않으므로 공空이 된다고 말하지만, 만약 망심을 여의면 실로 공空이라 할 것이 없기 때문이다.

【직해】 此結顯空義也 謂眞如實體 非思量分別之境 故衆生種種妄想分別 皆與此體總不相應 以爲遣彼妄念 故說體空 若離妄心則空亦不立矣 又何有空之一字可說也 此則妄念旣離 眞亦不立 所謂究竟顯實也

여기에서 여실공의 뜻을 결론지어 보였다. 말하자면 진여의 실체는 사량분별의 경계가 아니다. 그 때문에 중생의 갖가지 망상분별 모두가 이 진여의 체와 총체적으로 상응하지 않는다. 그들 중생의 망념을 버리는 것으로 진여의 체는 공(空: 비어 있음)이라고 설명하지만, 만일

망심을 여의면 공도 또한 세울 수 없다. 다시 무슨 설명할 만한 공이라는 한 글자(字)가 있겠는가? 이것은 망념을 여의면 진여 또한 따로 세울 수 없는 없어, 위에서 말한 바 '구경의 실다움을 나타낸다'고 한 것이다.

❀

所言不空者는 已顯法體가 空無妄故로 即是眞心이 常恒不變하야 淨法滿足일새 則名不空이어니와 亦無有相可取니 以離念境界는 唯證相應故니라

불공不空이라 말한 것은 이미 법체가 공空해서 망념이 없음을 나타내기 때문이다. 곧 이 진심眞心이 항상하고 변하지 아니하여 정법淨法을 만족하기 때문에 곧 불공이라 한다. 또한 따로 모양(相)을 가히 취할 것이 없다. 망념을 여읜 경계는 오직 증득함에 상응하기 때문이다.

【직해】此明不空義也 謂此不空更非別法 即前已顯法體空無妄染 即是眞心常恒不變之實體 而此體中本有恒沙淨德 向被妄染遮障不顯 今妄染旣離 則本有淨法滿足 以此義故 名爲不空 不是別有實法可取也 惟此不空之體 非妄念分別可到 乃是離念境界 唯證相應 故永嘉云 唯證乃知難可測也

여기에서 불공不空의 뜻을 밝혔다. 말하자면 이 불공은 다시 여실공如實空과 따로 구별되는 법이 아니다. 바로 앞에서 이미 나타낸 진여 법체는 여실히 공하여 중생의 망념(妄染: 허망한 물듦)이 없으니 바로 이 진심眞心이 항상 변치 않는 실체이다. 이 진여의 체에는 본래 항하사와 같은

청정한 공덕이 있는데 망념에 가리고 장애되어 나타나지 못한다. 여기에서 이미 망념을 여의었다면 정법淨法이 그대로 만족하다. 이러한 뜻으로 불공이라고 이름을 붙였으나, 그렇다고 취할 만한 실다운 법이 따로 있는 것은 아니다. 다만 이 불공의 체는 중생의 망념분별로 도달하지 못한다. 이는 망념을 여읜 경계이므로 오직 증오證悟해야만 상응하게 된다. 그 때문에 영가永嘉 대사께서 『증도가證道歌』에 말씀하기를 "증오해야만 알 수 있을 뿐 헤아리기 어렵다."[33]라고 한 것이다.

上釋心眞如門竟 下釋心生滅門有二大科 初釋生滅心法 二辯所示之義 初中又二 初染淨生滅 二染淨相資且初

이상으로 심진여문心眞如門의 해석은 끝났다. 다음은 심생멸문心生滅門을 해석한다. 여기에 있어 두 단의 큰 과목科目이 있는데, 처음에는 생멸하는 심법을 해석하고, 두 번째는 삼대三大의 의義를 나타내어 논변한다. 먼저 생멸심법을 두 가지로 해석하는데, 처음은 염정생멸染淨生滅을 해석하고, 두 번째는 염정染淨이 서로 도와 의지함(相資)을 해석한다. 첫 번째 염정생멸을 해석한다.

---

33 『증도가證道歌』에 관련 부분이 다음과 같이 나온다.
"오안을 깨끗이 하여 오력을 얻음은 증득해야만 알 뿐 헤아리긴 어렵도다(淨五眼 得五力 唯證乃知難可測)."
또 다음 구절이 있다.
"당처를 떠나지 않고 항상 담연하니, 찾은즉 그대는 알지만 볼 수는 없도다(不離當處常湛然 覓則知君不可見)."

84

2) 심생멸문心生滅門 (染淨生滅)

① 심생멸

心生滅者는 依如來藏故로 有生滅心이니 所謂不生不滅이 與生滅로 和合하야 非一非異를 名爲阿黎耶識이니라

심생멸心生滅이란 것은 여래장을 의지하기 때문에 생멸하는 마음(生滅心)이 있다. 이른바 불생불멸不生不滅이 생멸生滅과 더불어 화합和合해서 같은 것도 아니요(非一), 다른 것도 아닌 것(非異)을 이름하여 아려야식阿黎耶識이라 한다.

【직해】此釋立義分中是心生滅因緣相 先明生滅心以顯一心之源也 言依如來藏者卽所立一心眞如 乃一法界大總相法門體也 以此心體本來無染 故云自性淸淨 寂滅湛然 故云不生 常住不動 故云不滅 不妄不變 故名眞如 一切如來恒沙淨德性自具足 故名如來藏 以此藏性本無迷悟 了無聖凡 而爲十法界一切聖凡因果所依 故云一法界大總相法門體 故論立此爲一心眞源

여기에서 입의분 가운데서 서술한 '이 마음의 생멸인연 모양'(是心生滅因緣相)을 해석하는데, 먼저 생멸하는 마음이 일심의 근원임을 나타내어 밝힌다. '여래장을 의지한다'고 말한 것은 앞에서 세운 일심진여로 일법계대총상법문체인 것이다. 이 심체는 본래 망상의 염법이 없기 때문에 '자성이 청정하다'고 하고, 번뇌가 고요히 사라져 담연湛然하기 때문에 '불생'이라 한다. 항상 머물러 움직임이 없어 '불멸'이라 하고, 허망하지 않고 변치도 않기 때문에 '진여'라고 하며, 일체 여래의 항하사

와 같은 청정한 공덕의 성품을 스스로 만족하게 갖추고 있기 때문에, '여래장'이라고 한다. 이 여래장성은 본래 미혹과 깨침이 없고, 성인과 범부의 차별이 없다. 이것이 십법계의 일체 성인·범부의 인과가 의지 하는 곳(所依)이 된다. 때문에 이것을 일법계대총상법문체라고 하였 다. 본 논서에서 이 여래장을 수립하여 일심의 참된 근원(眞源)으로 삼았다.

楞伽云 如來藏爲生死因 若生若滅 故今在生滅門中 要顯此心爲迷悟 依 故云依如來藏有生滅心 譬如波濤依海水而有也 若據此一心眞如 則了絶聖凡 故云三界唯心 則心外無一法可得

『능가경』에서 이르기를 "여래장이 생사의 인因이 되어 생기기도 하고 멸하기도 한다."[34]라고 하였다. 그런 까닭에 여기 생멸문 가운데 있어서 이 생멸하는 마음이 미오(迷悟: 미혹과 깨침)의 의지처가 되는 것을 긴요하게 나타내었다. 그 때문에 '여래장을 의지하여 생멸하는 마음이 있다'고 하였다. 비유하면 파도가 바닷물을 의지해 있는 것과 같다.[35]

---

34 『능가경』 권제4에 나온다.(원효의 『기신론별기』에서도 인용되고 있다)

"대혜야, 칠식은 유전하지 않아서 고락苦樂을 받지 않나니 열반의 인因이 아니요, 여래장이란 것은 고락을 받음이 인과 더불어 함께해서 생기기도 하고 멸하기도 한다. 사주지四住地와 무명주지無明住地에 빠진 어리석은 범부는 깨닫지 못하고 찰나에 망상으로 마음을 훈습한다(大慧 七識不流轉 不受苦樂 非涅槃因 大慧 如來藏 者 受苦樂與因俱 若生若滅 四住地無明住地所醉 凡愚不覺 刹那見妄想動心)."

35 『능가경』 권제1에 나오는 비유이다.

"마치 큰 바다의 파도가 맹렬한 바람으로 일어나
거대한 파도가 바다를 두드려 끊어질 때가 없는 것처럼

만일 일심진여문을 의지한다면 성인과 범부가 차이가 없다. 그래서 '삼계는 일심일 뿐이다(三界唯心)'[36]라고 말한다. 곧 일심 밖에서는 한 법도 얻을 수 없다.

今顯聖凡迷悟因果 皆生滅門收 所謂不了一法界義故 不覺動念而有 無明 迷此眞心變爲藏識 故經云識藏如來藏 故云不生不滅與生滅和 合 非一非異 名爲阿黎耶識

장식의 바다는 항상 머물러 있으나 경계의 바람에 흔들려
온갖 식識의 파도가 용솟음쳐 구르며 생긴다.
푸르고 붉은 온갖 색깔 흰 우유와 석밀石蜜
담백한 맛과 온갖 꽃과 과일, 해와 달과 광명이
다르지도 않고 같지도 않으니
바닷물이 일어나 파도가 되는 것처럼
칠식도 이와 같아 마음과 함께 화합하여 생긴다.
저 장식藏識에서 온갖 식이 구른다 하며
저 의식意識으로 모든 상相의 뜻을 생각한다고 한다.
무너지지 않는 모습에는 여덟 가지가 있으나
모습이 없고 모습이 없다는 것 또한 모습이 없다."

36 만법유식萬法唯識의 뜻이 『섭대승론석攝大乘論釋』 제4권에 나온다.
 "『십지경』에서 부처님께서 '이와 같이 삼계는 오직 마음이 존재할 뿐이다(三界唯
 是心).'라고 말씀하신 바와 같다. 『해심밀경』(分別瑜伽品)에도 '세존이시여, 모든
 비발사나(觀)는 사마타(止)가 행하는 바의 영상이며, 저와 이 마음은 마땅히
 다름이 있습니까?' '선남자여, 마땅히 다름이 없다고 해야 한다. 무슨 까닭인가?
 저 영상은 오직 이 식으로 말미암기 때문이다(由彼影像唯是識故). 나는 식의
 인식대상은 오직 식이 현현한 바라(我說識所緣唯識所現故)고 말하기 때문이다.'라
 는 것은, 식의 인식대상은 오직 식이 나타난 바로서 별도의 대상이 없다는
 뜻이다."(유식무경唯識無境의 뜻)

여기에서 성인과 범부, 미혹과 깨침의 인과는 모두 생멸문에서 거두어 진다. 본 논서에서 '일법계의 뜻을 요달了達하지 못하기 때문에 불각의 망념이 움직여 무명이 있게 되었다'고 하였다. 무명으로 인해 미혹하여 이 진심眞心이 변하여 생멸하는 장식藏識[37]이 된다. 그러므로 경經에서 는 이르기를 '식장識藏이 바로 여래장이다'라고 하였다. 이러한 이유로 '불생불멸不生不滅이 생멸生滅과 더불어 화합和合해서 같은 것도 아니 고, 다른 것도 아닌 것을 이름하여 아려야식阿黎耶識이라'고 하였다.

---

37 장식藏識: 아뢰야식(阿賴耶識, ālaya)을 말하며 번역하면 장藏이라고 한다. 장藏에 세 가지의 뜻이 있으니 능장能藏, 소장所藏, 집장執藏이다.(아뢰야식의 설명은 각주 20, 각주 117 참조)

①능장能藏: 만유를 내는 친인親因인 종자種子를 갈무리해 두는 식이라는 뜻. 능장이란 이 제8식은 자체 가운데 능히 일체만법의 원인인 종자를 간직함이 마치 세간의 창고에 모든 재보를 간직하는 것과 같다. 그러므로 종자는 소장所藏이 며 이 식은 능장能藏이다.

②소장所藏: 8식 중 다른 7식에 의한 염법의 종자를 훈습하여 갈무리하는 식이란 뜻. 범부가 선을 행하면 선의 원인인 종자를 훈습하고, 악을 행하면 악의 원인인 종자를 이 식의 자체自體 가운데 훈습한다. 종자를 간직하는 뜻이 있으므로 소장所藏이라 한다.

③집장執藏: 제8식은 오랜 적부터 없어지지 않고 상주하므로 자아인 듯이 제7식에 게 집착되는 식이라는 뜻. 그러나 이 가운데서 주로 집장의 의미로 장식이라 하므로 아애집이 일어나지 않을 때에 이르면 '아뢰야'라는 이름이 없어진다. 또 다른 이름으로 법상종에서는 불도 수행의 과정을 3분하여 아뢰야식阿賴耶識, 장식(藏識, ālaya vijñāna), 이숙식(異熟識, vipāka vijñāna), 아타나식阿陀那識 (ādāna- vijñāna 또는 집지식執持識)의 이름을 붙인다. 집장이란 이 식이 제7말나식 末那識 때문에 항상 '아我다, 법法이다' 하고 미집迷執함을 말한다. 즉 소집장所執藏 의 뜻을 약略해서 집장이라 한다. 이 세 가지 뜻(義)이 있으므로 이 식을 아뢰야식이 라 한다.(『唯識綱要』)

88

經喩如波濤依水 正顯萬法唯識也 故論立此識爲生法之本 故下三細

六麤 五意六染皆依識變 即返妄歸眞 亦此識斷證 故楞伽約眞如門則

一切皆非 不容有說 而可說者 蓋約生滅門耳 此一論之宗依 學者順先

識其源頭 故槪示於此

경經의 비유로 파도가 물을 의지한 것과 같다. 이는 바로 만법유식萬法
唯識의 종지[38]를 나타낸 것이다. 본 논서에서는 이 아뢰야식을 세워서

---

38 유식唯識의 종지宗旨(유식삼성은 각주 25, 전식득지轉識得智는 각주 54, 심왕과 심소법은
각주 112~113, 유식무경唯識無境은 각주 150, 유식의 관법은 각주 152 참조).
1) 유식에는 궁극적 진리에 도달하기 이전의 유식관唯識觀에서 식의 관념으로서
의 유식과, 궁극적 진리(진여, 무분별지)로서의 유식 두 가지가 있다. 여기서
유식은 전자를 가리킨다. 유식의 갖춘 이름은 유식무경唯識無境이다. 오직 식의
존재만 인정하고, 식의 외부에 독립적으로 존재한다고 변계소집遍計所執되는
대상의 존재는 부정된다. 그것은 다만 식이 전변하여 사현(似現, 비슷하게 나타남)
된 것이기 때문에 실체성이 없다. 인식상황 속에서 식이 전변하여 견분과 상분으
로 분화될 때, 우리는 그릇되게 전자는 실아實我로 후자를 실법實法으로 집착하는
데, 사실 그것은 사아似我와 사법似法으로 실체성이 없다. 따라서 인식되는 객관이
비존재성이므로, 인식하는 주관도 비존재성이 된다. 이것을 경계와 인식이 함께
없어지므로 '경식구민境識俱泯'이라고 한다.
2) 유식의 궁극적 진리(唯識理)는 일반적으로 유식성(唯識性, vijñaptimātra)으로서
곧 진여와 무분별지이다. 이것은 아공과 법공의 이치를 깨쳐서 번뇌장과 소지장
을 소멸하고 열반과 보리를 증득한 상태이다. 다른 뜻으로는 전의轉依로 전식득지
轉識得智를 이루어 여덟 가지 식이 네 가지 지혜로 전환된 상태이다
3) 유식종에서 무릇 만법이 많다 할지라도 이것을 나눈다면 심왕心王, 심소心所,
색色, 불상응不相應, 무위無爲 등 5위位에 지나지 않는다. 5위의 심식은 다음과
같다. 심왕은 식의 자상自相이요, 심소는 식의 상응相應이며, 색은 두 가지(心王·心
所)의 변화한 것(所變)이요, 불상응은 세 가지(心王·心所·色)의 분위分位이며,
무위는 네 가지(心王·心所·色·不相應)의 실성實性으로서 모두 식을 여의지 못한

그것으로 만법을 내는 근본으로 삼았다. 그 때문에 다음에서 전개되는 삼세三細·육추六麤와 오의五意·육염六染이 모두가 이 아뢰야식의 전변轉變에 의지한다. 또한 망념을 되돌려 진여로 귀결하는 것도 역시 이 아뢰야식을 의지하여 혹惑을 끊고 진여를 증득한다. 그 때문에 『능가경』에서 진여문의 측면을 따를 때에는 일체를 부정하고 언설을 허용하지 않았다. 따라서 설정이 가능한 것은 생멸문 뿐인 것이다. 이것이 본 논서가 의지하는 종지宗旨이다. 배우는 사람은 먼저 그 근원을 알아야 하기 때문에 여기에서 그 개괄적인 것을 보였다.

❋

此識이 有二種義하야 能攝一切法하며 生一切法하나니 云何爲二오 一者는 覺義요 二者는 不覺義니라

이 식識이 두 가지 뜻이 있어서 능히 일체법을 거두기도 하며 일체법을 내기도 한다. 무엇이 두 가지인가? 첫째는 각覺의 뜻이요, 둘째는 불각不覺의 뜻이다.

다. (오온五蘊을 식온識蘊에 따라 배열하면 색온은 색법이 되고 나머지는 4위가 된다) 그러므로 유식이다. 이와 같이 5위와 그 하나하나에 대해서 유식의 이치를 보인 것을 별문別門의 유식이라 이름하며, 5위가 모두 다 함께 식을 여의지 않는다는 뜻에 의해서 만법유식이라 하니 이것을 총문總門의 유식이라 이름한다. ※ 유식 사상 : 유식을 간략히 정리한 세친의 『유식삼십송唯識三十頌』 첫머리에 "아我와 법法을 가설假設한다."라고 하였다. 유식학은 현대의 용어로 표현하면 인간의 심식心識 활동을 모델링한 것이다. 따라서 주요 핵심 용어는 아뢰야식의 성격, 전식轉識, 식의 전변轉變, 말나식, 유식 3성, 전의轉依의 개념 정도로 요약할 수 있다. 이 용어의 의미를 정확히 안다면 유식의 전개 과정에 대하여 쉽게 이해할 수 있다.

90

【직해】此依眞妄和合 釋此識有二種義 以顯迷悟因依也 二義者卽覺
不覺二義也 經云 如來藏轉三十二相入一切衆生身中 以此識稱心意
識 故名衆生 謂此識本如來藏所成 而爲衆生本有之佛性 故云覺義
今被無明障蔽而不知 故云不覺義

여기에서 진여와 망상이 화합한 측면에 의지하여 이 아뢰야식에는
두 가지의 뜻이 있음을 해석하였다. 이로써 미혹과 깨침의 인因이
아뢰야식을 의지함을 나타낸 것이다. 두 가지 뜻이란 바로 각覺과
불각不覺의 두 가지 뜻이다. 경에서 말씀하기를 "여래장이 삼십이상三
十二相을 전변하여 일체중생의 몸 안으로 들어가 이 식으로써 심心·의
意·식識이라고 칭하고, 이로 말미암아 중생이라 한다."라고 하였다.
말하자면 이 식이 본래 여래장으로 이루어졌으며 중생이 본래 지니고
있는 불성佛性이 된다. 그 때문에 '각覺의 뜻'이라 하고, 여기에서는
무명으로 가려져서 알지 못하기 때문에 '불각不覺의 뜻'이라고 하였다.

能攝能生者 謂聖凡依正因果 依此一心建立 含攝無遺 故云攝一切法
今以隨無明流 而生三細六麤一切世間之染法 依始覺返流 則生出世四
聖之淨法 是則染淨因果 皆從眞妄熏變 皆此識之力用 故云能攝能生

'일체법을 거두기도 하고 내기도 한다'고 한 것은 성인과 범부, 그들
의보依報·정보正報의 인과가 이 일심을 의지하여 세워져 그들 인과를
함용 포섭하여 버림이 없다. 그 때문에 '일체법을 거둔다'고 하였고,
지금은 무명의 흐름을 따라서 삼세·육추, 일체 세간의 염법染法을
낸다. (반면에) 시각始覺에 의지하여 무명의 흐름을 거슬러 올라가면

사성四聖의 정법淨法을 낸다. 이렇게 염정染淨 인과가 모두 진여와 망념(眞妄)을 따라서 훈습되고 전변하는데, 이것 모두가 이 아뢰야식의 세력과 작용이다. 그래서 '거두기도 하고 내기도 한다'고 하였다.

❋

所言覺義者는 謂心體離念이니 離念相者가 等虛空界하야 無所不徧하야 法界一相이라 卽是如來平等法身이니 依此法身하야 說名本覺이니라

말하는 바 각의 뜻(覺義)이라는 것은 이르되 마음 본체가 생각을 여윔(離念)이니, 생각을 여읜 모양이 허공계虛空界와 같아서 두루하지 않은 바가 없어서 법계가 한 모양(一相)이다. 곧 이것이 여래의 평등한 법신이니, 이 법신을 의지하여 이름을 '본각本覺'이라 한다.

【직해】此顯衆生本有不迷之佛性也 所言衆生佛性者 乃如來藏 實諸佛之法身 今雖流轉五道而爲衆生 而本體湛然常住 不動周圓 未曾欠缺 但因衆生一念無明妄心遮障 而不顯現 故日用而不自知 以衆生從來不曾離念故

여기에서 중생이 본래 지니고 있는 미혹하지 않은 불성을 나타내었다. 이른바 중생의 불성이 바로 여래장이며, 이는 실로 모든 부처님의 진여법신이다. 지금은 비록 오도(五道, 六趣)로 유전流轉하여 중생이 되었으나 그 본체는 담연湛然하여 상주常住하고 움직임이 없으며, 두루하고 원만하여 일찍이 조금도 부족하지 않다. 단지 중생의 일념 무명망심無明妄心에 가려지고 장애되어 나타나지 않는다. 때문에 중생

이 불성을 매일같이 쓰고 있으면서도 스스로가 그것을 모른다. 그것은 중생이 본래부터 일찍이 망념을 여의지 못했기 때문이다.

若能離念 則本體廓然 如太虛空 無所不遍 則一切妄差別境界 融成一味眞心 唯法界一相 更無對待 惟此卽是如來平等法身 乃衆生之本有 故依此法身說名本覺 大經云 我於一切衆生身中成等正覺 蓋依此平等法身 故說生舊成佛 依此義也

만약 망념을 여읠 수 있으면 마음의 본체는 툭 트여 마치 커다란 허공이 두루하지 않음이 없는 것과 같다. 일체 망념의 차별로 나타난 경계가 한 가지 맛으로 진심眞心과 융합하여 오직 진여법계가 하나의 모양일 뿐이고, 다시 상대의 모양이 없게 된다. 오직 이것만이 여래의 평등한 법신이며, 중생이 본래 지니고 있는 불성이다. 그 때문에 '이 법신을 의지하여 본각本覺이라 이름한다.'

『화엄경』[39]에서 이르기를 "나는 일체중생의 몸 가운데서 등정각等正覺을 성취한다."라고 하였다. 대체로 이 평등한 법신을 의지하였기 때문

---

39 진역晉譯 『화엄경』(60화엄) 「보왕여래성기품寶王如來性起品」에 다음과 같이 나온다. "불자야, 여래·응공·등정각이 보리를 이룰 때에 주불의 방편으로 일체중생과 같은 몸을 얻고, 일체법과 같은 몸을 얻으며, 일체 불찰과 같은 몸을 얻으며, 일체 삼세와 같은 몸을 얻으며, 일체 여래와 같은 몸을 얻으며, 일체 제불과 같은 몸을 얻으며, 일체 어언語言과 같은 몸을 얻으며, 일체 법계와 같은 몸을 얻으며, 허공계와 같은 몸을 얻으며, 무애법계와 같은 몸을 얻으며, 출생무량계와 같은 몸을 얻으며, 일체 행계와 같은 몸을 얻으며, 적멸열반계와 같은 몸을 얻으니, 불자야, 여래가 얻는 몸을 따르는 것처럼 음성과 걸림 없는 마음도 또한 이와 같음을 알아야 하느니라."

에 "중생이 본래부터 성불하여 있다."고 설명하는 것인데, 그것은 이러한 본각의 뜻에 의지하였기 때문이다.

❋

何以故오 本覺義者는 對始覺義說이니 以始覺者가 卽同本覺이요 始覺義者는 依本覺故로 而有不覺이어든 依不覺故로 說有始覺이니 라 又以覺心源故로 名究竟覺이요 不覺心源故로 非究竟覺이니라

무슨 까닭인가. 본각本覺의 뜻이란 것은 시각始覺의 뜻에 대하여 말한 것이니, 시각이 곧 본각과 동일한 까닭이다. 시각의 뜻이라는 것은 본각을 의지한 까닭으로 불각이 있다. 불각을 의지한 까닭으로 시각이 있다고 설한다. 또 마음의 근원(心源)을 깨닫기 때문에 이름 이 구경각究竟覺이요, 마음의 근원을 깨닫지 못하기 때문에 구경각 이 아니다.

【직해】 此覈本覺得名 以顯始覺爲返流還淨之智也 由前明妄依眞起 故說依黎耶有覺不覺 此迷妄之通相也 今就一覺而分本始二義 蓋別 顯從迷返悟 要依覺之智爲張本也

여기에서는 본각本覺이라는 이름을 얻게 된 것을 밝힌다. 이로써 시각 始覺이 무명의 흐름으로부터 본각의 청정함으로 돌이키는 지혜임을 나타낸 것이다. 앞에서는 망념이 진여를 의지해서 일어남을 밝혔다. 때문에 '아뢰야식을 의지하여 각覺과 불각不覺의 뜻이 있다'고 설명하 였는데, 이는 미망迷妄의 전체적인 모양(通相)이다. 여기에서 하나의 각覺을 좇아서 본각과 시각의 두 가지로 나눈다. 이는 대체로 미혹을

94

돌이켜 깨닫는 데 긴요하게 각의 지혜를 의지하는 것이 근본이 됨을
따로 나타낸 것이다.

然此覺性 若約不迷 但直名覺 今因在迷中 一向不覺 特因始覺而顯
然非新生 乃是衆生之本有 故云本覺 今日方覺 故云對始覺而說也

이 각성覺性이 미혹하지 않은 것(不迷)을 잡아서 곧장 각覺이라고
한다. 지금은 중생이 미혹 속에 있어서는 한결같이 불각이지만, 특히
시각始覺의 수행을 말미암아 본각이 나타난다. 그러나 이 본각은 각覺
이 새로 나온 것이 아니라 중생이 본래 지니고 있는 것이기 때문에
본각本覺이라 하고, 오늘에야 바야흐로 깨달았기 때문에 시각에 상대
적인 개념으로 본각이라고 설명한 것이다.

且此始覺亦不從外來 特由本覺內熏之力而發 更無二體 故云卽同本
覺 是則始本不二 元一覺也

또한 이 시각 역시 밖에서 찾아온 것이 아니라, 특히 본각 안에서
진여가 훈습한 세력을 말미암아 발현한 것이다. 따라서 시각과 본각은
두 가지 체體가 없다. 때문에 '시각이 본각과 동일하다'고 하였다.
시각과 본각이 원래 둘이 아닌 하나의 각覺일 뿐이다.

又今言始覺義者 亦非創起 蓋依迷本覺之無明心中而發 一向不覺 今
始覺之者 要顯實由本覺內熏之功 故云依本覺等 譬如醒人而有睡夢
從夢覺者 卽本醒人 非他人也

또 여기에서 말하는 시각의 뜻도 처음으로 일으킨 것이 아니다. 대체로 본각을 미혹한 무명망심을 의지한 가운데 발현하게 된다. 한결같이 깨닫지 못하다가 지금에야 '비로소 깨달았다(始覺)'는 것은 긴요하게 실로 본각 안에서 진여로 훈습한 공功으로 말미암아 나타난 것이다. 그 때문에 '본각을 의지한 까닭으로 불각이 있다'고 하였다. 비유하면 잠을 깬 사람이 졸면서 꿈을 꾸다가 꿈에서 깨어나면 바로 본래 잠을 깬 사람이지 다른 사람이 아닌 것과도 같다.

原此覺性元無二義 今就三細六麤迷源旣遠 若返流還淨 要始覺有功 本覺乃顯 然依四相 始覺滅相 漸漸覺至生相 生相旣破 歸一心源 法身 全顯 名究竟覺 其在中路 未至心源 皆非究竟也 故下約四相以明始覺 之漸

이 각覺의 성품에는 처음부터 원래 본각과 시각의 두 가지 뜻이 없다. 지금은 삼세·육추로 나아가 근원을 미혹하여 이미 멀어졌다. 만약 이러한 무명의 흐름을 본각의 청정함으로 돌이키려면 시각의 공功이 있어야만 본각이 발현하게 된다. 생주이멸生住異滅인 사상四相의 역순의 차례에 의지하여 먼저 멸상滅相을 시각始覺하고, 점점 깨달아 최초의 생상生相을 깨닫는 데에 이르게 된다. 생상이 이미 깨뜨려지고 일심의 근원으로 돌아와 진여법신이 완전히 발현하는 것을 구경각究竟 覺이라 한다. 그 중간 노정에 있어서 마음의 근원에 아직 이르지 못했다면 모두 구경각이 아니다. 그 때문에 다음의 문장에서 사상四相을 따라서 시각의 단계(漸次)를 밝힌다.

❖

此義云何오 如凡夫人은 覺知前念起惡故로 能止後念하야 令其不
起하나니 雖復名覺이나 卽是不覺故요

이 뜻이 무엇인가? 저 범부의 사람은 앞생각에 악惡이 일어남을
깨달아 알기 때문에 능히 뒷생각을 그쳐서 일어나지 않게 한다.
비록 다시 각覺이라 이름하지만, 곧 이것은 불각不覺인 까닭이다.

【직해】 此徵釋上究竟不究竟義 以明始覺漸次也 若約返流寄位 當依
三細六麤 此中正說 一心生滅 尙未發明麤細之相 今因說始覺故 姑就
始終生住異滅四相 以明從凡至聖 以顯返流漸漸至究竟覺 假此以顯
始覺之相也

위 문장에서 구경각과 구경각이 아닌 것의 차이를 따져 물었고, 여기서
는 시각의 점차를 밝힌다. 만일 무명의 흐름을 돌이켜 본각으로 돌아감
을 따라 계위를 따른다면 마땅히 삼세·육추에 의지해야 한다. 그러나
여기에서는 일심의 생멸만을 바로 말하였고 거칠고 미세한 모양은
아직 밝히지 않는다. 여기에서는 시각만을 설명하기 때문에 우선은
생주이멸의 사상이 시작하고 끝나는 측면에 나아가서, 범부에서 성인
에 이르기까지 무명의 흐름을 돌이켜 점점 나아가 구경각에 이르는
것을 밝힌다. 이러한 과정을 빌려 시각의 모양을 나타낸 것이다.

如凡夫人下 謂從觀行位 先覺滅相也 言覺滅相者 謂衆生造業之心
念念生滅 未曾暫止 今覺此一念滅處 正是引起後念造業之心令生也

故覺了前念起惡之心滅時 卽就滅處止其後念之惡更不容起

'저 범부의 사람은……'이라 한 다음부터는 보살의 수행 계위 가운데 관행위[40]를 말한 것이니 우선 멸상滅相을 깨닫는 것이다. '멸상을 깨닫는 것'이란, 말하자면 중생은 업을 짓는 마음이 생각 생각 생멸을 하면서 일찍이 잠시도 멈추지 않는다. 그러다가 여기에서 그 일념이 사라진 곳에서 바로 후념後念의 업을 짓는 마음을 다시 이끌어 일으켜 새로운 업을 짓는 마음을 내게 한다는 것을 깨달았다. 그 때문에 전념前念이 악을 일으키는 마음이 사라질 때를 깨닫고 난 다음, 바로 사라진 곳에 나아가 후념의 악을 그치고 그 마음이 다시 일어나는 것을 용납하지 않는다.

故念念滅時 念念止之 止之旣久 則令惡念不生 此所謂止惡防非 故雖覺惡念不容其起 但在生滅心中遏捺 未見不生滅性 故云雖覺卽是不覺 若約後六麤當起業相

---

40 관행위觀行位(관행오품위觀行五品位): 천태종에서 세운 별교와 원교의 보살 지위, 즉 육즉위六卽位 중 세 번째 관행위觀行卽를 말한다. 육즉위는 다음과 같다. ①이즉理卽: 모든 중생은 불성, 여래장을 갖고 있음. ②명자즉名字卽: 불법을 듣고 문자 개념으로 알고 있는 수준. ③관행즉觀行卽: 공가중空假中 삼제에 대하여 관행觀行을 일으켜 명료히 알고 이치와 지혜가 상응하는 지위. ④상사즉相似卽: 지관을 부지런히 닦아 육근청정을 얻고 견사이혹을 끊는 지위, 즉 십신위. 진여중도를 얻은 것과 비슷하다는 뜻에서 '상사'라고 하였다. ⑤분증즉分證卽: 무명을 부분적으로 끊고 진여중도를 일부 증득한 지위, 십주부터 십지·등각까지의 지위. ⑥구경즉究竟卽: 모든 무명을 끊고 제법실상의 끝까지 도달한 묘각의 지위. ③관행즉은 각주 166 참조.

그러므로 생각 생각 사라질 때마다 생각 생각을 그치고 그치기를
오래하고 나면 악한 생각이 나오지 않게 된다. 이것이 계율에서 말하는
악을 그치고 그릇됨을 방지한다(止惡防非)는 것이다. 그러므로 비록
악을 짓는 생각을 깨달아 후념이 일어나는 것을 용납하지 않으나,
다만 생멸하는 마음 가운데 있으면서 그 마음을 막아 누르고 있을
뿐 아직 불생불멸하는 성품은 보지 못한 상태이다. 그 때문에 '각이라
해도 이것은 아직 불각이다'라고 하였다. 이것은 육추 가운데서 기업상
起業相에 해당한다.

❁

如二乘觀智와 初發意菩薩等은 覺於念異하야 念無異相하야 以捨
麤分別執著相故로 名相似覺이요

저 이승二乘의 관지觀智와 처음에 뜻을 발한 보살 등은 생각의 다름을
깨달아 생각에 다른 모양(異相)이 없어서 거친 분별의 집착상執著相
을 버리기 때문에 이름을 상사각相似覺이라 한다.

【직해】 此明覺異相 當三賢位也 言如二乘觀智者 謂二乘人作生空觀
破分別法執 初發意菩薩 卽依彼生空作法空觀 破分別法執 從信入住
至十向滿心 漸斷分別二障 名相似覺 爲覺異相

이것은 이상異相을 깨달음을 밝힌 것으로, 이는 삼현위三賢位[41]에 해당

---

41 삼현위三賢位: 수행의 계위 중 십신十信 이후에 십주十住·십행十行·십회향十廻向
   의 처음 30심心을 삼현위라 말한다. 유식종의 제1 자량위資糧位에 해당한다.
   처음에 십주란 보살이 비로소 대보리심을 발하면서부터 깊이 유식의 이치를

한다. '이승二乘의 관지觀智'라고 말한 것은 성문·연각의 이승인이 생공관生空觀[42]을 닦아 망념으로 분별하는 법집[43]을 깨뜨렸음을 말한다. 처음 뜻을 발한 보살(初發意菩薩)은 생공관에 의지하여 법공관法空觀을 지어서 분별기 법집을 깨뜨리고, 십신十信으로부터 십주十住에 들어가고 십회향十廻向의 만심滿心에 이르기까지 번뇌·소지의 이장二障을 따로 나누어 점진적으로 끊는 것을 '상사각相似覺'이라고 하니, 이상異相을 깨닫는 것이 된다.

신해信解해서 육바라밀 등의 행에 능히 안주하여 움직임이 없는 위位를 말한다. 그중 첫 번째 발심주發心住에서는 바로 대보리심을 일으켜 십신十信의 행을 닦는다. 다음에 십행十行이란 육바라밀 등을 닦는 수행력이 차제로 수승하여 진취하는 위이다. 다음에 십회향十廻向이란 일체 닦은 바 공덕으로써 위로는 보리를 구하기 위해서 회향하고 아래로는 중생을 구하기 위해서 회향하는 위이다.

42 생공관生空觀: 색色·심心의 제법諸法을 공으로 보는 관법이다. 생겨남이 공한 것을 보는 것이 생공관인데, 말나식이 가장 현저히 작용하는 것으로 아뢰야식의 견분을 대상으로 하여 일어나는 아상과 자심상이다. 여기에 집착하여 실아實我와 실법實法이 있다고 국집하며, 바탕은 아치我癡·아견我見·아만我慢·아애我愛이다. 말나식이 일으키는 아집과 법집은 극히 미세하여 생공관과 법공관으로 오래 수습해야 끊을 수 있다.

43 법집法執: 외계 사물에 고정불변의 실체가 있다고 고집하는 것. 대승에서 주창하는 것으로, 모든 법은 인연으로 생하여 실다운 자성이 없으나 삿되게 '있다'고 고집하는 것을 말한다. 법집에는 구생법집과 분별법집이 있다. ①구생법집俱生法執은 무시이래로 훈습된 성품으로 항상 일체법에 망령되이 집착을 내는 것이고, ②분별법집分別法執은 삿된 교법으로 분별 계탁計度하여 실법實法이 있다고 집착하는 것이다. 보살은 초지初地, 즉 견도見道에서 이것을 한꺼번에 끊어버린다.
※ 법공法空은 법무아라고도 하며, 외계 사물은 자기의 마음을 떠나 실재하지 않는 이치, 또는 그것을 깨쳐서 법집이 소멸된 경지를 말한다.

言異相者 謂我法差別對待不忘 漸漸覺破執取之念 了不可得 故云念
無異相 約六麤 當破執取計名字 故云捨麤分別執著故 以未見眞如
但比觀而知 故云相似

'이상異相'이란 아와 법을 차별하며 이 둘의 상대적인 차별을 잊지
않다가 점점 깨달아 집착하고 취하는 망념을 깨뜨려서 마침내 없어짐
을 말한다. 그 때문에 '생각에 이상이 없다'고 하였고, 이는 육추 가운
데에서 집취상과 계명자상을 깨뜨린 것에 해당된다. 그래서 '거친
분별의 집착을 버렸다'라고 하였다. 그러나 아직은 진여를 보지 못하
고 단지 비량比量[44]으로 추리하는 관행觀行으로 알기 때문에 상사각이

---

44 '비량比量으로 추리하는 관행觀行'이란 성언량聖言量(부처님의 말씀)에 의지하여
관하거나, 불교의 교리에 타당한 방법으로 관한다는 것으로 보인다.
※ 비량比量은 유식에서 말하는 삼량三量 중의 하나로, 다음과 같이 설명할 수
있다.
여러 식識이 대상을 인식하는 작용(緣境作用)에 삼량三量이 있으니, 현량現量과
비량比量과 비량非量이다. ① 현량이란 무분별로, 대상(境)의 자상自相을 있는
그대로 착오 없이 인식하는 작용이다. 즉 다섯 가지 감관에 직접 닿아 느껴서
알게 된 외계의 현상. 여기에는 분별하고 계탁하는 마음이 작용하지 않은 순수한
자각 상태이다. 직접 본 것이고 생각으로 이루어진 것이 아니며, 착란으로 본
것이 아니어야 한다.
② 비량比量이란 대상에 대하여 안 사실을 생각하여 간택하고 추리해서 헤아리는
인식 작용을 말한다.
③ 비량非量이란 대상을 착각으로 분별하여 대상의 자상을 얻지 못하는 것이니,
곧 현량 및 비량比量이 잘못된 것(似現量, 似比量)을 말한다. 예컨대 노끈을 잘못하
여 뱀인 줄로 생각하는 것 등이다. 전5식과 제8식은 다만 현량뿐이며, 제7식은
비량非量이며, 제6식은 삼량三量에 통한다.
참고로, 성언량(聖言量, 성교량聖敎量 또는 지교량至敎量)은 인도 사상계에서 제시

라고 하였다.

❀

如法身菩薩等은 覺於念住하야 念無住相하야 以離分別麤念相故
로 名隨分覺이요

저 법신보살 등은 생각이 머무는 것을 깨달아서 생각에 주상住相이
없어서 분별하는 거친 염상念相을 여의기 때문에 이름을 수분각隨分
覺이라 한다.

【직해】 此明覺住相 當地上菩薩也 言法身者 謂地上菩薩依眞如法爲
自體 故名法身 言住相者 謂分別境界 能所對待念念未忘 心有所著
故云住相

이것은 시각始覺의 주상住相을 밝힌 것이다. 이를 깨닫는 경지는 지상
보살地上菩薩의 지위에 해당한다. '법신'이라고 말한 것은 지상보살은
진여법에 의지하여 자체로 삼기 때문에 법신보살이라고 이름한다.
'주상住相'이라는 말은 분별하는 대상인 경계에서 주관·객관이 상대하
여 생각 생각 잊지 않고 마음에 집착하는 바가 있기 때문에 주상이라고
하였다.

今地上菩薩 入眞如觀 觀察自念念分別 住無住相 則能離分別麤念
此約六麤三細 當覺智相 相續 及能見能現 四種住相 此四名爲俱生我

된 인식방법의 하나로, 논의를 할 때 성인의 문구를 인용, 척도의 표준으로
하여 사실의 옳고 그름을 헤아려 가리는 방법이다.

法二執 分破分證 故名隨分覺 此上三相 皆非究竟 以未至心源故

여기에서 지상보살은 진여관眞如觀으로 깨달아 들어가 자기의 생각 생각에 그 경계를 분별하는 것을 관찰하므로 머물러도 머무는 모양이 없다. 그러면 분별하는 거친 생각(分別麤念)을 여의게 되는데, 이것은 육추·삼세를 따르면 지상智相·상속상相續相·능견상能見相·능현상能現相인 사종주상四種住相을 깨달은 것에 해당한다. 이 사종주상을 구생 아집俱生我執[45]과 구생법집俱生法執인 이집二執이라 이름한다. 법신보살은 자기가 수행하여 깨달은 분상만큼의 이집二執을 깨뜨리고 분상만큼 진여를 증득한다. 그러므로 수분각隨分覺이라고 한다. 이와 같은 멸상·이상·주상인 삼상三相은 모두가 구경각이 아니다. 왜냐하면 아직 마음의 근원까지 도달하지 못하였기 때문이다.

❁

如菩薩地盡엔 滿足方便으로 一念相應하야 覺心初起에 心無初相하야 以遠離微細念故로 得見心性하야 心卽常住일새 名究竟覺이니라

---

45 아집我執: 일체 유정이 그 주체가 상주하는 유일한 주재자라고 자인自認하는 집견執見을 아집이라 하며, 이것을 살가야견(有身見)·망상이라 한다. 이 망집이 모든 번뇌를 일으키는 원동력으로 생사유전의 근본이 된다. 아집에는 두 가지가 있다. ①구생아집俱生我執: 무시이래로 허망분별에 훈습된 내인력內因力에 의하여 생함과 동시에 6, 7식에 있는 것으로 임운任運하여 일어나는 망집이다. ②분별 아집分別我執: 학설이나 이치답지 못한 견해에 의하여 일으키는 아집으로 제6식의 망상분별에 있다.
※ 아공은 인무아라고도 하며, 유정의 심신에 상일주재하는 인격적 실체가 존재하지 않는 이치, 또는 그것을 깨쳐서 아집이 소멸된 경지를 말한다.

저 보살지菩薩地가 다함에 방편이 만족하여 일념으로 상응해서 마음이 처음 일어남을 깨달을 때, 마음에 처음 모양이 없게 되어 곧 미세한 생각을 멀리 여읜다. 그 때문에 마음의 성품(心性)을 보게 되어서 마음이 곧 상주常住하는 것을 구경각究竟覺이라 한다.

【직해】此明覺生相也 謂十地菩薩 眞窮惑盡 悉皆究竟 故云滿足方便 言方便者乃觀行修斷之法也 以此菩薩研眞斷惑至此 以一念觀心 與無念相應 從此更無可斷矣

이것은 시각始覺의 생상生相을 밝힌 것이다. 말하자면 십지보살은 진여의 끝까지 궁구하고 혹惑이 모두 다하여서 구경의 경지에 도달한다. 그 때문에 '방편이 만족하다'고 하였다. 방편이란 말은 관행觀行을 닦아 혹惑을 끊는 법을 말하는 것이다. 이 보살은 진여를 궁구하여 혹을 끊고 여기에 이르러 일념으로 마음을 관찰하여 무념으로 더불어 상응한다. 이로부터 다시는 끊을 만한 혹이 없게 된다.

此總顯究竟覺心 下明究竟之所以

이것은 총체적으로 구경각심究竟覺心을 나타냈고, 이 다음에서는 구경각인 이유를 밝힌다.

言相應者 但覺一念無明動心初起之時 自心體中了無初起之相 本自寂滅無生 故云心無初相 是則無念眞心 遠離最初微細動念 故得見心性 旣無生相變異 唯一心源 故云心卽常住 至此始本本一 名究竟覺也

'상응相應'이라는 말은 일념무명이 마음을 움직여 최초로 일어날 때를 깨달아서 자기 마음의 자체 속에 최초에 일어난 모양이 없음을 안다. 본래 스스로 적멸의 모양으로 생겨남이 없다. 그 때문에 '마음에 처음 모양이 없다'고 하였다. 이는 곧 무념無念의 진심眞心이며 최초의 미세하 게 움직이는 망념을 멀리 여읜다. 그 때문에 마음의 성품을 보게 된다. 그리하여 생상에서 다르게 변해가는 과정이 없고 오직 일심의 근원이 있을 뿐이다. 때문에 '마음이 상주한다'고 하였고, 여기에 이르러서는 시각과 본각이 하나로 합치하므로 구경각이라고 이름한 것이다.

❀

是故로 脩多羅에 說若有衆生이 能觀無念者인댄 則爲向佛智故라 하시니라

이런 까닭으로 수다라(經)에 설하시되 "만약 어떤 중생들이 능히 무념無念을 관할 수 있다면 곧 부처의 지혜를 향함이 되기 때문이라." 고 하였다.

【직해】 此證明無念爲成佛之捷要也 意謂不但菩薩修斷 以至無念 名 爲究竟 卽凡諸衆生 二六時中 苟能觀察無念者 則念念向佛智矣 成佛 之要 無逾此者 故特揭示於此

여기에서 무념이 성불하는 첩경이자 요체임을 경전을 인용하여 증명한 것이다. 그 의도를 말하자면 보살이 수행하며 혹惑을 끊고 무념의 경지에 이른 것만을 구경각이라 이름할 뿐 아니라, 범부 중생들까지도 하루 종일 무념을 관찰할 수 있는 자라면 생각 생각 부처의 지혜로

향하게 된다는 것이다. 성불하는 요점이 이 '무념'⁴⁶을 능가하는 것이 없기 때문에 특별히 여기에 게시하였다.

❁

又心起者는 無有初相可知로대 而言知初相者는 卽謂無念이니라 是故로 一切衆生을 不名爲覺은 以從本來로 念念相續하야 未曾離念일새 故說無始無明이어니와

또한 '마음이 일어남'이란 것은 알 수 있는 처음 모양이 없으나 '처음 모양을 안다'는 것은 곧 무념無念을 말하는 것이다. 이런 까닭으로 일체중생을 각覺이라고 하지 못함은 본래로부터 생각 생각이 서로 이어져 일찍이 망념妄念을 여읜 적이 없기 때문에 시작 없는 무명이라 말한다.

---

46 이 무념無念이 선가禪家에서 말하는 '무심無心'에 해당한다. 이에 대해 황벽黃檗의 『전심법요傳心法要』에서 무심을 설명한 대목을 소개한다.

"중생과 부처는 아무런 차별이 없으니, 오직 무심無心하기만 하면 문득 이것이 구경이다. 도 배우는 사람이 만약 현재에서 무심하지 못하면, 한량없는 세월(累劫)을 두고 수행한다 해도 마침내 도를 이룰 수 없을 것이니, 이것은 삼승三乘의 수행에 구속되어 해탈을 얻지 못함이다. 마음으로써 마음을 구하지 말고 부처를 가지고 부처를 구하지 말라. 법을 가지고 다시 법을 구할 수 없다. 그러므로 학인이 당장에 무심하여 계합할 뿐이니, 마음으로 헤아린다면 곧 어긋난다. 마음으로써 마음에 전하는 이것이 곧 바른 견해(正見)이니, 밖을 향하고 경계를 좇아서 경계를 마음으로 생각해서는 안 된다. 이것은 도적을 잘못하여 아들로 여기는 것과 같다(衆生諸佛 更無差別 但能無心 便是究竟 學道人若不直下無心 累劫修行 終不成道 被三乘功行拘繫 不得解脫 不可以心更求于心 不可以佛更求於佛 不可以法更求於法 故學道人直下無心 默契而已 擬心卽差 以心傳心 此爲正見 愼勿向外逐境 認境爲心 是認賊爲子)."

【직해】此重顯無念 以釋心有初相之疑也 恐惑者聞覺心初起之說 將
謂有初相可知 故此釋云 又心起者 無有初相可知 今言知相者 蓋知最
初本無念也 以此無念爲究竟覺 則知一切衆生皆不名覺 以從來未曾
離念 以有此念 故說無始無明 由是觀之 一切衆生無邊生死 但依一念
而繫之也

여기에서는 거듭 무념을 나타내어 '마음에는 처음 모양이 있는가?'
하는 의심을 풀어 준 것이다. 미혹한 사람이 '마음이 처음 일어난
모양을 안다'는 말을 듣고, 그렇다면 '마음은 알 수 있는 처음의 모양이
있다'고 말한 것 같아서 걱정스러웠다. 이것을 풀이하여 다음과 같이
말한다. '또 마음이 일어난다 했으나 마음은 알 수 있는 처음의 모양이
없다.' 여기에서 '처음의 모양을 안다' 말한 것은 '처음에는 본래 무념이
었음을 안다'는 것이다. '이 무념으로 구경각이 된다'고 하면 곧 일체중
생은 모두 '각覺'이라 할 수 없음을 알 수 있다. 왜냐하면 중생들은
일찍부터 망념을 여읜 적이 없기 때문이다. 이러한 망념이 있어서
시작 없는 무명이라고 설한다. 이렇게 본다면 일체중생의 가없는
생사가 단지 한 가지 망념을 의지해서 그 생각에 얽매어 있는 것이다.

❀

若得無念者인댄 則知心相의 生住異滅이 以無念等故로 而實無有
始覺之異니 以四相이 俱時而有하야 皆無自立이라 本來平等하야 同
一覺故니라

만약 무념을 얻는다면 곧 심상의 생주이멸이 무념과 같기 때문에
실로 시각始覺과 다름이 없음을 안다. 사상四相이 동시에 존재하여

모두 자립함이 없다. 본래 평등해서 동일한 각覺인 까닭이다.

【직해】此明究竟一心眞源也 良以眞源湛寂 本無生滅 然此生滅 但因
妄念而有 今若得無念 則知四相同時 寂滅平等 唯一眞心 更無先後
是則眞覺圓明 本來不迷 又何有覺? 以寂滅心中 四相同時 其體本空
故皆無自立 以當體無生 故云平等同一眞覺 此言旣無四相可覺 又何
有始覺之異耶? 此實究竟一心之旨也

여기에서는 구경일심이 진여의 근원임을 밝히고 있다. 실로 진원眞源
은 맑고 고요하여 본래 생멸이 없다. 그러나 이 생멸은 단지 망념으로
인하여 있는 것이다. 여기에서 만일 무념을 얻는다면 사상四相이 동시
에 적멸하고 평등하여 유일한 진심일 뿐 다시 시간적인 선후가 없음을
안다. 이렇다면 진여본각이 완전하게 밝아 본래 미혹하지 않으니
다시 어떤 각이 있겠는가? 적멸한 마음속에는 사상이 동시적이어서
그 자체가 본래 공적하다. 그 때문에 모두 낱낱이 자체로 성립할
수 없으며 그 당체인 심체는 생함이 없기 때문에 '평등하여 동일한
진여본각이다'라고 하였다. 이는 '이미 깨달을 만한 사상이 없다면
다시 시각에 무슨 다름이 있겠는가?'를 말한 것이다. 이것이 실다운
구경일심의 종지이다.

上明始覺 下明本覺義有二 初明隨緣本覺 二明性淨本覺且初

이상으로 시각을 밝혔다. 다음으로는 본각의 의義를 두 가지로 밝히는
데 첫째는 생멸의 인연을 따르는 본각을 밝히고, 두 번째는 자성청정의
본각을 밝힌다. 우선은 생멸인연의 본각을 밝힌다.

❀

復次本覺이 隨染分別하야 生二種相하야 與彼本覺으로 不相捨離하
나니 云何爲二오 一者는 智淨相이요 二者는 不思議業相이니라

다음에 본각이 염법染法의 분별을 따라서 두 가지 모양을 내어서
저 본각으로 더불어 서로 버리고 여의지 않으니 무엇이 두 가지인
가? 첫째는 지정상智淨相이요, 둘째는 부사의업상不思議業相이다.

【직해】 此承上始覺有功本覺乃顯 故此明本覺出纏還淨有二種相也 言
生二種者以前云黎耶生一切法 以本覺內熏 起始覺之智 轉染令淨 顯此
二種 故云生 用不離體 故云不相捨離 言智淨相者 由始覺智除染還淨
此出纏本覺也 不思議業相者 謂本覺轉染還淨 自然而有不思議用也

위 문장에서 '시각의 공功으로 말미암아 본각이 나타난다'고 한 것을
이어서 전개한다. 그 때문에 여기에서는 본각이 혹惑의 속박(纏)⁴⁷에서
벗어나 정법淨法으로 돌아가는 데 두 가지 모양이 있음을 밝히고 있다.
'두 가지 모양을 낸다'고 한 것은 다음과 같다. 앞에서 '아려야식이

---

47 속박(纏, 얽어맴)은 번뇌의 다른 이름이다. 『유가사지론瑜伽師地論』 제58권 「섭결
택분」의 설명은 다음과 같다.
"어떻게 번뇌의 섞여 물듦(雜染)에 관한 염정染淨의 차별을 세우는가. 본혹本惑과
수혹隨惑의 두 가지 혹(二惑)은, 요약하면 두 가지 인연 때문에 유정을 물들여
괴롭히는 것이니 첫째는 속박(纏)이요, 둘째는 수면(隨眠, 잠자듯 숨어 나타나지
않는 번뇌) 때문이다. 현행現行하고 나타나 일어나는 번뇌를 속박(纏)이라 하고,
곧 이 종자種子를 아직 끊지도 못했을 뿐더러 아직 손상시키지도(害) 못했음을
수면이라고 하기도 하고 추중麤重이라 하기도 한다. 또 깨닫지 못한 지위(不覺位)
에서는 수면이라고 하고 만약 깨달은 지위(覺位)에 있으면 속박(纏)이라 한다."

일체법을 낸다'고 하였다. 본각의 안에서 진여가 훈습하여 시각의 지혜를 일으켜 염법을 전변하여 깨끗하게 한다. 그리하여 이 두 가지 모양을 내기 때문에 '낸다'고 하였다. 그러나 그 작용이 본각의 자체를 여의지 않았기 때문에 '서로가 버리고 여의지 않는다'고 하였다. 지정상 智淨相이라는 것은 시각始覺하는 지혜로 말미암아 염법을 제거하고 정법으로 돌이킨 것인데, 이는 속박에서 벗어난 본각인 것이다. 부사의 업상不思議業相이란 것은 본각이 염법染法을 정법淨法으로 전환하면 자연히 부사의한 작용이 있는 것이다.

此標名 下釋相

이것으로 이름을 표시하고 다음에 모양을 풀이한다.

❀

智淨相者는 謂依法力熏習하야 如實修行하야 滿足方便故로 破和合識相하고 滅相續心相하야 顯現法身하야 智淳淨故니라

지정상智淨相이란 것은 이르되 법력의 훈습에 의지해서 여실하게 수행하여 방편이 만족하기 때문에, 화합 식상識相을 깨뜨리고 상속심의 모양(相續心相)을 멸하여 법신이 현현하여 지혜가 순박하고 청정한 까닭이다.

【직해】 此明本覺出纏智淨相也 依法力者 謂由眞如 內熏之力 及所流敎法外熏之力 發起信解 依敎熏修 故云法力熏習 此地前三賢比觀相似行也 以修習力 得見眞如 稱眞實而修 故云如實修行 登地修眞如三

110

昧也

여기에서 본각이 속박(纏)을 벗어난 지정상智淨相을 밝히고 있다. '법력의 훈습에 의지한다' 함은 진여가 안에서 훈습하는 힘과 유출한 교법을 듣고 밖에서 훈습하는 힘을 말미암아 신심과 이해(解)를 일으키고, 교법에 의지하여 훈습 수행하는 것을 말한다. 그 때문에 '법력으로 훈습한다'고 하였는데, 이는 초지初地 이전의 삼현三賢보살이 진여를 비량比量으로 추리하여 관하는 상사각의 수행인 것이다. 수습한 힘으로 진여를 보게 되어, 진실에 일치하는 수행을 한다. 그 때문에 '여실하게 수행한다'고 하였다. 이는 십지의 초지인 정심지淨心地에 올라 진여삼매眞如三昧를 수행하는 것이다.

滿足方便者 以至八地深證眞如 破和合識內根本無明 滅三細相續微細生相 顯現法身 染緣脫盡 覺體淳淨 此全仗始覺之功也

'방편이 만족하다' 함은 보살 제8지에 이르면 진여를 깊이 증득하고 화합식 안의 근본무명을 깨뜨려서 삼세三細의 상속相續과 미세한 생상生相을 소멸시킨다. 그 결과 법신이 밝게 나타나 염법의 연緣을 모두 벗어나서 각의 본체(覺體)가 순수하고 청정해진다. 이는 온전히 시각에 의지한 공인 것이다.

✿

此義云何오 以一切心識之相이 皆是無明이어든 無明之相이 不離覺性하야 非可壞며 非不可壞니라 如大海水이 因風波動하야 水相風相이 不相捨離하되 而水非動性이니 若風이 止滅하면 動相은 則滅이

나 濕性은 不壞故인달하야 如是衆生의 自性淸淨心이 因無明風動하야 心與無明이 俱無形相하야 不相捨離하되 而心非動性이니 若無明이 滅하면 相續이 則滅이나 智性은 不壞故니라

이 뜻이 무엇인가. 일체 심식心識의 모양(相)이 모두 다 이 무명이다. 이 무명의 모양이 깨닫는 성품을 여의지 아니하여 가히 무너지지도 아니하며 가히 무너질 수 없는 것도 아니다. 마치 큰 바다의 물이 바람으로 인하여 파도가 움직여서 물의 모양과 바람의 모양이 서로 버리고 여의지 아니하되, 물은 움직이는 성품이 아니다. 만약 바람이 그치고 사라지면 움직이는 모양이 곧 사라지지만 물의 젖는 성품(濕性)은 무너지지 않는 것과 같다. 이와 같이 중생들의 자성청정심이 무명의 바람이 움직임으로 인하여 마음과 무명이 모두 형상이 없어서 서로 버리고 여의지 않으나, 마음은 움직이는 성품이 아니다. 만약 무명이 사라지면 상속相續도 곧 사라지지만 지성智性은 무너지지 않는 까닭이다.

【직해】此明相滅性不壞 以釋上滅相續心之疑也 恐疑者前云不生不滅與生滅和合成阿黎耶識 此識生滅 卽相續心也 今滅相續心 則連體俱滅 豈不淪於斷滅耶? 故此釋云 生滅者 心之相之 不生滅者 心之體也

여기에서는 심상心相은 사라질지언정 각성覺性은 무너지지 않음을 밝히고 있다. 이로써 위 문장에서 '상속하는 마음이 멸한다'고 한 의심을 풀이한 것이다. 앞에서 '불생불멸이 생멸과 더불어 화합하여 아려야식을 이룬다'고 하였다. 여기에서 의심하기를 그렇다면 "이 아려야식의

생멸이 무명으로 상속하는 마음(相續心)인데, 여기에서 상속하는 마음이 소멸하였다면 이어진 마음 자체마저 함께 사라질 것이다. 이것이 어찌 단멸공斷滅空[48]에 떨어짐이 아니냐?"라고 걱정하게 된다. 그 때문에 이것을 풀이하여 '생멸한다는 것은 마음의 모양이고, 생멸하지 않는 것은 마음의 본체이다'라고 말한 것이다.

以一切生滅心相 皆是無明 以此無明依眞而起 故云不離覺性 非一非異 故云非可壞 非不可壞 以非一 故可壞 以無明生滅 而覺性不生滅 然可壞者 無明生滅心也

일체 생멸심의 모양이 모두가 무명이며, 이 무명은 진여를 의지하여 일어난다. 그 때문에 '각성을 여의지 않는다'고 하였다. 무명의 성품은 하나도 아니지만(非一) 다른 것도 아니기 때문에 '무너질 수 없다'고 하였고, 무너질 수 없는 것도 아니고 하나도 아니기 때문에 '무너질 수 있다'고 하였다. 무명이 생멸하지만 각성은 생멸하지 않는다. 그러

---

48 단멸斷滅(단변斷邊): 상변常邊에 대응되는 말로 단견斷見에 치우친 것. 즉 무견無見 혹은 단견斷見은 '만유는 무상한 것이어서 실재하지 않는 것과 같이 사람도 죽으면 몸과 마음이 모두 없어져 공무에 돌아간다'고 고집하는 그릇된 소견이다. 이런 단견을 주장하던 외도 부란나가섭은 인과의 상속 이치를 부정하고, 선악도 없고 선악의 과보도 없다고 하여 단견외도斷見外道로 알려져 있다.

※ 상변常邊: 단변斷邊에 대응되는 말로 상견常見에 치우친 것. 즉 유견有見 혹은 상견常見은 '사람은 죽으나 자아自我는 없어지지 않으며, 오온五蘊은 과거나 미래에 상주불변하여 간단間斷하는 일이 없다'고 고집하는 그릇된 소견이다. 상견은 일체법이 공한 것을 깨닫지 못하고 세간의 모든 존재에 집착하여 법으로 삼는데, 이것을 상견외도常見外道라고 한다.

므로 무너진다는 것은 무명의 생멸심인 것이다.

如波因水有 波可滅而水不可滅 濕性不壞故 以非異故不可壞 以無明
不離覺性 其體本空 故云俱無形相 無明實性 卽是覺性 是則但了無明
體空 則相續心相自滅 非覺性滅 智性不壞故也

이는 마치 파도가 물을 의지하므로 파도는 사라져도 물은 사라지지
않는 것과 같다. 물의 본성인 젖는 성품은 무너지지 않기 때문이다.
이 둘은 다르지도 않기 때문에 무너지지 않는다. 왜냐하면 무명이
각성을 여의지 않고 그 자체가 본래 공적하기 때문이다. 그래서 '마음과
무명이 모두 형상이 없다'고 하였다. 무명의 실제 성품이 바로 각성이
다. 이리하여 다만 무명 자체가 공적空寂함을 밝게 알면 상속심의
모양은 저절로 사라진다. 그러나 각성覺性마저 사라지는 것은 아니다.
지성智性은 무너지지 않는 것이다.

楞伽云 非自眞相識滅 但業相滅 若自眞相識滅者 藏識則滅 藏識若滅
者 不異外道斷見論議 故可滅者 乃轉識生滅心相 非不生滅之心體也

『능가경』[49]에서는 이것을 두고 이르기를 "자진상식自眞相識이 사라지

---

49 『능가경』권제1에 다음과 같이 나온다. "이와 같이 대혜야, 전식轉識과 장식藏識의
진상眞相이 만약 다르다면 장식은 전식의 인因이 아니어야 할 것이다. 만약
다르지 않다면 전식이 사라지면 장식도 역시 마땅히 사라져야 할 것이다. 그러나
자체의 진상眞相은 실제로 사라지지 않는다. 그러므로 대혜야, 자진상식自眞相識
이 사라지는 것이 아니고 단지 업상業相이 사라질 뿐이니, 만약 자체의 진상眞相이
사라진다면 곧 장식도 사라져야 할 것이다. 대혜야, 장식이 사라진다는 것은

114

는 것이 아니라 단지 무명업상이 사라질 뿐이다. 만약 각성인 자진상식이 사라진다면 장식藏識이 즉시 사라질 것이며, 장식이 사라진다면 외도의 단견논의斷見論議와 다르지 않게 된다."라고 하였다. 그러므로 사라지는 것은 전식轉識으로 생멸심상生滅心相이며, 생멸하지 않는 심체는 아닌 것이다.

◉

不思議業相者는 以依智淨하야 能作一切勝妙境界하나니 所謂無量功德之相이 常無斷絶하야 隨衆生根하야 自然相應이라 種種而現하야 得利益故니라

부사의업상不思議業相이란 것은 지정상智淨相을 의지하여 일체 수승하고 오묘한 경계를 지을 수 있다. 이른바 무량한 공덕의 모양이 항상 끊어짐이 없어 중생들의 근기를 따라서 자연히 상응하여 갖가지로 나타나서 이익을 얻게 하는 까닭이다.

【직해】 此明本覺還淨 而有不思議業用也 意謂本覺在迷 而衆生依之造業 故云業力不可思議 今出纏還淨 而本有不思議神通妙用 能作勝妙境界無量功德之相 隨衆生根自然相應而現 令得利益

여기에서는 본각의 정법淨法으로 돌아가면 부사의한 업력의 작용이 있음을 밝힌 것이다. 말하고자 하는 뜻은 본각이 무명의 미혹 속에

외도들의 단견斷見에 대한 논의와 다르지 않다(如是大慧 轉識藏識眞相若異者 藏識非因 若不異者 轉識滅藏識亦應滅 而自眞相實不滅 是故大慧 非自眞相識滅 但業相滅 若自眞相滅者 藏識則滅 大慧 藏識滅者 不異外道斷見論議)."

있으면 중생이 이것에 의지하여 업을 짓게 된다. 그 때문에 '업력이 불가사의하다'고 하였다. 지금은 무명의 속박에서 벗어나 본각의 정법 淨法으로 돌아왔다. 그리하여 본각이 본래 지니고 있는 부사의한 신통 묘용의 작용으로 수승하고 오묘한 경계의 한량없는 공덕의 모양을 지을 수 있어, 중생의 근기를 따라 자연히 상응하며 나타나서 그들이 이익을 얻도록 한다.

此正觀音大士 生滅旣滅 寂滅現前 卽得上與十方諸佛同一慈力 下與
六道衆生共一悲仰 故能現三十二應 十四無畏等 一一功德 利益衆生
此不思議力 性自具足 故云依智淨相也 故唯識若破七識 則云如來現
起他受用 十地菩薩所被機 諸佛旣爾 則衆生有能修得本智 則妙用亦
然 此顯始覺之成功也

관세음보살(觀音大士)[50]은 생멸이 사라지고 적멸이 앞에 나타남을 보았

---

[50] 『능엄경』 제6권 초반에 관세음보살의 발언으로 다음과 같이 나온다. "이와 같이 듣는 것과 듣는 대상이 점점 다해 없어지더니, 듣는 것이 다하여 머물지 않고, 능각과 소각에 공하여지고, 공한 각이 원만하여 능공(空)·소공(所空)이 멸하고 생멸이 이미 끊어진지라 적멸이 눈앞에 나타났나이다. 홀연 세간과 출세간을 초월하여 시방이 원만하게 밝아져서 두 가지 수승함을 얻었으니 하나는 위로 시방제불의 본각인 오묘한 마음과 합하고 부처님과 같은 자비력을 갖게 되었고, 둘은 아래로 시방 일체 육도 중생들과 합하여 여러 중생과 더불어 중생의 고통을 제하기를 슬프게 우러르게 되었나이다. 세존이시여, 제가 관음여래를 공양하고 그 여래께서 저에게 환幻과 같은 들음을 듣는 것을 훈습하여 금강삼매를 닦아서 부처님 여래와 같은 동체대비의 힘을 갖게 된 까닭에 저로 하여금 32응신으로 모든 불국토에 들게 하였나이다. 세존이시여, 만약 보살들이 삼마지에 들고자 무루의 수승한 해탈을 닦아 원만하게 나타나면 저는 불신을 나타내고 설법으로

다. 그는 즉시 위로는 시방의 모든 부처님과 같은 자애의 힘을 얻고, 아래로는 육도 중생들과 한가지로 부처님을 비원하며 우러르게 되었다. 그 때문에 삼십이응신三十二應身을 능히 나타내고 십사무외十四無畏 등 낱낱의 공덕으로 중생을 이익되게 할 수 있다. 이러한 부사의한 힘은 본래 성품에 스스로 만족하게 갖추어져 있다. 그래서 '부사의업상이 지정상을 의지한다'고 말한 것이다. 유식唯識[51]에서는 제7식을 깨뜨리면 '여래가 타수용공덕신他受用功德身을 나타내어 십지보살들을 교

그들로 하여금 해탈케 하나이다(如是漸增聞所聞盡 盡聞不住覺所覺空 空覺極圓空所空滅 生滅既滅寂滅現前 忽然超越世出世間 十方圓明獲二殊勝 一者上合十方諸佛本妙覺心 與佛如來同一慈力 二者下合十方一切六道衆生 與諸衆生同一悲仰 世尊由我供養觀音如來 蒙彼如來授我如幻聞薰聞修金剛三昧 與佛如來同慈力故 令我身成三十二應入諸國土 世尊若諸菩薩入三摩地 進修無漏勝解現圓 我現佛身而爲說法令其解脫)."

[51] 현장玄奘의 『팔식규구송』에서 제7식송識頌의 일부와 감산의 해석을 소개한다.
"여래가 타수용신을 나투니
십지보살이 가피를 받느니라."
(如來現起他受用 十地菩薩所被機)
감산의 해석 : "이 게송은 제7식이 전환하여 평등성지를 이루는 것이다. 만약 이 7식이 전환하여 무루의 평등성지가 되면 불과위佛果位 가운데 머물러 십종十種의 타수용신他受用身을 나타낸다. 십지보살들에게 설법을 하게 되니 그 보살들이 가피를 입게 된다(此頌七識轉識成智也 若此七識轉成無漏平等性智 在佛果位中 現十種他受用身 爲十地菩薩說法 菩薩所被之機也 行人此識一轉 則不動智念念現前 法界圓明 湛然常住矣)."
한편, 『성유식론成唯識論』 제10권에서는 다음과 같이 설한다. "혹은 제7식과 상응한다. 안근 등에 의지해서 색깔·형태 등의 대상을 반연하는 것은 평등성지의 작용의 차이이다. 제7의 청정식이 타수용의 신체와 국토 등의 모습을 일으키는 것은 평등성지의 심품에 포함된다(或與第七淨識相應 依眼等根緣色等 境是平等智作用差別 謂淨第七起他受用身土相者平等品攝)."

화한다'고 하였다. 모든 부처님이 그러하므로, 중생도 수행을 하여
본각의 지혜를 증득한다면 이때 얻는 부사의한 묘용도 역시 그러할
것이다. 여기에서는 시각이 성취한 공功을 나타낸 것이다.

上明隨染本覺竟 下明性淨本覺

이상으로 생멸의 염법에서 본각을 밝혔다. 다음은 자성청정의 본각을
밝힌다.

❀

復次覺體相者는 有四種大義하야 與虛空等하며 猶如淨鏡하니

다음으로 각의 자체 모양(覺體相)이란 것은 네 가지의 큰 뜻이 있어서
허공과 더불어 같으니 마치 맑은 거울과 같다.

【직해】 此標性淨覺體 意顯不迷之本覺也 謂卽指前覺體 故云復次 上
由始覺所顯智淨相 意顯屬修生 此下四種顯屬本有 故云覺體相

이것은 자성청정한 각의 자체를 표시하여 미혹하지 않는 본각을 나타
내려는 것이다. 앞에서의 각의 자체를 지적했기 때문에 그것을 계승하
여 '다음으로'라고 하였다. 위 문장에서의 시각에 따라 나타난 지정상智
淨相이므로 시각 공부를 수행하여 생겨난 각체에 소속함을 나타내려
하였다. 이 다음부터 네 가지는 중생이 본래 지니고 있는 데 속한
각체를 나타낸다. 그 때문에 '각의 자체 모양(覺體相)'이라고 하였다.

以虛空喩其廣博包含 以淨鏡喩其圓明能現 二喩相成 故雙擧之 若依

法界一心 約海印三昧 則虛空卽鏡 以森羅萬象 皆現於空鏡之中 若海
湛空澄 則空鏡之影像 印於海底 謂之海印 佛心普應法界 故名海印三
昧 此理更著

허공으로써의 비유는 그 각체가 허공처럼 광대하게 모든 사물을 포함
하는 것이고, 맑은 거울로써의 비유는 그 각체가 원만하게 밝아 모든
물상의 그림자를 나타낼 수 있어, 이 두 가지 비유에서 모양을 이룰
수 있다. 그 때문에 이 두 가지를 쌍으로 들었다. 법계일심法界一心에
의지하여 해인삼매海印三昧를 따르면 허공을 바로 거울에 비유할 수
있다. 삼라만상이 모두 허공인 빈 거울 가운데 나타나는 것이 마치
바닷물이 담연하고 허공도 맑으면 빈 거울 나타난 영상影像이 바다
밑에 도장 찍히듯 한다. 이를 '해인海印'이라고 한다. 이와 마찬가지로
부처의 마음은 널리 법계에 응하기 때문에 '해인삼매'라고 하는데,
여기에서 본각의 이치가 더욱 현저하게 드러난다.

❀

云何爲四오 一者는 如實空鏡이니 遠離一切心境界相하야 無法可
現이라 非覺照義故요

무엇이 네 가지가 되는가? 첫째는 여실공경如實空鏡이니 일체 마음
의 경계 모양을 멀리 여의어서 가히 나타낼 법이 없다. 각조覺照의
뜻이 아니기 때문이다.

【직해】 此明性淨本覺如實體空義也 謂本有眞心 乃眞如實體 本自淸
淨 不屬迷悟 不假修爲 廣博包含 寂滅離相 故云遠離一切心境界相

絶諸對待 唯一眞心 故云無法可現 寂滅湛然 故云非覺照義 此乃衆生
具法身 不假始覺而有者

여기에서 자성청정한 본각이 여실하게 자체가 공적한 뜻을 밝히고
있다. 말하자면 중생이 본래 지닌 진심眞心이 바로 진여의 실체이다.
본각이 스스로 청정하여 미혹과 깨침에도 속하지 않으며, 수행을
빌리지 않아도 일체를 광대하게 포함하고 번뇌가 고요히 사라져 경계
의 모양을 여읜다. 때문에 '일체 마음의 경계 모양을 멀리 여읜다'고
하였다. 모든 상대적인 관계가 끊어진 유일한 진심일 뿐이다. 때문에
'나타낼 법이 없다'고 하였으며, 번뇌가 고요히 사라져 담연하기 때문에
'각조覺照의 뜻이 아니다'라고 하였다. 이것이 중생이 본래 갖추고
있는 진여법신이므로 시각을 빌리지 않아도 본래부터 있는 것이다.

❀

二者는 因熏習鏡이니 謂如實不空이라 一切世間境界이 悉於中現하
되 不出不入하며 不失不壞하야 常住一心이니 以一切法이 卽眞實性
故며 又一切染法의 所不能染이니 智體不動하야 具足無漏하야 熏衆
生故요

둘째는 인훈습경因熏習鏡이니 여실불공如實不空을 말함이다. 일체
세간의 경계가 모두 그 가운데 나타나되 나오지도 않고 들어가지도
않으며, 잃어버리지 않고 무너지지 않아서 항상 일심에 머무른다.
일체법이 곧 진실한 성품이기 때문이다. 또한 일체 염법이 능히
물들이지 못한다. 지체智體가 움직이지 아니하여 무루無漏를 구족해
서 중생을 훈습하기 때문이다.

120

【직해】 此明性淨如實不空義也 此有二義 先明不空 次明熏習 言不空
者 謂此眞覺之體 如大圓鏡 一切世間境界悉於中現 以十法界染淨依
正因果 皆在此一心中分明顯現 此心本無內外 故云不出不入

이것은 청정한 각체覺體가 여실하게 공하지 않은(不空) 뜻을 밝힌
것이다. 여기에 두 가지의 뜻이 있다. 즉 먼저 불공不空을 밝혔고,
다음에는 훈습熏習의 뜻을 밝혔다. '불공'이라 말한 것은 진여각성의
자체는 마치 크고 원만한 거울과 같아서 일체 세간의 경계가 그 가운데
모두 나타남을 말한다. 즉 십법계十法界의 염법·정법, 의보·정보의
인과가 모두 이 일심 가운데 있으면서 분명하게 현현한다. 이러한
일심은 본래 안팎의 상대적인 차별이 없다. 그 때문에 '나오지도 않고
들어가지도 않는다'라고 하였다.

緣至即現故云不失 所現即眞故云不壞 以離生滅 故云常住一心 此心
亦名常住法身 即是一切諸法眞實之性 故在無情謂之法性 在有情謂
之佛性 以衆生本具 故作內熏之因也

이 마음은 연緣이 다다르면 그에 따라서 감응하며 나타나기 때문에
'잃어버리지 않는다'고 하고, 나타나는 것은 바로 그것이 진여이기
때문에 '무너지지 않는다'고 하였다. 이 마음은 생멸을 여의기 때문에
'항상 일심에 머문다'고 하였다. 이 마음을 또 항상 머무는 법신(常住法
身)이라 하는데, 바로 이 마음이 일체 모든 법의 진실한 성품이다.
그러므로 이 성품이 무정물에 있을 때는 법성法性이라 하고, 유정有情
에 있어서는 불성佛性이라고 한다. 중생은 이러한 일심을 본래 갖추고

있기 때문에 안으로 진여를 훈습하는 인因이 되는 것이다.

又一切下 明熏習義 謂此覺性 雖在衆生無明染汚之中 其體淸淨 故一
切染法所不能染 以智體不動故 以性具恒沙無漏淨德故 能與衆生作
內熏之因 故令衆生覺悟無常 厭生死苦 發心修行 求出離道 實仗此自
體爲內熏之因 故云因熏習也

'또한 일체의 염법이… '라고 한 다음부터는 훈습의 뜻을 밝혔다. 말하자
면 이 각성은 중생의 무명 염법 가운데 있다 해도 그 자체는 물들지
않고 청정하다. 그 때문에 '일체의 염법이 능히 물들이지 못한다.'
왜냐하면 각성인 지체智體는 무명망념에 의해서 움직이지 않기 때문이
다. 각성에는 항하사와 같은 무루無漏의 정덕淨德을 갖추고 있기 때문
에, 모든 중생과 더불어 내훈內熏의 인因을 지을 수 있다. 그 때문에
중생들로 하여금 무상함을 깨달아 생사의 괴로움에 싫증을 내게 하고,
발심수행하며 괴로움에서 벗어나는 도道를 구하도록 한다. 실로 이
각성 자체를 의지하는 것이 안에서 훈습하는 인이 되기 때문이다.
그 때문에 '인훈습因熏習'이라고 한 것이다.

❀

三者는 法出離鏡이니 謂不空法이 出煩惱礙와 智礙하야 離和合相하
야 淳淨明故요

셋째는 법출리경法出離鏡이니 말하자면 불공법不空法이 번뇌애(煩
惱礙, 즉 번뇌장煩惱障[52])와 지애(智礙, 즉 소지장所知障[53])를 벗어나
서 화합상和合相을 여의어서 순박하고 청정하여 밝기 때문이다.

【직해】 此明本有覺性依法出離也 謂衆生覺性 本自具有智慧德相 但

---

52 번뇌장(煩惱障: kleśāvaraṇa): 보리의 도를 장애하는 것을 지칭하는 것으로, 번뇌가
적정寂靜한 열반을 장애하는 것을 말한다. 이는 중생의 몸과 마음을 번거롭게
하여 열반을 장애하고 생사에 유전케 하므로 번뇌장이라 한다. 주로 아집에
의하여 일어난다. 인간의 몸은 5온이 화합한 존재에 불과한 것인데 영구성이
있는 '나'라고 두루 헤아려 집착하는 살가야견 번뇌를 포함하여 128근본번뇌와
20수번뇌가 이에 속한다.
『성유식론』 권제9에서는 번뇌장을 다음과 같이 설명하고 있다. "번뇌장이란
변계소집성인 실체를 자아로 집착하는 살가야견(身見)을 비롯한 128종의 근본번
뇌와 그것의 등류等類인 모든 수번뇌를 말한다. 이것이 모든 중생의 심신을
어지럽게 괴롭혀서 능히 열반에 이르는 것을 장애하는 것을 번뇌장이라 한다(煩惱
障者 謂執遍計所執實我薩迦耶見而爲上首百二十八根本煩惱 及彼等流諸隨煩惱 此皆
擾惱有情身心能障涅槃名煩惱障)."
한편, 원효의 『이장의二障義』에서는 번뇌장을 다음과 같이 설명하고 있다. "번뇌
장煩惱障은 탐냄·성냄 등의 미혹(惑)이다. 번로(煩勞: 번거로이 괴롭힘)를 성품으로
하며 때에 따라 현행現行하여 몸과 마음을 고뇌케 하고 어지럽히므로 번뇌라고
이름한다. 이 번뇌의 당체는 공능功能을 따라 이름을 세웠다. 또 다시 경계
안에서 번뇌의 과보를 능히 감응케 하는 것이니 유정有情을 핍박하고 고뇌케
해서 유정으로 하여금 적정을 여의게 하기 때문에 번뇌라고 이름지었다. 이것은
인因 가운데에서 과果에 대한 이름을 말한 것이다. 장障이란 가로막음(遮止)의
뜻이 있고 또한 덮어버리고 가리는 것으로써 공능을 삼는다. 유정을 가로막고
붙들어서 생사윤회로부터 벗어나지 못하게 하며, 이성理性을 가리고 덮어 버려서
열반이 나타나지 못하게 하므로 이 두 가지 뜻으로 말미암아 장障이라고 이름지었
다. 이것은 뜻과 작용을 따라서 이름을 받게 된 것이다."

53 소지장(所知障: ñeyāvaraṇa): 탐욕·성냄·어리석음 등의 번뇌가 인식대상(所知)의
참다운 모습(法空)을 그대로 알지 못하게 하므로 이들 번뇌를 소지장이라고
한다. 증득한 법에 집착하여 진여근본지眞如根本智를 막고 가리는 장애이며,
지장智障 또는 지애智礙라고도 한다. '번뇌장'에 대칭되는 용어이다. 또한 참다운
지혜가 발현하는 것을 장애하는 점에서 지장智障·보리장菩提障이라고도 한다.

爲妄想顚倒而不證得 今由始覺之功 治障離垢 斷二種礙 破和合識
顯現本有 淳淨明故 譬如磨鏡 垢淨明現 雖云離垢 而光明本有 不是新
生 但一向障蔽 今始出離耳

여기에서는 본래 지니고 있던 청정한 각성이 진여법에 의지하여 번뇌
장과 소지장의 두 가지 장애(二障)에서 벗어남을 밝히고 있다. 말하자
면 중생의 각성은 본래 스스로 지혜와 덕상德相을 갖추고 있다. 다만
망상으로 전도되어 그러한 각성을 증득하지 못하고 있다. 이제 시각의
공功으로 말미암아 장애를 다스려 더러운 때를 여의고 두 가지 장애를
끊어 화합식을 깨뜨리면 본래 가지고 있는 각성이 드러나 순일하고
청정하고 밝기 때문이다. 비유하면 거울을 닦아 더러운 때가 없어져서
깨끗해지면 본래 지니고 있던 밝은 광명이 나타나는 것과도 같다.

이에 법집의 분별에 의해 생겨나는 것(分別起)과 선천적으로 일어나는 것(俱生起)
이 있다. 소지장의 수數도 번뇌장과 같다. 그것은 번뇌장이 일어날 때에는 반드시
소지장이 있기 때문이다. 그런데 번뇌장은 두드러진(麤) 것으로 많은 품류品類가
있어서 알기 쉽기 때문에 이승도 역시 이것을 단멸한다. 다만 이것은 불선不善이고
유부무기성有覆無記性이므로 앞에서 숫자를 나타내 보인 것이다. 소지장은 미세
한 것으로서 품류가 많지 않아서 매우 알기 어렵기 때문에 오직 보살만이 단멸한다
고 한다.
한편, 원효의 『이장의』에서는 소지장을 이렇게 설명하고 있다. "'있는 바 다한
성품(盡所有性)'과 '있는 대로 진여와 같은 성품(如所有性)'을 두 가지 지혜가
관조觀照한 까닭에 소지所知라 이름한다. 법집法執 등의 혹惑은 지혜의 성품을
가로막고 붙들어서 현관심現觀心을 이루지 못하게 하고, 경계의 성품을 덮고
가리어서 현관심이 나타나지 못하게 하는 것이니, 이러한 뜻으로 말미암아 소지장
이라 이름한다. 소지경所知境을 잘 알지 못한다는 뜻으로 말미암은 까닭에 지애智
礙라고 이름지었다."

비록 더러운 때를 여의었다고는 말하나 거울의 광명은 그 자체에 본래 지니고 있었던 것이지 새로이 나온 것은 아니다. 단지 한결같이 장애에 가려져 있다가 지금에야 비로소 가림에서 벗어났을 뿐이다.

❀

四者는 緣熏習鏡이니 謂依法出離故로 徧照衆生之心하야 令修善根하야 隨念示現故니라

넷째는 연훈습경緣熏習鏡이니 법출리法出離를 의지하기 때문에 중생들의 마음을 두루 비추어 선근善根을 닦도록 해서 생각을 따라 나타내기 때문이다.

【직해】 此明出纏本覺 卽能與衆生作外緣熏習也 言法出離者 卽上離障出纏之本覺也 謂此覺體生佛等同 向爲衆生本有佛性 作內熏之因 今修行者 離障出纏 證得法身 卽能遍照衆生之心 而起同體大悲 現種種身相 調伏衆生 作外熏之緣 以大圓鏡平等顯現 與衆生心光明互照 以衆生迷而不覺 覺智圓明 故能遍照也

여기에서는 속박(纏)에서 벗어난 본각이 바로 중생들과 더불어 외연外緣을 지어 훈습함을 밝힌 것이다. '법출리法出離'라는 것은 위 문장에서 이장二障을 여의고 속박에서 벗어난 본각을 말한다. 이 본각 자체는 중생과 부처가 차별 없이 평등하게 같다. 이 본각이 중생이 본래 지닌 불성이 되어, 그것이 내훈內熏의 인因이 된다. 이제 수행자가 이장二障을 여의고 속박을 벗어나 진여법신을 증득하면, 곧 중생의 마음을 널리 두루 비춘다. 그리하여 동체대비同體大悲를 일으켜 갖가지

(공덕의 모양인) 신상身相을 나타내어 중생의 마음을 조복 받는다. 중생들에게 외연의 훈습을 지으면서(成所作智)[54] 크고 원만한 거울이

---

54 성소작지成所作智: 번뇌장과 소지장을 여의면, 즉 두 가지 장애를 벗어나면 불과를 얻어 사지심품四智心品을 얻는데, 이러한 전식득지(轉識得智: 범부의 8식을 전환하여 4가지 지혜를 얻음) 가운데 하나가 성소작지이다. 사지四智는 다음과 같다.
① 성소작지(成所作智, 작사지作事智라고도 한다): 유루有漏의 전5식(前五識: 眼·耳·鼻·舌·身識)을 전환하여 얻는 무루無漏의 지혜이다. 본원本願의 힘에 의하여 지전地前의 보살들과 이승·범부들을 이롭고 즐겁게 하기 위하여 시방국토에 두루 다니면서 갖가지 신구의 삼업三業으로 사업을 성취하는 지혜이다. 5식의 감각작용 상태가 변화되어 3업으로 청정한 여러 변화신을 보여주어 중생들을 널리 이롭게 한다.
② 묘관찰지妙觀察智: 유루의 제6식(意識)을 전환하여 얻는 무루의 지혜이다. 묘妙는 불가사의한 힘의 자재를 말하고, 관찰은 모든 법을 관찰하여 정통하는 것이다. 의식에서 개별적이고 관념적인 인식상태가 변화되어 모든 사물의 자체상(自相)과 보편적인 특질(共相)을 있는 그대로 관찰한다. 그리하여 중생의 근기를 알아서 불가사의한 힘을 나타내고, 훌륭하게 법을 설하여 모든 의심을 끊게 한다.
③ 평등성지(平等性智, 평등지平等智라고도 한다): 유루의 제7말나식을 전환하여 얻는 무루의 지혜이다. 유루의 7식이 제8식의 견분見分을 연연하여 아我와 법法을 실다운 것으로 집착을 일으켜 제6식으로 하여금 나와 타인의 차별을 보게 하는 반면에, 이 심품은 모든 법의 평등한 성품은 진여의 성품을 말한다. 진여는 체성이 평등하여 일체법에 두루 평등하므로 평등성이라 한다. 또한 지혜가 그것을 반연하므로 평등성지라고 한다. 통달위에서 그 일부분을 얻고, 불과佛果에 이르러 그 전체를 증득한다. 말나식의 자아집착 작용에 의한 모든 차별심이 소멸되어 일체를 평등하게 보며, 대자비심을 일으켜서 중생제도 활동을 하게 된다.
④ 대원경지大圓鏡智: 제8아뢰야식을 전환하여 얻는 무루의 지혜이다. 아뢰야식 안에 있는 모든 잡염법이 소멸되어 한 점 티끌도 없는 크고 원만한 거울(大圓鏡)처

(大圓鏡智) 평등하고 밝게 나타나(平等性智) 중생 자심自心의 광명으로 더불어 서로 서로가 비추게 된다(妙觀察智). 중생들은 미혹해서 깨닫지 못하지만 본각의 지혜는 원만하게 밝다. 그 때문에 능히 '중생의 마음을 두루 비춘다'고 하였다.

上釋覺義 下釋不覺義

이상으로 각覺의 의미를 해석하였고, 다음에서는 불각不覺의 의미를 해석한다.

❁

所言不覺義者는 謂不如實히 知眞如法이 一故로 不覺心이 起하야 而有其念이나 念無自相하야 不離本覺호미 猶如迷人이 依方故로 迷니 若離於方이면 則無有迷인달하야 衆生도 亦爾하야 依覺故로 迷니 若離覺性이면 則無不覺이며 以有不覺妄想心故로 能知名義하야 爲說眞覺이어니와 若離不覺之心이면 則無眞覺의 自相을 可說이니라

이른바 불각不覺의 뜻이란 것은, 말하자면 여실히 진여법이 하나임을 알지 못하기 때문에 불각의 마음이 일어나서 그 생각(念)이 있게 된 것이다. 그러나 생각(妄念)이 자기의 모양이 없어서 본각本覺을 여의지 않는다. 마치 미혹한 사람이 방위를 의지하기 때문에 미혹함과 같다. 만약 방위를 여의면 곧 미혹함이 없는 것과 같아서,

───────────────

럼 된 상태이다. 모든 분별을 떠나 연하는 행상이 극히 미세하여 알기 어렵다. 심지心地가 대원경처럼 변화되어 모든 사물이 그대로 비추어지듯이 모든 것을 아는 원만한 지혜이다. 불과佛果에서 처음으로 얻는다.

중생들도 그와 같이 각覺을 의지하기 때문에 미혹한 것이다. 만약 각의 성품을 여읜다면 곧 불각이 없으며, 불각의 망상심이 있기 때문에 능히 명의名義를 알아서 진각眞覺이라 말한다. 만약 불각의 마음을 여읜다면 곧 진각의 자기 모양이라고 말할 만한 것이 없다.

【직해】此明不覺依覺而有 要顯不覺卽覺也 問曰 覺性湛然 圓明寂照 何以而成不覺耶? 答曰 由不稱眞實而知眞如法一故 忽然心起而有 其念 卽此一念名爲生相無明 由此無明卽失本明 故云不覺

여기에서는 불각이 본각을 의지하고 있음을 밝혀, 불각이 곧 본각임을 나타낸 것이다.

문: 진여각성은 담연하여 원만하게 밝고 진여의 이치를 관조한다. 그런데 무엇 때문에 무명불각을 이루는가?

답: 진실에 계합하지 못하기 때문에 진여법이 하나임을 모른다. 그 때문에 마음이 홀연히 일어나 망념이 있게 되었다. 바로 이 일념을 생상무명生相無明이라고 한다. 중생은 이 무명으로 말미암아 본각의 밝음을 잃는다. 그러므로 '불각'이라고 한다.

卽此一念本無自相 不離本覺之體 是則全眞覺之體而成不覺故 如迷 人依方故迷 故衆生依覺故迷 若離覺性 則無不覺之相矣

바로 이 일념은 본래 실재하는 자체의 모양이 없으며 그 본각인 자체를 여의지 않는다. 왜냐하면 온전히 진여각성의 체로 불각을 이루기 때문이다. 이는 마치 길을 미혹한 사람이 한쪽 방향을 의지해서 미혹한 것과도 같다. 그러므로 중생이 본각을 의지하여 미혹하였기 때문에 만일 진여각성을 여읜다면 곧 불각의 모양도 없게 된다.

問曰 何以知其不覺卽眞覺耶? 答曰 然不覺者 乃衆生妄想之心也 衆
生雖是妄想一向不覺 若今指示卽心是佛 卽能知名義 以能知名識意
便是本有眞覺之性 軌持生解

문: 무엇으로써 불각이 진여각성임을 알 수 있는가?
답: 불각이란 것이 바로 중생의 망상심인 것이다. 중생이 이 망상심
때문에 한결같이 깨닫지 못하였으나 만약 여기에서 그들에게 마음이
바로 부처임을 가리켜 보여준다면 그들은 본각의 이름과 의미를 즉시
알 수 있다. 본각의 이름과 의미를 알 수 있는 것은 그들이 본래
지니고 있던 진여각성의 성품이 일정한 법도를 지니고 있어 그에
대한 이해를 낼 수 있기 때문이다.

以此故爲說衆生佛性 卽是眞覺 以此不覺 乃是眞覺全體而成故 若離
不覺之心 則無眞覺自相可說 以此不覺卽覺故 衆生但一念迴光 卽同
本有 能知無念 便證法身

이러한 까닭에 중생의 불성이 바로 진여각성이라고 설명한다. 이
불각은 바로 진여각성의 전체로 이루어졌기 때문에, 만일 불각의
망상심을 여읜다면 설명할 만한 진여각성의 자체 모양도 없다. 이
무명불각이 바로 본각이기 때문이다. 중생이 다만 일념一念에 본각의
빛으로 돌이키면 즉시 본래 지녔던 본각과 동일하며, 그 본각이 무념無
念임을 알 수 있다면 문득 법신을 증득하게 된다.

上明根本不覺 下明枝末不覺二 初無明不覺生三細 二境界爲緣長六
麤且初

이상으로 근본불각根本不覺을 밝혔고, 다음에는 지말불각枝末不覺을
둘로 나누어 밝힌다. 그 처음은 무명불각이 삼세三細를 내는 측면에서
밝히고, 두 번째는 불각으로 나타난 경계가 연緣이 되어 육추六麤를
증장하는 편에서 밝힌다. 먼저 삼세를 밝힌다.

❖

復次依不覺故로 **生三種相**하야 **與彼不覺**으로 **相應不離**하나니

다음에 불각에 의지하기 때문에 세 가지 모양이 생겨나서 저 불각과
더불어 상응하여 여의지 않는다.

【직해】 此標無明爲因生三細也 末不離本 故云相應不離

이것은 근본무명불각이 근본 인因이 되어 삼세三細가 생겨남을 밝힌
것이다. 지말불각이 근본불각을 여의지 않았기 때문에 '상응하여 여의
지 않는다'라고 하였다.

❖

云何爲三오 **一者**는 **無明業相**이니 **以依不覺故**로 **心動**일새 **說名爲業**
이라 **覺則不動**이며 **動則有苦**니 **果不離因故**요

무엇이 세 가지 모양인가? 첫째는 무명업상無明業相이다. 불각에
의지하기 때문에 마음이 움직임을 이름하여 업業이라고 한다. 깨달
으면 움직이지 않으며, 움직이면 곧 괴로움(苦)이 있게 되니 과果가

인因을 여의지 않기 때문이다.

【직해】 此標無明業相也 以揀本覺不思議業 故云無明業相 以依最初
一念不覺心動 卽此動心 名爲業相 返顯覺卽不動 謂覺眞如 則無動念
足知不覺故心動也

이것은 무명업상을 표시한 것이다. 본각의 부사의不思議한 업업과
구별하기 위해서 '무명업상無明業相'이라고 하였다. 최초의 일념이
깨닫지 못함(不覺)을 의지하여 마음을 움직이면 바로 그 움직이는
망념을 '무명업상'이라고 한다. 이로써 '본각을 깨달으면 망념이 움직이
지 않는다'는 것을 상대적으로 나타냈다. 말하자면 진여본각을 깨달으
면 망념의 움직임이 없다. 이를 통해서 충분히 알 수 있는 것은 진여를
깨닫지 못하기 때문에 마음이 움직인다는 것이다.

動卽有苦者 以無邊生死苦果 皆因此動念而生 故云果不離因故 若離
動念 則二死永亡 故云若觀無念 則爲向佛智

'마음이 움직이면 괴로움이 있다' 하였는데, 가없는 삼계 생사의 괴로운
과(苦果)가 모두 이 망념의 움직임으로 그것이 원인이 되어 나왔다.
그래서 '과果가 그 인因을 여의지 않는다'고 하였다. 만약 마음의 움직임
을 여의면 이종생사二種生死가 영원히 없어진다. 그 때문에 앞에서
'만약 무념을 관하면 곧 부처의 지혜(佛智)를 향함이 된다'고 하였다.

❀

二者는 能見相이니 以依動故로 能見이라 不動則無見이요 三者는
境界相이니 以依能見故로 境界妄現이라 離見하면 則無境界니라

둘째는 능견상能見相이니 움직임에 의지하기 때문에 능히 봄이다.
움직이지 않으면 봄이 없음이요, 셋째는 경계상境界相이니 능히
봄에 의지하기 때문에 경계가 망령되게 나타난다. 봄(見)을 여의면
경계가 없다.

【직해】 此標釋轉現二相也 以能見名轉相者 謂眞如智照 本無能所 今
旣迷智體而轉爲妄見 以妄有境界可見 故名爲轉 此見蓋依動念而有
以一念動心失彼精了 便成妄見 返顯不動則無見也

이것은 전상轉相과 현상現相의 두 가지 모양을 표시하고 해석한 것이다.
능견상을 전상이라고 이름한 것은, 진여를 지혜로 관조한다면 본래
주관·객관이 없다. 지금은 지체智體를 미혹하여 진여가 전변하여 '허망
한 봄(妄見)'이 된다. 이 때문에 '허망한 봄'으로 볼 수 있는 경계의
모양(境界相)이 생긴다. 그러므로 진여가 전변轉變한다는 뜻에서 '전상'
이라고 이름한다. 이러한 능견상은 대체로 일념의 움직임을 의지해서
있게 되었다. 일념이 마음을 움직여 진여에 대한 정미精微한 앎을
잃고 문득 '허망한 봄'을 이룬다. 만약 움직이지 않는다면 '허망한
봄'도 없다는 것을 상대적으로 나타낸 것이다.

境界相者卽現相也 以無相眞心 因一念妄動 則形所相而爲妄見所見

132

之境界 故云以依能見故境界妄現 然此境界 即虛空四大之妄相

경계상境界相이란 바로 현상現相인 것이다. 모양이 없는 실제의 진심眞心에서 일념이 망령되이 움직임으로 말미암아 (경계의 차별적) 모양으로 나타나니 '허망한 봄'으로 인해 '보이는 대상인 경계상'이 된다. 그 때문에 '능견상을 의지하기 때문에 경계가 망령되이 나타난다'고 하였다. 이 '경계상'은 허공과 지수화풍의 사대四大로 나타난 허망한 모양이다.

楞嚴三細云 因明立所 所旣妄立 生汝妄能 則先現後轉 此則先轉後現 然彼約山河大地生起之相 重在境 此單約心法生起之相 重在心 其實 三細同時 本無先後也 此三細皆依無明而立 前云若無明滅 則相續心 滅 蓋相續心依此三細而立也 以不相離 故滅則同滅

『능엄경』[55]에서는 삼세三細를 말하면서 "밝음으로 인해 대상 경계가

---

55 『능엄경』 제4권 초에 다음과 같이 나온다.

"부처님께서 부루나에게 말씀하셨다. '만일 밝힐 대상(所明)이 없다면 밝힐 깨달음이 없다고 했는데, 밝힐 대상(所)이 있으면 깨달음이 아니며, 밝힐 대상이 없으면 밝음이 아니니, 밝음이 없으면 또 깨달음의 고요하고 밝은 성품도 아니니라. 성품 자체의 깨달음은 본래 분명히 밝은 자리다. 그럼에도 너는 여기서 허망하게 밝혀야 할 깨달음을 생각한 것이다(覺非所明 因明立所 所旣妄立 生汝妄能 無同異中熾然成異). 깨달음은 밝힐 대상이 아님에도 밝힘으로 인하여 밝힐 대상(所)을 세우고, 밝힐 대상(所)이 이미 허망하게 세워지니, 너의 허망한 능력(妄能)이 생겨서, 같음도 다름도 없는 가운데 불길처럼 성하게 다른 것이 이뤄졌느니라.'"

※ 제4권 초에 산하대지에 대하여 다음과 같이 나온다. "세존이시여, 만일 세상의

이루어지고, 그것이 망령되이 이루어지면 너에게 허망한 능견상이 생기게 한다."라고 하였다. 경에서는 현상現相을 우선하고 전상轉相을 뒤로 한 것이 되고, 본 논서에서는 전상을 먼저하고 현상을 뒤로 한 것이 된다. 경에서는 산하대지가 이미 일어나는 모양을 따라 중점이 경계에 있고, 본 논서에서는 심법心法이 세간을 생기生起하는 모양을 따라 중점이 일심에 있다. 그러나 실제로 삼세三細는 동시적이어서 본래 선후가 없는 것이다. 이 삼세는 모두가 근본무명을 의지하여 세웠다. 앞에 (바람과 파도의 비유에서) '만약 무명이 사라지면 따라서 상속심도 사라진다'라고 했는데, 대체로 이 상속심은 이 삼세를 의지하여 세워진 것이다. 이 둘은 서로가 분리되지 않기 때문에 무명이 사라지면 상속심도 동시에 사라진다.

上明無明不覺生三細 下明境界爲緣生六麤

이상으로 무명불각이 삼세를 내는 것을 밝혔다. 다음에는 경계상이 연緣이 되어 다시 육추六麤를 내는 것을 밝힌다.

일체 6근과 6진과 5음陰과 12처處와 18계界 등이 다 여래장如來藏으로서 본래 그대로 청정하다면, 어째서 홀연히 산과 강과 대지의 온갖 유위상有爲相이 생겨서 차례로 옮기고 흐르며 끝나고 또 시작하는 것입니까?' '부루나여, 네가 말한 바와 같이 본래 그대로 청정하다면 어째서 홀연히 산과 강과 대지가 생기겠느냐. 너는 항상 이 여래로부터 '성품의 깨달음은 묘하고 밝으며, 본래의 깨달음은 밝고 묘하다'는 말을 들어오지 않았느냐.'(世尊 若復世間一切根塵陰處界等 皆如來藏 淸淨本然 云何忽生山河大地 諸有爲相次第遷流終而復始)"

❁

以有境界緣故로 復生六種相하나니 云何爲六고 一者는 智相이니 依
於境界하야 心起分別하야 愛與不愛故요

경계의 연(境界緣)이 있기 때문에 다시 여섯 가지 모양(相)이 생긴다.
무엇이 여섯 가지인가? 첫째는 지상智相이니, 경계에 의지하여
마음을 일으켜서 좋아함과 좋아하지 않음을 분별하기 때문이다.

【직해】此標六麤 先明智相也 智卽分別心也 謂先所現境界 不了唯心
虛妄 創起慧數分別逆順好醜 愛與不愛故

이것은 육추를 표시하고, 먼저 육추 가운데서 처음인 지상智相을 밝힌
것이다. 지상(智相, 分別相)은 곧 분별하는 망심妄心이다. 앞의 삼세에
서 나타난 경계상은 오직 마음뿐이라 허망함을 알지 못한다. 그리하여
최초로 경계를 분별하고 인식하는 마음의 작용(慧數, 心所法)을 일으키
게 된다. 그리고는 자기의 뜻에 거슬리는 경계(逆境)와 자기의 뜻에
맞는 경계(順境), 좋아함과 싫어함, 사랑하고 사랑하지 않음을 분별하
기 때문이다.

❁

二者는 相續相이니 依於智故로 生其苦樂하야 覺心起念하야 相應不
斷故요

둘째는 상속상相續相이니, 지상智相을 의지하기 때문에 그 고락을
내어 각심覺心이 망념을 일으켜서 서로 응하여 끊어지지 않기 때문
이다.

【직해】 此釋相續相也 謂依所分別逆順二境 可愛則生樂受 不愛則生苦受 數數起念 相續不斷 起惑潤業 引持生死 相續不斷 故名相續相

이것은 상속상을 해석한 것이다. 말하자면 지상智相으로 분별하는 역경逆境과 순경順境의 두 경계에 의지하여, 뜻에 맞는 순경이면 즐겁게 받아들이는 낙수樂受를 내고, 뜻에 거슬리는 역경이면 괴롭게 받아들이는 고수苦受를 낸다. 이처럼 자주자주 분별의 망념을 일으켜 상속이 끊어지지 않는다. 여기에서 다시 견사이혹見思二惑을 일으키고 업業을 습윤濕潤하게 하여, 중생의 생사를 이끌고 유지하면서 생사가 상속하여 끊어지지 않게 한다. 그 때문에 '상속상'이라 한다.

❀

三者는 執取相이니 依於相續하야 緣念境界하야 住持苦樂하야 心起著故요

셋째는 집취상執取相이니, 상속상을 의지하여 경계를 반연하고 생각해서 고락에 머물러서 마음에 집착을 일으키기 때문이다.

【직해】 此釋執取相也 謂先緣念境界 於苦樂等不了虛妄 深生取著 故下文云 卽此相續識 依諸凡夫取著轉深 計我我所也

이것은 집취상을 해석한 것이다. 말하자면 위의 상속상에서 반연하고 분별했던 경계에서 받아들인 고수苦受와 낙수樂受 등이 허망한 것임을 알지 못한다. 그리하여 그 경계에 깊이 집착하는 마음을 내게 된다. 그 때문에 아래 문장에서 곧 '이 상속식(相續識, 즉 意識)에서 모든 범부가 집착함이 더욱 깊어지며, 그것을 의지하여 아我와 아소我所를

헤아린다'라고 한 것이다.

❖

四者는 計名字相이니 依於妄執하야 分別假名言相故요

넷째는 계명자상計名字相이니, 허망한 집착을 의지하여 거짓된 명언名言의 모양을 분별하기 때문이다.

【직해】 此釋計名字相也 謂依先執取虛妄心境 分別假名言相 云計名字相 上來四相若配我法二執 前二法執 後二我執 又惑業苦三 上四皆惑 下二業苦

이것은 계명자상을 해석한 것이다. 말하자면 앞에서 허망하게 나타난 마음의 경계상境界相을 실제인 줄로 아는 집취상執取相에 의지하여 거짓인 이름과 언설로 분별하는 것을 '계명자상計名字相'이라 한다. 이상에서 열거한 사상四相을 아집我執과 법집法執인 이집二執에 배대한다면, 앞의 지상과 상속상은 법집에 해당하고, 뒤의 집취상과 계명자상은 아집에 해당한다. 다시 이것을 혹惑·업業·고苦[56]의 셋에 배대한다면, 이상의 넷은 모두 혹에 해당하고, 다음에 설명하는 두 가지, 즉

---

56 『성유식론』 8권에 다음과 같은 설명이 있다.

"생사가 이어지는 것은 혹업고惑業苦로 말미암는다. 업을 발생시키는 근본인 번뇌를 총칭하여 혹惑이라고 한다. 능히 후생의 과보를 초래하는 여러 조작행위를 업業이라 한다. 업이 이끌어 생긴 여러 괴로움을 고苦라고 한다.(生死相續 由惑業苦 發業潤生煩惱名惑 能感後有諸業名業 業所引生衆苦名苦)."

※ 십이인연 가운데 무명과 애愛·취取는 혹에 해당하고, 행行·유有는 업에 해당하고, 식識·명색名色·육입六入·촉觸·수受·생生·노사老死는 고에 해당한다.

기업상起業相과 업계고상業繫苦相은 업과 고에 각각 해당한다.

✿

五者는 起業相이니 依於名字하야 尋名取著하야 造種種業故요

다섯째는 기업상起業相이니, 명자名字에 의지하여 이름을 찾아 집착을 취해서 갖가지 업을 짓기 때문이다.

【직해】 此釋起業相也 謂依前所分別假名言相 尋名取著 發動身口 造種種業 名起業相

이것은 기업상을 해석한 것이다. 말하자면 앞의 계명자상에서 분별했던 거짓인 이름과 언설의 모양을 의지하여 그 이름을 찾고 집착하며 신구업身口業을 발동하여 갖가지 업을 짓는다. 이를 '기업상'이라고 한다.

✿

六者는 業繫苦相이니 以依業受果하야 不自在故니라

여섯째는 업계고상業繫苦相이니, 업업에 의하여 과보를 받아서 자재하지 못하기 때문이다.

【직해】 此釋業繫苦相也 謂先所造善惡等業 受苦樂等報 輪迴三界 長縛生死 不自在故 名業繫苦

이것은 업계고상을 해석한 것이다. 말하자면 앞에서 지은 선악 등의 업으로 고락 등의 과보를 받는다. 그리하여 삼계에 윤회하면서 생사에 길이 속박되어 자재하지 못하기 때문에 이름을 '업계고'라고 한다.

✿

當知無明이 能生一切染法하나니 以一切染法이 皆是不覺相故니라

마땅히 알라. 무명이 능히 일체 염법染法을 낸다. 일체 염법이 모두 불각의 모양(相)이기 때문이다.

【직해】 此結末歸本 以顯無明爲生死染法之因也 然一切染法 皆依根本無明而生 根本無明 乃最初動念也 以衆生從來未曾離念 故云一切染法皆是不覺之相 意顯若了無念 則一切煩惱頓斷 故此結指最初一念爲生死苦本 欲令行人見苦知因 要知離念爲修行之要也

여기에서는 지말불각에서 근본불각으로 돌아와 결론을 맺었다. 이로써 근본무명이 생사염법의 인因이 된다는 것을 나타내었다. 일체의 생사염법 모두가 근본무명을 의지해서 생겨나온다. 그 근본무명은 최초에 움직이는 망념인 것이다. 중생들은 원래부터 최초의 움직이는 망념을 여읜 적이 없기 때문에 '일체 생사염법이 모두가 불각의 모양이라'고 하였다. 말하고자 함은 '망념이 본래 없음을 요지了知하면 일체 번뇌를 단번에 끊을 수 있다'는 것이다. 그 때문에 이렇게 결론을 짓고 최초의 일념을 가리켜 생사 괴로움의 근본이라고 하였다. 수행인들로 하여금 괴로움(苦)을 보고 그 인因을 알도록 하여서, '일념을 여의는 것이 수행의 요점이라'는 것을 깨닫게 하려는 것이다.

上總釋無明爲染法因 下雙辯眞妄同異

이상에서는 무명이 생사염법의 인因이 됨을 총체적으로 해석하였

다. 아래에서는 진여본각과 망념불각의 같고 다른 점을 비교하여
논변한다.

❀

**復次覺與不覺이 有二種相하니 云何爲二오 一者는 同相이요 二者는
異相이니라**

다음에 각과 불각에는 두 가지 모양이 있으니 무엇이 두 가지인가?
첫째는 동상同相이요, 둘째는 이상異相이다.

【직해】 此辯眞妄同異相也 初云依如來藏有生滅心 不生不滅與生滅和
合 非一非異 名阿黎耶識 今旣明生滅心 要明生滅卽不生滅 故此辯同
異也

여기에서는 진여와 망념의 동일한 모양과 서로 다른 모양을 논변하려
한다. 처음에 말하기를 '여래장을 의지하여 생멸하는 마음이 있다.
불생불멸이 생멸심과 화합하여 같은 모양도 아니고 다른 모양도 아닌
것을 아려야식이라 한다'라고 하였다. 여기에서 이미 생멸심을 밝혔으
므로 생멸심이 곧 불생불멸하는 진여본각임을 밝히려 한다. 때문에
여기에서 그 동일하고 다름의 모양을 논변하는 것이다.

❀

**言同相者는 譬如種種瓦器가 皆同微塵性相인달하야 如是無漏無明
의 種種業幻이 皆同眞如性相이니라**

동상同相이라 말한 것은 비유하자면 여러 가지 질그릇이 모두 미진微

塵의 성상性相과 같아서, 이와 같은 무루無漏와 무명의 갖가지 허깨
비와 같은 업(業幻)이 모두 진여의 성상性相과 같은 것이다.

【직해】 此喩顯生滅卽不生滅也 依微塵而有瓦器 喩顯染淨生滅 皆依
眞如也 無漏本覺淨法 無明染因 此二乃是眞如隨緣相因 故同一眞如
之性也

여기에서는 생멸심이 곧 불생멸의 진여임을 비유로 나타내고 있다.
미진微塵이라는 성품과 모양은 동일하지만 갖가지 질그릇의 모양에
차이가 있음을 비유하여 염법染法과 정법淨法, 생멸이 모두 진여에
의지하였음을 나타낸 것이다. 무루無漏는 본각 정법淨法이고, 무명은
염법의 인因이다. 이 두 가지는 그 진여가 연緣을 따르는 모양의 인因이
다. 그 때문에 동일하게 진여가 그 자성인 것이다.

種種業幻 謂本覺有不思議業 能作一切勝妙境界 無明業力 能生三細
六麤 作一切生死苦樂等事 此眞妄二法 皆是幻有 所謂生死涅槃 皆如
幻夢 故云皆同眞如性相 故染淨二法 皆眞如相用也

'갖가지 허깨비와 같은 업'은 말하자면 진여본각에 부사의한 업용業用
이 있어 일체 수승하고 오묘한 정법淨法의 경계를 지을 수 있는 반면에,
무명불각의 업력은 삼세·육추로 생멸하는 모양을 내어 일체의 생사고
락 등의 일을 지을 수 있다. 이러한 진여정법과 무명의 망법妄法이
모두 실재하지 않는 허깨비로 존재한다. 『반야경』에서 이른바 "생사와
열반이 모두가 허깨비와 같고 꿈과 같다."[57]라고 한 것과 같다. 그

때문에 '모두가 진여의 자성과 모양이 동일하다'고 하였다. 그러므로
염법과 정법, 이 두 법이 모두 진여(體)의 모양(相大)과 작용(用大)인
것이다.

❀

是故로 脩多羅中에 依於此眞如義故로 說一切衆生이 本來常住하
야 入於涅槃이요 菩提之法도 非可修相이며 非可作相이라 畢竟無得
이며 亦無色相可見이로대 而有見色相者는 唯是隨染業幻所作이요
非是智色不空之性이니 以智相은 無可見故라 하시니라

---

57 구마라집鳩摩羅什 역 『대품반야경』(摩訶般若波羅蜜經) 권제8 「환청품제이십팔幻
聽品第二十八」에 다음과 같이 나온다.
"여러 천자들이 수보리에게 물었다. '그대는 불도佛道 역시 허깨비 같고 꿈과
같다고 말하는데, 그대가 말하는 열반도 역시 허깨비와 같고 꿈과 같습니까?'
'나는 불법과 열반도 역시 허깨비와 꿈과 같다고 말합니다. 열반보다도 더한
법이 있다고 할지라도 나는 모두 그러하다고 말합니다. 무슨 까닭인가? 여러
천자들이여, 이 허깨비와 꿈이 열반은 둘도 아니고 다르지도 않습니다.'(爾時諸天
子問須菩提汝說佛道如幻如夢汝說涅槃亦復如幻如夢耶　須菩提語諸天子我說佛道如
幻如夢 我說涅槃亦如幻如夢 若當有法勝於涅槃者 我說亦復如幻如夢 何以故 諸天子是
幻夢涅槃不二不別)"
한편, 이를 선가에서는 다음과 같이 표현하고 있다(『임제록臨濟錄』). "내가 보기에
는 부처도 없고 중생도 없으며, 옛날도 없고 지금도 없어서 깨치면 그만일
뿐, 오랜 세월을 거치지 않는다. 닦을 것도 깨칠 것도 없으며, 얻을 것도 잃을
것도 없어서 어느 때이든 어느 법도 없는 것이다. 설사 이보다 나은 법이 있다
하더라도 그것은 꿈같고 허깨비 같은 것이라고 나는 말한다. 이것이 내가 말하는
전부다.(約山僧見處 無佛無衆生 無古無今 得者便得 不歷時節 無修無證 無得無失
一切時中 更無別法니 設有一法過此者 我說如夢如化 山僧所說皆是)"

142

이런 까닭으로 수다라 가운데 이 진여의 뜻을 의지하기 때문에
설하셨다. "일체중생들이 본래 항상 머물러서 열반에 들어 있다.
보리의 법도 가히 닦는 모양(相)이 아니며 가히 짓는 모양이 아니다.
필경에 얻을 것이 없으며 또한 색상色相을 가히 볼 수 없는 것이지만
색상을 볼 수 있는 것은 오직 염법染法을 따르는 업환業幻이 지은
것이다. 이 지색智色 불공不空의 성품이 아니니 지상智相은 가히
볼 수 없기 때문이다."

【직해】此引經證成同相義也 謂覺與不覺皆卽眞如 故衆生本來常住入
於涅槃 故淨名云 一切衆生卽涅槃相 不復更滅 謂本始二覺皆卽眞如
故諸佛菩提非可修相 畢竟無得 前約不覺卽如 故衆生舊來入涅槃 次
約覺智卽眞 故諸佛菩提無新得也

여기에서 경전을 인용하여 동상同相을 이루는 뜻을 증명하였다. 말하
자면 각과 불각이 모두 다 진여라는 것이다. 그 때문에 '중생이 원래
진여에 항상 머물러서 열반에 들어 있다'고 하였다. 『유마경』[58]에서
이르기를, "일체중생의 모양이 곧 열반의 모양이므로 다시 멸할 것이
없다."라고 하였다. 말하자면 이는 본각과 시각 이 두 각이 바로 진여이

___
58 『유마경』「보살품菩薩品」에 다음과 같이 나온다. "만약 미륵이 아뇩다라삼먁삼보
리를 얻는다고 하면 일체중생도 모두 마땅히 얻어야 한다. 왜냐하면 일체중생이
곧 보리의 모양이기 때문이다. 만약 미륵이 멸도를 얻는다고 하면 일체중생도
모두 마땅히 멸도를 얻어야 한다. 무슨 까닭인가? 모든 부처님께서 일체중생이
필경에 적멸이니, 곧 열반상이라 다시 멸할 것이 없다는 것을 아시는 까닭이다(若
彌勒得阿耨多羅三藐三菩提者 一切衆生皆亦應得 所以者何 一切衆生卽菩提相 若彌勒
得滅度者 一切衆生亦應滅度 所以者何 諸佛知一切衆生畢竟寂滅卽涅槃相不復更滅)."

다. 때문에 '모든 부처님의 보리菩提법도 수행을 통해서 닦는 모양이
아니며 필경 얻을 것이 없다'고 하였다. 앞에서 '불각이 곧 진여이다'라
고 한 바가 있어서 그 때문에 '중생이 예로부터 본래 열반에 들어
있다'고 하였다. 다음은 '각지覺智가 곧 진여'라는 측면에서 보면 모든
부처님이 증득한 보리법도 원래 없던 것을 새로이 얻은 것이 아니다.

問曰 衆生旣本是佛 何故不見報化之色相耶? 答曰 但約眞如性德而
言 以眞如法體本無色相可見故也 又問言 眞如法性非色相者 何故諸
佛證之而有報化種種色相耶? 答曰 彼諸佛色相 但隨衆生染幻心中
變現 亦非本覺不空性中而有也 以本覺智非可見相故

문: 중생이 본래 진여법신불이라면 무엇 때문에 부처님처럼 보신과
화신의 색상이 보이지 않는가?

답: 단지 진여 성품 공덕의 편에서만 말한다면 진여법의 자체는 본래
볼 수 있는 색상이 없기 때문이다.

문: 진여법성이 차별적인 색상이 아니라면 무엇 때문에 모든 부처님은
진여를 증득하여 그 과보인 보신과 화신의 갖가지 색상이 있게 되는가?

답: 저 모든 부처님의 색상은 단지 중생의 무명으로 물든 허깨비
같은 마음 가운데서 변화로 나타난 것이다. 그러나 본각의 여실히
공하지 않은 성품 가운데 그러한 색상이 있지는 않다. 왜냐하면 본각의
실지(覺智)는 볼 수 있는 모양이 아니기 때문이다.

❋

言異相者는 如種種瓦器가 各各不同인달하야 如是無漏無明이 隨染幻差別이며 性染幻差別故니라

이상異相이라 말한 것은 여러 가지 질그릇이 각각 같지 않은 것과 같으니, 이와 같은 무루無漏와 무명이 수염환隨染幻의 차별이며, 성염환性染幻의 차별이기 때문이다.

【직해】 此喩明卽同而異也 言種種瓦器雖同微塵 但隨造作緣各各不同 如是本覺 無明眞妄二法 雖同一眞如法性 本無差別 但今隨染幻緣故 種種差別 眞妄皆言隨染差別者 以諸淨功德 皆就染翻成

이 비유는 무명불각이 진여본각과 본질에 있어서 동일하나 모양이 다른 것을 밝히고 있다. 말하자면 여러 가지 모양의 질그릇들이 동일한 미진으로 이루어진 것이지만, 단지 질그릇을 만드는 외적인 연緣에 따라서 각각의 모양새들이 동일하지 않은 것과 같다. 이와 마찬가지로 본각의 진여와 무명의 망념 이 두 가지 법이 동일한 진여법성으로 본래 차별이 없다. 단지 허깨비와 같은 염법의 연을 따르기 때문에 갖가지 차별이 있게 된다. 진여와 망념이 '모두가 염법을 따른 차별이다' 라고 말한 것은 본각의 청정한 공덕이 모두 나아가서 염법染法으로 뒤바뀌기 때문이다.

故單約染幻 所謂心性有動 則有過恒沙等妄染之義 心性無動 則有過 恒沙等諸淨功德相義示現 此但就衆生心中轉變 故云隨染幻也 意謂

差別者乃是染幻差別 非眞如法性有差別也 此結歸本無差別義也

그 때문에 허깨비와 같은 염법을 따르면 이른바 '심성이 무명으로 움직이면 항하사보다 많은 망념의 염법의 뜻이 있다. 그러나 심성이 움직임이 없으면 항하사보다 많은 모든 청정한 공덕의 모양의 뜻을 나타낸다'고 하였다. 이것은 단지 진여가 중생심 속에 나아가 다른 모양으로 전변轉變하기 때문에 '허깨비 같은 염법을 따른다'고 말한 것이다. 말하자고 함은, 차별이란 것은 허깨비 같은 염법의 차별이고 진여법성의 측면에서 차별이 있는 것은 아니다. 이것은 본래 차별이 없는 뜻으로 귀결시킨 것이다.

上釋生滅心竟 下示生滅因緣

이상으로 생멸심에 대한 해석을 끝냈다. 다음은 생멸인연을 나타낸다.

② 생멸인연生滅因緣

復次生滅因緣者는 所謂衆生이 依心하야 意와 意識이 轉故니라 此義云何오 以依阿黎耶識하야 說有無明하니 不覺而起하야 能見하고 能現하며 能取境界하야 起念相續일새 故說爲意니라

다음에 생멸의 인연이라는 것은 이른바 중생이 마음을 의지해서 의意와 의식意識이 전轉[59]하기 때문이다. 이 뜻이 어떠한가? 아려야

---

[59] 전轉의 의미: 마음의 생기生起에 관련된 표현이다. 의지하는 주체인 중생의 의意와 의식意識이 심체心體를 의지하여 일어난다. 그래서 전轉이라 하였다.

식을 의지해서 무명이 있다고 설한다. 불각이 일어나서 능히 보고
능히 나타나며 능히 경계를 취하고 생각을 일으켜서 상속하기 때문
이다. 그러므로 설하여 의意라 한다.

【직해】此明一心生滅 乃眞妄互爲因緣 以顯阿黎識生一切法也 而衆
生長劫相續生死不斷者 獨意之一法爲最重 以衆生依心 意意識轉故
也 依心者經云如來藏若生若滅 今識藏卽如來藏 故說依心 然此藏心
本無生滅 而生滅相續者乃意 而起惑造業者意之識也 此句標定

여기에서는 일심 생멸이란 진여와 망념의 불각이 서로가 인因이 되고
연緣이 되어서 이루어진다는 것을 밝혀서 아려야식이 일체법을 생함을
나타내었다. 중생들이 오랜 겁의 세월 동안 생사를 서로 이어가며
끊어지지 않는 원인 가운데 오직 의意 하나의 허물이 가장 무겁다.
왜냐하면 '중생의 마음을 의지하여 의意와 의식意識이 전변轉變하기
때문인 것이다.' '마음을 의지한다'고 함은 『능가경』[60]에서 이르기를

여기서 전轉은 기(起; 일어남)이다(能依衆生 是意意識 依心體起故云轉 轉者起也).
(『起信論義記』)

60 능가경의 이역본인 『입능가경入楞伽經』 권제7 「불성품佛性品」 제11에 다음과
같이 나온다. (앞의 각주 34 참조)
"대혜여, 만일 여래장 아리야식을 '없는 것(爲無)'이라 이름한다면 아리야식을
여의고는 생生도 없고 멸滅도 없으리라. 일체 범부와 모든 성인도 저 아리야식을
의지하므로 생生도 있으며 멸滅도 있다. 아리야식을 의지하므로 모든 수행자는
자기 속 몸의 거룩한 행을 증득하는 데에 들어가서 법락행을 나타내면서 쉬지
않는다. 대혜여, 이 여래의 마음인 아리야식 여래장식의 경계는 일체 성문과
벽지불 외도들이 능히 분별하지 못한다(大慧若如來藏阿梨耶識名爲無者 離阿梨耶
識無生無滅一切凡夫及諸聖人 依彼阿梨耶識故有生有滅 以依阿梨耶識故 諸修行者入

"여래장이 생하기도 하고 멸하기도 한다."고 하였는데, 여기에서는 아뢰야식인 식장識藏이 곧 여래장인 것이다. 그 때문에 '마음을 의지한 다'고 하였다. 그러나 이 여래장심如來藏心에는 본래 생멸이 없다. 생멸로 상속하게 된 것은 의意이며, 혹惑을 일으켜 갖가지의 업을 짓는 것은 그 의意의 식식인 것이다. 이 구절로 주제를 정의하였다.

下徵釋云此義云何 謂如何生滅相續者是意耶? 答曰 以依阿黎耶識 說有無明 不覺而起 此生滅之源也

다음에서 '이 뜻이 어떠한가?' 하고 문답으로 풀이한다.
문: 어째서 생멸로 상속하는 것이 의意 때문이라 하는가?
답: 아려야식을 의지하여 무명이 있고 깨닫지 못함(不覺)이 일어난다 고 말했기 때문이니, 이것이 생멸의 근원인 것이다.

依心等者 謂眞如一心本無生滅 但以一念妄動 熏彼心體 迷本圓明 故說無明 此無明依眞而起 熏彼藏心爲藏識 此眞如爲因 無明爲緣 生起賴耶 當業相也

'마음을 의지하여 의意가 일어난다' 함은, 진여는 일심으로 본래 생멸이 없다. 단지 일념이 망령되이 움직여 마음 본체를 훈습한다. 본래 완전하 고 밝은 마음 본체를 미혹하기 때문에 '무명(無明: 밝음이 없음)'이라고 설명한다. 이 무명이 진여를 의지해서 일어나 여래장심을 훈습하여

自內身聖行所證 現法樂行而不休息. 大慧 此如來心阿梨耶識如來藏諸境界 一切聲聞辟 支佛諸外道等不能分別)."

148

장식藏識으로 변하게 한다. 이 진여가 인因이 되고 무명이 연緣이
되어 아뢰야식을 생기生起한다. 이것이 무명업상無明業相인 것이다.

是則心通眞妄 然此無明業相 尚未分能所 了無對待 故雖生不生 但以
無明返熏賴耶 則本有智光 變爲能見之妄見 令無相眞體 變爲所現之
妄境 由此見相旣分 能所對待 故妄見能取境界 心境和合

이렇게 되면 곧 마음은 진여와 망념에 통한다. 그러나 이 최초의
무명업상은 아직 주관(能)과 객관(所)으로 나뉘지 않아 상대적인 관계
는 없다. 그 때문에 생겼으나 생하지 않은 것과 다름없다. 단지 무명이
도리어 아뢰야를 훈습하면 본래 지니고 있던 본각 지혜의 광명이
변하여 능견能見의 '허망한 봄(妄見)'이 된다. 모양이 없는 진여 자체를
변하게 하여 허망한 경계가 나타나게 된다. 이로 말미암아 견분見分[61]과
상분相分[62]으로 나뉘고, 인식의 주관과 그 대상인 객관이 상대적으로

---

61 견분見分: 견분에서 견견은 비추어 본다(見照)의 뜻으로서, 앞의 상분相分에 대해서
바로 인지認知하고 식별識別하는 주체로서의 대경에 대한 분별(能緣分別)의 작용
을 말한다. 인식의 대상인 상분을 인식하는 주체의 작용이다. 예를 들면 안근眼根
은 색경色境을 요별하고, 내지 의근은 법경을 요별하는 것 등을 견조見照라
한다. '견見'은 일체 모든 법과 법의 의리義理에 대하여 마음의 성품을 비추어서
밝혀 안다는 뜻이다.
62 상분相分: 심식이 인식의 작용을 일으킬 때 나타나는 객관적 대상(事象)의 모양으
로서, 즉 소연所緣인 경境의 영상影像이 그것이다. 마치 사물이 거울에 비치는
것처럼 마음에 비추어진 그림자를 상분이라 한다. 여러 식 가운데 제8식에
있어서는 실경實境을 반연해서 곧 자기의 상분으로 하지만 칠전식七轉識에 있어서
는 그 실경 밖에 반드시 자신의 상분을 연상하여 이것을 반연한다. 그 실경을
본질이라 하고 상분을 영상이라고 한다.

의지하게 된다. 그 때문에 '허망한 봄'으로 경계를 능히 취하게 되니, 마음과 경계가 화합한다.

復起念著 相續不斷 故說此相續者乃意 非心也 此以無明爲因 境界爲緣 故又生起六麤之相 所以生死相續長劫而不斷者 意之過也 論顯爲生滅之主 以七八二識通名爲意 故下釋有五種

다시 생각(妄念)을 일으켜서 경계를 취하여 집착하는 것이 서로 이어져 끊어짐이 없다. 그 때문에 이 상속하는 것은 의意가 상속하는 것이고 마음(心)이 아닌 것이다. 여기에서는 무명이 인因이 되고 경계가 연緣이 된다. 그 때문에 다시 육추六麤의 모양이 일어난다. 이리하여 생사가 오랜 겁의 세월 동안 상속하며 끊어지지 않는 까닭은 의意의 허물인 것이다. 본 논서에서 의意를 나타내어 생멸하는 주체로 삼으니 칠식七識[63]과 팔식八識[64] 이 두 식을 통틀어 의意라고 하였다. 다음의 문장에서

---

63 제7식七識은 말나식(末那識, manas-vijñāna)을 말한다. 말나식은 manas의 음역音譯으로 흔히 '의意'로 번역한다. 유식종唯識宗에서는 중생의 심식心識을 8가지로 세우는데, 말나식은 8식 중의 제7식이고, 항상 제8아뢰야식에 집착하여 '아我'의 오염식으로 작용한다. 이것은 제6의식(mano-vijñāna)과 더불어 의意의 식識을 지어서 말나식과 구별된다. 이 식은 항상 아치我癡·아견我見·아만我慢·아애我愛 등 4번뇌와 상응하고 항상(恒) 사량(審)하기 때문에 사량식·사량능변식이라고도 한다. 제8아뢰야식의 견분을 반연하여 그것으로 '아我·아소我所'에 집착한다. 또 이 식이 아집의 근본이 되고 미망에 집착하여 모든 악업을 짓는다. 스스로 무시이래 그 행상行相이 미세하여, 밖의 힘을 의지하지 않고 자연히 발생하며, 그 성품이 유부무기有覆無記이고 성도聖道를 덮어 가리는 성품을 갖고 있다. 4번뇌에 대한 설명은 다음과 같다. ① 아치(我癡, ātma-moha)는 자기 본질의 이치를 모르는 근본적인 무지, 곧 무명을 말한다. 무명은 초기불교 이래 사성제四

다섯 가지 의意를 풀이한다.

聖諦·연기緣起의 도리에 무지한 것으로 설명되었으나, 유식에서는 무아無我의 이치에 미혹한 아치야말로 근본무명이며, 그것은 항상 말나식과 작용한다고 하였다. ②아견(我見, ātma-dṛṣṭi)은 자아(ātma)가 실재한다고 집착하는 것으로서 살가야견(薩迦耶見, satkāya-dṛṣṭi)·유신견有身見이라고도 한다. 말나식이 아뢰야 식을 대상으로, 의식이 오취온五取蘊을 대상으로 하여 자아로 착각하여 나(我)와 나의 소유(我所)로 삼고 집착하는 것을 말한다. ③아만(我慢, ātma-māna)는 아견 에 의하여 설정된 자아를 의지처로 삼아서 자기를 믿고 남을 업신여기며 교만하게 뽐내는 것이다. 유식에서는 말나식이 아뢰야식을 자아로 인식함으로써 자아를 더욱 대상화하고, 이것을 근거로 교만하게 뽐내는 것을 근본적인 아만으로 생각하 였다. ④아애(我愛, ātma-sneha)는 자아에 대한 탐착貪着이다. 자아를 더욱 집착해 서 갖가지 고통을 야기하는 원인이 되고, 죽음의 고통을 부추기는 근본 원인이다. 한편, 『유식30송』 가운데(제5-7송) 다음은 제2능변能變이다. "이 식을 말나식이라 고 이름하나니, 그것(아뢰야식)을 의지하여 유전하고 그것을 반연한다. 사량思量 을 체성(性)과 행상行相으로 한다. 네 가지 번뇌와 항상 함께하나니 곧 아치我癡와 아견我見과 아울러 아만我慢과 아애我愛이다. 및(及) 다른(餘) 촉觸 등과도 함께한 다. 유부무기에 포함된다. 생겨난 것에 따라서 매인다. 아라한과 멸진정과 출세도 에서는 말나식이 존재하지 않는다."

64 제8식八識은 아뢰야식阿賴耶識을 말한다. 제7말나식과의 관계를 『유가사지론』 51권에서 다음과 같이 설명하고 있다. "어떻게 서로 반연의 성품이 됨에서의 유전의 모양을 세우느냐 하면, 아뢰야식은 모든 전식轉識과 함께 두 가지의 반연함의 성품을 짓나니 첫째는 그의 종자가 되기 때문이요, 둘째는 그의 의지한 바가 되기 때문이다(云何建立互爲緣性轉相 謂阿賴耶識 與諸轉識作二緣性 一爲彼種 子故 二爲彼所依故 爲種子者 謂所有善不善無記轉識). …… 어떻게 알라야식과 전식 등은 한꺼번에 구름에서 유전의 모양을 세우는가 하면, 알라야식은 혹은 어느 때에는 한 가지 만의 전식轉識과 함께 구르기도 하나니, 이른바 말나식이다. 왜 그러냐 하면 이 말나식으로 말미암아 '나'라는 소견과 난체(慢) 따위와는 항상 상응하고 행상을 생각하고 헤아리기 때문이다. …… 혹은 한때에 두 가지와 함께 구르기도 하나니 말나식과 의식이다. 세 가지와 함께 구르기도 하나니

❁

此意에 復有五種名하니 云何爲五오 一者는 名爲業識이니 謂無明力
으로 不覺心動故요 二者는 名爲轉識이니 依於動心하야 能見相故요
三者는 名爲現識이니 所謂能現一切境界가 猶如明鏡이 現於色像
인달하야 現識도 亦爾하야 隨其五塵하야 對至卽現하야 無有前後라
以一切時에 任運而起하야 常在前故요 四者는 名爲智識이니 謂分別
染淨法故요 五者는 名爲相續識이니 以念相應不斷故로 住持過去
無量世等의 善惡之業하야 令不失故며 復能成熟現在未來의 苦樂
等報하야 無差違故로 能令現在已經之事로 忽然而念하고 未來之
事를 不覺妄慮하나니 是故로 三界虛僞하야 唯心所作이라 離心하면
則無六塵境界니라

이 의意에 다시 다섯 가지의 이름이 있으니 무엇이 다섯 가지인가?

다섯 가지 식신識身의 어느 하나와 구르는 때이다. 또 의식은 더러움에 물듦(染汚)
의 말나식으로써 의지를 삼는지라, 그가 아직 사라지지 못하였을 때는 모양을
분별하여 아는 속박 속에서 해탈할 수 없지만, 말라식이 사라지고 나면 속박에서
해탈하게 된다. …… 알라야식과 모든 전식은 한 몸 안에서 한때에 함께 구르면서
도 서로가 역시 어기지 않는 것인 줄 알아야 한다. 또 하나의 사나운 흐름에서
많은 물결들이 한때에 흐르면서도 서로가 어기지 않는 것과 같으며, 많은 영상들
이 한때에 비추면서도 서로가 어기지 않는 것과 같아서, 이와 같이 하나의
아뢰야식에서 많은 전식들이 한때에 함께 구르면서도 서로가 어기지 않는다.
어떻게 아뢰야식은 잡염(雜染, 섞여 물듦)에서의 환멸을 세우는가 하면, 간략하게
말해 아뢰야식은 바로 온갖 잡염의 근본이다. 왜냐하면 이 식은 바로 유정의
세간을 생기게 하는 근본이니 모든 감관과 감관의 의지할 바 처소며, 전식들을
내게 하기 때문이다. 또한 이는 세간을 생기게 하는 근본이다."

152

첫째는 이름을 업식業識이라 하니, 이르되 무명의 힘으로 불각에
마음이 움직이기 때문이다.⁶⁵ 둘째는 이름을 전식轉識이라 하니,
움직이는 마음에 의지하여 '능히 보는 상(能見相)'이기 때문이다.⁶⁶
셋째는 이름을 현식現識이라 하니, 이른바 능히 일체 경계를 나타냄
이 마치 밝은 거울이 색상을 나타냄과 같으니 현식도 또한 그러해서
그 오진五塵을 따라서 상대하여 이르면 곧 나타나서 전후가 있지
않다. 일체 시에 마음대로(任運) 일어나서 항상 앞에 있기 때문이
다.⁶⁷ 넷째는 이름을 '지식智識'이라 하니, 말하자면 염법染法과 정법
染法을 분별하기 때문이다.⁶⁸ 다섯째는 이름을 '상속식相續識'이라
하니, 생각이 서로 응하여 끊어지지 않기 때문이다.⁶⁹ 또 과거 무량한

---

65 此顯最初生相 卽名爲意. 이것은 최초에 생상이 바로 의意라고 이름함을 나타냈다.(이
   구절은 『기신론』 원문에 감산이 직접 주를 첨부한 것으로, 이하에서는 '감산원주'라
   표시한다.)

66 此顯能轉眞智 而爲妄見者亦意也. 이것은 진여의 지혜가 전변轉變하여, 곧 '허망한
   봄(妄見)'이 되는 것도 또한 의意임을 나타냈다.(감산원주)

67 此顯精明識體 圓現五塵境界 所以任運恒起 持而不失 常在前者 亦意之力 取以爲
   境 此三細也. 이것은 정명식精明識 자체가 오진五塵을 원만하게 나타냄을 보였다.
   오진의 경계가 일체 시에 항상 임운任運하여 일어나 유지하면서 없어지지 않는다.
   항상 눈앞에 있는 것도 의意의 세력이다. 의는 취함을 경계로 삼으니, 여기까지가
   삼세三細인 것이다.(감산원주)

68 此顯八識雖能圓現五塵 但現而無分別 至分別染淨取捨者 乃意爲主也 此六麤之
   智相也. 여기에서 팔식八識이 비록 오진五塵을 원만하게 나타내지만 아직 다만
   나타나기만 하고 아직 망념의 분별이 없다. 그러다가 염법·정법을 분별하여
   취하고 버리는 데까지 이르는 것도 의意가 주체가 됨을 나타냈다. 이것은 육추
   중에 지상智相인 것이다.(감산원주)

69 此正顯念念相續不斷者 指歸於意也 以一念最初無明 雖生三細 心境尙未和合 故

세상 등의 선악의 업을 간직해서 잃지 않게 하기 때문이다.[70] 다시 능히 현재와 미래의 고락 등의 과보를 성숙시켜 서로 어긋남이 없기 때문에[71] 능히 현재에 이미 지나간 일을 홀연히 생각하게 하고 미래의 일을 불각不覺에 망령되이 생각하게 한다.[72] 이런 까닭으로

不相應 因智識分別 取以爲境 而念念攀緣 生生不斷者 名相續相 皆是意轉 故此三細二麤 皆名意也. 여기에서 분별하는 망념이 생각 생각 상속하여 끊어지지 않는 원인이 의意에게로 돌아감을 바로 나타냈다. 일념 최초의 무명에서 비록 삼세三細가 생겼으나 마음(心)과 경계境界가 아직 화합하지 않은 상태이기 때문에 불상응이다. 그러다가 지식智識으로 분별망념으로 인하여 망경妄境을 취하여 경계로 삼으니, 생각 생각 반연하여 나고 나는 것이 끊어지지 않음을 '상속상相續相'이라 한다. 이것은 모두 의意가 굴러서 변한 것이다. 그런 까닭에 삼세三細·이추二麤를 통틀어 의意라 한 것이다.(감산원주)

70 上言念念相續 乃自體相續 今云住持過去等業不失 乃令他生死相續 以此意乃執取善惡染淨等法 以賴耶所藏之處以爲種子 名我愛執藏 故不失壞 以作未來長劫生死之因 亦意之力也. 위에서 생각 생각 상속한다는 것은 자체의 상속이나, 여기에서 '과거의 업 등이 머물러서 잃지 않는다' 한 것은 다른 생사가 상속되게 한다. 이 의意는 선악·염정 등의 법을 집취執取하고 아뢰야식을 저장한 곳의 종자가 된다. 그래서 이름을 아애집장我愛執藏이라 하니, 과보가 없어지거나 무너지지 않는 까닭에, 미래의 오랜 겁에 생사의 인因을 만드니 이것 역시 의意의 세력인 것이다.(감산원주)

71 此明以前所藏善惡種子爲因 能感未來生死苦樂之果而不差者 亦意之力也. 여기에서 앞에 저장된 선악 종자가 인因이 되어서 능히 미래의 생사고락의 과보를 감응케 하는 데 어긋남이 없음을 밝혔으니, 이것 또한 의意의 세력인 것이다.(감산원주)

72 此明衆生日用念念攀緣者 蓋由種子習氣內熏 發起現行 念念不斷 現前起業者 亦意之力也 下結妄源. 여기에서는 중생들이 일상에서 쓰면서 생각 생각 반연한다는 것은 모두가 종자 습기의 내훈內熏으로 말미암음을 밝혔다. 내훈에 의해 현행現行하여 일어나서 생각 생각 끊어짐이 없다. 눈앞에서 업업을 일으킨다는 것도

154

삼계가 거짓인 것이니 오직 마음으로 지은 바라, 마음을 여의면 곧 육진六塵의 경계境界가 없는 것이다.[73]

【직해】此明生滅因緣最初以眞如爲因 以一念妄動之無明爲緣 故轉彼 眞心而爲藏識之業相也 旣而妄念返熏業識 而轉成能見能現 此無明 不覺生三細也 見相一立 心境對待 而妄念取爲我有 分別淨穢 執之不 捨 種種分別 念念相續 以取長劫生死者 此以無明爲因 境界爲緣 生起 六塵之相

여기에서 생멸의 인연이 최초에 진여로서 인因를 삼고, 일념이 망령되이 움직여 무명이 연緣이 됨을 밝혔다. 그 때문에 무명이 진심을 전변하여 장식藏識의 업상業相이 된 것이다. 이후에 망념妄念이 도리어 업식을 훈습하고 전변하여 능견(能見, 能見相)과 능현(能現, 境界相)을 이루게 된다. 이는 무명불각이 삼세三細를 낸 것이다. 견분과 상분이 한번 성립하면 마음과 경계가 상대하며 망념을 취하니 '나의 존재(我有)'가

또한 의意의 세력인 것이니, 다음에서 망념의 근원으로 결론지었다.(감산원주)
73 此結過歸意也 謂如來藏中 本無三界生死虛假之相 故曰唯心 於今現有三界之相 者 乃意依心所作耳 若此妄意一念不生 則無六塵之相 塵相旣空 則妄見亦泯 一心 圓明 如此則六塵境界又何從而有耶 蓋顯生死乃意依心所作耳. 여기서 모든 허물을 의意로 귀결시켰다. 이른바 여래장 가운데에는 본래 삼계 생사의 허망함과 거짓된 모양이 없다. 그래서 '오직 마음뿐(唯心)'이라 하였다. 지금 삼계의 모양이 있다는 것은 의意가 여래장심에 의지해서 지은 것뿐이다. 만약 허망한 의意가 한 생각을 일으키지 않으면 육진경계의 모양이 없다. 육진의 모양이 이미 공적하면 허망한 견해도 역시 사라지고 한 마음이 이와 같이 밝고 원만하게 된다. 이렇게 되면 육진경계가 또 무엇을 좇아 생기겠는가? 대개 생사는 의意가 여래장심에 의지하여 만들어낸 것일 뿐임을 나타냈다.(감산원주)

된다. 그리고 청정과 더러움을 분별하여 그것을 집착하여 버리지 않고 갖가지로 분별하면서[74] 생각 생각이 상속하여 오랜 겁의 생사를 취한다. 이로써 무명이 인因이 되고 경계가 연緣이 되어 다시 육추六麤의 모양이 일어난다.

---

74 『변중변론辯中邊論』의 게송과 그에 대한 세친의 논(산문)으로 이 과정을 설명할 수 있다. 즉 허망분별로 대경에 관련된 네 가지의 식이 생겨나서 주관적인 인식 기능을 이루지만 경계와 식識이 모두 공함을 설명하고 있다.

"식識이 생기生起하여

대상(義), 유정有情, 나(我)와 요별了別에 비슷하게 변현變現하되

이 경계는 진실로 있는 것이 아니네.

경계가 없기 때문에 식識도 없네."

(識生變似義 有情我及了 此境實非有 境無故識無)

논 : '대상(義)에 비슷하게 변현한다'고 함은 색色 등 모든 경계(五境)의 성품에 비슷하게 나타나는 것이다. '유정과 비슷하게 변현한다'고 함은 자기나 다른 이의 몸 다섯 가지 감관(五根)의 성품에 비슷하게 나타나는 것이다. '나와 비슷하게 변현한다'고 함은 염오의 마나스(末那, 곧 제7식)가 '나'라고 하는 어리석음(我癡) 등과 항상 상응하기 때문이며, '요별了別과 비슷하게 변현한다'는 것은 그밖의 육식六識은 아는 모양이 거칠기 때문이다. '이 경계는 진실로 있는 것이 아니라'고 함은 '대상에 비슷하고 감관(根)에 비슷하여' 행상行相이 없기 때문이다. '나(我)에 비슷하고 요별에 비슷하다'는 것은 진실하게 나타나는 것이 아니기 때문에 모두가 진실로 있는 것이 아니다. '경계가 없기 때문에 식識도 없다'라고 함은, 소취所取의 대상(義) 등의 네 가지 경계가 없기 때문에 능취能取의 모든 식도 역시 진실로 있는 것이 아니다(論曰 變似義者 謂似色等諸境性現 變似有情者 謂似自他身五根性現 變似我者 謂染末那與我癡等恒相應故 變似了者 謂餘六識了相麤故 此境實非有者 謂似義似根無行相故 似我似了非眞現故 皆非實有 境無故識無者 謂所取義等 四境無故 能取諸識亦非實有).

總之皆以念念相續而爲根本 故此三細二麤通名爲意 故八識論通名
思量 是知意乃生滅之本 故此論云衆生依心意意識轉 此特生滅相續
者乃意轉 至若起惑造業者乃意識 謂是此意所發之識耳 故下意識別
說 顯此意爲根也

이를 총괄해 본다면 생각 생각이 상속하는 것은 모두 의意가 그 근본이
된다. 때문에 이 삼세이추三細二麤를 통틀어 의意라고 이름한다. 그러
므로 『팔식론八識論』[75]에서 이르기를, "삼세이추를 통틀어 사량(思量,
意)[76]이라고 이름한다."라고 하였다. 이로써 알 수 있는 것은 의意가

---

[75] 『팔식론八識論』: 현장玄奘의 유식사상을 요약한 『팔식규구八識規矩』를 말한다.
전5식, 제6식, 제7식, 제8식에 대하여 각 식마다 7자字 12구句, 전체 48구로
유식사상을 요약 압축한 게송이다. 너무 축약되어 있어 사전에 유식사상에
대한 공부 없이 이 게송을 이해하기 어렵다.

[76] '사량'에 대해 현장玄奘의 『팔식규구송』 제7식송識頌의 일부와 감산의 해석을
소개한다.
"항상 심사審查하고 사량思量하여 아상我相을 따라서
중생이 밤낮으로 혼미에 빠지며
4혹(아치·아견·아만·아애)과 8대수번뇌가 상응하며 일어나고
6전식은 (제7식의) 청정과 오염의 근거가 된다고 하네."
(恒審思量我相隨 有情日夜鎭昏迷 四惑八大相應起 六轉呼爲染淨依)
감산의 해석 : "이 7식송은 7식의 세력과 작용이다. 이 식은 항상 살피면서
헤아려서 비량非量으로 제8식의 견분을 나로 삼기 때문에 '항상 심사하고 사량하
여 아상을 따른다'고 하였다. 항상함(恒: 識이 상속하는 것)과 사량(審: 분별)은
식 가운데 네 가지의 분별이 있다. 제8식은 항상하면서 사량이 없으니 나(我)에
집착하지 않아 끊어짐이 없기 때문이다. 제6식은 사량하면서 항상하지 않으니
나에 집착하여 끊어짐이 있기 때문이다. 전5식은 항상하지도 않고 사량하지도
않으니 나에 집착하지 않기 때문이다. 제7식은 항상하면서 또 사량하니 나를

생멸의 근본이다. 그러므로 본 논서에서 말하기를 '중생이 마음을 의지하여 의意와 의식意識이 전변轉變한다'라고 하였다. 이는 특히 생멸로 상속하는 것은 의意가 전기轉起하는 것이며, 내지 혹惑을 일으켜 업을 짓는 데 이르는 것은 의식이다. 이것은 의意에서 발현한 식識일 뿐임을 말한다. 그러므로 다음에서 의식을 따로 설명하여 이 의意가 그 근본임을 나타낸 것이다.

向云此論不立七識 今此智相相續爲意 卽是七識 故云一種是思量 七識偏名意 今三細二麤通名意者 正瑜伽之作意 以念念生滅者乃作意耳 故以此意爲生滅之源

예전 주석가들이 "이 논서에서 칠식七識을 수립하지 않았다."라고 하였으나 여기에서 이 지상智相과 상속상相續相으로써 의意를 삼으면 바로

집착하여 끊어짐이 없기 때문이다. 이 식으로 말미암아 유정은 생사의 오랜 밤에서 스스로 깨닫지 못하니 네 가지 혹과 8가지 대수번뇌가 상응하여 일어나기 때문이다. 이 식이 생각 생각에 나를 집착하여 제6식으로 하여금 오염을 이루게 한다. 이 식에서 생각 생각 무아無我를 사량하면 제6식으로 하여금 생각 생각에 청정함을 이루게 된다. 제6식이 이 식으로 청정과 염오가 의지하는 바가 되니 이것이 의식의 뿌리가 된다. 이 7식이 생사의 근본이 되기 때문에 참선 공부에 있어 먼저 네 가지 혹을 끊고 안으로는 아견我見을 여의면 바야흐로 조금이나마 상응하게 된다(此頌七識力用也 此識恒常思察量度第八見分爲我 故云恒審思量我相隨 恒之與審 識中四句分別 第八恒而非審 不執我 無間斷故 第六審而非恒 以執我有間斷故 前五非恒非審 不執我故 唯第七識亦恒亦審 以執我無間斷故 有情由此生死長夜 而不自覺者 以與四惑八大相應起故 第六依此爲染淨者 由此識念念執我 令六識念念成染 此識念念恒思無我 令六識念念成淨 故六識以此爲染淨依 是爲意識之根 以此識乃生死根本 故參禪做工夫 先要志斷四惑 內離我見 方有少分相應)."

이것이 칠식에 해당한다. 때문에 "하나의 사량思量인 칠식을 치우쳐 의意라고 이름한다."라고 말하였다. 여기에서 삼세이추를 통틀어 의意라고 이름하는 것은 바로 『유가론瑜伽論』에서 말하는 작의作意[77]에 해당하는데, 왜냐하면 '생각 생각(念念) 생멸한다'는 것은 바로 작의이기 때문이다. 그러므로 이 의意로써 생멸의 근원을 삼았다.

---

[77] 작의(作意, manasikāra): 심의心意를 일으켜 발동動發하는 뜻으로, 즉 심심소心心所를 경각警覺해서 외경外境을 향하여 이끌어 소연所緣의 경경境에 동작動作하는 심리작용을 말한다. 작의는 다음 4가지 마음작용(心所)과 함께 변행심소(遍行心所, 변행)를 구성한다.

※ 변행(遍行, sarvatraga)은 어느 때나 심왕心王과 상응하여 선善·불선不善·무기無記에 두루 일어나는 심소心所이기 때문에 변행이라고 한다. 다섯 가지 변행을 설명하면 다음과 같다.

①작의(作意, manaskāra): 위의 설명 참조. ②촉(觸, sparśa): 근·경·식이 화합할 때 심심소로 하여금 경경境에 닿게 하여 심소를 일어나게 하는 심리작용. ③수(受, vadanā): 접촉하는 고락苦樂 등의 경을 영납領納해서 식별하는 심리작용. ④상(想, saṃjñā): 취상取像의 뜻으로 만상萬象의 사상事相을 잘 변별해서 여러 가지 명언을 시설하는 심리작용. ⑤사(思, 思惟, cetanā): 조작의 뜻으로 의식적인 의지의 작용이다. 스스로 조작하고 또 다른 심심소로 하여금 조작케 하고 심심소를 움직여 여러 가지 선악善惡의 업을 발동케 하는 심리작용이니, 심왕·심소로 하여금 선악의 대상에 대하여 선악의 마음의 작업을 일으키게 하여 업도業道의 근원이 된다.

※ 식識은 일(事)의 총상總相을 분별하여 안다. 경계가 현전할 때 작의가 일어난다. 이는 곧 알아야 할 대경對境의 모양을 아직 분별하여 알지 못하는 바를 분별하여 알 수 있는 것을 말하여 작의作意라고 한다. 이 작의는 마음의 돌아감(心廻轉)이며, 마음을 이끄는 일을 한다(引心爲業). 심소유법이 모두 작의로부터 시작된다(又識能了別事之總相. 卽此所未了別所了境相 能了別者說名作意),(『瑜伽師地論』卷第三「本地分」)

❋

此義云何오 以一切法이 皆從心起하야 妄念而生이라 一切分別이
卽分別自心이니 心不見心이라 無相可得이니라 當知世間一切境界
가 皆依衆生의 無明妄心하야 而得住持라 是故로 一切法이 如鏡中
像하야 無體可得이요 唯心虛妄이니 以心生則種種法이 生하고 心滅
則種種法이 滅故니라

이 뜻이 어떠한가?[78] 일체법이 모두 마음으로부터 일어나니 망념妄
念으로 생겨난 것이다.[79] 일체의 분별이 곧 자기의 마음을 분별함이
니[80] 마음이 마음을 보지 못하여[81] 모양을 얻을 수 없다.[82] 마땅히

---

78 徵問生滅旣云是意 如何說依心生滅耶. 이 질문은 생멸이 이미 의意라고 말했다면,
　'어떻게 여래장심에 의지하여 생멸한다고 하는가?'.(감산원주)

79 謂心是法界總相之體 本來不生 了無一法 今現一切法者 皆從妄念作意而生 非心
　生也. 말하자면 마음이 법계 총상의 체體여서 본래 불생이다. 한 법도 없는
　것을 알면 지금 현재 일체법이라는 것은 모두 망념을 따라서 의意가 지어내어
　생겨난 것이고 마음에서 생한 것이 아니다.(감산원주)

80 諸法唯心所現 以無明不了 妄生分別 其實所分別者皆自心耳 以心外無法故. 모든
　법은 오직 마음이 만들어내 보인 것이니, 무명으로 잘 알지 못하고 망념으로
　분별을 낸다. 실로 분별 대상은 분별하는 자가 스스로 만든 자기의 마음일
　뿐이다. 왜냐하면 마음 이외에 따로 법이 없기 때문이다.(감산원주)

81 『입능가경』 제10 「총품總品」 第十八之二에 다음과 같이 나온다.
　"능취能取와 가취可取의 법으로서 만일 마음이 이와 같이 난다면
　이는 세간의 마음이니 마땅히 유심惟心이라 말하지 못하리.
　몸과 살림살이와 주지함이 만일 꿈속의 생生함과 같다면
　마땅히 두 가지 마음이 있을 것이다. 그러나 두 가지 마음이 없느니라.
　칼이 스스로 베이지 못하며 손가락 또한 스스로 가리키지 못하며

알라. 세간의 일체 경계가 모두 중생의 무명 망심을 의지하여 머무른
다.[83] 이런 까닭으로 일체법이 거울 가운데 허상과 같아서 체體를
얻을 수 없다. 오직 마음이라 허망함이니,[84] 마음이 생기면 곧 갖가지
법이 생기고 마음이 멸하면 곧 갖가지 법이 멸하기 때문이다.

【직해】 從此義云何下 徵明諸法由心生滅 蓋歸重一念爲生法之本也
良以眞心本無生滅 只因最初一念無明妄動 遂轉廣大無相眞心 而爲
三界之妄法 是則諸法皆從心起 由妄念而生也 推一念元無自體 依眞
而立 則妄本卽眞 故諸法唯心 而妄分別者皆自心也 所謂自心取自心
非幻成幻法 但衆生不了心本無相 故妄境不空

'이 뜻이 어떠한가'로부터 다음은 모든 법이 심생멸心生滅로 말미암음
을 묻고 밝혔다. 이는 대체로 일념이 만법을 내는 근본임을 거듭
귀결시킨 것이다. 실로 진여는 본래 생멸이 없지만 최초의 일념무명이
망령되이 움직이면, 이로 인하여 광대하여 모양 없는 진심眞心이 바뀌

마음이 스스로 보지 못함도 그 일이 또한 이와 같다네."

82 以所分別者皆妄相耳 眞心無相 豈可得分別耶. 분별하는 대상은 다 모든 허망한
모양일 뿐이다. 진심眞心은 모양이 없다. 어찌 분별할 수 있겠는가!(감산원주)
83 若了眞心無相 則三界頓空 當知現有三界之相者 特依妄心而得住持耳. 만약 진심
이 모양 없음을 알면 곧 삼계가 즉시 공해진다. 마땅히 알라. 현재 삼계의 모양이
있는 것은 중생의 망심에 의지하여 생겨나 머무는 것뿐이다.(감산원주)
84 三界妄相 乃業幻所作 本來不實 如鏡現像 但唯衆生妄心分別而有. 삼계가 허망한
모양이니 업력에 의하여 허깨비 같이 지어졌을 뿐이고, 본래 여실하게 있는
것이 아니다. 마치 거울에 나타나는 허상과 같아서 다만 중생의 허망한 분별로
말미암아 생겨난다.(감산원주)

어 삼계의 허망한 법이 된다. 모든 법이 마음을 따라 일어나니, 망념妄念
으로 말미암아 생긴 것이다. 일념이 원래 자체가 없고 진여를 의지하여
세워진 것을 미루어보면 망념의 근본은 바로 진여이다. 그 때문에
모든 법은 유심唯心이고, 망념으로 분별하는 것은 모두가 자기의 마음
인 것이다. 『능엄경』[85]에 이르기를 "자심이 자심을 취하면 허깨비가
아닌 것이 허깨비의 법을 이룬다."라고 하였다. 단지 중생이 자기의
마음이 본래 모양이 없음을 알지 못하기 때문에 허망한 경계가 '공적하
지 않은 것'이 된다.

故知衆生妄法 皆依心住持 於眞心中了不可得 以一念之迷 則萬法齊
彰 故云心生則種種法生 若了一念無生 則三界頓空 故云心滅則種種
法滅 此論直指一心 但了一念無生 則頓登佛地 所謂若能觀無念者
則爲向佛智矣 悲夫 衆生從本已來 念念相續 未曾離念 故生死不斷耳

---

85 『능엄경』 권제5에 나오는 구절이다.
　"자기 본래 마음에서 그 마음을 (대상 경계로) 취한다면
　허깨비 아닌 법이 허깨비 법을 이루지만
　취함 없이 그냥 두면 허깨비 아닌 법도 없다.
　허깨비 아닌 법도 오히려 생겨나지 않을 텐데
　실체 없는 허깨비 법이 어느 곳에 서겠느냐.
　이를 일러 청정하고 미묘한 연꽃이며
　견고한 금강의 보배로운 깨달음이며
　허깨비처럼 자유로운 삼마제라 이름한다."
　(自心取自心 非幻成幻法 不取無非幻 非幻尙不生
　幻法云何立 是名妙蓮華 金剛王寶覺 如幻三摩提)

162

그러므로 알라. 중생의 허망한 법은 모두가 망심을 의지하여 머무름을 얻으니, 진심眞心에 대하여 알지 못한다. 일념이 미혹하면 만법이 일제히 펼쳐진다. 그래서 '마음이 생기면 곧 갖가지 법이 생긴다'고 하였다. 만약 일념이 생하지 않으면 삼계가 문득 공적空寂해진다. 그래서 '마음이 멸滅하면 곧 갖가지 법도 멸한다'고 하였다. 본 논서는 일심을 곧바로 가리킨다. 다만 '일념도 생기지 않음'을 바로 안다면 단번에 부처의 지위(佛地)에 오른다. 앞에서 말하기를 '능히 무념無念을 관하는 이는 곧 부처의 지혜(佛智)를 향함이 된다'고 하였다. 슬프다! 중생이 원래부터 생각 생각이 이어져서 일찍이 망념을 여의지 못하기 때문에 생사가 끊어지지 않는구나!

上明相續意 下明意識

이상으로 의意가 상속하는 모양을 밝혔고, 다음은 의식意識을 밝힌다.

❂

復次言意識者는 卽此相續識이 依諸凡夫의 取著轉深하야 計我我所하야 種種妄執으로 隨事攀緣하야 分別六塵일새 名爲意識이며 亦名分離識이며 又復說名分別事識이니 此識이 依見愛煩惱의 增長義故니라

다음에 의식意識이라 말한 것은 곧 이 상속식相續識이다. 모든 범부가 집착함이 더욱 깊어짐에 의지하여 아我와 아소我所를 헤아려서 갖가지 망령되이 집착하며, 일을 좇아 반연해서 육진六塵을 분별하는 것을 의식이라 하고, 또는 분리식分離識이라고도 한다. 또한

설하되 이름을 분별사식分別事識이라 하니, 이 식이 견애번뇌見愛煩惱를 의지하여 증장한다는 뜻이기 때문이다.

【직해】 此明意識卽前相續識 但依凡夫取著外境 執爲我我所 攀緣六塵 爲我受用 故名意之識 蓋以相續爲根 故深執著我愛起惑造業者乃意識耳 此六麤之執取計名字二麤相也

여기에서는 의식이 바로 앞의 상속식이지만, 단지 범부가 밖으로 육경六境을 취하여 아我와 아소我所로 집착하고 육진六塵을 반연하여 나의 수용受用으로 삼는다는 것을 밝혔다. 그래서 '의意의 식識이라'고 하였다. 대체로 이 의식은 상속식相續識을 근본으로 삼는다. 때문에 아애我愛를 깊이 집착하여 혹惑을 일으키고 업業을 짓는 것이 바로 의식[86]인 것이다. 이는 육추 가운데 집취상執取相과 계명자상計名字相

---

[86] 의식意識에 관해 현장의 『팔식규구송』의 제6식송의 일부를 소개한다.

　"삼성三性·삼계三界·삼수三受가 항상 전변하여

　근본번뇌와 수隨번뇌와 신信 등을 총체적으로 연결하니

　몸을 움직이고 말을 하는 데 가장 뛰어나서

　식識을 이끌어 능히 업을 부르고 과보를 만족하여 제8식을 이끄느니라."

　(性界受三恒轉易 根隨信等總相連 動身發語獨爲最 引滿能招業力牽)

　(참고: 삼성三性은 선善·악惡·무기無記를 뜻하고, 삼계三界는 욕계·색계·무색계를 말하며, 삼수三受는 세 가지 삼수작용인 고苦·락樂·사捨를 말한다.)

　감산의 해석 : "이 게송은 6식이 업을 이끄는 힘(業力)이 가장 강력하다는 것이다. 수受라는 것은 고苦·락樂·사捨 삼수를 말하지만, 실제로 안에는 다섯이 있어 내외의 거칠고 미세함이 다르다. 다섯이란 고苦·락樂·우憂·희喜, 사捨를 말한다. 즐거운 마음을 핍박하는 것이 우·희이고, 즐거운 몸을 핍박하는 것이 고·락이다. 우희고락이 행하지 않을 때에는 사수捨受라 한다. 이 6식이 삼성·삼계·오수를

의 두 가지 거친 모양이다.

以此識外依五根分別取境 故名分離識 又通緣內外根境種種事相 故
又名分別事識 此識依見愛等者 蓋五住地無明 顯前五意 總依無明住
地 此意識見愛等四住地煩惱 將以起惑造業也

_____

받아 항상 전변하여 바뀌기가 쉬운 것이다. 바르게 착할 때에도 홀연히 마음이
순간에 악한 생각이 일어나고, 기쁜 순간에도 홀연히 근심이 생겨난다. 이처럼
바뀌기 쉽고 변덕스럽다. 다음 구절에서 이어서 말하기를, 악한 생각이 날 때에
근본번뇌, 수번뇌가 서로 이어져 일어나고, 선한 생각이 일어날 때 믿음(信)
등의 선법이 이어져 일어난다. 그 선악의 심소가 함께 현행하여 돕는 까닭에
그 힘이 뛰어난 것이다. 8가지 식 가운데서 몸을 움직이고 말을 하는 업을
짓는데, 이 6식이 홀로 가장 힘이 세다. 선악업을 짓는 데도 역시 이 식이
제일 뛰어나다. '이끈다(引)'는 것은 능히 여러 식을 이끌어 업을 짓는 것이고,
'가득 채운다(滿)'는 것은 이숙과보를 채운다는 것이다. 하나의 업이 하나의
과를 이끌어서 여러 업을 원만하게 채워서 그 업의 짓는 힘이 나중에 과보(後報)를
불러와 제8식을 이끌어 생사의 고를 받게 한다. 그래서 제8식송 가운데 '삼계구지
三界九地(六道)로 생사유전하는 것은 다른 업(제6식의 힘)에 의하여 생한다'고
했는데 바로 이것을 말하는 것이다. 『능가경』(앞의 각주 26)에서 제7식을 세우지
않고 단지 진식眞識·현식現識·분별사식分別事識을 말했는데 이 식의 허물이 가장
무겁다는 것을 알기에 족하다(此頌六識業力强勝也 受雖云三受 其實有五 內外麤細
之不同 謂苦樂憂喜捨 逼悅心曰憂喜 逼悅身曰苦樂 憂喜苦樂不行時 名爲捨受 以此六識
於三性三界五受恒常轉變改易也 正如善時忽生一惡念 喜時忽生一憂念 改易不定 次句
承之云 若惡念起時 則根本與隨煩惱連帶而起 若善念起時 信等善法亦相連而起 以其善
惡心所齊行 故助其强勝耳 於八識中 能動身發語 獨此識最强 其造善惡之業 亦此識最强
引者 能引諸識作業 滿者 能滿異熟果報 故一業引一果 多業能圓滿 其所造業力 招後報者
則牽引八識受生死苦 故八識頌云 界地從他業力生者此耳 故楞伽 不立七識 但言眞識現
識分別事識 足知此識過患最重也)."

이 의식이 밖으로는 오근五根을 의지하고 각각 경계를 취取[87]하여 분별한다. 그 때문에 '분리식分離識'이라고 하고, 또 이 의식은 안으로 육근과 밖으로 육경의 갖가지 사상事相을 모두 반연하기 때문에 또 '분별사식'이라고도 한다. '이 식이 견애번뇌見愛煩惱 등을 증장하는 뜻을 의지하기 때문이다'라고 한 것은 오주지무명五住地無明[88]에서 앞

---

[87] 오근이 각각 경계를 취하는 것은 안근은 색경色境을 취하고, 내지 의근은 법경法境을 취한다. 그 과정에서 『유가론』에 경계에 따른 마음의 작용(五心)을 소개하면 다음과 같다.

전5식前五識이 일어남으로 말미암아 다음 다섯 가지의 마음이 차례로 일어난다. ①솔이심率爾心: 처음 갑작스럽게 대상에 작용하는 찰나의 마음, 항상 작용함. ②심구심尋求心: 대상이 무엇인지 알려고 추구하는 마음, 대상을 찾아 분별하려는 마음. ③결정심決定心: 대상이 어떤 것이라고 결정하는 마음. ④염정심染淨心: 대상을 결정한 후 선심, 악심 또는 무기심을 일으키는 마음. ⑤등류심等流心: 이후에 즉 잡염심雜染心과 청정심淸淨心이 찰나 찰나 상속하여 한 세력으로 지속되는 것이다. 등류等流는 같은 종류라는 뜻으로서 자기와 같은 종류의 결과를 내는 종자를 말한다. 등等은 상사相似의 뜻으로서 원인(因)이 과성果性과 비슷하기 때문이고, 류流는 유류流類의 의미로서 결과가 원인과 같은 부류(類)이므로 유류流類라고 한다.

[88] 오주지혹五住地惑: 오종五種의 주지住地번뇌를 말한다. 이 오종의 혹이 일체 번뇌가 의지하는 주처가 되어 주지住地라고 한다. 오주지혹은 다음과 같다. ①견일처주지見一處住地: 신견身見 등 삼계의 견혹見惑, 견도에 들어갈 때 한 곳에서 단번에 끊는 혹(見道惑). ②욕애주지欲愛住地: 욕계欲界의 번뇌 가운데, 견혹과 무명을 제외한 오욕(五欲: 色·聲·香·味·觸)의 번뇌. ③색애주지色愛住地: 색계의 번뇌 가운데 ①과 ②를 제외한 번뇌. ④유애주지有愛住地: 무색계의 번뇌 가운데 견혹과 무명·색탐色貪을 버렸으나 자신의 몸을 애착하는 번뇌. ⑤무명주지無明住地: 삼계의 모든 번뇌가 무명주지를 바탕으로 하기 때문에 일체 번뇌의 근본이다.

의 다섯 가지 의(五意)는 모두가 무명주지無明住地[89]를 의지하고, 이
의식이 의지하는 견애見愛 등 사주지번뇌四住地煩惱[90]는 장차 혹惑을

천태에서는 ①을 견혹見惑, ②③④를 사혹思惑이라 하며, 총칭하여 삼계 내의
견사혹見思之惑이라 한다.

한편, 『승만경』에는 다음과 같이 나온다. "세존이시여, 유애주지有愛住地 등
네 가지 주지는 무명주지와 함께 업業을 같이 하지 않습니다. 무명주지는 네
가지 주지를 여의는 것과는 달리 부처님의 지위에서 끊는 것이며 또한 부처님의
보리 지혜로 끊는 것입니다. 왜냐하면 아라한과 벽지불은 네 가지 종류의 주지는
끊었지만 무루를 다하지 못하였으므로 자재한 힘을 얻지 못하고 또한 증득하지도
못합니다. 또 무루를 다하지 못하였다는 것은 곧 무명주지인 것입니다."

89 무명주지와 관련해 『승만경』 「일승장一乘章」 제5에 다음과 같이 나온다. "번뇌에
는 두 가지가 있습니다. 주지번뇌住地煩惱와 기번뇌起煩惱가 그것입니다. 주지번
뇌에는 또 네 가지 종류가 있으니, 그 네 가지란 견일처주지見一處住地·욕애주지欲
愛住地·색애주지色愛住地·유애주지有愛住地입니다. 이 네 가지 주지번뇌가 일체
의 기번뇌를 생기게 합니다. 기번뇌는 찰나의 마음과 서로 찰나에 상응합니다.
세존이시여, 마음과 서로 상응하지 않는 것은 시작이 없는 무명주지입니다.
세존이시여, 이 네 가지 주지번뇌의 힘은 일체의 상번뇌上煩惱가 의지하는 종자입
니다. 그러나 무명주지에 비하면 산수나 비유로 미칠 수 없습니다. 세존이시여,
이와 같이 무명주지의 힘은 유애有愛 등 사주지四住地의 힘에 비하여 대단히
큽니다. 비유하면 마치 악마 파순이 타화자재천에서 그 색신과 힘과 수명과
권속과 갖가지 도구가 가장 자재하고 뛰어나듯이, 이 무명주지의 힘은 저 유애
등 네 가지 주지의 힘보다 가장 뛰어나며, 항하사와 같은 수많은 상번뇌가
의지하는 바며, 또한 네 가지 종류의 번뇌가 오래 머물게 함으로 아라한과
벽지불의 지혜로는 끊을 수 없고, 오직 여래 보리의 지혜로 끊을 수 있습니다.
세존이시여, 이와 같이 무명주지의 힘이 가장 큰 것입니다."

90 사주지四住地번뇌에 대해 『보살영락본업경菩薩瓔珞本業經』에선 다음과 같이 설명
하고 있다. "제일의제第一義諦에 수순하여 일어남을 선善이라 하고, 제일의제에
배반하여 일어남을 혹惑이라고 한다. 이 두 가지로써 주지住地로 하기 때문에

일으켜 업을 짓게 함을 나타낸 것이다.

上明一心生滅因緣乃順無明流生起生死染法　下明依一心生滅因緣
卽染還淨以明頓漸不同

이상은 일심의 생멸인연으로 무명의 흐름을 따라 생사의 염법이 일어
남을 밝혔다. 다음은 일심의 생멸인연을 의지해서 생멸의 염법에서
진여의 정법으로 돌아감으로써 깨달음에는 돈頓·점漸이 같지 않음을
밝힌다.

⁂

依無明熏習所起識者는 非凡夫의 能知며 亦非二乘의 智慧所覺이
니 謂依菩薩이 從初正信으로 發心觀察하야 若證法身이라도 得少分
知며 乃至菩薩究竟地라도 不能盡知요 唯佛窮了니라

생득生得의 선善, 생득의 혹惑이라고 한다. 이 두 가지 선과 혹을 근본으로 하기
때문에 후의 일체 선악을 일으킨다. 일체법의 연緣에 따라서 선과 혹의 이름이
생기고, 지어서 선을 얻고 지어서 혹을 얻지만 마음은 선도 아니고 혹도 아니다.
이 두 가지를 따라 이름을 얻기 때문에 선과 혹의 두 가지 마음이 있다. 욕계의
혹을 일으키는 것을 욕계주지欲界住地라고 하고, 색계의 혹을 일으킴을 색계주지
色界住地라고 하며, 심혹心惑을 일으키므로 무색계주지無色界住地라고 한다. 이
네 가지 주지로써 일체의 번뇌를 일으키므로 시기始起의 사주지四住地라고 한다.
이 사주지 앞에 다시 법이 일어나는 것이 없기 때문에 무시無始의 무명주지無明住
地라고 한다. 금강지金剛智로써 이 처음으로 일으키는 일상一相의 끝이 있음을
안다. 그러나 또한 그 최초의 앞에 법이 있는지 법이 없는지 어떤지 알지 못하지만,
생득生得의 일주지一住地와 작득作得의 삼주지三住地를 알 수 있는 것은 오직
부처님만이 시작을 알고 끝을 알 수가 있다.”

168

무명의 훈습에 의지하여 일어난 식識이란 것은 범부가 능히 알 수 있는 것이 아니며, 또한 이승二乘의 지혜로 깨달을 바도 아니다. 말하자면 보살이 처음 바른 믿음으로부터 발심과 관찰함을 의지해서 만약 법신을 증득할지라도 조금만 알 것이며, 내지 보살의 구경지에 이르더라도 능히 다 알지 못한다. 오직 부처님만이 끝까지 요달하여 아시는 것이다.

【직해】此略明還淨 以顯緣起甚深也 謂此根本無明業識甚深 最極微細 今欲返妄歸眞 直須破此無明根本業識 方證一心之源 乃爲究竟 良由此識甚深 施功不易 以非凡夫所知境界 亦非二乘智慧所覺 以二乘不知有此識故

여기에서 무명의 염법에서 진여정법으로 돌아가는 것을 간략히 밝혀 생멸인연의 일어남이 극히 심오함을 나타낸 것이다. 말하자면 이 근본무명업식은 아주 심오하여 가장 극도로 미세하다. 지금 무명의 망념을 돌이켜 진여본각으로 돌아가려 한다면 곧바로 이 무명근본업식을 깨뜨려야 바야흐로 일심의 근원을 증득하게 되며 바로 구경각이 된다. 실로 이 식은 매우 심오하기 때문에 공부하기가 쉽지 않다. 때문에 범부가 알 수 있는 경계가 아니며, 또 이승의 지혜로 깨달을 바도 아니다. 왜냐하면 이승인은 이 식이 있다는 것조차도 알지 못하기 때문이다.

卽菩薩修行 從初正信發心觀察 歷過三賢 但以比觀故少分知 乃至登地法身大士 但覺住相 以極十地究竟 亦不能盡知 皆屬分知唯佛能了

故知此識甚深 豈易破哉? 此言頓悟之難也 悲夫 今之參禪之士 此識
行相尙且不知 卽以悟道自負 豈非增上慢者哉?

보살이 수행하여 십신十信의 초위初位인 정신위正信位로부터 발심하
고 관찰하여 십신위十信位·십행위十行位·십회향위十廻向位 단계를 밟
아 나아가는 동안에 단지 비량非量으로 추리해서 그것을 관찰할 뿐이
다. 때문에 그들은 조그만 부분만 안다. 내지는 초지初地에 오른 법신보
살이라 할지라도 생·주·이·멸의 사상 가운데서 주상住相만을 깨달을
뿐이며, 십지의 끝까지 도달했다 하더라도 역시 끝까지 다 알지 못한다.
그들 모두는 부분적으로 알고 오직 부처님만이 완전히 요해了解하실
수 있다. 그러므로 알라. 이 근본업식은 매우 심오하니 어찌 쉽게
깨뜨릴 수 있겠는가? 여기에서 단박 깨닫기(頓悟)가 어려움을 말한
것이다. 슬프다! 요즈음 참선하는 자들은 이 식의 행상行相을 모르면서
자신들이 도를 깨달았다고 자부하는구나. 그들이야말로 어찌 증상만
增上慢을 부리는 자들이 아니랴!

下釋難知所以

다음은 알기 어려운 까닭을 풀이한다.

❀

何以故오 是心이 從本已來로 自性淸淨이로대 而有無明이라 爲無明
의 所染하야 有其染心이니 雖有染心이나 而常恒不變이라 是故로 此
義는 唯佛能知니라 所謂心性이 常無念故로 名爲不變이며 以不達一
法界故로 心不相應하야 忽然念起를 名爲無明이니라

무슨 까닭인가. 이 마음이 본래로부터 자성이 청정하되 무명이 있는지라, 무명에 물들어서 염심染心[91]이 있다. 비록 염심이 있으나 항상 불변不變[92]이라, 이런 까닭으로[93] 이 뜻은 오직 부처님만이 알 수 있는 것이다. 이른바 심성心性이 항상 무념無念이기 때문에 이름을 불변이라 한다. 하나의 법계(一法界)임을 요달하지 못하기 때문에 마음이 상응하지 아니하여 홀연히 생각이 일어남을 이름하여 무명無明이라 한다.

【직해】 此徵明甚深難知之所以也 問 何故此識唯佛能知耶? 答曰 以淸淨心中本來無染 因無明故有其染心 此不染而染 難可了知也 雖有染心而心體淸淨 常恒不變 此染而不變 故難可了知也 以此甚深微細 故非三賢十聖可及 唯佛能了耳

---

91 此明本不染而染 故難可了知. 이것은 본래 오염되지 않으면서도 오염이 됨을 밝혔다. 그 때문에 알기 어렵다.(감산원주)

92 此染而不染 難可了知. 이처럼 오염이 되었으나 오염되지 않아서 알기 어려운 것이다.(감산원주)

93 『기신론별기』에서는 다음과 같이 설명한다. "만약 이 심체가 한결같이 생멸한다면 바로 이것이 염심染心이니 곧 알기 어렵지 않을 것이며, 또한 만약 한결같이 상주한다면 오직 이것이 정심淨心이니 또한 알기 어렵지 않을 것이며, 설사 체體는 실로 청정하되 상相이 물든 것과 같다고 하더라도 또한 가히 알기 쉬울 것이며, 그 식체識體는 움직이되 공성空性은 고요한 것과 같다 하더라도 알기에 무슨 어려움이 있겠는가. 그러나 여기에서 이 마음은 체가 청정하고 체가 물들며, 마음이 움직이고 마음이 고요함이니, 염·정이 둘이 아니요, 동·정이 다름이 없음이라, 둘도 없고 다름도 없는 것이로되 또한 하나도 아님이니, 이와 같이 절묘하기 때문에 알기 어렵다고 하는 것이다."

여기에서 근본무명은 매우 심오하여 알기 어려운 이유를 밝히고 있다.

문: 무엇 때문에 근본무명에서 일어난 식은 부처님만이 알 수 있다고 하는가?

답: 청정한 자심 가운데는 본래 '염심染心'이 없으나, 무명으로 말미암아 '염심'이 있게 되었다. 이는 물들지 않은 상태에서 염법을 일으키기 때문에 알기가 어려운 것이다. 비록 물든 마음이 있으나 일심의 자체는 청정하여 항상 변치 않는다. 이는 물들었으면서도 자체는 변치 않음이다. 그 때문에 알기가 어려운 것이다. 이 근본무명은 매우 깊고 미세하기 때문에 삼현三賢과 십지보살이 미칠 바가 아니고, 부처님만이 알 수 있을 뿐이다.

問曰 既云有染 何以說常恒不變耶? 答曰 以衆生妄想念念攀緣 而此心體恒常本自無念 卽念處無念 故說不變 此所以難可了知也

문: 이미 물든 마음이 있다면 무엇 때문에 항상하여 변치 않는다고 말하는가?

답: 중생은 망상으로 생각 생각 경계를 반연하지만 그러나 이 심체心體는 항상하여 본래 스스로 무념이다. 망념이 있는 곳 자체가 바로 무념이므로 자성은 변치 않는다고 설명한다. 이것이 알기 어려운 까닭이다.

問曰 既云是心從本已來自性淸淨 因何而有無明耶? 答曰 以不達一法界故 心體自不相應忽然起念名爲無明 卽此忽然起處 最極微細不

172

可思議 所謂不思議熏 故難可知了 以從中起故 唯佛能知 所以非菩薩
所知也

문: 이 마음이 본래부터 자성이 청정하다고 말하였는데, 무엇 때문에
근본무명이 있게 되었는가?

답: 하나의 법계(一法界)임을 요달하지 못하기 때문에 마음 자체가
진여법계와 스스로 상응하지 못하여 홀연히 망념을 일으키는 것을
'무명'이라고 한다. 바로 이 홀연히 망념을 일으킨 곳이 가장 극히
미세하여 불가사의하다. 이른바 부사의한 훈습이기 때문에 알기 어렵
다. 망념이 이러한 가운데로부터 일어나기 때문에 오직 부처님만이
알 수 있다. 보살의 경지로 알 수 있는 것이 아니다.

上略明還淨因緣 下詳示約位斷惑廣明還淨因緣

이상으로 염법에서 정법으로 돌아가는 인연을 간략히 밝혔다. 다음은
수행의 계위에 따라 견사혹見思惑 등의 혹惑을 끊는 것에서 상세하게
보여서 정법으로 돌아가는 인연을 자세히 밝힌다.

染心者이 有六種하니 云何爲六고 一者는 執相應染이니 依二乘解脫
과 及信相應地하야 遠離故요 二者는 不斷相應染이니 依信相應地하
야 修學方便하야 漸漸能捨하며 得淨心地하야 究竟離故요 三者는
分別智相應染이니 依具戒地하야 漸離하며 乃至無相方便地하야 究
竟離故요 四者는 現色不相應染이니 依色自在地하야 能離故요 五者
는 能見心不相應染이니 依心自在地하야 能離故요 六者는 根本業不

相應染이니 依菩薩盡地하야 得入如來地하야 能離故니라 不了一法
界義者는 從信相應地로 觀察學斷하야 入淨心地하야 隨分得離하며
乃至如來地하야 能究竟離故니라

염심染心이란 것이 여섯 가지가 있으니, 무엇이 여섯 가지인가?
첫 번째는 집상응염執相應染[94]이니, 이승이 해탈과 신상응지(信相應
地: 十信)[95]에 의지하여 멀리 여의기 때문이다.[96] 두 번째는 부단상응
염不斷相應染[97]이니, 신상응지信相應地에 의지하여 방편을 닦아 배워
서[98] 점점 능히 버려서 정심지淨心地를 얻어 구경에 여의기 때문이
다.[99] 세 번째는 분별지상응염分別智相應染[100]이니, 구계지具戒地[101]를
의지하여 점점 여의다가 무상방편지無相方便地에 이르러 구경에
여의기 때문이다.[102] 네 번째는 현색불상응염現色不相應染[103]이니,

---

[94] 此六麤執取計名字二相. 이는 육추 가운데 집취상執取相과 계명자상計名字相의
이상二相이다.(감산원주)

[95] 『기신론소』의 설명: 여기서 신상응지라 말한 것은 십해(十解, 즉 十住)위에 있어서
신근信根이 성취되어 퇴실退失함이 없기 때문에 신상응이라 한 것이다.

[96] 此當第六意識見思二惑 故二乘及十信能離. 이는 제6의식의 견혹見惑과 사혹思惑
의 이혹二惑에 해당한다. 따라서 이승二乘과 십신十信이 능히 여읜다.(감산원주)

[97] 此相續相. 이는 상속상이다.(감산원주)

[98] 從十信至十向. 십신에서 십회향까지이다.(감산원주)

[99] 從三賢至初地. 삼현에서 초지까지이다.(감산원주)
　　※ 십해의 자리로부터 유식관의 심사방편을 닦아서 초지에 이르기까지 삼무성을
증득하여 법집분별이 현행하지 못하기 때문이다(『기신론소』)

[100] 此智相. 이는 지상이다.(감산원주)

[101] 二地. 2지이다.(감산원주) ※ 2지에서 삼취정계三聚淨戒를 모두 갖춘다.

[102] 從二地至七地能離. 2지로부터 7지에서 능히 여읜다.(감산원주)

색자재지色自在地[104]를 의지해서 이를 멀리 여의기 때문이다. 다섯 번째는 능견심불상응염能見心不相應染[105]이니, 심자재지心自在地[106]를 의지하여 능히 이를 여의기 때문이다. 여섯 번째는 근본업불상응염根本業不相應染[107]이니, 보살진지菩薩盡地를 의지하여 여래지如來地에 깨달아 들어가 능히 이를 여읠 수 있기 때문이다. 일법계一法界의義를 분명히 알지 못하는 이는 신상응지로부터 관찰하여 치단(治斷: 다스려 끊음)을 배워서 정심지에 들어서 분분에 따라 여의게 되며 여래지에 이르러서 능히 구경에 여의기 때문이다.

【직해】 此詳約位以辯離惑漸次淺深 廣明還淨因緣也 由前略示還淨 頓破最初根本無明 非三賢十聖所能 唯佛能了 故此詳示依位漸離之次第也 言信相應地者乃從信入住 入生空觀 但破見思 卽見愛煩惱 此地雖發心志斷無明 其力未充 麤垢先落 止能斷見思耳

여기에서 수행의 계위에 대하여 혹惑을 여의는 점차와 얕고 깊은 정도를 논변하고 정법으로 돌아가는 인연을 자세하게 밝히고 있다. 앞에서 정법으로 돌아가는 단계를 간략히 보이면서, 최초의 근본무명을 곧바로 깨뜨리는 일은 삼현三賢과 십성十聖의 경지에서 할 수 있는

---

103 三細現相. 삼세 가운데 현상이다.(감산원주)

　　※ 밝은 거울 가운데 색상을 나타냄과 같기 때문에 붙여진 이름이다.(『기신론소』)

104 八地. 8지이다.(감산원주) ※ 8지에서는 삼종세간에서 색성을 자재함을 얻는다.

105 見相. 견상이다.(감산원주) ※ 전식이라 능견을 이루기 때문이다.

106 九地. 9지이다.(감산원주) ※ 여기에서는 사무애지四無礙智를 얻어 망상심(心稠林)의 차별을 훌륭하게 잘 안다.

107 無明業相. 무명업상이다.(감산원주)

일은 아니고 부처님만이 할 수 있다고 하였다. 때문에 여기에서 수행 지위에 의지하여 점진적으로 여의는 단계를 상세하게 보인 것이다. '신상응지信相應地'라고 말한 것은 십신十信으로부터 십주十住에 들어 가 생공관生空觀으로 깨달아 들어간다. 여기서는 단지 견혹見惑과 사혹思惑, 즉 견일처주지見一處住地와 삼애三愛 번뇌를 깨뜨린다. 이 수행지에서는 심지心志를 일으켜서 지말무명을 끊기는 했으나 그 수행 력이 아직은 충만하지 못하여 (집취상과 계명자상의) 거친 번뇌가 먼저 없어진다. 그렇지만 단지 견혹과 사혹을 능히 끊는 데 그칠 뿐이다.

執相應染乃六麤執取計名字相 爲見愛煩惱 屬第六識 正二乘所斷 不 斷相應染乃相續相 天台以此名界內外塵沙惑 三賢斷此 乃登初地 故 從初住至初地能離 以捨分別二障故

집상응염執相應染은 육추 가운데서 집취상과 계명자상이다. 이는 견일 처주지 번뇌와 삼애번뇌가 제육식第六識에 속하기 때문에 이 염심染心 은 바로 이승二乘이 끊는 대상이다. 부단상응염不斷相應染은 육추 가운 데서 상속상이다. 천태학에서는 이것으로써 삼계 내외의 진사혹塵沙 惑[108]이라고 이름한다. 삼현보살은 이 진사혹을 끊고 십지의 초지인 정심지淨心地에 오른다. 그 때문에 십주의 초주初住인 신상응지信相應 地로부터 십지의 초지인 정심지에 이르러서 이 염심을 여읠 수 있다. 왜냐하면 초지에서 망념으로 분별하는 번뇌장煩惱障과 소지장所知障

---

108 진사혹塵沙惑: 천태종에서 말하는 삼혹三惑 중의 하나. 앞의 각주 14 참조.

176

인 이장二障을 버리기 때문이다.

分別智相應染乃六麤之細分 卽智相 屬俱生我執 然地上雖志破無明
以從初至七有相觀多 但能破俱生我執耳 現色不相應染乃現識 此在
八地 已證平等眞如 得色自在 故能離之

분별지상응염分別智相應染은 육추 가운데서는 미세한 지분에 속하는
데 이는 바로 지상智相이며 구생아집俱生我執[109]에 속한다. 그러나 초지

---

109 구생아집俱生我執: 두 가지 아집 가운데 하나로, 나면서부터 갖추고 있는 아집으로
구생기俱生起라고도 한다. 다른 하나인 분별아집分別我執은 후천적인 분별이나
학습에 의해 일어나는 아집으로 분별기分別起라고도 한다. 분별기와 구생기를
좀 더 자세히 살펴보면 다음과 같다.
분별기와 구생기 : 번뇌장은 바로 생사유전의 근본인 중생의 업을 만들고 태어나
게 하는 혹惑으로서 범부는 이 장애가 있기 때문에 길이 삼계의 생사에 윤회해서
열반의 증과證果를 잃으며, 소지장은 이른바 미망의 근원으로서 범부는 이
장애가 있기 때문에 법의 진리에 미혹해서 보리의 묘과妙果를 증證할 수 없는
것이다. 즉 열반을 장애하는 것은 번뇌장이요, 보리를 장애하는 것은 소지장이
다. 이 이장(二障, 즉 번뇌장·소지장)은 모두 살가야견(薩迦耶見, 즉 有身見)을
위주로 10종의 근본번뇌와 20종의 수번뇌로서 본체를 삼는다. 그러므로 이집(二
執, 즉 아집·법집)에 비하면 그 뜻이 넓다고 할 수 있다. 이 이집·이장에 또
분별기分別起와 구생기俱生起의 두 가지 종류가 있다. 분별기란 삿된 스승(邪師)·
그릇된 가르침(邪敎)·그릇된 생각(邪思惟)의 세 가지 인연에 의해서 계탁(計度,
헤아림) 사량思量해서 일으키는 혹장惑障이요, 구생기란 이러한 연緣을 기다리지
않고 나면서부터 자연히 본능적으로 생기는 혹장惑障을 말한다. 그 가운데
분별기의 번뇌장은 생사의 연이어짐(相續)을 초래하는 원인인 유루有漏 선악의
업을 발동하는 작용이다. 그것은 발업發業의 혹이며, 구생기의 번뇌장은 발업의
혹의 종자에 자양분과 물을 대주어서(滋潤) 미래의 과果를 생하게 하는 윤생潤生
의 혹이다. 중생들이 목숨을 마칠 때에 자기의 신체와 태어난 곳 등에 대해서

이상의 법신보살이 근본무명을 깨뜨리려는 심지心志를 발현하기는
했으나 초지로부터 칠지에 이르기까지는 유상관有相觀이 많아 단지
구생아집俱生我執만을 깨뜨릴 뿐이다. 현색불상응염現色不相應染은
현식現識이다. 이는 팔지八地에서 평등진여를 증득하고 색성色性의
자재함을 체득한다. 그 때문에 이 염심을 여읠 수 있다.

구생기의 탐애를 일으켜 다음 생의 과를 초래하는 것 같은 것을 윤생이라
한다. 그러나 번뇌장·소지장은 그 이름은 다르지만 모두 동일한 종자에서
생긴 하나의 견분 작용으로서 그 체體에 미혹한 것과 용用에 미혹한 것의 상위相違
에 따라 구별한 것에 불과하나, 분별기·구생기의 이혹二惑은 각각 다른 종자에서
생겨 그 체가 각각 다른 것이다. 10종의 근본번뇌 가운데 의심(疑)·사견邪見·견
취견見取見·계금취견戒禁取見의 네 가지는 오직 분별기요, 다른 것은 모두 분별·
구생 두 가지에 통한다.

만약 8식에 대해서 상응을 밝히자면 아집·법집은 다만 6식·7식에만 국한하고,
제8식·전5식에는 모두 두 가지 집착이 없다. 왜냐하면 제8식은 그 체가 무부무기
無覆無記이므로 혹과 상응하지 않는다. 따라서 집執이 없다. 또 전5식은 오직
자성분별뿐이므로 수념隨念·계탁計度의 분별이 없기 때문에 이집을 일으키지
않는다. 그러나 이장은 제6식에 이끌려 일어나는 것이다. 다만 구생기의 혹만이
분별기의 혹과 상응하지 않는다. 다음에 제7식은 항상 내경內境인 제8식의
견분見分을 반연해서 실아實我·실법實法이라 집착하기 때문에 이집은 본래부터
있다고 하나, 이장 가운데는 이 식은 그릇된 가르침(邪敎)·그릇된 생각(邪思惟)
등의 외연外緣을 빌리지 않기 때문에 분별기의 혹과 상응하지 않고 다만 구생기의
혹과 상응한다. 다만 이 식은 오직 현재의 내경을 반연해서 태어난 곳의 외경을
반연하지 않기 때문에 구생기의 혹에 있어서는 윤생의 용用을 갖추고 있지
않다. 그러나 제6식에 있어서는 이 식이 바로 허망분별의 작용을 갖추고 있으므
로 이집·이장이 함께 다 상응한다. 이것을 6, 7유집有執·5, 8무집無執이라 한다.
(『唯識綱要』)(법집과 아집은 각주 43, 45 참조, 번뇌장과 소지장은 각주 52~53 참조).

能見不相應染乃轉識爲見相 九地得心自在 故能離之 根本業不相應
染乃業識 卽業相 此依十地滿心至等覺金剛道後 斷此卽入如來果海
此上離染還淨之漸次也 上云爲無明所染有其染心 是則六染皆依無
明爲根 六染乃無明差別之相耳 今染心旣滅 則無明亦隨滅

능견불상응염能見不相應染은 전식轉識이니, 곧 능견상이다. 구지九地
에서 마음의 자재함을 얻어 이를 능히 여읜다. 근본업불상응염根本業
不相應染은 근본무명업식이니, 곧 업상業相이다. 이는 십지十地를 가
득 채우고 나서 등각等覺의 금강도金剛道[110]에 이른 뒤에 이 염심을
끊으면 바로 여래의 과해果海에 들어간다. 이상은 육염심을 여의고
정법으로 돌아가는 수행의 점차인 것이다. 위에서 말하기를 '무명에
물들어 염심이 있다'라고 하였다. 이는 육염심 모두가 근본무명을
뿌리로 의지한 것으로서, 이 육염심은 근본무명의 차별적인 모양일
뿐이다. 그러므로 여기에서 육염심이 사라지고 나면 무명 또한 따라서
사라진다.

---

110 금강유정(金剛喩定, vajropamā-samādhi): 금강정金剛定은 금강삼매金剛三昧·금강
멸정金剛滅定·금강심金剛心·정삼매頂三昧라고도 한다. 무간도無間道를 일으킬
수 있고 또는 금강무간도金剛無間道라고도 한다. 금강석에 비유할 만한 견고하고
날카로운 선정의 뜻으로 사용한다. 즉 아무리 미세한 번뇌까지도 끊어 없애는
힘을 가진 선정禪定을 말한다. 소승에서는 아라한이 지향하는 최후의 경지라
하고, 대승에서는 이것을 등각심 또는 등각금강심이라고 한다. 이 금강유정이란
보살이 성불하기 직전에 드는 선정이며, 지혜가 견고하기는 마치 금강석과
같고 한 생각에 무시無始의 무명을 타파하여 부처의 경지에 도달하는 수행의
최후 도심道心이다.(『大毘婆沙論』, 『大智度論』, 『俱舍論』, 『成唯識論』)

今云不達一法界義等者 正指忽然起念之無明 亦從信相應地觀察云
云 乃至如來地究竟離也 實教斷無明約四十二分 分發信心志斷無明
義見於此 然生滅因緣 義該染淨生滅 此還淨因緣也

여기에서 '일법계一法界 의義를 요달하지 못한다'라고 말한 것은 바로
홀연히 망념을 일으키는 무명을 지적하였다. 또한 '신상응지로부터
관찰하여…… 내지 여래지에 이르러야 끝까지 이 염심을 여읠 수
있다'라고 한 것이다. 일승실교一乘實敎에서는 무명을 끊어 가는 단계
를 사십이분四十二分[111]으로 나누어 정리하였다. 그러나 여기에서는
처음 십주의 초주인 신상응지로부터 심지心志를 일으켜 무명을 끊어가
는 단계를 나누어 이와 같이 보였다. 생멸인연에는 그 의미가 염법생멸
과 정법생멸의 의미를 함께 갖추었다. 이것은 염법染法에서 정법淨法으
로 돌아가는 생멸인연인 것이다.

❋

言相應義者는 謂心과 念法異니 依染淨差別하야 而知相緣相이 同
故요 不相應義者는 謂卽心不覺이라 常無別異하야 不同知相緣相
故니라

상응의 뜻(相應義)이라는 것은 이른바 심心과 염법念法이 다른 것이
지만 염정染淨의 차별을 의지해서 지상知相과 연상緣相이 같기 때문

---

111 42분위四十二分位: 화엄의 수행 계위 52위五十二位에서 십신위十信位를 제외한 나머지인
   십주위十住位·십행위十行位·십회향위十廻向位·십지十地·등각等覺·묘각妙覺
   을 말한다. 그 근거가 처음 십주의 초주初住인 신상응지信相應地로부터 심지心志
   를 일으켜 무명을 42위의 단계로 끊어가는 뜻이 있다.

이다. 불상응의 뜻(不相應義)이란 것은 이른바 곧 마음이 깨닫지
못하여 항상 별다름이 없어서 지상과 연상이 같지 않기 때문이다.

【직해】釋上六染相應不相應所緣同異也 前三染言相應者 謂心王心所
各別 故云心念法異 緣所緣之境染淨不同 若心王緣染淨 而心所亦隨
同之 故云知相緣相同故 名相應也 不相應者乃卽心不覺 未分王所
不與外境相應 故常無別異 故云不相應也 此中約無明熏眞心成業識
生起三細 爲卽心不覺 未分王所 故云不相應耳

앞에서 여섯 가지 염상染相 가운데 상응과 불상응의 염심이 있는데,
여기서는 그 소연경所緣境의 같고 다름으로 풀이한 것이다. 여섯 가지
중 앞의 세 가지 염법이 상응한다 함은 심왕心王[112]과 심소心所[113]가

---

112 심왕은 유식의 5위 100법 중 하나이다. 5위 100법을 간략히 설명하면 다음과
같다.

①심왕心王: 마음과 대상(境)에 대한 인식의 주체로 인식의 근본이니 안眼·이耳·
비鼻·설舌·신身·의意의 전5식과 제6식, 제7식(말나식), 아뢰야식(제8식)으로 8
가지이다. 전5식은 색성향미촉의 5경境을 연하여 안이비설신의 5근根을 소의所
依로 삼는다. 제6식(意識)은 법경法境, 곧 일체만법으로써 소연所緣을 삼고 제7말
나로써 소의所依를 삼는다. 제7말나식은 범부들의 아집의 근본이 되어 항상
제8아뢰야식으로써 소의를 삼고 아뢰야식이 항상 일류상속一類相續하여 식법識
法의 종자를 함장하고 다시 두루 현행하는 것이 마치 상일주재常一主宰하는
아我가 있는 듯하므로 그 제8아뢰야식의 능총能總 작용이 곧 견분을 연緣하여
실아實我라고 집착한다. 제6식은 수면이나 민절泯絶일 때 일어나지 않지만 제7식
은 항상 끊임없이 일어나서 상속하고 사려思慮도 가장 미세하다. 제6식과 구별하
기 위하 말나末那라고 한다. 심왕의 명칭에는 심心·의意·식識의 세 가지가
있다. 심心은 집기集起의 뜻이며, 의意는 사량思量의 뜻이요, 식識은 요별了別의
뜻이다. 이 세 가지는 모두 다 제8식에 통해서 사용되는 이름이나 그중 제8식은

각각 구별되기 때문에 '심心과 염법念法이 서로 다르다'고 하였다.

제법의 종자를 적집積集(쌓아둠)하여 현행現行해서 집기集起(모아서 일어남)의 뜻이 가장 수승하므로 특히 심心이라 하고, 제7식은 항상 자세하게 소연所緣의 경境을 연해서 사량思量의 뜻이 수승하므로 의意라 하고, 전6식은 경境에 대해서 특히 요별의 작용이 수승하므로 식識이라 한다.

②심소유법心所有法: 심왕에 소유되어 활동하는 심리작용으로 51개의 심소가 있다.

③색법色法: 색이란 생멸변화하며 서로 장애됨이 있는 법이다. 곧 물질적인 사물의 총칭이니 오근五根 과 오경五境과 법처소섭색法處所攝色으로 11가지가 있다.

④불상응법不相應法: 물질(色法)도 아니고 마음(心法)도 색, 심, 심소의 작용에 가설된 24가지가 있다.

⑤무위법無爲法: 무위는 곧 법성진여의 상주실체이다. 유위법이 단멸할 때 나타나는 차별에 따라 6가지가 있다.

113 심소心所는 심소유법心所有法의 약칭이다. 심왕에 종속해서 일어나 진塵의 총상總相뿐만 아니라 또 별상別相까지도 연하는 능연能緣의 심리작용이다. 이 심소는 반드시 심왕과 상응해서 일어나는 것으로 그 상응에 4종의 뜻이 있다. 즉 시동時同, 의동依同, 소연동所緣同, 사동事同이다. 시동이란 심심소가 동시에 일어나는 것을 말하며, 의동이란 소의所依와 같음을 말하며, 소연동이란 동일한 경을 연하는 것이며, 사동이란 그 체수體數가 각각 1이면서 2의 동일한 심심소와 상응하지 않음을 말한다. 이 심소를 모두 6위로 분류한다. ①변행遍行 5가지, ②별경別境 5가지, ③선善 11가지, ④번뇌煩惱(貪·瞋·癡·慢·疑·惡見) 6가지, ⑤수번뇌隨煩惱(소수혹 10·중수혹 2·대수혹 8) 20가지, ⑥부정不定 4가지.

한편, 『변중변론』의 제8 게송과 논에서는 이를 다음과 같이 설명하고 있다.

"삼계의 심왕과 심소는

이것이야말로 허망분별이니

경境을 아는 것만을 심왕이라고 하고

또한 차별을 요별了別하는 것을 심소라고 한다."

(三界心心所 是虛妄分別 唯了境名心 亦別名心所)

능연能緣과 소연所緣의 경계에서 염정染淨이 같지 않다. 만약 심왕이
염정을 연한다면 심소 또한 같은 것을 함께 좇아가므로 '지상知相과
연상緣相이 같기 때문이라' 하였다. 이것이 이름하여 상응인 것이다.
불상응不相應이라는 것은 마음이 깨닫지 못하여 아직 심왕과 심소가
나뉘지 않아 외부 경계와 더불어 상응하지 않으므로 '항상 구별이나
차이가 없어' 불상응이라 한 것이다. 여기서는 무명이 진심眞心을
훈습하여 업식業識을 이루어 삼세三細가 일어나지만 마음은 곧 깨닫지
못한다. 아직 심왕과 심소가 나뉘지 않았으므로 그 때문에 불상응이라
하였다.

❀

又染心義者는 名爲煩惱礙니 能障眞如根本智故요 無明義者는 名
爲智礙니 能障世間自然業智故니라

또한 '염심染心의 뜻'이란 것은 이름을 번뇌애(煩惱礙, 즉 번뇌장)라
하니 능히 진여의 근본지根本智[114]를 막기 때문이다. '무명의 뜻'이란

논 : "허망분별의 차별 모양(差別相)이라고 함은, 곧 이는 욕계와 색계와 무색계의
모든 심왕과 심소이다. 이문의 모양(異門相)이라 함은 경계의 총상을 아는 것만을
심왕이라고 하고, 차별을 요별하는 것을 느낌(受) 등의 모든 심소법이라고
한다(論曰 虛妄分別差別相者 卽是欲界色無色界諸心心所 異門相者 唯能了境總相名
心 亦了差別名爲受等諸心所法今次當說此生起相)."

114 근본지(根本智: mūlajñāna): 근본무분별지根本無分別智·여리지如理智·실지實智·
진지眞智·정체지正體智라고도 한다. 무분별지의 하나로 후득지後得智에 상대
되는 말. 근본의 모든 지혜로 능히 진여의 묘리妙理에 계합하여 증득한 평등여
실平等如實 무차별인 지혜, 또는 무분별지라 한다. 십바라밀 중 반야바라밀에
해당된다.

것은 이름을 지애(智礙, 즉 소지장)라 하니 능히 세간의 자연업지自然業智를 막기 때문이다.

【직해】此明染心依無明而有 其體雖同 而爲礙不同也 以染心喧動 爲煩惱礙 故障根本智 染相差別 故障眞如平等 無明昏迷 故障世間自然業智 此如量智也

여기에서 염심이 무명에 의지하여 생겨나서 그 본체는 비록 동일하지만 장애하는 측면은 같지 않음을 밝히고 있다. 염심이 시끄러이 움직여 번뇌의 장애가 일어나므로 근본 지혜(如理智)를 장애한다. 염상(染相: 염심의 모양)은 차별이 있어서 진여의 평등을 장애하고 무명은 혼미昏迷하여 세간의 자연업 지혜를 장애한다. 이는 여량지如量智인 것이다.

此出體 下徵其相

여기서는 두 가지 장애의 본체를 드러내었고, 다음에 그 모양을 따져 밝힌다.

❊

此義云何오

이 뜻이 어떠한가.

【직해】問意云 無明細 應障理智 染心麤 應障量智 何以然不? 釋所以
질문한 뜻은 이러하다. 무명은 미세하여 마땅히 여리지如理智[115]를 가로막고, 염심染心은 번뇌가 거칠어 마땅히 여량지如量智[116]를 막아야

하는데 어째서 그렇지 아니한가? 하고 까닭을 물은 것이고, 다음에
그 이유를 풀이한다.

❋

以依染心하야 **能見**하며 **能現**하며 **妄取境界**하야 **違平等性故**니라

염심染心을 의지하여 능히 보며, 능히 나타나며, 망령되이 경계를
취하여 평등성을 어기기 때문이다.

【직해】 此釋煩惱障理之所以也 能見能現三不相應染也 妄取境界三相
應染也 謂眞如平等本智 無能所相 今染心妄取境界 能所對待 覿體相
違 故障理智也

여기서는 번뇌가 여리지를 장애하는 까닭을 풀이한 것이다. '능히
보며(能見) 능히 나타난다(能現)' 함은 세 가지 불상응염不相應染인
것이다. '망령되이 경계를 취함'은 세 가지 상응염相應染이다. 이를테면
진여의 평등한 근본지혜는 능소(能所, 主客)의 모양이 없지만, 여기에
서 염심染心이 허망한 경계를 취하여 능소能所을 상대하게 되니 본체가
서로 어긋남을 보아서 여리지를 가로막는 것이다.

---

115 여리지如理智: 부처님의 근본지혜로 능히 진여의 묘리妙理에 계합하여 증득한
   평등여실平等如實 무차별인 지혜, 또한 무분별지라 한다. 즉 부처님의 근본지혜
   를 말한다.

116 여량지如量智: 여리지와 상대되는 용어. 현상계의 수량과 차별상을 명백히 아는
   불·보살의 지혜. 후득지後得智, 속제지俗諦智를 말한다. 본문에서 자연업지自然
   業智라고 하였다.

❀

以一切法이 常靜하야 無有起相이로대 無明不覺하야 妄與法違일새
故不能得隨順世間一切境界種種知故니라

일체의 법이 항상 고요해서 일어나는 모양이 없는 것이지만, 무명으
로 깨닫지 못해서 망념이 법성과 어긋난다. 그 때문에 능히 세간에
일체의 경계를 수순하여 갖가지를 알지 못한다.

【직해】 此釋無明礙障量智也 以世間諸法常寂滅相 無有起動 此唯量
智能知 今無明昏迷 妄有生滅 不了諸法寂靜 妄與法乖 故正障量智
使之不能隨順世間種種知也

여기서는 무명이 여량지를 장애하는 것을 풀이하였다. 세간의 모든
법은 항상 적멸하여 조금도 움직임이 일어나지 않는다. 이는 오직
여량지만이 알 수 있다. 이제 무명이 혼미함으로 망념인 생멸심이
일어나 모든 법이 고요함을 알지 못한다. 그래서 망념이 법성과 어긋나
므로 바로 여량지를 장애한다. 이렇게 세간의 일체 경계를 수순하여
갖가지로 알지 못하게 하는 것이다.

上釋生滅因緣 下釋生滅相

위에서는 생멸인연을 해석하였다. 다음은 생멸의 모양을 밝힌다.

③ 생멸의 모양(生滅相)

復次分別生滅相者는 有二種하니 云何爲二오 一者는 麤니 與心相
應故요 二者는 細니 與心不相應故니라 又麤中之麤는 凡夫境界요
麤中之細와 及細中之麤는 菩薩境界이며 細中之細는 是佛境界니
라 此二種生滅이 依於無明熏習而有니 所謂依因依緣이라 依因者
는 不覺義故요 依緣者는 妄作境界義故니라 若因滅則緣滅하나니 因
滅故로 不相應心이 滅이요 緣滅故로 相應心滅이니라

다음에 생멸의 모양을 분별한다는 것은 두 가지 종류가 있으니,
무엇이 두 가지인가? 첫째는 '거친 생멸(麤生滅)'이니 마음으로 더불
어 상응하기 때문이요, 둘째는 '미세한 생멸(細生滅)'이니 마음으로
더불어 상응하지 않기 때문이다. 또한 '거친 생멸 가운데 거친 것'은
범부의 경계요, '거친 생멸 가운데 미세한 것'과 '미세한 생멸 가운데
거친 것'은 보살의 경계이며, '미세한 생멸 가운데 미세한 것'은
이 부처의 경계이다. 이 두 가지의 생멸이 무명의 훈습에 의하여
생겨나니 이른바 인因을 의지하고 연緣을 의지함이다. '인을 의지한
다'는 것은 '불각의 뜻'이기 때문이요, '연을 의지한다'는 것은 '망령되
이 경계를 짓는다'는 뜻이기 때문이다. 만약 인이 사라지면 곧 연도
사라지니, 인이 사라지기 때문에 불상응심不相應心이 사라지고,
연이 사라지기 때문에 상응심相應心이 사라진다.

【직해】 此釋立義分中是心生滅相也 謂心本無相 因生滅麤細 無明惑
染以顯其相 言相應者乃分別執計三麤 則有外境與心相應 又王所相

應 不相應者 心境未分故 無可相應 此辯麤細之相也

이것은 제2장 입의분 가운데에서 '이 마음이 생멸하는 모양'을 밝힌
것이다. 말하자면 마음은 본래 형상이 없지만 생멸로 인하여 삼세三細
와 육추六麤, 무명의 혹염惑染이 그 모양을 나타내게 된다. 상응이란
분별지상, 집취상, 계명자상 등 삼추三麤를 가리킨다. 즉 바깥 경계가
마음과 상응하고, 또 심왕과 심소가 상응한다. 불상응이란 마음과
경계가 나뉘지 않았으므로 상응하지 않는다는 뜻이다. 이는 거칠고
미세한 모양을 가리는 것이다.

下約人以明 謂執計二染乃麤中之麤 是三賢所覺 分別相續乃麤中之
細 及轉現二染乃細中之麤 是地上菩薩所覺 若無明業相乃細中之細
唯佛能了 此離染之大段也

아래에서 수행하는 사람에 대하여 설명한다. 말하자면 집취상과 계명
자상 두 가지는 곧 거친 생멸 가운데서도 거친 것으로 삼현三賢보살이
깨닫는 경계이다. 분별지상分別智相과 상속상相續相은 곧 거친 생멸
가운데 미세한 것이고, 전상轉相과 현상現相 두 가지 염심은 미세한
생멸 가운데 거친 것으로, 이는 지상地上보살이 깨닫는 경계이다.
무명업상을 말하자면 미세한 생멸 가운데 미세한 것인데 오직 부처
경지라야 알 수 있다. 바로 이것이 염심을 여의는 것을 크게 나눈
단계이다.

言二種生滅依無明而有者 顯此染心依因緣而生 亦依因緣而滅也 初

因無明不覺生三細 境界爲緣長六麤 今因滅則緣亦滅矣 故因滅則三
細滅 緣滅則六麤滅 此相依自然之勢也

'두 가지 생멸이 무명에 의해 생긴다'는 말은 이 염심이 인연을 의지하여
생기고 또 인연을 의지하여 사라진다는 것이다. 처음에 무명의 불각이
인因이 되어 삼세三細가 생겼고, 경계상이 연緣이 되어 육추六麤가
자라나게 된다. 여기에서 인이 사라지면 연도 역시 사라지게 된다.
그 때문에 인이 사라지면 삼세가 사라지고 연이 사라지면 육추가
사라진다. 이는 서로 상대하여 의지하고 있기에 자연 그러한 형세인
것이다.

❀

問曰 若心滅者인댄 云何相續이며 若相續者인댄 云何說究竟滅이니
잇고 答曰 所言滅者인댄 唯心相滅이언정 非心體滅이니라

물어 이르되 "만약 마음이 사라지면 어떻게 상속(相續, 계속 이어짐)하
며, 만약 상속한다면 어떻게 마침내 없어질 수 있다고 설하는가?"
답하여 이르되 "이른바 사라지는 것은 오직 마음의 모양이 사라지는
것이고, 심체心體가 사라지는 것이 아니다."

【직해】 此問答以明妄相滅而心體不滅也 蓋問者以妄心爲體 故疑相滅
而心亦滅耳 言若心滅者云何相續 此疑相應心若滅 則不相應染云何
相續? 若不相應心體不滅 則無明細染亦相續不滅 云何說究竟滅耶?
意謂無明依心而有 故疑心不滅 而無明相續亦不滅也 答意但滅妄染
心相 不滅心體 若心體俱滅則墮斷滅 誰證佛果耶?

이 문답을 통해 망념의 모양이 사라지는 것이고, 마음 자체는 사라지지 않음을 밝힌 것이다. 대체로 질문한 사람은 망심妄心을 마음 자체로 삼고 있으므로 그 모양이 사라지면 마음 또한 사라진다고 의심했다. '만약 마음이 사라지면 어떻게 계속 이어가는가?' 하는 물음은 '상응심이 만일 사라진다면 불상응하는 염심이 어떻게 이어가는가?' 또 '만일 불상응하는 마음 자체(心體)가 사라지지 않는다면 무명의 미세한 염심染心 또한 이어져 사라지지 않을 것이므로 어떻게 마침내 없어진다(究竟滅)고 말할 수 있을까?' 하고 의문했다. 말하는 의도는 '무명이 마음에 의지하여 있게 되므로 마음이 사라지지 않는다면 무명의 상속相續 또한 사라지지 않는 것이 아닌가?' 하는 것이다. 답한 뜻은 단지 허망함에 물든 마음의 모양만 사라질 뿐이지 마음 자체가 사라지는 것이 아니다. 만일 마음 자체가 함께 사라진다면 곧 단멸공斷滅空에 떨어질 것이므로 어느 누가 부처라는 과(佛果)를 증득할 수 있겠는가?

下以喩明相滅性不滅

다음에서 비유를 들어 생멸하는 모양(生滅相)은 사라지지만 자기 성품은 사라지지 않음을 밝힌다.

❁

如風依水而有動相이니 若水滅者인댄 則風相이 斷絶하야 無所依止어니와 以水不滅일새 風相이 相續하나니 唯風滅故로 動相이 隨滅이나 非是水滅인달하야 無明도 亦爾하야 依心體而動이니 若心體가 滅인댄 則衆生이 斷絶하야 無所依止어니와 以體不滅일새 心得相續하나

190

니 唯癡滅故로 心相이 隨滅이언정 非心智滅이니라

마치 바람이 물을 의지하여 움직이는 모양(相)이 있으니, 만약 물이 사라지면 곧 바람의 모양도 끊어져서 의지할 곳이 없거니와 물이 사라지지 아니하기 때문에 바람의 모양이 상속하는 것과 같다. 오직 바람이 사라지기 때문에 움직이는 모양이 따라 사라지나 이것은 물이 사라지는 것이 아님과 같다. 무명도 또한 그러하여 심체心體에 의지하여 움직인다. 만약 심체가 사라진다면 곧 중생들이 끊어져서 의지할 곳이 없겠지만 심체가 사라지지 아니함으로써 마음이 상속하게 된다. 오직 어리석음만 사라지기 때문에 마음의 모양도 따라 사라지지만 심지心智는 사라지지 않는다.

【직해】 此喩明妄滅而心不滅也 水喩眞心 風喩無明 動相喩波浪生滅相 法喩中 水滅則風斷絶無所依止者 顯波有麤細 因風有大小 謂大風滅則巨浪滅 不無小風微波 正喩麤染雖滅 而細染尙續 如止巨浪而微波尙存 其義自含兩重耳

여기에서 비유로 망념은 사라지지만 마음 자체는 사라지지 않음을 밝히고 있다. 물은 진심眞心에 비유하고, 바람은 무명에 비유하고, 파도의 움직이는 모양은 생멸상生滅相에 비유했다. 이와 같이 비유하여 '물이 사라지면 바람에 의한 파도의 움직임이 끊어져서 바람이 기댈 곳이 없어진다' 함은 크고 작은 파도가 있는 것은 바람의 세력이 크고 작은 것과 관련이 있음을 나타냈다. 말하자면 마치 커다란 바람이 그치면 큰 파도가 멈추지만 작은 바람에 의한 조그마한 파도까지 없어지는 것은 아니다. 이와 마찬가지로 거친 염심染心은 소멸되더라도 미세한 염심은 아직 이어진다. 마치 커다란 풍랑은 멈추어도 미소한 파도는 아직도 남아 있는 것과 같다. 여기에 스스로 두 가지 뜻이 중복되어 담겨져 있다.

法合中 若心體滅者 則衆生斷絶 無所依止 前云衆生依心意意識轉 故言心體若滅 則衆生斷絶 無所依止也 義顯二種生住滅中 相生住滅 雖滅 而流注生住尙在故 十地菩薩依止異熟而入佛果故 以此流注爲 依止故 宗門名眞常流注者此耳

이 물과 바람의 비유에서와 같이, 만일 마음 자체가 사라진다면 중생이 끊어져서 의지할 곳이 없게 된다. 앞에서 '중생의 마음에 의지하여 의意와 의식意識이 전변한다'고 한 바 있다. 그래서 마음 자체가 사라진다면 중생이 끊어져서 의지할 곳이 없게 되는 것이다. 이 의미는 『능가경』에서 밝힌 두 가지 생주멸生住滅에 있어서 상생주멸(相生住滅)은 비록 사라지기는 해도 미세한 흐름의 생주(流注生住)는 여전히 남아 있기 때문이다. 따라서 십지보살은 이숙식異熟識[117]에 의지하여

---

117 앞의 각주 23를 참조하면, 『능가경』의 경문에서 상생멸相生滅은 사라져도 미세한 흐름, 즉 유주주流注住가 미세한 이숙식이 된다는 것이다.

※『기신론소』의 설명 : 상생멸은 육염심 가운데 앞의 세 가지 염심(집상응염, 부단상응염, 분별지상응염)은 그 마음과 상응함이라 그 모양이 거칠게 나타나서 이름을 상생멸이라 한 것이다.

이숙식(異熟識, vipāka-vijñāna): 이 아뢰야식(각주 20, 37 참조)에는 증지證智의 정도에 따라 삼위三位가 서로 어기므로 (주로 법상종에서) 그 위位에 따라 각각 그 명칭을 달리한 것이다. 삼위란 첫째 ①아애집장현행위我愛執藏現行位이

불과佛果에 들어갈 수 있으므로 이 미세한 흐름(流注)이 의지할 바가

니 이것은 무시이래로 제7식에 실아實我·실법實法이라 애집愛執된 위위로서, 즉 최하의 범부위凡夫位에서 보살십지의 계위 가운데 제7지에 이르기까지를 말하며, 만약 이승인이라면 유학위有學位까지이다. 이 위위에서는 제8식을 아뢰야식(阿賴耶識, ālaya)이라고 한다. ②선악업과위善惡業果位이니 이는 무시이래 보살10지의 금강심까지의 사이로서, 만약 이승이라면 무학과無學果까지의 사이를 말한다. 이 위에서 제8식은 과거세에 선악의 이숙업(異熟業: 원인과 다르게 익는 업의 과보)에 의해서 감응이 불러온 총보(總報無記의 果體: 과보의 총체적 모양)이기 때문이다. 그러므로 이 위위에 일어나는 제8식을 칭해서 비파가(毘播迦: vipāka-vijñāna, 즉 이숙식異熟識)라고 한다. ③상속집지위相續執持位이니 이것은 무시의 범부위에서 불과佛果의 위위까지가 모두 이에 속한다. 이 위에서는 모든 색심만법色心萬法의 종자 및 오근五根을 집지執持해서 잃지 않으므로 이 위의 제8식을 칭해서 아타나(阿陀那: ādāna, 즉 집지식執持識)라 한다. 그래서 아뢰야의 이름은 보살의 제7지와 이승의 유학위有學位까지의 사이로서, 이숙식의 이름은 보살의 제10지 및 이승의 무학과無學果까지 통하고, 집지식의 이름은 범부위에서 불과위佛果位에 통해서 쓰이는 것이다.

한편, 아타나식이 매우 깊어서 소승인에게는 설법하지 않았다고 한다. 관련 부분을 소개한다. 『해심밀경』의 아타나식 게송과 산문(게송의 해석은 『섭대승론 석攝大乘論釋所知依分』)

"아타나식은 심오하고 미세하여
일체 종자식은 폭포의 흐름과 같다.
나는 범부와 어리석은 무리에게는 열어 보이지 않느니
그들이 분별하고 집착해서 자아로 삼을까 두렵기 때문이다."

(阿陀那識甚深細 一切種子如瀑流 我於凡愚不開演 恐彼分別執爲我)

산문: "광혜여, 아타나식을 의지처로 하고 건립함은 여섯 가지 식이 전변하여 생기할 수 있다. 이 중에서 식이 있어서 안근眼根과 색경色境을 연緣하여 안식眼識을 일으킨다. 그때 하나의 안식이 일어나면 곧 그때 오직 하나의 분별의식이 안식과 대상을 같이하여 일어난다. 만일 이식·비식·설식·신식의 여러 식이 일어나면 곧 그때 오직 하나의 분별의식이 있어서 오식과 대상을 같이 하여

된다. 선종禪宗에서 진상유주眞常流注[118]라 일컫는 바는 바로 이를 가리

일어난다. 무슨 까닭에 이 식을 아타나식이라고 하는가? 모든 감각기관(有色根)을 집수執受하기 때문이다. 모든 것의 자체가 취하는 의지처이기 때문이다. 무슨 까닭에 모든 감각기관은 이 집수로 인하여 파괴되지 않고 수명을 다할 때까지 따라서 전전하는가? 또한 상속해서 바로 생을 받을 때에 그 생을 취하기 때문에 자체를 집수한다. 그러므로 이 식을 아타나식이라고 한다."

게송의 해석 : "'매우 심오하고 미세하다'는 것은 분명히 알기 어렵기 때문이다. '일체 종자식은 폭포의 흐름과 같다'는 것은 차례로 전전하기 때문에 모든 종자가 찰나에 전전함이 폭포수의 흐름과 같이 전전하기 때문이다. '그것을 분별하고 집착해서 자아로 삼을까 두렵기 때문이라'는 하나의 행상으로서 전전하기 때문에 분별하여 집착할 수 있기 때문이다."

[118] 진상유주眞常流注 이야기:『전등록(景德傳燈錄)』권11,「영운지근장靈雲志勤章」에 나온다.

"영운 지근 선사는 처음에는 위산潙山에게 있다가 어느 날 복사꽃을 보고 오도송悟道頌을 지었다. '복사꽃이 핀 것 한 번 보고 난 후, 여태껏 다시는 의심할 것 없네(自從一見桃花後 直至如今更不疑).' 다음은 (위산) 스님과 지근 선사와의 문답이다.

문 : 천지가 혼돈하여 나뉘지 않은 때는 어떠합니까?

답 : 노주露柱가 회태懷胎함이다.

문 : 나뉜 뒤에는 어떠합니까?

답 : 조각구름이 맑은 하늘을 가리는 것과 같다.

문 : 맑은 하늘에도 티끌이 붙습니까?

대사는 대답하지 않으니, 이어 물었다.

문 : 그러면 중생이 오지 않았겠습니다.

대사가 또 대답하지 않으니 또 물었다.

문 : 순전하게 맑아서 티끌조차 없을 때는 어떠합니까?

답 : 역시 '진식이 항상 미세하게 흘러드는 것(眞常流注)'이니라.

문 : 어떤 것이 진식이 항상 미세하게 흘러드는 것입니까?

답 : 거울이 항상 맑은 것과 같다.

킨다.

上生滅因緣相中有二大科 初染淨生滅 次染淨相資 前染淨生滅已竟

下明染淨相資

위의 생멸인연의 모양에는 크게 두 단락이 있다. 첫째는 염법과 정법의
생멸, 둘째는 염법과 정법의 서로 자훈資熏함이다. 위에서 염법과
정법 생멸을 마쳤다. 다음에서는 염법과 정법의 서로 자훈함을 밝힌다.

大乘起信論直解卷上

문 : 확실하지 않습니다. 향상向上에 도리어 일이 있습니까? 또는 없습니까?
답 : 있다.
문 : 무엇이 이 향상사(向上事, 위로 향하는 일)입니까?
문 : 거울을 깨뜨리고 온다면 너와 상견하리라.
(僧問靈雲 混沌未分時如何 師云 露柱懷胎 僧云 分後如何 曰混沌分後如何 師曰 如片雲
點太淸 曰未審太淸還受點也無 師不答 曰怎麼卽含生不來也 師亦不答 曰直得純淸絶點
時如何 師曰 猶是眞常流注 曰如何是眞常流注 師曰 如鏡長明. 曰向上更有事否 師曰有
曰如何是向上事 師曰 打破鏡來相見)."

대승기신론직해 권하大乘起信論直解卷下

3) 염정상자染淨相資

復次有四種法熏習義故로 染法淨法이 起不斷絶하나니 云何爲四오
一者는 淨法이니 名爲眞如요 二者는 一切染因이니 名爲無明이요
三者는 妄心이니 名爲業識이요 四者는 妄境界이니 所謂六塵이니라

다음에 네 가지 법이 훈습하는 뜻이 있기 때문에 염법과 정법이
일어나 끊어지지 않으니 무엇이 네 가지인가? 첫째는 정법淨法이니
이름이 진여眞如요, 둘째는 일체의 염인染因이니 이름이 무명無明이
며, 셋째는 망심妄心이니 이름이 업식業識이요, 넷째는 망령된 경계
妄境界이니 이른바 육진六塵이다.

上標四種名 下顯熏習義-

위에서 네 가지 이름을 표시하고 아래에서 훈습의 뜻을 나타낸다.

❀

熏習義者는 如世間衣服이 實無於香이로되 若人이 以香而熏習故로
則有香氣인달하야 此亦如是하야 眞如淨法엔 實無於染이로되 但以
無明而熏習故로 則有染相이며 無明染法엔 實無淨業이로되 但以眞
如而熏習故로 則有淨用이니라

훈습의 뜻이란 것은 마치 세간의 의복이 실제로는 향기가 없는

196

것이지만 만약 사람이 향으로써 훈습하기 때문에 곧 향기가 배어 있는 것과도 같다. 이것도 또한 이와 같아서 진여 정법淨法에는 실로 염법染法이 없는 것이지만, 다만 무명으로써 훈습하기 때문에 곧 염법의 모양(染相)이 있게 된다. 무명의 염법에도 실로 정업淨業이 없는 것이지만, 다만 진여로써 훈습하기 때문에 곧 깨끗한 작용이 있게 된다.

【직해】 上顯染淨生滅生一切法 此明染淨相熏 以顯一切淨法起不斷絶也 前云阿黎耶識能攝一切法生一切法 上文但顯染淨生滅之相 乃一往所示 未明聖凡因果相續不斷之義 故此特云眞妄互相熏習 以致因果相續長劫不斷也

위에서는 '염정染淨 생멸이 일체법을 낸다'고 하였다. 여기서는 염법과 정법이 서로 훈습함을 밝혀 모든 정법淨法이 일어나 끊어지지 않음을 나타낸 것이다. 앞에서 '아려야식이 능히 일체법을 거두어들이기도 하고 일체법을 내기도 한다'고 했는데, 위 문장에서는 단지 염정 생멸의 모양을 한 번 드러냈을 뿐이고 성인과 범부의 인과因果가 이어져 끊어짐이 없음의 뜻을 밝히지 않았다. 여기에서 특히 말하는 것은 진여와 망심妄心이 서로서로 훈습하여 인과因果 상속相續을 이루어 오랜 겁 동안 이어져 끊어지지 않는 과정이다.

先列眞妄心境四名 次喩明熏義 法合眞妄互爲因緣

먼저 앞에서 진여·무명·망심·망경妄境의 네 가지 이름을 열거했고, 이어서 비유를 들어 훈습의 뜻을 밝혔다. 의복과 향기의 비유에서와 같이 진여와 망심이 서로서로 의지하며 인因과 연緣이 된다.

經云如來藏爲惡習所熏故 眞如爲因 被無明緣所熏故 變成阿賴耶識
中見相心境 又黎耶爲因 境界爲緣 返熏心體 成六塵染相 由此故有生
死流轉不斷 若以眞如熏無明 滅諸染因 則有淨用 成四十二位進修
以取菩提涅槃常住之果 此不思議熏變之大矣哉 故此特示之

『능가경』[119]에서는 "여래장이 악한 습기習氣에 훈습된다."고 하였다.
진여가 인因이 되고 무명이 연緣이 되어 훈습을 입으므로 전변轉變하여
아뢰야식이 이루어지고, 이 식 가운데 견분(見分, 能見相)과 상분(相分,
境界相)이라는 마음과 경계가 일어난다. 또한 아뢰야식이 인因이 되고

---

119 『능가경』(楞伽阿跋多羅寶經) 권제4에 다음과 같이 나온다. "여래장은 선善과
불선不善의 인因이니 능히 두루 모든 중생취衆生趣를 만들어낸다. 이는 마치
광대가 변화하여 모든 중생취를 나타내는 것과 같아 '나(我)'와 '내 것'을 여의지만
그것을 깨닫지 못하기 때문에 세 가지 연緣이 화합하여 생긴 것이다. 외도는
이를 깨닫지 못하고 짓는 이(作者)라고 계착한다. 무시로부터 허위인 악한
습기에 훈습된 것을 식장識藏이라고 한다. 무명주지를 낳고 칠식七識과 함께하여
마치 바다의 물결같이 몸이 항상 생기어 끊이지 않는다(如來之藏是善不善因
能遍興造一切趣生 譬如伎兒變現諸趣離我我所 不覺彼故 三緣和合方便而生 外道不覺
計著作者 爲無始虛僞惡習所熏 名爲識藏 生無明住地與七識俱 如海浪身常生不斷)."
※『성유식론』에 "생사가 계속 이어지는 것은 모든 습기 때문이다."라고 하였다.
이 습기는 세 가지가 있다. ①명언名言습기: 뜻을 나타내는 언어에 의하여
훈습된 종자로 유위법의 각기 다른 인연이 된다. ②아집我執습기: 허망하게
나와 나의 소유를 집착하는 종자를 말한다. 구생아집과 분별아집으로 중생들로
하여금 자타의 차별이 있게 한다. ③유지有支습기: 삼계의 이숙과로 불러오는
업종자이며, 선악취善惡趣의 차별이 있게 한다.

경계가 연緣이 되어 도리어 마음 자체를 훈습하여 육진六塵의 염상染相을 이루게 된다.[120] 이로 말미암아 생사가 생겨나 흘러 다님이 끊이지 않는다. 만일 (이와 반대로) 진여로 무명을 훈습하여 여러 염법의 인因이 사라진다면 진여의 깨끗한 작용(淨用)이 일어난다. 그리하여 보살의 42계위를 이루게 되고, 수행하여 닦아 나아가면 보리 열반이라는 항상 머무는 불과佛果를 얻게 된다. 이 부사의한 훈습熏習과 전변轉變이야말로 위대하다고 하겠다. 여기에서 특히 이 점을 보였다.

下先明染熏 以在生滅門中 故先明無明熏眞如

다음에서는 먼저 염법染法의 훈습이 생멸문 가운데 있음을 밝힌다.

---

120 아뢰야식이 인이 되고 경계가 연이 되어 염상을 이르는 과정이 『능가경』 권제1에 다음과 같이 나온다.

"부처님께서 대혜보살에게 말씀하셨다. '네 가지 인연 때문에 안식眼識이 일어난다. 무엇이 네 가지인가? ① 자기 마음이 나타내는 것(相分)을 받아들이는 줄 깨닫지 못하는 것(現識)과, ② 무시이래로 허위와 허물(過)로 생긴 색성色性의 습기로 인하여 헤아려 집착하는 것(무시의 망상 훈습의 인因)과, ③ 식의 성품(自類因)이 원래 그러한 것과, ④ 갖가지 색상色相을 보고 싶어 하는 것(명언훈습에 해당)이다. 대혜야, 이것을 네 가지 인연이라고 이름하며 물(種子識)이 흐르는 곳에서 장식(藏識, 곧 아뢰야식)이 전전하여 식(識, 7識)의 물결이 일어난다. 대혜야, 안식眼識이 그렇듯이 모든 감관들도 미진수와 같은 모공에 이르기까지 동시에 생기니, 차례대로 경계가 생기는 것도 이와 같다. 마치 맑은 거울에 여러 색상이 나타나는 것과 같다. 대혜야, 마치 큰 바다에 맹렬한 바람이 부는 것과 같으니, 바깥 경계의 바람이 마음 바다에 불어 식의 파도가 끊이지 않는다.' (爾時世尊告 大慧菩薩言 四因緣故眼識轉 何等爲四 謂自心現攝受不覺 無始虛僞過色習氣計著 識性自性欲見種種色相 大慧 是名四種因緣 水流處藏識轉識浪生 大慧 如眼識一切諸根微塵毛孔俱生 隨次境界生亦復如是 譬如明鏡現衆色像)."

먼저 무명이 진여를 훈습하는 과정을 밝힌다.

❀

云何熏習하야 **起染法不斷**고

어떻게 훈습하여 염법染法을 일으켜 끊어지지 않는가?

【직해】 此徵明 熏習約有二義 一習熏 二資熏 謂根本無明熏眞如爲習
熏 業識返熏無明增其不了爲資熏 又現行心境及諸惑相資 亦名資熏

여기서 그 까닭을 따져서 밝힌다. 훈습에는 두 가지가 있다. 첫째는
습훈習熏이고, 둘째는 자훈資熏이다. 말하자면 근본무명이 진여를
훈습하는 것이 습훈이며, 업식이 도리어 근본무명을 훈습하여 그
알지 못함(迷惑)을 더하는 것이 자훈이다. 또 지금 나타난 망심, 망경妄
境, 그리고 여러 혹惑이 서로서로 돕는 것도 또한 자훈이라 한다.

❀

所謂以依眞如法故로 有於無明이어든 以有無明染法因故로 卽熏
習眞如하나니 以熏習故로 則有妄心이요 以有妄心이 卽熏習無明하
야 不了眞如法故로 不覺念起하야 現妄境界요 以有妄境界染法緣
故로 卽熏習妄心하야 令其念著하야 造種種業하야 受於一切身心等
苦하나니라

이른바 진여의 법을 의지하기 때문에 무명이 있고,[121] 무명염법無明
染法에 인因이 있기 때문에 곧 진여를 훈습하며,[122] 훈습하기 때문에

---

121 此言無明依眞而起. 무명이 진여를 의지하여 일어난다.(감산원주)

곧 망심妄心이 있게 된다. 망심이 있어 곧 무명을 훈습하여[123] 진여의
법을 잘 알지 못하기 때문에 불각不覺에 생각이 일어나서[124] 망령된
경계를 나타낸다.[125] 망령된 경계에 염법의 연緣이 있기 때문에 곧
망심을 훈습해서[126] 그로 하여금 '생각(念 곧 智相, 相續相)에 '집착(著
곧 執取相, 計名字相)해서 갖가지 업을 지어서 일체의 몸과 마음 등의
고통을 받게 된다.

【직해】 此通顯無明爲緣 熏習眞如 變起三細 六麤生死染法不斷也 言

---

122 是以眞如爲因 無明爲緣 故卽返熏眞如. 진여가 인이 되고 무명이 연이 되어
(무명의 습기가) 진여를 도리어 훈습함이라.(감산원주)

123 此無明熏眞如變爲阿賴耶識 有於無明 故今顯無明有力 熏眞如成業識 故此無明
卽依業識 故此業識 卽熏習無明 增其不了 故云. 이 무명이 진여를 훈습하여
아뢰야식으로 변하게 된다. 근본무명이 있기 때문에 지금 무명의 습기 세력이
진여를 훈습하여 업식심을 이룸을 나타냈다. 이 무명이 업식을 의지하는 까닭에
이 업식이 곧 무명을 훈습하여 (일심진여를) 알지 못함을 더하게 한다. 그래서
이르기를 ….(감산원주)

124 眞如本自無念 以無明又熏習眞如 增其不了 故不覺起念 此當轉相. 진여는 본래
스스로 생각(念)이 없으나 무명으로 진여를 훈습하여 그 알지 못함을 증장해서,
깨닫지 못함에 망념(念)이 일어나니 이는 전상轉相에 해당함이라.

125 此當現相. 이는 현상現相에 해당함이라.(감산원주)

126 初以熏眞如成業識 卽以業識返熏無明 令其增長 是則無明業識 和合爲一 故此爲
因 起轉現二相 故有境界 卽此境界返熏業識 生起六麤 故云境界爲緣長六麤也.
처음에는 무명이 진여를 훈습하여 업식을 이루고 곧 이 업식이 도리어 무명을
훈습하여 무명이 더욱 증장하게 한다. 이렇게 무명과 업식이 화합하여 하나가
된다. 그래서 이것이 인因이 되고 전상과 현상을 일으켜 경계가 있게 된다.
이 경계가 도리어 업식을 훈습해서 육추六麤를 일으킨다. 그래서 말하기를
'경계가 연이 되어 육추를 자라나게 한다'고 한 것이다.(감산원주)

無明者卽不了眞如法一故 忽然念起 故名無明 經云 此無明者非實有
體 依眞而起 卽此一念熏習之力 障蔽本明故 失彼眞明 故變眞如而爲
業識 故云妄心 此起處難知 最極微細 故唯佛能了

여기서는 무명이 연緣이 되어 진여를 훈습하고 변하여 삼세三細와
육추六麤가 일어나 생사염법染法이 끊이지 않음을 총체적으로 나타낸
것이다. '무명'이라는 것은 진여법이 하나임을 알지 못하는 까닭에,
'홀연히 망념을 일으키는 까닭에 무명이라' 한다. 『원각경』[127]에서는
"이 무명은 실다운 자체가 있는 것이 아니다."라고 하였다. 무명이
진여에 의지해 일어나고 곧 이 한 생각(一念)이 훈습의 힘으로 진여의
본래 밝음이 가려지기 때문이다. 그 참된 본래 밝음을 잃으므로 진여가
변해 업식이 된다. 이것을 '망심妄心'이라 하였다. 이것이 일어나는
곳은 극히 미세하여 알기 어려우므로 '오직 부처님이라야 능히 알
수 있다.'

大槪以一念而爲生因也 眞如被熏 旣變爲業識 則此無明一念 卽爲依
止 而業識返熏無明 增其不了 故成轉現而三細炳然 心境因斯而立矣

대개 이 한 생각이 생인生因이 된 것이다. 진여가 훈습을 받아 업식으로
변하면 곧 이 무명의 한 생각에 곧 업식이 의지한다. 또한 업식이
도리어 무명을 훈습하여 그 '알지 못함'을 증장하므로 전상轉相과 현상

---

127 『원각경圓覺經』에 다음과 같이 나온다. "이 무명은 실다운 자체가 있는 것이
아니다. 마치 꿈꾸는 사람이 꿈속에서 없는 것이 아니지만 꿈을 깨고 나면
없는 것과 같다(此無明者 非實有體 如夢中人夢時 非無及至於醒了無所得)."

現相이 이루어지고, 삼세三細가 분명하게 나타나 이로 말미암아 마음과 경계가 상대하여 세워진다.

故云不覺念起現妄境界也 卽以境界資熏心海 起前七波浪而成六麤 以至造業受苦 故生死不斷 實由於此耳 六麤初二爲念 次二爲著

그 때문에 '불각不覺에 생각(念)이 일어나고 망령된 경계가 나타난다'고 한 것이다. 곧 경계가 마음의 바다를 자훈資熏하여 전칠식前七識의 파랑이 일어나 육추六麤를 이루며, 갖가지 업業을 짓고 고苦를 받게 된다. 따라서 생사가 끊어지지 않는 것은 실로 이것으로 말미암기 때문이다. 육추 가운데 처음 둘인 지상智相과 상속상相續相은 생각(念) 이고, 다음 두 가지 집취상執取相과 계명자상計名字相은 집착(著)이다.

上總明由無明熏眞如變起三細六麤 下別明由一境界資熏妄心 成六 麤相 故生死不斷

위에서는 무명이 진여를 훈습함으로 말미암아 진여가 변하여 삼세三細 와 육추六麤가 일어남을 총체적으로 밝혔다. 아래에서는 하나의 경계 가 망심妄心을 자훈資熏함으로 말미암아 육추의 모양을 이루므로 생사 가 끊어지지 않음을 따로 밝힌다.

❖

此妄境界熏習義가 則有二種하니 云何爲二오 一者는 增長念熏習 이요 二者는 增長取熏習이니라

이 망령된 경계 훈습의 뜻에 곧 두 가지가 있으니, 무엇이 두 가지인가? 첫째는 증장념훈습增長念熏習이요, 둘째는 증장취훈습增長取熏習이다.

【직해】上明無明熏業識 故現境界 此卽以境界資熏業識 令其增長六麤中前四相也 一增長念者卽業識無明 今以境界資熏之力 增長意識中智相相續 法執分別念也 二增長取者卽增長事識中執取計名字相人我見愛煩惱也

위에서는 무명이 업식을 훈습하여 허망한 경계가 나타났음을 밝혔다. 여기서는 경계가 업식을 자훈資熏하여 육추六麤 가운데 앞의 네 가지를 증장시키는 것이다. 첫째, '증장념훈습'이란 곧 업식 무명이 이제 경계의 자훈의 힘으로 인하여 의식 가운데 지상과 상속상을 증장시키니 법집분별념法執分別念인 것이다. 둘째, '증장취훈습'은 분별사식 가운데 집취상과 계명자상을 증장시키니, 곧 인아人我의 견일처주지견一處住地와 삼애三愛번뇌인 것이다.

❀

妄心熏習義가 有二種하니 云何爲二오 一者는 業識根本熏習이니 能受阿羅漢과 辟支佛과 一切菩薩의 生滅苦故요 二者는 增長分別事識熏習이니 能受凡夫의 業繫苦故요

망심의 훈습의 뜻에는 두 가지가 있으니, 무엇이 두 가지인가? 첫째는 업식근본훈습業識根本熏習이니 아라한과 벽지불과 일체 보살이 능히 생멸고生滅苦를 받기 때문이다. 둘째는 증장분별사식훈

習增長分別事識熏習이니 능히 범부가 업에 얽매이는 고를 받기 때문이다.

【직해】 此明妄心資熏無明 致二種生死之苦也 一者業識資熏根本無明 不能離念 所執法相不忘 故令三乘人受變易生死之苦 二者由增長分別事識資熏見愛無明 不了境界不實 則分別執取 起惑造業 故令凡夫 受分段麤生死苦

여기에서는 망심妄心이 무명을 자훈資熏하여 두 가지 생사의 고통을 초래함을 밝힌 것이다. 첫째는 업식이 근본무명을 자훈하여 생각(妄念)을 여의지 못해 집執하는 바 법상法相을 잊지 않으므로 성문·연각·보살의 삼승인이 변역생사變易生死의 괴로움을 받게 한다. 둘째는 분별사식이 증장되어 견애무명見愛無明을 자훈하고, 경계가 여실하지 않음을 알지 못함으로 말미암아, 분별하고(智相, 相續相) 집취하여(執取相, 計名字相) 견사이혹見思二惑을 일으키고 업을 짓게 된다(起業相). 이에 따라 범부는 분단생사分段生死라는 거친 괴로움을 받게 된다.

❖

無明熏習義가 有二種하니 云何爲二오 一者는 根本熏習이니 以能成就業識義故요 二者는 所起見愛熏習이니 以能成就分別事識義故니라

무명훈습의 뜻에 두 가지가 있으니, 무엇이 두 가지인가? 첫째는 근본훈습이니 능히 업식業識을 성취하는 뜻이기 때문이요, 둘째는 일으키는 바 견애見愛의 훈습이니 능히 분별사식分別事識을 성취하

는 뜻이기 때문이다.

【직해】前無明熏眞如 故有妄心等 乃約無明依眞而起 以成三細六麤
總相而言 此無明熏習眞如成業識 蓋約所成差別也 以此業識該五意
故 謂根本無明熏眞如成五意 所起見愛乃枝末無明熏妄心 成分別事
識 以前云境界熏妄心 成六麤中念著 此說無明熏眞如 故不同耳

앞에서는 '무명이 진여를 훈습하므로 망심 등이 생긴다'고 했다. 무명이
진여를 훈습해 일어나서 삼세와 육추의 총제적인 모양을 이룬다는
것을 요약해서 말하였다. 이 무명이 진여를 훈습하여 업식을 이룰
때, 이루어진 업식의 차별에 대하여 말한 것이다. 이 업식에는 오의五意
가 갖추어져 있다. 말하자면 근본무명이 진여를 훈습하여 오의가
이루어진다. 일으킨 바 견애見愛번뇌는 지말무명枝末無明인데 망심妄
心을 훈습하여 분별사식分別事識을 이룬다. 앞에서는 경계가 망심을
훈습하여 이룬 육추 가운데 분별망념(妄念: 智相, 相續相)과 집착(執著:
執取相, 計名字相)을 말했고, 여기서는 무명이 진여를 훈습한다고 했으
므로 각각 같지 않다.

前染熏 下淨熏

여기까지 염법훈습을 말했고, 다음은 정법훈습을 밝힌다.

云何熏習하야 起淨法不斷고 所謂以有眞如法故로 能熏習無明하나
니 以熏習因緣力故로 則令妄心으로 厭生死苦하야 樂求涅槃이요 以

206

此妄心이 有厭求因緣故로 卽熏習眞如하야

어떻게 훈습하여 정법淨法을 일으켜 끊어지지 않게 않는가? 이른바
진여법이 있기 때문에 능히 무명을 훈습한다. 훈습하는 인因과
연緣의 힘으로써 곧 망심이 생사고生死苦를 싫어하여 열반을 즐겨
구하게 하고, 이 망심이 싫어하고 구하는 인연이 있음으로써 곧
진여를 훈습한다.

【직해】此明眞如內熏無明 發心修行 令成淨業 此本熏也 卽此淨因反
熏眞如 增其勢力 此新熏也

여기서는 진여가 무명을 안에서 훈습(內熏)하면 발심 수행하여 정법淨
法의 업을 이루도록 한다고 밝힌다. 이는 본래의 훈습(本熏)이다.
즉 이 정법淨法의 인因이 도리어 진여를 훈습하여 그 세력을 증장하니
이는 '새로운 훈습(新熏)'인 것이다.

❀

自信已性하야 知心妄動이라 無前境界하야 修遠離法이요 以如實知
無前境界故로 種種方便으로 起隨順行하야 不取不念하며 乃至久遠
熏習力故로 無明이 則滅하며 以無明이 滅故로 心無有起요 以無起
故로 境界隨滅하야 以因緣이 俱滅故로 心相皆盡이니 名得涅槃하야
成自然業이니라

스스로 자기의 성품을 믿어[128] 마음이 망령되게 움직여도 앞의 경계

---

128 當十信. 십신에 해당한다.(감산원주)

가 없음[129]을 알아서 멀리 여의는 법(遠離法)[130]을 닦는다. 여실히 앞에 경계가 없는 줄 알기 때문에[131] 갖가지 방편으로[132] 수순행隨順行을 일으켜서 취取하지도 않고 생각(念)하지도 않으며, 내지 영원히[133] 훈습하는 힘으로써[134] 무명이 곧 없어진다.[135] 무명이 없어짐으로써 마음이 일어남이 없고[136] 일어남이 없음으로써 경계가 따라 없어지고[137] 인因과 연緣이 다함께 없어짐으로써 마음의 모양(心相)이 모두 다 없어지게 되니, 이를 열반을 얻어서 자연업自然業을 이룬다고 한다.

【직해】此明淨熏因果斷滅次第也 因行中知心妄動 解也 修遠離 行也 依解成行 修唯識尋伺等比觀如實知 則登地 見如實理種種者十地位中廣修萬行 不取者所取無相 不念者能念不生 久遠者謂經三祇熏修也

여기서는 정법훈습 과정에서 인행因行의 과果로, 혹을 끊어 없애는

208

수행의 차례를 밝히고 있다. 수행하는 인행 가운데 '마음이 망령되게 움직임(妄動)'을 아는 것이 수행 계위 가운데 십해十解이고, '멀리 여의 는 법을 닦는 것'은 십행十行이다. 십해를 의지하여 십행을 성취한다. 유식의 심사尋伺[138] 등 비관比觀을 닦아 진여를 여실하게 안다면 곧 보살 초지初地에 오르게 된다. '여실히 앞에 경계가 없는 것을 아는 까닭에 갖가지 방편으로 수순한다'는 것은 보살 십지에 올라 널리 만행을 닦는다는 뜻이다. '취하지 않는다(不取)'는 것은 취하는 바(所取)가 대상이 없다는 것이고, '생각하지 않는다(不念)'는 것은 생각하는 주체가 생겨남이 없다는 뜻이다. '영원(久遠)'이란 삼아승기겁 동안 훈습하는 수행을 말하는 것이다.

---

138 유식관唯識觀의 심사방편尋思方便: 심사尋思란 대상을 찾아 구하고(尋求) 생각해서 살핀다(思察)는 뜻이다. 유식종의 제2가행위加行位에서 닦는 관법觀法으로 ① 명심사(名尋思: 이름에 대하여 다만 이름뿐이라고 보는 것), ② 의심사(義尋思: 일에 대하여 다만 일뿐임을 보는 것), ③ 자성가립심사(自性假立尋思: 일에 대하여 다만 일뿐임을 보는 것), ④ 차별가립심사(差別假立尋思: 모든 보살이 차별을 가정으로 세움에 대하여 다만 차별의 가정으로 보는 것)를 말한다. 명名이란 능전能詮의 명언名言이며, 의義란 소전所詮의 의리義理이다. 그 명名과 의義에 각각 자성自性과 차별差別이 있으니 자성이란 색심色心 등 제법의 체성體性이며, 차별이란 그 체성 위에 갖춘 무상無常·고苦 등의 각별各別의 의義를 말한다. 범부는 이 사법상四法上에 여러 가지로 집취執取해서 실로 색色·성聲·미味 등의 법이 있다고 말한다. 보살은 이 지위에서 심사여실尋思如實의 관관觀을 닦아 이 네 가지가 공무空無하다고 요지了知한다. 이것을 사심사四尋思·사여실四如實의 관觀이라 한다. 이 명名·의義·자성·차별 등 네 가지 법이 거짓으로 있는 것이고 실제로 없으나 아직 결정적인 지혜가 생기지 못하므로 심구尋求하고 사찰思察하는 것이다.(『唯識綱要』)

果中根本無明卽業轉二識 故云心無有起 以無此二染爲能熏故 境界
隨滅 因卽無明 緣卽妄界 心相卽六染 以無明滅 則前三不相應染盡
境界滅 則後三相應染盡 一切心相不出六染 故云皆盡 翻前妄心妄境
故得涅槃 以六染皆煩惱礙故 翻前無明 成自然業 以無明爲智礙故

과果 가운데 근본무명이 곧 업식業識과 전식轉識이므로 '무명이 없어지
면 마음에 일어남이 없다'고 하였다. 이 두 가지 염법인 능훈能熏이
없으므로 '경계가 따라 없어진다.' 인因은 무명이고 연緣은 망령된
경계이니, 마음의 모양(心相)은 곧 여섯 가지 염법이 된다. 무명이
사라지면 앞의 세 가지 불상응염不相應染이 모두 없어지고, 경계가
사라지면 뒤의 세 가지 상응염相應染이 모두 없어진다. 모든 마음의
모양은 이 여섯 가지 염법에 불과하므로 '모두 다 없어진다'고 하였다.
망심妄心과 망경妄境이 뒤바뀌어 열반을 얻게 되는데, 여섯 가지 염법
은 모두 번뇌애煩惱礙(즉 번뇌장)이기 때문이다. 무명을 뒤바뀌어 자연
업을 이루는데, 근본무명이 지애智礙(즉 소지장)이기 때문이다.

上通明還淨因果 下別明觀行之人

이상은 통틀어 염법에서 정법으로 돌아가는 인과를 밝혔고, 다음에서
는 관행하는 사람을 따로 밝힌다.

❀

妄心熏習義이 有二種하니 云何爲二오 一者는 分別事識熏習이니
依諸凡夫와 二乘人等이 厭生死苦하야 隨力所能하야 以漸趣向無
上道故요 二者는 意熏習이니 謂諸菩薩이 發心勇猛하야 速趣涅槃故

210

니라

망심훈습의 뜻이 두 가지가 있으니, 무엇이 두 가지인가? 첫째는
분별사식훈습分別事識熏習이니, 모든 범부와 이승인二乘人 등이 생
사고生死苦를 싫어하여 힘닿는 만큼 점수漸修하여 무상도無上道에
취향趣向하기 때문이다. 둘째는 의훈습意熏習이니, 말하자면 모든
보살들이 용맹스럽게 발심해서 속히 열반에 나아가기 때문이다.

【직해】 此別釋眞如所熏妄心 麤細還淨 約人以彰頓漸也

여기서는 진여가 훈습한 망심이 정법淨法으로 돌아오는 데 거침 혹은
미세함으로 나누어 풀이하면서 수행인에 따라서 빠르고 더딘 돈점頓漸
을 나타낸 것이다.

問曰 妄心熏習應成染法 何以云成返流淨行? 且論標妄心熏習 而釋
云眞熏者何耶? 答曰 此意最微 古今解者 但約觀行 至於妄心熏習之
意 竟未發明 故未見作者之妙耳 以此章明標眞如熏習 而此云妄心者
以前云以有眞如法故 能熏習無明 則令妄心厭生死苦 樂求涅槃 但明
內以眞如爲因 乃本熏也

문: 망심妄心의 훈습은 당연히 염법을 이루어야 되는데 어찌하여 염법
의 흐름을 돌이켜서 정법의 행을 이룬다고 말하는가? 또한 망심의
훈습이라고 표시하면서 진여 정법으로 돌아오는 훈습을 말한 것은
무슨 연유인가?
답: 여기에 담긴 뜻은 지극히 미묘하여 예부터 지금까지 주석한 사람들

이 단지 관행觀行으로만 따르고 망심의 훈습에 담긴 뜻은 끝까지 밝히지
못했으므로 지은 이의 미묘한 의미를 보지 못했다. 이 글은 진여의
훈습이라고 표해서 밝히고 있다. 여기서 '망심'이라고 말한 것은 앞
단락에서 '진여법이 있기 때문에 능히 무명을 훈습하므로, 망심으로
하여금 생사의 고통을 싫어하고 열반을 즐겨 구하게 한다'고 하였다.
다만 안에서 진여가 인因이 되니 곧 본래의 훈습(本熏)을 밝힌 것이다.

次云妄心有厭求因緣故 卽熏習眞如 乃新熏也 卽是觀行 以前云眞如
所熏妄心 通該五意 自有淺深 上但通說始終因果 然尙未及分別頓漸

그 다음 구절에서는 '망심이 고통을 싫어하고 열반을 즐겨 구하는
인연이 있는 까닭에 곧 진여를 훈습한다'고 하였다. 이는 바로 '새로운
훈습(新熏)'인 것이다. 이는 곧 관행觀行에 해당된다. 앞에서 말한
진여가 훈습한 망심이란 다섯 가지 의(五意)가 통틀어 갖추어져 스스로
얕고 깊은 차이가 있다. 이와 같이 앞에서는 인과의 처음과 끝을
통틀어 말했으나 아직 돈점의 차이를 분별하는 곳에 이르지 않았다.

今以受熏之妄心返熏眞如 則此能熏妄心 自有麤細二義 以明頓漸差
別 若因受熏之事識發心者 故成二乘之機 若因受熏五意發心者 則成
三賢十聖之機 然標妄心 乃已受眞如熏之妄心 今起觀行 返熏眞如
殆非無明所熏之妄心也 微哉

이제 진여 정법의 훈습을 받는 망심이 도리어 진여를 훈습하는데,
훈습하는 주체(能熏)인 이 망심에는 스스로 삼세와 육추의 두 가지가

212

있게 되어 돈점의 차별을 밝힌다. 만일 훈습을 받은 분별사식으로 인해 발심한 경우에는 이승二乘의 기틀을 이루고, 또 오의五意가 훈습을 입어 발심한 경우에는 삼현三賢과 십지보살(十聖)의 기틀을 이룬다. 여기에서 '망심의 훈습'이라 표한 것은 이미 진여의 훈습을 받은 망심을 가리키기 때문이다. 이제 관행을 일으켜 도리어 진여를 훈습하게 되는데, 이는 무명의 훈습을 받은 망심이 아닌 것이다. 미묘하구나!

上明妄心熏眞如麤細不同 下明眞如熏無明體用不同

위에서는 망심이 진여를 훈습할 때 삼세와 육추가 동일하지 않음을 밝혔다. 다음에서는 진여가 무명을 훈습할 때 체體와 용用이 같지 않음을 밝힌다.

❀

眞如熏習義가 有二種하니 云何爲二오 一者는 自體相熏習이요 二者는 用熏習이니라 自體相熏習者는 從無始世來로 具無漏法하야 備有不思議業하야 作境界之性하나니 依此二義하야 恒常熏習하야 以有力故로 能令衆生으로 厭生死苦하고 樂求涅槃하야 自信己身에 有眞如法하야 發心修行하나니라

진여훈습의 뜻이 두 가지가 있으니, 무엇이 두 가지인가? 첫째는 자체상훈습自體相熏習이요, 둘째는 용훈습用熏習이다. 자체상훈습이란 것은 시작이 없는 때로부터 무루법을 갖추며 부사의한 업을 갖추고 있어 경계의 성품을 짓는다. 이 두 가지 뜻에 의지하여 항상 훈습하여 힘이 있기 때문에 능히 중생으로 하여금 생사고生死苦

를 싫어하고 즐거이 열반을 구해서 스스로 자기의 몸에 진여의
법이 있는 줄 믿어서 발심하여 수행한다.

【직해】此明眞如內外熏習有體用二義也 言體者 卽衆生無始以來所具
無漏法性 乃本有之正因佛性 此本體也 而言相者此卽體之相 乃所具
無漏功德之相 卽所謂恒沙稱性功德也 言備有等者 謂此體相 備有不
思議之業用 在外能與一切無情作境界之性 名爲法性 故法法皆眞 乃
外境也

여기서는 진여가 안팎으로 훈습함에 있어서 체體와 용用 두 가지 뜻이
있음을 밝히고 있다. '체體'란 곧 중생이 시작 없는 때로부터 갖춘
무루無漏의 법성을 가리키니, 이는 중생이 본래 있는 정인불성正因佛性
으로 곧 이 본체를 말한 것이다. '상相'이란 진여 자체를 바탕으로
한 모양(卽體之相)으로 자체에 갖추어진 무루의 공덕상功德相이다.
이른바 항하사와 같이 많은 성품 공덕인 것이다. '부사의한 업을 갖추고
있다'는 말은 이러한 체體와 상相에 부사의한 업의 작용을 갖추고
있어서 밖으로는 모든 무정無情과 더불어 경계의 성품을 짓는다. 이를
법성法性이라 하므로 하나하나 법마다 모두 진여 법성이다. 이는 곧
바깥 경계(外境)인 것이다.

內爲卽體之智 作所觀之境 卽地上作有相無相觀 乃內境也 以具有體
相不思議作用恒常熏習之力 故能令衆生發心 厭生死樂涅槃 知眞本
有 不假外求 故發心修行耳 意謂若不仗此本有眞如之力 則衆生永無
發心之時也

또 안으로는 체體를 바탕한 지혜(卽體之智)가 되고 보이는 대상 경계를 짓는다. 곧 지상地上보살에 있어서 유상관有相觀과 무상관無相觀을 일으키는데, 이는 곧 안의 경계(內境)이다. 이와 같이 진여의 체體와 상相에는 부사의한 작용과 항상 훈습하는 세력을 갖추고 있으므로, 중생으로 하여금 발심하도록 하여 생사를 싫어하고 열반을 즐겨 구하도록 한다. 진여가 본래 자신에게 있음을 알아서 밖으로 치달려 구할 필요가 없는 까닭에 발심 수행할 뿐이다. 말하고자 함은 만일 누구에게나 본래 갖추어진 진여의 힘을 의지하지 않는다면 중생은 영원토록 발심할 때가 없을 것이다.

✿

問曰 若如是義者인댄 **一切衆生**이 **悉有眞如**일새 **等皆熏習**이어늘 **云何有信無信**하야 **無量前後差別**이니잇고 **皆應一時**에 **自知有眞如法**하고 **勤修方便**하야 **等入涅槃**이니이다

물어 이르되 "만약 이와 같은 뜻이라면 일체의 중생들이 모두 진여가 있어서 똑같이 모두 훈습하여야 할 터인데, 어찌하여 믿음이 있기도 하고 믿음이 없기도 하여 무량한 전후의 차별이 있는가? (이런 차별에도) 모두 마땅히 일시에 스스로 진여법이 있는 줄 알고 부지런히 방편을 닦아서 똑같이 열반에 들어야 할 것이다."

【직해】 此設問衆生等具眞如 發心修證不等也 然問意含有兩種差別之不等一疑謂衆生旣同稟眞如一性平等 如何有利鈍邪正信不信等無量差別之不等耶? 二疑謂衆生同仗眞如內熏發心 則當一時 同信同

修同證涅槃 如何有先後遲速無量差別之不等耶? 以差別居中 義該
上下 譯之巧耳

여기서 중생이 똑같이 진여를 갖추고 있는데 '왜 발심·수행·증득에
있어서 같지 않은가?' 하는 질문을 설정했다. 그러나 질문에는 두
가지 차별을 포함하고 있어 같지 않다. 첫째, 중생이 이미 똑같이
진여라는 한 성품을 평등하게 받아 지니고 있는데 어찌하여 영리하거
나 우둔하거나, 그릇되거나 바르거나, 믿거나 믿지 않는 등 한량없는
차별이 있는가? 둘째, 중생이 안에서 훈습하는 진여에 의해 발심한다
면 마땅히 일시에 똑같이 믿고 똑같이 수행하고 똑같이 열반을 증득해
야 할 텐데, 왜 먼저와 나중, 더디고 빠름의 무량 차별이 같지 않은가?
차별이란 구절이 문장 가운데 있어서 의미가 위와 아래에 연결되는데,
이는 번역자의 기교이다.

✿

答曰 眞如는 本一이로대 而有無量無邊無明이 從本已來로 自性이
差別하야 厚薄이 不同故로 過恒沙等上의 煩惱가 依無明起差別하며
我見愛染煩惱가 依無明起差別하나니라 如是一切煩惱가 依於無明
所起하야 前後無量差別이니 唯如來아 能知故니라

답하여 이르되 "진여는 본래 하나이지만 한량없고 가없는 무명이
본래로부터 자성이 차별해서 후박(厚薄: 두껍고 얇음)이 같지 않기
때문에 항하사와 같이 많은 번뇌가 무명을 의지하여 차별을 일으
키며, 아견我見·아애我愛에 물든 번뇌가 무명을 의지하여 차별을
일으킨다. 이와 같은 일체 번뇌가 무명을 의지하여 일어나기 때문

에 전후에 무량한 차별이 있으니 오직 여래만이 능히 아시기 때문이다."

【직해】此答意亦有兩種差別不等 一謂衆生固是同稟眞如一性 但以根本無明內熏厚薄不等 故機有利鈍邪正信不信等之差別也 二謂雖是一等無明內熏 其所熏成之煩惱麤細不等 故修證有遲速之差別耳

이 답한 뜻에서도 역시 두 가지 차별이 있어 같지 않다. 첫째, 중생은 원래 누구나 진여라는 동일한 성품을 받아 갖고 있지만 단지 근본무명이 안에서 훈습하여 두텁고 엷은 차이가 같지 않기 때문에 근기에 있어서 영리하거나 우둔하고, 그릇되거나 바르고, 혹은 믿거나 믿지 않는 등 차별이 있게 되는 것이다. 둘째, 비록 동일하게 무명이 안에서 훈습하기는 하지만 그 훈습으로 인해 생긴 번뇌는 삼세와 육추의 정도가 같지 않은 까닭에, 수행하여 증득함에 있어서도 더디고 빠름의 차별이 있게 된다.

恒沙上煩惱 所知障也 細而難斷 故取證遲 我見愛染煩惱障也 麤而易斷 故取證速 是則信與不信利鈍遲速差別乃無明惑染之過 非眞如之有差別也

'항하사와 같이 많은 번뇌'는 소지장所知障이다. 미세한 번뇌여서 끊기 어려운 까닭에 증득하는 것이 더디다. '아견我見·아애我愛에 물든 것'은 번뇌장煩惱障이다. 이것은 거칠어 끊기 쉬우므로 수행하면 증득하는 것이 빠르다. 따라서 믿고 믿지 못함, 근기의 영리하고 우둔함, 더디고 빠른 차별은 무명의 견사이혹見思二惑과 육염심으로 인한 허물이고, 진여에 차별이 있어서 그런 것은 아니다.

上約無明熏習不一 下約外緣不一

위에서는 무명의 훈습이 한 가지가 아님을 말했다. 다음에는 바깥 연(外緣)이 한 가지가 아님을 밝힌다.

❁

又諸佛法이 有因有緣하니 因緣이 具足하야아 乃得成辦하나니 如木中火性이 是火正因이나 若無人知하야 不假方便하면 能自燒木이 無有是處인달하야

또한 모든 불법에는 인因도 있고 연緣도 있어서 인연을 모두 잘 갖추어야 이룰 수 있다. 마치 나무 가운데에는 불에 탈 수 있는 성질(正因)이 있으나 만약 사람이 알지 못하여 방편을 빌리지 않으면 능히 스스로 나무가 불탄다는 것은 있을 수 없는 일과 같다.

【직해】此約緣具闕 明不一也 佛性有三 謂正因緣因了因 然眞如乃本具 正因佛性也 善知識助發緣因也 因緣具足 方得開悟了因也 如鑽木取火因緣 木中火喩正因 人力鑽取喩緣因 火出燒木喩斷證了因

여기서는 인과 연이 함께 갖추어짐과 그렇지 못함에 대하여 한 가지가 아님을 밝히고 있다. 불성에는 정인正因·연인緣因·요인了因 세 가지가 있다. 말하자면 진여는 본래 갖추어져 있으므로 정인불성인 것이다. 선지식[139]이 옆에서 발심하도록 도와주는 것이 곧 연인緣因이다. 두

가지 인因과 연緣이 함께 갖추어져야 비로소 깨달음을 얻게 되므로 이는 곧 요인了因이다. 나무를 비벼 불을 피우는 인연을 비유로 들어본다. 이때 나무의 타는 성질은 정인, 사람의 힘으로 나무를 부비는 행위는 연인, 불꽃이 피어올라 나무가 타는 것은 혹惑을 끊고 진여를 증득하는 요인에 비유된다.

❁

衆生도 亦爾하야 雖有正因熏習之力이라도 若不遇諸佛菩薩善知識 等하야 以之爲緣이면 能自斷煩惱코 入涅槃者이 則無是處하며 若雖 有外緣之力이라도 而內淨法이 未有熏習力者인댄 亦不能究竟에 厭 生死苦하야 樂求涅槃이어니와

중생들도 또한 그러해서 비록 바른 인(正因)으로 훈습하는 힘이 있더라도 만약 모든 불·보살과 선지식 등을 만나서 연緣이 되지 않으면 능히 스스로 번뇌를 끊고 열반에 드는 사람이 있을 수 없다. 만약 비록 외연의 힘이 있어도 안으로 정법을 훈습하는 힘이 없으면 이 사람도 또한 능히 구경에 생사고生死苦를 싫어해서 즐거이 열반을 구하지 못한다.

---

139 천태 지자의 『소지관』(修習止觀坐禪法要)에서는 선지식을 다음과 같이 말한다. "선지식에 셋이 있으니 첫째는 밖을 보호하여 주는 외호外護 선지식, 둘째는 함께 도를 닦으며 서로 발심을 권하여 마음에 흔들림이 없도록 소란케 하지 않는 동행同行 선지식, 셋째는 안팎의 모든 방편과 선정의 법문으로써 교시하고 이익과 희열을 주는 교수敎授 선지식이다. 네 가지 연이 모두 갖추어졌다고 하더라도 열어서 인도하는 것은 좋은 스승을 말미암는다."

【직해】衆生本具佛性 爲正因 佛菩薩善知識所說眞如 所流敎法 爲外緣 得此內外交熏 故斷惑證眞則易 若一有所缺 則不能厭生死苦 樂求涅槃

중생이 본래 갖춘 불성이 정인正因이고, 불·보살 혹은 선지식이 말씀하신 진여 교법敎法의 가르침이 외연外緣이 된다. 이들이 안팎으로 번갈아 훈습되므로 혹惑을 끊고 진여를 체득하기가 쉽다. 만약 어느 하나라도 결여된다면 중생들이 생사의 고통을 싫어하여 즐겨 열반을 구할 수 없다.

❀

若因緣이 具足者인댄 所謂自有熏習之力하고 又爲諸佛菩薩等의 慈悲願護故로 能起厭苦之心하야 信有涅槃하고 修習善根하며 以修善根成熟故로 則値諸佛菩薩의 示敎利喜하야 乃能進趣하야 向涅槃道하나니라

만약 인연을 잘 갖춘 사람이라면 이른바 스스로 훈습하는 힘이 있고, 또한 모든 부처님과 보살 등의 자비로 원호願護함을 받기 때문에 능히 고통을 싫어하는 마음을 일으킨다. 열반이 있음을 믿고 선근을 닦아 익히며, 선근을 닦아 성숙하기 때문에 곧 모든 부처님과 보살들의 개시開示·교회敎誨·대이익大利益·법희法喜를 만나서 능히 열반의 도에 나아갈 수 있다.

【직해】此明因緣具足故成就道果之易也 謂修行者 內仗眞如勝因熏習之力 外有諸佛菩薩勝緣助發之力 故令速趣涅槃耳 示敎利喜者 謂得

開示教誨利益歡喜 此助緣之勝也

여기에서 인연이 만족스럽게 갖추어져야 도과道果를 쉽게 성취함을 밝히고 있다. 말하자면 수행인이 안으로 진여라는 수승한 인因의 훈습력에 의지하고, 밖으로 불·보살의 수승한 연緣의 도움을 받고 힘을 낸다면 빨리 열반으로 나아갈 수 있다. 개시開示·교회教誨·대이익大利益·법희法喜라는 것은 부처님의 지견을 열어서 보여주고 가르침으로 깨닫게 해서 이익을 얻고 기쁜 마음을 내게 된다. 곧 바깥의 돕는 연(助緣)이 수승한 것이다.

上明自性之用 下明眞如之用

위에서는 자성의 훈습하는 작용(用)을 밝혔고, 아래에서는 진여의 작용(用)을 밝힌다.

❀

用熏習者는 卽是衆生의 外緣之力이라 如是外緣이 有無量義어니와 略說二種하리니 云何爲二오 一者는 差別緣이요 二者는 平等緣이니라

용用훈습이란 것은 곧 중생들의 외연外緣의 힘이다. 이와 같이 외연이 무량한 뜻이 있으나 간략히 설하자면 두 가지가 있다. 무엇이 두 가지인가? 첫째는 차별연差別緣이요, 둘째는 평등연平等緣이다.

【직해】 此二種緣 乃諸佛菩薩已證法身 自然而有不思議業用 隨衆生心感而應現 以悲願力 作種種身形事業 成就物機 以爲發心求道衆生

作外助緣 此法身之用 故爲眞如用也

이 두 가지 연緣은 곧 여러 부처님과 보살이 법신을 증득하면 자연히
부사의한 업의 작용이 있게 되는데, 중생의 마음에 따라 감응해 그
모양을 드러내게 된다. 자비원력(悲願力)으로써 여러 몸으로 현신하여
갖가지 일을 지어 중생의 근기에 맞게 성취하도록 한다. 이는 발심하여
구도하는 중생에게는 밖에서 도와주는 연(外緣)이 된다. 이는 법신의
작용이므로 진여의 작용인 것이다.

以衆生所具本覺心體 卽是諸佛平等法身 體同而用亦同故 衆生有發
心之用 故感諸佛成就之用也 言差別平等者 在能感之機發心不等 故
應有差別平等之不一 謂從事識發心者 則現隨類種種化身 爲差別緣
若從業識發心者 則現報身 而爲平等緣 隨其所感而應現也

중생이 갖추고 있는 본각의 마음 자체가 바로 모든 부처의 평등 법신으
로, 둘은 체體도 똑같고 작용(用)도 똑같다. 중생에게는 발심하는
마음이 작용하므로 여러 부처님이 성취시켜 주려는 그 마음의 작용에
감응하게 되는 것이다. '차별연과 평등연'이란 감응하는 근기와 발심
정도가 같지 않으므로 감응도 차별이 있어 한결같지 않다. 말하자면
분별사식으로 발심하는 사람이라면 부류에 따라 갖가지 화신化身이
나타나므로 차별연에 해당된다. 만약 업식을 좇아 발심한다면 보신報
身이 나타나므로 평등연이 된다. 이처럼 그 감응하는 바에 따라 각각에
맞게 나타나는 것이다.

❁

差別緣者는 此人이 依於諸佛菩薩等하야 從初發意하야 始求道時로 乃至得佛히 於中에 若見若念에 或爲眷屬父母諸親하며 或爲給使하고 或爲知友하며 或爲怨家하고 或起四攝하며

차별연이란 것은 이 사람이 모든 부처님과 보살 등을 의지하여 처음 뜻을 발해서 비로소 도를 구할 때로부터 불과佛果를 얻음에 이르기까지, 그 가운데 이렇듯 보거나 이렇듯 생각함에 혹 권속眷屬과 부모와 모든 친족들이 되며, 혹 급사給使가 되고, 혹 지우知友가 되며, 혹 원수의 집이 되고, 혹 사섭법四攝法을 일으키며,

【직해】 此略示差別緣相也 差別雖多 不出慈愛以攝之 居卑以事之 同類以益之 怨家以折之 四攝以攝之 五者而已 故若見其身 若念其德 以此五類而已

여기에서 차별연의 모양을 대략적으로 나타낸 것이다. 차별이 비록 여럿이지만 다음의 예를 벗어나지 않는다. 자애慈愛 등으로 포섭하고, 몸을 낮은 곳에 거처하여 그들을 받들고, 같은 부류가 되어 이롭게 하고, 원가怨家로 현신해 그 뜻을 꺾기도 하고, 사섭법으로 포섭하기도 한다. 이렇게 다섯 가지 예를 들었다. 따라서 만약 수행인이 부처님이나 보살의 몸을 보려 하거나 그 덕을 생각하면 이 다섯 가지의 형태로 부처님이나 보살은 그에게 현현하는 것이다.

乃至一切所作無量行緣으로 以起大悲熏習之力하야 能令衆生으로 增長善根하야 若見若聞에 得利益故니라

내지 일체 짓는 바의 무량한 행연行緣으로 대비훈습大悲熏習의 힘을 일으켜서 능히 중생으로 하여금 선근을 증장해서 이렇듯 보거나 이렇듯 들음에 이익을 얻게 하기 때문이다.

【직해】 此顯諸佛菩薩成就衆生作外緣者 無非出於無作大悲熏習之力 殆非有心而作也 此言化用之差別

여기에서는 여러 부처님과 보살이 중생의 원願을 성취하도록 하기 위해 외연外緣을 짓는 것이 아무런 지음이 없는 대비의 훈습의 힘에서 나오는 것이며, 결코 유심 분별로 짓는 것이 아님을 나타낸 것이다. 이것을 중생이 각각 감응하는 바에 따라 화신이 일으키는 작용의 차별이라고 한다.

此緣이 有二種하니 云何爲二오 一者는 近緣이니 速得度故요 二者는 遠緣이니 久遠得度故니라 是近遠二緣이 分別復有二種하니 云何爲 二오 一者는 增長行緣이요 二者는 受道緣이니라

이 연緣이 두 가지가 있으니, 무엇이 두 가지인가? 첫째는 근연近緣이니 속히 제도함을 얻기 때문이요, 둘째는 원연遠緣이니 오랜 시간이 지나서야 제도함을 얻기 때문이다. 이 근원近遠의 두 가지 연을

분별함에 다시 두 가지 있으니, 무엇이 두 가지인가? 첫째는 증장행연增長行緣이요, 둘째는 수도연受道緣이다.

【직해】 此明能化久近差別也 此二種緣 通始終因果 故云久近 如佛於大通智勝佛時爲弟子 下一乘緣種 今乃成熟 各得授記 此久緣也 如佛住世 靈山所化之機 見佛新發心者 爲近緣 又爲將來得度因緣 此通約時說

이것은 교화하는 데 있어서 연의 멀고 가까운 차별을 밝힌 것이다. 이 두 가지 연은 발심과 성불이라는 인과의 처음과 끝(始終因果)을 통하고 있으므로 먼 연과 가까운 연을 말했다. 예를 들면 석가모니 부처님은 대통지승불大通智勝佛이 세상에 계실 때 제자가 되어 일승一乘 연의 종자를 심어서 미래세에 수행이 성숙한 뒤 성불하리라는 수기를 받았으므로 이는 먼 연이다. 부처님이 세상에 계실 때 교화할 근기인 여러 중생들이 영산회상에서 직접 부처님을 뵙고 새로 발심한 것은 가까운 연이니 장래에 제도를 받을 인연이 된다. 이는 대체로 시기적인 측면에서 말한 것이다.

又經云 佛言 我今出世 開示一切衆生 令未信者信 已信者增長 此增長緣 又云各得生長 此受道緣也 若約位遠近 若二乘三賢增長者近 若十地佛果成就者遠 總約機說 可以意會

또 경전[140]에서 "부처님께서 말씀하시기를 '내가 이제 세상에 나아가

---

140 진역晋譯 『화엄경』(大方廣佛華嚴經) 권제13 「여래승도솔천궁일체보전품 제십구

모든 중생에게 부처의 지견知見을 개시하여 아직 믿음이 없는 중생을 믿도록 하고, 이미 믿음이 있는 중생은 그 믿음을 증장하도록 하리라'고 하셨다." 이는 바로 증장행연이다. 또한 이르기를 "각각의 중생으로 하여금 더욱 생장하게 한다."라고 했는데, 이는 도를 받는 수도연이다. 만일 계위의 원근遠近을 따른다면 이승二乘과 삼현위까지 증장은 가깝고, 십지十地와 성불이라는 과果를 성취하는 경우는 멀다고 할 수 있다. 총괄적으로 근기를 따라 설한 것이니 그 의도를 알 수 있을 것이다.

❖

平等緣者는 一切諸佛菩薩이 皆願度脫一切衆生하야 自然熏習하야 恒常不捨하나니 以同體智力故로 隨應見聞하야 而現作業하나니 所謂衆生이 依於三昧라야 乃得平等見諸佛故니라

평등연이란 것은 일체 모든 부처님과 보살들이 모두 중생들을 도탈하기를 서원하시어 자연히 훈습하여 항상 버리지 않는다. 중생을 자신과 한 몸으로 여기는 지혜의 힘(智力)이 있기 때문에 보고 들음을

如來昇兜率天宮一切寶殿品第十九」에 다음과 같이 나온다. "그때 여래는 큰 자비로 일체를 두루 덮어 일체 지혜의 장엄을 나타내 보이시니, 그것은 무량무변하여 불가사의한 모든 부처 세계의 중생들로 하여금 믿지 않는 이는 믿게 하고, 이미 믿는 이는 그 선근을 더욱 자라게 하며, 이미 더욱 자란 이는 그것을 청정하게 하고, 이미 청정히 된 이는 그것을 성숙하게 하며, 이미 성숙한 이는 해탈하게 하기 위한 것이다(爾時如來 以大慈悲普覆一切 示現一切智慧莊嚴 欲令無量無邊不可思議諸佛世界一切衆生 未信者信 已信者增長善根 已增長者令其淸淨 已淸淨者令其成熟 已成熟者 令其解脫)."

226

따라서 짓는 업을 나타낸다. 이른바 중생들이 삼매를 의지하여야 평등하게 모든 부처님을 보기 때문이다.

【직해】此明平等緣也 謂諸佛菩薩皆本願度脫一切衆生 故以同體悲智 恒熏不捨 以衆生乃諸佛心內之衆生 故念念熏習 未曾一念暫捨 故衆生但有能入三昧者 隨其夙習見聞 卽於三昧中現身說法 令其成就 如普賢之現身 觀音之隨應 皆平等緣也

이것은 평등연을 밝힌 것이다. 말하자면 여러 부처님과 보살들이 일체중생을 제도하는 본원을 발하시어, '중생을 자신과 한 몸으로 여기는 자비(同體大悲)의 지혜'로 인해 항상 훈습하여 버림이 없다. 중생은 부처님 마음 가운데 있으므로 생각 생각마다 훈습을 입어 한순간도 여의지 않는다. 따라서 중생이 삼매에 들어갈 수 있는 것은 과거 숙세宿世에 스스로 익힌 견문에 따르기 때문이다. 곧 부처님은 삼매 가운데에서 몸을 나타내 설법하여 중생으로 하여금 성취하도록 한다. 예컨대 보현보살의 현신現身과 관세음보살의 감응이 모두 평등 연인 것이다.

❀

此體用熏習이 分別復有二種하니 云何爲二오 一者는 未相應이니 謂凡夫二乘과 初發意菩薩等이 以意意識熏習하야 依信力故로 而能修行이나 未得無分別心하야 與體相應故며 未得自在業修行하야 與用相應故요

이 체體·용用의 훈습이 분별함에 다시 두 가지가 있으니, 무엇이

두 가지인가? 첫째는 미상응未相應이니, 이르되 범부와 이승과 처음 뜻을 발한 보살 등이 의意와 의식意識으로써 훈습해서 신력信力에 의지하기 때문에 수행할 수 있으나, 아직 무분별심無分別心이 진여의 체體와 더불어 상응하지 못하기 때문이며, 아직 자재업自在業의 수행이 (진여의) 용用으로 더불어 상응하지 못하기 때문이요,

【직해】此合明能熏眞如體用平等 而所熏之機有差別也 以凡夫二乘初發心菩薩但依意識熏習 發心者淺 唯依信力修行 未能深入眞如三昧 未得無分別心 與體相應 未得自在智業 與用相應 此差別在機

여기서는 훈습하는 주체(能熏)인 진여의 체體와 용용은 평등하지만, 훈습을 받는 근기(所熏)에는 차별이 있음을 함께 밝히고 있다. 범부, 이승二乘, 그리고 처음 발심한 보살은 단지 의식意識 훈습에만 의지하기에 그 발심하는 정도가 그다지 깊지 못하다. 오직 믿음의 힘에 따라 수행할 뿐이어서 진여삼매에 깊이 들어가지 못한다. 따라서 아직 분별을 여읜 마음(無分別心)을 얻어 진여의 체體와 상응하지 못한다. 또 아직 자재한 지혜의 업業을 얻어 진여의 용用과도 상응하지 못한다. 이런 차별은 그 훈습을 받는 근기에 따른다.

二者는 已相應이니 謂法身菩薩이 得無分別心하야 與諸佛智用相應일새 唯依法力하야 自然修行하고 熏習眞如하야 滅無明故니라

둘째는 '이미 상응(已相應)'이니, 이르되 법신보살이 무분별심을 얻어서 모든 부처님의 지용智用과 더불어 상응한다. 오직 법력法力

228

을 의지해서 자연히 수행하고 진여를 훈습하여 무명을 없애기 때문
이다.

【직해】此合明體用平等也 謂地上菩薩已證眞如 得無分別心 故得與
眞如體用相應者 以唯依法力任運進修 是故得與眞如體用相應也 以
眞智照理 故云法力 任運無功 故云自然 以此智行熏習眞如 故得滅無
明惑 而與諸佛體用相應也 以初地至七地 與體相應 八地已後 與用相
應 以二乘三賢 依六識比觀 故未得相應也

이것은 진여의 체體와 용用의 평등함을 함께 밝힌 것이다. 말하자면
지상地上보살은 이미 진여를 증득하여 무분별심을 얻었으므로, 진여
의 체와 용과 더불어 상응하는 것은 오직 법의 힘에 의해 임운任運으로
수행하여 나아가기 때문이다. 이런 까닭에 진여의 체와 용과 함께
상응하게 된다고 하였다. 진여의 지혜로 이치를 관조하므로 '법력法力'
이라 말했고, (팔지八地보살은) 공력을 들이지 않고 운행하므로 '자연
(自然: 스스로 그러함)'이라고 하였다. 이런 지혜의 행으로 진여를 훈습
하므로, 무명의 혹惑을 없애고 모든 부처님의 체와 용과 더불어 상응하
는 것이다. 보살 초지부터 칠지까지의 지위는 (유상관有相觀이 많아)
진여의 체體와 상응하고, 팔지 이후부터는 (무상관無相觀이 많아)
그 용用과 상응한다. 이승二乘과 삼현보살은 육식六識과 비량比量에
의지하여 관觀하기 때문에 체·용과 상응하지 못하는 것이다.

上明染淨相資中染淨熏習已竟 下明染淨熏習盡不盡義

이렇게 하여 정법과 염법의 서로 의지함(相資) 가운데 염법과 정법의 훈습을 마쳤다. 다음은 정법훈습과 염법훈습이 다함과 다함없음의 뜻을 밝힌다.

❀

復次染法이 從無始已來로 熏習不斷이라가 乃至得佛後에 則有斷이어니와 淨法熏習은 則無有斷하야 盡於未來하나니 此義云何오 以眞如法이 常熏習故로 妄心則滅하면 法身顯現하야 起用熏習일새 故無有斷이니라

다음에 염법훈습은 시작이 없는 때로부터 단절하지 못하다가 내지 부처를 이룬 뒤에는 단절함이 있으나, 정법훈습은 단절함이 없어서 미래제를 다한다. 이 뜻이 어떠한가. 진여법이 항상 훈습함으로써 망심이 곧 없어지면, 법신이 현현顯現하여 용훈습用熏習을 일으키기 때문에 단절함이 없다.

【직해】此總結染淨熏習斷不斷義也 謂染無始有終 眞如淨法則無始終 以無明染因依眞而起 此則眞如乃無始之無始也 及以眞如熏習 無明斷盡成佛 此則無明滅盡時 法身顯現 而有不思議大用 無窮無盡 故染法有盡 而淨法無盡也

여기서 염정훈습의 끊어짐과 끊어짐이 없음의 뜻을 총괄적으로 맺은 것이다. 말하자면 염법훈습은 처음은 없고 끝은 있지만, 진여정법眞如淨法은 처음도 없고 끝도 없다. 무명이라는 물든 인因은 진여에 의지해 일어나므로, 이 진여는 시작 없음의 시작마저도 없는 것이다. 진여가

230

무명을 훈습하여 무명이 끊어짐으로써 부처를 이룬다. 이렇게 무명이 없어져 다할 때 법신이 현현하여 부사의한 큰 작용(大用)이 있어 무궁無窮하여 다함이 없다. 그러므로 염법훈습은 다함이 있지만 정법은 다함이 없는 것이다.

前釋生滅門中是心生滅因緣相已竟 下示體相用三大 以初標云是心生滅因緣相 能示摩訶衍自體相用故 至此乃釋也

앞에서 생멸문 가운데 이 마음이 생멸의 인연상(心生滅因緣相)의 풀이를 마쳤다. 아래에서는 체體·상相·용用 삼대의三大義을 나타낸다. 처음에 '이 마음의 생멸인연의 모양이 마하연의 자체自體·상·용을 나타낸다'고 말한 바 있는데, 다음에서 이를 풀이한다.

4) 삼대三大 중의 체대體大와 상대相大

復次眞如自體相者는 一切凡夫와 聲聞緣覺과 菩薩諸佛이 無有增減하야 非前際生하며 非後際滅이라 畢竟常恒하야 從本已來로 性自滿足一切功德이니

다음에 진여의 스스로 체體·상相이란 것은 일체의 범부와 성문·연각과 보살과 모든 부처님이 증감增減이 없어서 과거에 태어남도 아니고 미래에 없어짐도 아니다. 필경에 항상하여 본래부터 성품이 스스로 일체 공덕을 만족한다.

【직해】此言十法界通以眞如爲自體相 卽所謂一法界大總相法門體也
由聖凡均稟 不屬迷悟 故無增減 以本自眞常 無生無滅 廣博包含 染淨
融通 故云滿足一切功德

여기에서 말하는 십법계十法界는 모두 진여로서 체體·상相이 되는데,
이른바 일법계 대총상법문체라는 것이다. 성인과 범부가 고르게 진여
를 갖추고 있어 미혹과 깨침에 속하지 않으므로 증감이 없다. 진여
본체는 참되고 항상하여 생기거나 없어지지 않으며, 십법계를 널리
두루 포용하고 염정染淨을 융통融通하고 있으므로 '일체 공덕이 만족하
다'고 하였다.

❖

所謂自體에 有大智慧光明義故며

이른바 자체에 커다란 지혜광명(大智慧光明)의 뜻이 있기 때문이다.

【직해】此下言性具功德也 常光朗照 無明惑染 暗不能昏 故云自體有
大智慧光明 卽是毗盧遮那法身眞體

여기부터 진여 자체의 성품에 갖추어진 공덕을 말하는 것이다. 항상
광명이 밝게 비추고 있어 무명의 혹惑과 염법染法의 어둠에도 자체를
어둡게 할 수 없다. 그래서 '진여 자체에 커다란 지혜광명의 뜻이
있다'고 하였다. 이는 바로 비로자나 법신의 진여 자체이다.

✦

徧照法界義故며

법계를 두루 관조하는 뜻이 있기 때문이다.

【직해】 實智照理 理無不徹 權智鑑物 物無不窮

실상을 보는 지혜(實智)로 법계의 이치를 관조하여 그 이치를 꿰뚫지 않음이 없으며, 방편의 지혜(權智)로 만물을 살피고 사물의 끝까지 궁구하지 않음이 없다.

✦

眞實識知義故며

진실하게 아는 뜻이 있기 때문이다.

【직해】 以圓照忘緣 離諸根量 故云眞實識知

허망한 연緣을 두루 원만히 관조하여 육근六根·육진六塵의 사량분별을 여의었다. 그 때문에 '진실하게 안다'고 하였다.

✦

自性淸淨心義故며

자성이 청정한 마음의 뜻이 있기 때문이다.

【직해】 謂如來藏性 永離惑染 故云自性淸淨

말하자면 여래장의 성품은 영원히 무명의 혹惑과 염법을 여의어 있으므로 '자기 성품이 청정하다'고 하였다.

❀

常樂我淨義故며

상락아정[141]의 뜻이기 때문이다.

---

141 상락아정常樂我淨: 대승열반과 여래법신이 갖추고 있는 네 가지의 덕을 말하며, 열반사덕四德이라 한다. 상常은 열반의 경계를 통달하여 영원불변한 각오의 경지, 낙樂은 고통이 없고 안락한 경지, 아我는 자유자재하여 조금도 구속이 없는 것을, 정淨은 번뇌의 염오가 없는 것이다.

한편, 원효의 『열반경종요』에서는 대승의 상락아정을 다음과 같이 설명한다. "또한 이 사덕은 열반이라는 뜻도 되는데, 나머지 다른 것에 대해서도 또한 모두 그와 같다. 이것은 「덕왕품德王品」에 이르기를 '불성佛性을 봄으로써 열반을 얻는데, 상락아정을 대열반이라 한다.'라고 한 것과 같다. 총체적으로 말하면 그렇다 하더라도, 그것을 분별하면 사덕의 모습에는 각각 두 가지 뜻이 있다. ① 상덕常德의 두 가지 뜻이란, 여래는 둘이 없는 성품(無二之性)을 통달하여 유위의 생사(有爲生死)를 버리지 않는데, 그것은 생사를 열반과 다르다고 보지 않기 때문이고, 또한 무위의 열반(無爲涅槃)을 취하지 않는데, 그것은 열반을 생사와 다르다고 보지 않기 때문이다. 이러한 두 가지 뜻에 의해 단과 상(斷常)을 떠난 것이 곧 법신의 상덕常德이 가지는 뜻이다.

② 낙덕樂德의 두 가지 뜻이란, 일체 의생신(意生身: 뜻으로 생겨난 몸)의 고통을 떠나고, 일체 번뇌의 습기習氣를 멸하는 것을 말한다. 의생신의 고통을 떠나므로 적정락寂靜樂을 나타내고, 번뇌의 습기를 멸하므로 깨침 지혜의 즐거움(覺智樂)을 나타낸다.

③ 아덕我德의 두 가지 뜻이란, 아견我見에 치우치는 것과 무아견無我見에 치우치는 것을 떠나는 것을 말한다. 아도 아니고 무아도 아니어야 비로소 대아大我를 얻기 때문이다.

④ 정덕淨德의 두 가지 뜻이란, 분별성(分別性: 遍計所執性)을 통달하고 의타성依他性을 없애 멸하기 때문인데, 분별성을 통달하여 자성自性의 깨끗함을 나타내

【직해】 窮三際而無改曰常 在衆苦而不干曰樂 處生死而莫拘曰我 歷九相而不染曰淨

과거·현재·미래가 다하도록 변하지 않으므로 '항상(常)'이라 하였고, 모든 고苦 가운데 있으나 고가 작용하지 못하므로 '낙樂'이라고 하였다. 또 생사에 처했으나 조금도 생사에 구애받지 않는 까닭에 '아我'라 하였고, 삼세 육추三細六麤의 아홉 가지 생멸을 겪으면서도 물들지 않으므로 '정淨'이라 하였다.

❀

淸凉不變自在義故라

청량하여 변하지 아니하고 자재한 뜻이 있기 때문이다.

【직해】 永離熱惱 故曰淸凉 四相莫遷 故曰不變 業不能繫 故曰自在

뜨거운 번뇌를 영원히 여위므로 '맑고 시원하다(淸淨)'고 하였고, 생주이멸 사상四相에 따라 변천하지 않는 까닭에 '변하지 않는다(不變)'고 하였으며, 업業이 얽어맬 수 없으므로 '자재하다(自在)'고 하였다.

❀

具足如是過於恒沙하는 不離不斷不異不思議佛法하야 乃至滿足하야 無有所少義故로 名爲如來藏이며 亦名如來法身이니라

이와 같은 항하사보다도 많은 덕상을 갖추고 여의지 않고 끊어지지 않고 다르지도 않은 부사의한 불법을 갖추고, 내지 만족하여 조금도

고, 의타성을 멸하여 방편方便의 깨끗함을 나타낸다."

모자라는 바가 없는 뜻이기 때문에 '여래장'이라 하며 또한 '여래법신'이라 한다.

【직해】恒沙德相 不異眞體 故云不離 無始相續 故云不斷 等同一味 故云不異 以性相融通 一多無礙 理事交徹 染淨無二 故云不思議 法身本具 唯佛證窮 故云佛法 以無法不包 無所少欠 故云滿足 以能含攝無量性德 故云如來藏 亦名如來法身 初云總相大法門體 故結歸如來藏心也

항하사와 같이 많은 덕상이 진여 자체와 다르지 않으므로 '여의지 않는다(不離)'고 하였고, 시작이 없는 때로부터 상속되므로 '끊어지지 않는다(不斷)'고 하였으며, 진여와 똑같은 한 가지 맛이므로 '다르지 않다(不異)'고 하였다. 자성과 덕상이 서로 융통하고(性相融通) 하나와 만물이 서로 걸리지 않으며(一多無礙), 이치와 현상이 서로 꿰뚫고(理事交徹), 염법과 청정이 둘이 아닌(染淨無二) 까닭에 '부사의하다'고 하였다. 법신은 누구나 본래적으로 갖추어져 있으나 오직 부처님만이 끝까지 증득할 수 있어 '불법佛法'이라 하였고, 법으로 포용하지 않음이 없고 조금도 부족한 바가 없기 때문에 '만족하다'고 하였다. 또 무량한 성품 공덕을 포함할 수 있으므로 '여래장'이라 하고, 또한 '여래법신'이라 하였다. 논서 첫머리에서 대총상법문체라 한 바 있는데, 여기서도 또한 여래장심으로 귀결한 것이다.

❉

問曰 上說眞如는 其體平等하야 離一切相이어늘 云何復說體有如是種種功德이니잇고

물어 이르되 "위에서 설하기를 '진여는 그 체(體)가 평등하여 일체의 모양을 여읜다' 하고 나서 어찌하여 다시 체에 이와 같은 갖가지 공덕이 있다고 설하는가?"

【직해】 此執體疑相難也

여기서는 진여 자체(體)의 여실공(如實空)에 집착하여 그 공덕상에 대해 의심하여 논란하는 것이다.

※

答曰雖實有此諸功德義로되 而無差別之相이니 等同一味하야 唯一眞如니라 此義云何오 以無分別하야 離分別相일새 是故無二니라

답해 이르되 "비록 실로 이 모든 공덕의 뜻이 있으나 차별의 모양이 없어서 똑같은 한 가지 맛이니 오직 한 가지 진여이다. 이 뜻이 어떠한가. 분별이 없어서 분별의 모양을 여의기 때문에 두 가지가 없다."

【직해】 此答以卽體之相 相不異體 故無分別 如大海水同一味故 以唯一眞故 以差別者 乃分別心也 眞如永離能所分別 故無二耳

여기에서 진여 자체(體)의 모양(相)으로 답한다. 진여 공덕의 모양은 자체와 다르지 않으므로 둘을 구분할 수 없다. 마치 바닷물은 어디서나 똑같이 한맛인 것과 같이 모양과 자체가 오직 한 가지 진여인 까닭이다. 차별이 있는 것은 분별하는 망심인 것이다. 진여는 영원히 주관과 객관의 분별을 여의므로 두 가지가 없을 따름이다.

✿

復以何義로 得說差別고 以依業識하야 生滅相示니

다시 무슨 뜻으로써 차별을 설하는가? 그것은 업식業識을 의지하여
생멸의 모양을 나타냄이다.

【직해】 旣其眞如體相不二 以何義故說有如是差別耶? 以依生滅業識
具有恒沙染法 故知轉染反淨 卽有恒沙淨德差別之相也

이미 진여의 자체와 공덕상이 둘이 아니라면 무슨 연유로 이와 같은
차별의 모양이 있다고 말하는가? 그것은 생멸하는 업식業識에 의지하
여 항하사와 같이 많은 염법染法이 갖추기 때문이다. 그러므로 알라.
염법을 되돌려 정법으로 전환하면 곧 항하사와 같이 많은 청정한
진여공덕의 차별상이 있다는 것이다.

✿

此云何示오 以一切法이 本來唯心이라 實無於念이로되 而有妄心하
야 不覺起念하야 見諸境界일새 故說無明이니 心性不起가 卽是大智
慧光明義故며 若心起見이면 則有不見之相이어니와 心性離見이 卽
是徧照法界義故며 若心有動이면 非眞識知니 無有自性하야 非常
非樂이며 非我非淨이라 熱惱衰變하야 則不自在하며 乃至具有過恒
沙等妄染之義니 對此義故로 心性이 無動이면 則有過恒沙等諸淨
功德相義示現이니라

이것을 어떻게 나타내는가? 일체법이 본래 오직 마음뿐이라 실로

238

망념(念)이 없는 것이지만, **망심이** 있어서 불각에 생각이 일어나
서 모든 경계를 보기 때문에 **무명이**라 설한다. 심성心性이 일어나
지 않음이 곧 큰 지혜광명의 뜻이기 때문이다. 만약 마음이 봄(見)
을 일으키면 곧 보지 못하는 모양이 있으니, 심성心性이 봄을 여읨
이 곧 법계를 두루 비추는 뜻이기 때문이다.[142] 만약 마음에 움직임
이 있으면 진실하게 아는 것이 아니며, 자성이 없어서[143] 상常도
아니고 낙樂도 아니며 아我도 아니고 정淨도 아님이라. 열뇌熱惱·
쇠변衰變하여 곧 자재하지 못하며[144] 내지 항하사보다도 많은 망념
妄染의 뜻을 함께 갖추게 된다. 이 뜻을 대하기 때문에 심성心性이
움직임이 없으면 항하사보다 많은 모든 청정한 공덕상功德相의 뜻
을 나타낸다.

【직해】 此云何下 廣顯示義也 謂眞如本自不動 無差別相 何從而知?
但對心動 卽有如是恒沙妄染之相 反此不動 則知具有恒沙諸淨功
德也

---

142 以依無明妄心染法反淨 故知眞如有大智慧光明義也. 무명 망심에 의지하는 염법
染法은 정법淨法과 반대가 되니, 진여에는 대지혜광명의 뜻이 있음을 알라.(감산
원주)

143 以動卽妄想 妄卽非眞 妄無自性 動隨染緣 故知不動 則是眞實識知 離染眞淨.
마음이 움직인즉 망상妄想이니, 망상은 진眞이 아니다. 망상은 자성이 없어서
염연染緣을 따라 움직이게 되나니, 그러므로 알라. 움직이지 않으면 진실로
아는 것이며 염법染法을 여의고 진여정법(眞淨)이 된다.(감산원주)

144 反此染法 卽知眞如有眞常眞樂眞我眞淨義也. 이 염법에서 돌이키면 진여를
아는 것이 곧 참된 상常, 참된 낙樂, 참된 아我, 참된 정淨의 뜻인 것이다.(감산원주)

'이것을 어떻게 나타내는가?' 이하에서 그 청정한 공덕상을 자세하게 나타내 보이고 있다. 말하자면 진여는 본래 아무런 움직임이 없어 차별상이 없다. 무엇으로 알 수 있는가? 다만 마음이 움직일 경우에는 항하사와 같이 많은 망념妄染의 모양이 있지만, 이에 반하여 움직임이 없으면 항하사와 같이 많은 청정한 공덕이 갖추어진다는 것을 알 수 있다.

❀

若心有起하야 更見前法可念者인댄 則有所少어니와 如是淨法無量功德은 卽是一心이라 更無所念일새 是故滿足이니 名爲法身如來之藏이니라

만약 마음에 일어남이 있어서 다시 앞에 법을 가히 생각하여 본다면 곧 모자라는 바가 있거니와 이와 같은 정법淨法의 무량한 공덕이 곧 이 일심이다. 다시 생각할 바가 없기 때문에 만족함이니 이름을 법신·여래장이라 한다.

【직해】此明淨法滿足義也 若心有起 則無明染法未盡 淨心未圓 則於心外尙有可念者 卽是所少 今以一心圓滿 諸妄盡淨 則無量淨德 卽是一心 外無可念 性自具足 是名法身如來藏 含攝無量淨德 以迷爲識藏 則含攝無量染法 今返妄還源 故成無量淨德耳

여기서는 정법淨法이 만족함을 밝히고 있다. 만약 마음에 생각(妄念)이 일어나면 무명의 염법染法이 다하지 않은 것이다. 청정한 마음이 원만하지 못하면 마음 밖에 있는 대상을 생각하므로 자성의 공덕이 작게

240

된다. 이제 일심의 원만함으로 인해 모든 망념妄染이 다하여 깨끗하게 되면 무량한 청정한 공덕이 드러나고, 곧 이것이 일심이니 밖으로 생각할 법이 없다. 자기 성품에 모든 것이 구족하므로 '법신여래장'이라 이름한다. 자기 성품에 이와 같이 무량한 청정 공덕을 함장하고 있으나, 이를 미혹하면 식장識藏이 되므로 곧 한량없는 염법을 포섭하여 함장하게 된다. 그러나 이제 망념을 돌이켜 일심의 근원으로 돌아오면 한량없는 청정한 공덕을 이루는 것이다.

上釋體相二大竟 下釋用大

이상으로 진여 자체의 체대體大와 상대相大의 해석이 끝났다. 다음에는 진여의 용대用大를 해석한다.

5) 삼대三大 중의 용대用大

復次眞如用者는 所謂諸佛如來가 本在因地하야 發大慈悲하사 修諸波羅密하야 攝化衆生하며 立大誓願하야 盡欲度脫等衆生界하사대 亦不限劫數코 盡於未來하나니 以取一切衆生을 如己身故로 而亦不取衆生相하나니 此以何義오 謂如實知一切衆生과 及與己身이 眞如平等하야 無別異故니라

다음에 진여의 작용(眞如用)이란 것은 이른바 모든 부처님 여래께서 본래 인지因地[145]에 있어서 대자비를 발하시어 모든 바라밀을 닦아서

---

145 인지因地: 과지果地와 대칭이 되는 말. 지地는 지위位地, 계위階位를 뜻하며,

중생들을 섭수하고 교화하며, 큰 서원을 세워서 중생계를 모두다 도탈度脫하고자 하신다. 또한 겁수劫數를 한정하지 않고 미래제를 다함이니, 일체중생들을 취하기를 자기의 몸과 같이 여기기 때문이며, 또한 중생상을 취하지도 않는다. 이것이 어떤 뜻인가? 말하자면 여실히 일체중생들과 더불어 자기의 몸이 진여로 평등해서 차별과 다름이 없는 줄 아시기 때문이다.

【직해】 此對果擧因 以明用大之本也 謂諸佛因中 以見一切衆生與己 同一眞如法身 愍其沈迷 故起同體大悲 願度一切 誓盡衆生界 不限劫 數 因此修行六度 以爲正行 敎化衆生 無有疲厭 此廣大心長時心也 所以不退者 以取一切衆生如己身故 而亦不見有衆生相故也

여기서는 불과佛果를 얻기 위한 수행과정(因行)을 들어서 용대用大의 근본을 밝히고 있다. 말하자면 모든 부처님께서 수행하실 때 일체중생 이 모두다 부처님과 같은 진여법신임을 보시고, 그 중생들이 미혹에 빠져 있음을 가엾이 여기셨다. 이에 동체대비심을 일으켜 중생계가 다하도록 구제하려는 서원을 내어 겁수를 한정하지 않고 육바라밀을 닦아 수행하시며, 올바른 행으로 중생을 교화함에 있어 조금도 힘들어 하시지 않았다. 이는 광대심廣大心이며, 또한 겁수를 한정하지 않는 장시심長時心인 것이다. 부처님이 대비원大悲願에서 물러나지 않은 까닭은 모든 중생을 자신의 몸과 같이 취하기 때문이며, 또한 중생상衆

인행(因行, 즉 보살행)을 수행하는 기간 동안의 계위를 지칭한다. 인지는 인위因位 와 같은 말로, 두 가지가 있으니 불과佛果에 대하여 등각等覺 이하는 모두 인지가 되고, 초지初地에 대하여 지전地前의 보살을 모두 인지라고 한다.

生相을 보지 않으시기 때문인 것이다.

衆生如己身悲深 不取相智深 此二 不顚倒心也 何以不取衆生相耶?
以如實知衆生與己眞如平等 此第一心也 故論云 廣大第一長 其心不
顚倒 此諸佛因心也

'중생을 자기 자신의 몸과 같이 여긴다'는 것은 자비가 깊음을 뜻하고,
'중생상을 취하지 않음'은 심원한 지혜를 뜻하니, 이 두 가지가 뒤바뀌지
않은 마음(不顚倒心)이다. 어째서 중생에게서 중생상衆生相을 취하지
않는 것인가? 중생이 자신의 진여와 평등함을 여실하게 아시기 때문이
니, 이것이 바로 제일심第一心이다. 그래서 논서[146]에서 "서원이 광대하
고 미래제가 다하도록 긴 세월을 수행하시니 그 마음에는 뒤바뀜이
없다."라고 하였는데, 바로 이것이 모든 부처님이 성불하기 위해 수행
하신 마음(因心)인 것이다.

---

146 『기신론의기』 하본下本에 나온다. "다음에 '큰 서원을 세워 내지 미래제가 다하도
록'이란 본원本願을 든 것이라. 그 가운데 처음은 광대심이다. 다음에 장시심長時
心은 일체중생을 자신의 몸과 같이 여기는 까닭에 중생상을 취하지 않는다.
어찌하여 그러한가. 말하자면 일체중생과 자신의 몸이 진여 평등하여 별 차이가
없음을 알기 때문이다. '일체 내지 진여평등'까지는 자비와 지혜의 방편을 든
것이다. 또 이것은 부전도심不顚倒心이라 중생을 자신과 같이 여김은 자비가
깊음을 나타낸 것이다(次言立大誓願乃至盡未來者 擧本大願也 於中初廣大心 次長
時心以取一切衆生如己身故而亦不取衆生相 此以何義謂如實知一切衆生及與己身眞
如平等無別異故 取一切乃至眞如平等者 擧悲智大方便也 亦則不顚倒心 於中取物如己
顯悲深也)."

❀

以有如是大方便智하야 除滅無明하고 見本法身에 自然而有不思議業種種之用이 卽與眞如로 等하야 徧一切處하되 又亦無有用相可得이니

이와 같은 큰 방편의 지혜가 있어서 무명을 없애버리면 본래의 법신에 자연히 부사의한 업의 갖가지 작용(用)이 있음을 본다. 곧 진여와 더불어 평등하여 일체 처에 두루하되, 또한 작용의 모양(用相)도 얻을 수 없다.

【직해】 此明因智滅惑 顯現法身 自然而有不思議用也 謂此大用 法身本具 但向被無明障蔽不顯 今因智破惑故乃得顯 而與眞如等遍一切處 以眞如離相故 用亦無相可得

여기서는 수행의 지혜로 무명의 혹惑을 없애버리면 법신이 드러나서 자연스럽게 부사의한 작용(用)이 있다는 것을 밝힌 것이다. 말하자면 이처럼 커다란 작용은 법신에 본래 갖추어진 것으로, 단지 무명에 의해 가려져 나타나지 못하고 있다가 이제 수행의 지혜로 혹惑을 깨뜨리자 그 작용이 드러나서 진여와 더불어 평등하여 모든 곳에 두루한다. 그러나 진여 자체는 모양을 벗어나 있으므로 작용(用)도 또한 그 모양을 얻을 수 없다.

❀

何以故오 謂諸佛如來는 唯是法身智相之身이라 第一義諦엔 無有世諦境界하야 離於施作이로되 但隨衆生의 見聞得益일새 故說爲用

이니라

무슨 까닭인가. 말하자면 모든 부처 여래는 오직 이 법신 지혜의
모양이 몸이라, 제일의제第一義諦[147]에는 세제世諦의 경계가 없어서
시작施作을 여읜 것이다. 다만 중생들이 견문見聞을 따라 이익을
얻기 때문에 작용(用)이라고 한다.

【직해】 此問何故用無用相 旣無用相 何能利益衆生耶? 答 以諸佛如來
唯是法身智相之身 離於施作 故無用相 但隨衆生機感 隨其見聞得益
故說爲用 此所謂淸淨法身 猶若虛空 應物現形 如水中月 衆生心水淨
菩提影現中 故云用無用相 返顯若無機感 則唯是妙理本智 更無世諦
生滅等相

문: 어째서 작용하더라도 작용하는 모양이 없는가? 이와 같이 작용하
는 모양이 없다면 어떻게 중생을 이롭게 할 수 있는가?
답: 모든 부처님은 오직 법신 지혜의 모양뿐이므로 시작(施作: 행위와
일)을 여의고 있어서 작용하는 모양이 없다. 단지 중생의 근기에 따라
감응하여 그가 보고 듣는 데 따라 이익을 주는 까닭에 작용(用)이라
한다. 이것은 다음 게송과 같다.
청정 법신은 마치 허공과 같아서
중생들에 따라 그에 맞게 나타난다.
마치 물에 비친 달과 같다.[148]

147 제일의제(第一義諦, paramārtha-satya, 팔리어 paramattha-sacca): 두 가지 제諦
가운데 하나로, '최상의 진리, 가장 수승한 진리'라는 뜻이다. 세속제世俗諦와
대칭이 되는 말이며, 다른 말로는 승의제勝義諦·진제眞諦·성제聖諦 등이 있다.

중생의 마음이 맑은 물과 같다면

깨달음(菩提)의 그림자가 그 가운데 나타나리라.

그러므로 '작용하는 모양이 없이 작용한다.'[149]라고 하였다. 그러나 이에 반하여 중생의 근기에 감응하지 않으면, 오직 법신 본래의 오묘한 근본지혜만이 있다는 것을 나타냈다. 이밖에 세간의 이치, 생멸 등의

---

148 감산의 『조론약주肇論略注』「열반무명론涅槃無名論」「구절십연자九折十演者」에 다음과 같이 나온다.

논 : 『방광반야경』에 이르기를 '부처님은 허공과 같으니 가고 옴이 없다. 인연에 따라 감응하여 나타나면서 방소가 없다'고 하였다(放光云 佛如虛空 無去無來 應緣而現 無有方所)

주해 : 이상의 의미를 인용하여 증거를 댐으로써 네 종류의 열반 가운데 자성열반을 나타낸 것이다. 경에 이르기를 '부처님의 진실한 법신은 마치 허공과 같다. 중생에 따라 감응하여 나타난 형체는 마치 물속에 비친 달과 같다'라고 하였다. 그 때문에 '인연에 따라 감응하여 일정한 방소가 없다'고 한 것이다(引證上義以顯 自性涅槃也 經云 佛眞法身 猶若虛空 應物現形 如水中月 故云應緣而現 無有方所)."

149 감산의 『조론약주』「열반무명론涅槃無名論」에 다음과 같이 나온다.

논 : 경에서 말씀하시기를 '법신은 형상이 없어 사물의 감응에 따라 나타나고, 반야는 앎이 없이 인연을 마주하면 관조한다'고 하였다.

주해 : 여기서는 경전을 인용하여 성인의 몸과 마음은 본래 없는데 수고로움과 근심이 어디에 있겠는가 함을 증명하였다. 진역본『화엄경』32권을 대략 말해본 다면 '청정 법신은 실제 있지도 않고, 정말 없는 것도 아니다. 중생을 따라 감응하면서 모두에게 시현할 수 있다'라고 하였다. 이는 실제의 몸이 없이 몸을 나타냄으로 싫어함을 낼 만한 몸이 없다는 것을 증거한 것이다. '반야는 앎이 없다' 한 다음부터는 '반야는 무심하게 관조한다'는 의미를 인용하여 수고로울 만한 지혜가 없음을 증거하였다(經曰 法身無象 應物而形 般若無知 對緣而照. 此引經 證聖人身心本無 勞患何有也. 晉華嚴三十二略云 淸淨法身 非有非無 隨衆生所應 悉能 示現 此證無身而現身 無身可厭也. 般若無知下 義引般若無心而照 證無智可勞也)."

246

모양은 없다.

❀

此用이 有二種하니 云何爲二오 一者는 依分別事識하야 凡夫二乘의
心所見者가 名爲應身이니 以不知轉識現故로 見從外來하고 取色
分齊하야 不能盡知故요

이 용用이 두 가지가 있으니, 무엇이 두 가지인가? 첫째는 분별사식
을 의지해서 범부와 이승의 마음으로 보는 바를 이름하여 응신應身
이라 한다. 전식轉識이 나타냄을 알지 못하기 때문에 밖으로부터
좇아옴이라 보고 색의 분제(分齊: 색상의 限界)를 취해서 끝까지
다 알 수 없기 때문이다.

【직해】此下就因明果 以顯用相不同也 凡夫二乘不知唯識 向計外塵
乃六識分別 故見佛身亦從外來 以不知七識所現細相 故但見應身麤
相 卽三十二相應身佛也 所謂變相觀空所見三類分身之佛也 所以不
能見細相者 以不知轉識現故

여기에서 수행의 인지因地에 나아가 그 과果를 밝힘으로써 그 작용하는
모양이 같지 않음을 보인 것이다. 범부와 이승二乘은 모든 것이 유식唯
識[150]임을 모른 채 바깥 육진경계를 헤아려 육식六識으로 분별하는

150 '모든 것이 유식'이라는 말은 대상이 없고 오직 식識만이 존재한다는 것이다.
허망분별로 대상경계가 존재하므로 유식무경(唯識無境: 오직 식만이 존재하고
경계가 없다)의 근거가 성립된다.
『변중변론』의 「변상품辯相品」 제1게偈 유식종의 종지宗旨를 나타낸 게송을 소개
한다.

까닭에 불신佛身을 보더라도 이 또한 자기 마음 밖에서 나왔다고 한다. 또 제7식에 의해 나타난 미세한 모양(細相)을 알 수 없으므로 단지 응신應身이라는 거친 모양만 보는 것이니, 곧 32상 응신불인 것이다.

"허망분별은 있고 이것에 두 가지는 도무지 없으며
이 안에는 공성空性이 있을 뿐이요, 저것에도 역시 이것만이 있다."
(虛妄分別有 於此二都無 此中唯有空 於彼亦有此)
'허망분별虛妄分別이 있다'는 것이 이 논의 주요 핵심이다. 허망분별이 있다고 주장하기 때문에 비유非有의 유有가 인정된다. 제3송(각주 74)에서 허망분별이 일어나는 과정이 있고, 제8송(각주 113)에서는 '허망분별(abhūta-parikalpa)이 삼계三界의 심심과 심소心所(cittacaittās-tridhātukāḥ)'라는 논리가 전개된다.
논 : "허망분별은 있다'고 함은 소취(所取, grāhya)와 능취(能取, grāhaka)의 분별함이 있음을 말함이요, '이것에 두 가지는 전혀 없다'고 함은 곧 이 허망분별에 있어서 영원히 소취와 능취의 두 가지 성품(二性)이 없음을 말한다. '이 안에는 공이 있을 뿐이요'라고 함은 허망분별의 안에는 다만 소취와 능취를 떠난 '공한 성품(空性)'만이 있음을 말하고, '저것에도 역시 이것만이 있다'라고 함은 곧 그 두 가지가 공한 성품 안에서도 역시 이 '허망분별만이 있음'을 말한다. 만약 '여기에 있는 것이 아니라'면 저를 자세히 살핌으로 말미암아 공이 되고, 그밖은 '없는 것이 아니기' 때문에 사실대로 알아서 '있는 것'이 된다. 만약 이와 같이 될 때에는 뒤바뀜(顚倒)이 없어서 '공의 모양(空相, śūnyatā-lakṣaṇa)'을 나타내 보일 수 있다. 다음 게송을 말한다.
그러므로 일체법은 공空이 아니고
공이 아님(不空)도 아니라고 말하나니
있음(有)과 없음(無) 그리고 있음(有) 때문에
이는 곧 중도中道에 들어맞는(契合) 것이네."
(故說一切法 非空非不空 有無及有故 是則契中道)
※ "이 삼계는 실로 유식唯識이다. 실재하지 않는 대상이 현현하기 때문이다. 예를 들면 눈병이 있는 자가 실재하지 않는 머리카락 등을 보는 것과 같다."(『유식이십론唯識二十論』 제1송)

248

이른바 상분相分이 변한 것을 공空이라고 관觀¹⁵¹할 때 보이는 세 부류의

---

151 현장의 『팔식규구송』에서 전5식송에 있는 표현이다.

"상분이 변하여 공을 관하나 오직 후득지로 얻는 것이며
불과佛果 중에서도 오히려 진여를 계회契會하지 않느니라.
대원경지가 먼저 발생하니 무루를 이루어
세 종류로 분신을 나투어 괴로운 윤회를 그치게 하느니라."

(變相觀空唯後得 果中猶自不詮眞 圓明初發成無漏 三類分身息苦輪)

감산의 해석 : "이 네 구절 게송은 전5식이 변하여 성소작지를 이루는 것을
말한다. 변變은 이른바 변대變帶이다. 상相이란 상분相分을 말한다. 5식이 한
가지로 오진五塵 상분의 경계를 연한다. 이 식이 8식과 같이 전변하여 이제
그 모양을 가지런히 밀어서 상분을 대질경으로 변한 공으로 보아서 바야흐로
성소작지를 이룬다. 그 모양이 공이라고 하지만 아직 공상空相을 여읜 것이
아니다. 진여의 모양 없는 이치를 친연親緣하지 못하기 때문에 지혜에는 근본지,
후득지가 있다. 근본지는 진여를 연하니 그 이름이 진지眞智이다. 후득지는
속俗을 연緣하여 거짓 지혜(假智)라 한다. 이 5식이 성소작지를 이루어 불과佛果
가운데 머무르면 능히 세 부류의 몸을 나타낸다. 세 부류(三類)의 몸이란 대화大
化, 소화小化, 수류화隨類化 이 세 가지의 몸이다. 중생의 근기에 감응하여
중생을 이롭게 한다(此四句頌轉識成智也 變 謂變帶 相 謂相分 以五識一向緣五塵相
分境 以此識同八齊轉 今托彼相 變帶觀空 而此方成智 其相雖空 亦未離空相 以不能親
緣眞如無相理故 智有根本後得 根本智緣如 名眞智 後得智緣俗 名爲假智 若此五轉成
所作智在佛果中則能現三類身 謂大化 小化 隨類化 以此三身 應機利物)."(즉 보살을
위하여 몸을 크게 나투는 대화신大化身, 이승二乘과 범부凡夫를 위하여 몸을 작게 나투는
소화신小化身, 중생들의 크기와 모양에 따라 맞게 나투는 수류화신隨類化身, 천백억
화신이 존재하여 분신이라 한다.)

※ 변화신(化身, nirmāṇa-kāya): 모든 여래가 성소작지에 의지해서 변화한 중생의
부류에 따르는 한량없는 변화신을 말한다. 정토와 예토에 머물면서 십지에
오르지 못한 모든 보살들과 이승과 범부들을 위해서 그의 근기에 적절하게
맞추어서 신통을 나타내고 법을 말하여 각각 이롭고 안락한 모든 일을 얻게
한다.(『성유식론』10권의 설명)

분신불이다. 미세한 모양을 보지 못하는 이유는 전식轉識에 의해 나타
난 것인 줄 알지 못하기 때문이다.

下報身 卽轉識所現也 所言依識見佛者 以佛眞法身卽衆生本覺眞如
佛性 今以內熏之因力故 衆生發心厭苦求佛 以六識受熏 識麤熏淺
故佛相亦麤耳 故此見佛 約本熏說 非無因而現也

다음에서 말하는 보신報身은 바로 전식에 의해 드러난 몸이다. '분별사
식에 의지하여 부처를 본다'는 말은 부처님의 진여 법신이 곧 중생에
갖추어진 본각진여로서 불성이기 때문이다. 이제 안에서 훈습하는
본각의 인(內熏之因)의 힘에 의하여 중생이 발심하여 생사의 고통을
싫어하여 불과佛果를 구한다. 이 과정에서 육식六識이 훈습을 받는데
분별사식은 거칠고 훈습은 얕기 때문에 부처님 모양 또한 거친 것뿐이
다. 따라서 여기서 보는 부처님을 근본훈습을 따라 말한 것이고, 모두가
수행 인因의 훈습이 없이 나타난 것이 아니다.

言細相依轉識現者 意顯無明雖迷眞如而成業識 但一念不覺 尙未離
眞 以未和合 故未分能所 及至轉相 則生滅與不生滅和合 卽變法身眞
智而爲妄見 變眞理而爲妄相 爲衆生之始 妄見境界

'미세한 모양은 전식轉識에 의해 드러난 것'이란 말하고자 함은 무명이
비록 진여를 미혹하여 업식業識을 이루었으나, 다만 깨닫지 못한 한
생각(一念) 불각不覺은 여전히 진여를 여의지 않아 생멸과 화합하지
않으므로 아직 주객(能所)으로 나뉘지는 않았다. 그러나 전상轉相에

이르러 생멸 업상이 불생멸 진여와 화합하고, 곧 법신 진여의 지혜가 전변하여 '허망한 봄(妄見: 능견상)'이 되고, 진여의 이치(眞理)가 전변하여 '허망한 모양(妄相: 경계상)'이 된다. 이에 중생이 시작되는 것이니 경계를 허망하게 보기 때문이다.

今返妄歸眞 從麤至細 斷至轉識 則本智現前 法身顯露 以智照理 則如來藏中自性功德一時顯現 所見佛身微細妙相 乃知唯心所現 故不從外來 此蓋從本熏業識所現 故轉識現耳

그러나 이제 허망한 모양을 진여로 되돌려 거친 것(六麤)으로부터 미세한 것(三細)에 이르러, 전식轉識을 끊으면 근본지혜가 나타나 법신이 드러나게 된다. 본각 지혜로 진여의 이치를 비추면 여래장 가운데 자성의 공덕이 일시에 나타난다. 보이는 불신佛身의 미세하고 오묘한 모양이 오직 마음에서 드러난 것임을 안다. 그러므로 밖에서 온 것이 아니다. 이는 본각이 업식을 훈습하여 나타난 것이므로 '전식이 나타낸 것'이라 하였다.

❀

二者는 依於業識이니 謂諸菩薩이 從初發意로 乃至菩薩究竟地히 心所見者를 名爲報身이니

둘째는 업식業識을 의지함이니, 말하자면 모든 보살이 초발의初發意로부터 보살의 구경지에 이르기까지 마음으로 보는 바를 이름하여 보신報身이라 한다.

【직해】此明依轉識現報身也 此菩薩從十解初心 以本熏業識 作唯識觀 歷三賢十地 究竟三昧心中所見佛身 乃報身細相 實唯心現 不從外來 而言用者 乃本覺眞如自體之用 非外佛現身之用也 有作佛隨機現者 非此義也 以此中意 正約熏變之用故 (通核上下文意仍以佛隨機現爲是)

여기서는 전식轉識에 의해 보신報身이 나타남을 밝혔다. 이 보살은 십해十解의 첫 번째 단계에서부터 본각이 업식을 훈습함으로 유식관唯識觀[152]을 닦는다. 삼현三賢과 보살 십지十地의 지위를 두루 거친 뒤,

---

152 유식관唯識觀: 유식唯識의 관법觀法. 유식종에서 말하는 실천수도의 목적은 오로지 만법유식의 이치를 관觀해서 중도中道의 묘리妙理를 체달하는 데 있다. 1) 『불성론性論』 권제4에는 비유를 들어 유식관에 대한 설명이 나온다. "가집可執과 능집能執의 두 가지 치우친 분별이란 가집과 능집을 분별하여 실로 있다고 생각하는 것이다. 이 두 가지 변을 여의기 위하여 불경 가운데 부처님께서 환술하는 사람의 비유를 말씀하였다. '가섭아, 마치 환술하는 사람이 모든 허수아비 형상을 만드는데 그가 만든 호랑이 등이 도로 환술하는 사람을 잡아먹는 것처럼, 가섭아, 이와 같이 관행하는 비구도 한 가지 경계를 관함에 따라 공한 것만을 나타내기 때문이라 사실은 아무것도 없고 허망하여 진실함이 없느니라'고 하셨다. 어떻게 두 가지를 여읠 수 있는가 하면 의식意識에 의지함으로 말미암아 유식의 지혜(唯識智)를 내는지라, 유식의 지혜란 즉 '대경의 체(塵體)가 없는 지혜'이다. 이 유식의 지혜가 이룩된다면 도리어 자체 본래의 의식을 멸할 수 있기 때문이다. 왜냐하면 그 대경 등의 체가 없는 까닭에 의식이 나지 않고, 의식이 나지 않기 때문에 유식도 저절로 없어지나니, 의식은 환술하는 사람과 같고, 유식은 환술로 만든 호랑이와 같기 때문이다. 의식으로써 능히 유식을 내기 때문에 유식의 관이 이룩되면 이 유식이 도리어 의식을 멸할 수 있는 것이다. 왜냐하면 대경이 없기 때문에 의식이 나지 않는 것이다. 마치 환술로 된 호랑이가 환술하는 사람을 도로 잡아먹는 것과 같다."

구경究竟의 삼매 가운데 보이는 불신佛身은 곧 보신報身이라는 미세한 모양이다. 실로 오직 업식業識의 마음에서 나타난 것으로 밖에서 온 것은 아니다. 작용이라 함은 곧 본각진여 자체의 작용을 말하는 것으로 자기 마음 밖에 있는 부처님이 몸을 나툼의 작용이 아니다. 어떤 사람이 말하기를 '부처님이 중생의 근기에 따라 현현한다'는 말은 이런 뜻이 아닌 것이다. 이 가운데 의도는 바로 훈습과 전변의 측면에서의 작용이기 때문이다.[153]

＊

身有無量色하고 色有無量相하고 相有無量好하며 所住依果도 亦有 無量種種莊嚴하야 隨所示現이 即無有邊하야 不可窮盡이라 離分齊 相하야 隨其所應하야 常能住持하야 不毁不失이니

몸에 무량한 색색色이 있고, 색에 무량한 모양(相)이 있고, 모양에 무량한 호호好가 있으며, 머무는 바 의과依果도 또한 무량한 갖가지

---

2) 유식종에서 말하는 유식이란 마음 밖의 모든 법을 가려내어 식심識心만을 남겨서 취하는 뜻으로, 즉 만유를 다만 식심의 한 가지 법으로 돌이킴을 말한다. 범부는 무시이래 미혹한 망정妄情의 소견에 이끌려 망령되이 마음 밖에 실다운 경계가 있다고 집착하여 실아實我·실법實法의 허망한 생각(妄見)을 품고 변계소집遍計所執을 증익增益하며, 의타기성依他起性, 원성실성圓成實性의 진체眞體를 깨닫지 못하므로 길이 미계迷界의 고뇌에 침윤沈淪한다. 그러므로 부처님은 삼계유심三界唯心의 이치를 가르쳐 아我·법法의 미집迷執을 파하고(변계소집성을 깨뜨리고) 마음 밖의 만법을 가려 막아서(簡遮) 안으로 식심識心의 성성性과 상상相만이라는 것을 표현하였다.

153 『직해』 원문인 通覈上下文意仍以佛隨機現爲是은 "위아래 문장의 뜻을 검토해 보면 '부처가 중생의 근기를 따라 나툰다'"고 해도 될 듯하다.(감산원주)

장엄이 있다. 곳에 따라 나타냄이 곧 변제邊際가 없어서 가히 다함이 없다. 분제分齊의 모양을 여의어서 그 응하는 바를 따라 항상 능히 머물러서 무너지지도 않고 잃지도 않는다.

【직해】 此擧依正二報 總顯所見細相也 此卽華嚴盧舍那佛 身土自他 無障無礙 等周法界 故離分際 一眞報境 所謂大火所燒 此土安隱 故云 不毁不失

여기서는 의보依報와 정보正報 두 가지를 들어서 이것에 의해 드러난 미세한 보신報身의 형상을 총괄적으로 나타낸 것이다. 이는 곧 『화엄경』의 노사나[154] 불신으로 거주하는 자타수용신[155] 불국토는 아무런

---

154 노사나盧舍那 혹은 비로자나(毘盧遮那, Vairocana): 보신불報身佛 또는 법신불法身佛을 말한다. 일체 처에 두루 광명이 비친다는 뜻이다. Vai는 '두루(徧)', rocana는 '빛을 비춘다(照)'는 뜻으로 부처님이 몸으로 걸림 없는 지혜광명을 비춘다는 뜻이다. 경론에 따라 청정법신 비로자나, 원만보신 노사나불로 구분하여 사용하기도 한다. 다음은 감산의 『조론약주肇論略注』의 설명이다.

※ 『화엄경』에 이르기를 '부처님이 보리도량을 떠나지 않고 일체처에 널리 몸을 나투신다' 하였으니 이른바 "불신이 법계에 충만하여 모든 중생들 앞에 널리 나타나시되, 인연에 따라 감응함이 두루하지만 이 보리좌에 항상 계시네."라고 하였다. 이러한 이치를 깨치지 못하면 동정動靜이 둘이 아님을 밝히기 어렵다(如 華嚴云 不離菩提場 而徧一切處 所謂佛身充滿於法界 普現一切羣生前 隨緣赴感靡不 周 而恒處此菩提座 不悟此理 難明動靜不二之旨).

155 수용신(受用身, saṃbhoga-kāya): 원만한 일체 공덕으로 순정토純淨土에 머무르며 항상 법락法樂을 받는 몸을 가리키는 말. 제가諸家에 따라 수용신受用身의 해석이 다르다. 유식종에서는 수용신을 불신佛身이라 한다(三身之一, 四身之一). 그 스스로의 몸이 능히 광대한 법락을 받아쓰기 때문이며, 더불어 능히 다른 중생으로 하여금 법락을 받아쓰게 하기 때문에 수용신을 둘로 나눈다.

걸림도 없고 어떤 장애도 없어 법계에 두루 평등하다. 그래서 '분제分際

①자수용신自受用身은 부처님 스스로 받아쓰는 법락의 몸이니 곧 실지신實智身
이다. 대원경지大圓鏡智와 상응하는 무루無漏의 제8식의 변화하여 나타남(所變
現)이니, 삼무수겁三無數劫의 세월에 걸쳐 무량 복지福智을 쌓아 모아서 자리自利
의 행행行行을 수행하여 가없는 진실공덕이 생기生起하여 그 과果로 얻은 극묘원정極
妙圓淨하고 항상 두루한 색신色身이며 극히 미묘한 희락喜樂을 받기 때문에
닦은 바의 감응의 뜻으로 보신報身이라고 한다. ②타수용신他受用身은 부처님의
평등성지의 나타난 바로 변화한 이타利他의 미묘청정공덕신微妙淨功德身이다.
부처님이 대자비로써 십지보살의 근성根性에 응하여 십중十重의 상해相海를
시현함이니 순정불토純淨佛土에 머무시면서 현신하여 설법하시고, 모든 보살로
하여금 대승의 법락을 받게 하는 이 몸을 응신應身이라고도 한다.
※『성유식론』10권에도 유사한 설명이 있다. 첫째는 자수용신自受用身이니,
모든 여래가 3무수겁 동안 한량없는 복덕과 지혜의 자량을 닦아서 일으킨
가없는 참다운 공덕과 매우 원만하고 청정하며 항상 두루하는 색신을 말한다.
상속하여 담연하고 미래세가 다하도록 항상 스스로 광대한 법의 즐거움을
수용한다. 둘째는 타수용신他受用身이니, 모든 여래가 평등성지에 의지하여
나타내 보인 바인 미묘하고 청정한 공덕의 몸이다. 순수한 정토에 머물면서
십지 중에 있는 보살들을 위해서 큰 신통을 나타내고, 바른 법륜을 굴려서
여러 의심의 그물을 결택하여 그들로 하여금 큰 법의 즐거움을 수용하게 한다.
이 둘을 합하여 수용신이라 한다.
※불신佛身에 대하여 경經과 논論이 다르게 설하고 있으니,『동성경同性經』에
설하되 "예토(穢土: 사바세계)의 성불을 이름하여 화신이요, 정토(淨土: 극락세
계)의 성도成道를 이름하여 보신이라" 하며,『금고경金鼓經』에 설하되 "삼십이
상과 팔십종호 등의 상을 이름하여 응신應身이라 하고, 육도六道의 상相을
따라서 나타나는 바 몸을 이름하여 화신이라" 하며,『섭대승론攝大乘論』의
설에 의하면 "지전地前에서 보는 것을 이름하여 화신이라 하고, 지상地上에서
보는 것을 이름하여 수용신受用身이라" 했거니와, 이『기신론』가운데서는
'범부와 이승의 보는 바 육도의 차별상을 이름하여 응신이라 하고, 십해十解
이상의 보살들이 보는 바 분제分齊 여읜 색을 이름하여 보신이라' 하였다.(원효의

의 모양을 여의었다' 하였으니, 곧 하나의 참된 보신報身의 경계이다. 이른바 『법화경』에서 말하였다[156]. "겁화의 커다란 불이 태우더라도 이곳은 평온하다." 그 때문에 '무너지지도 않고 잃지도 않는다'고 하였다.

※

如是功德이 皆因諸波羅密等無漏行熏과 及不思議熏之所成就하야 具足無量樂相일새 故說爲報身이니라

이와 같은 공덕이 모두 모든 바라밀 등 무루無漏의 수행 훈습과 더불어 부사의한 훈습으로 성취한 것이다. 무량한 낙상樂相을 만족스럽게 갖추기 때문에 보신報身이라 한다.

『기신론소』)

156 『법화경』「여래수량품如來壽量品」 제16에 나오는 게송이다.
"중생이 겁 다하여 큰 불에 탈 때에도
나의 국토는 안온하여 하늘과 인간이 항상 충만하다."
(衆生見劫盡 大火所燒時 我此土安隱 天人常充滿)
이와 관련된 감산의 『조론약주』「물불천론物不遷論」의 일부를 요약하여 소개한다. 사람들은 미혹함 때문에 사물이 천류遷流한다 말하나 깨달은 사람에겐 천류가 아니다. 천류 가운데 있으면서 천류를 보지 않는다. '모양이 천류하지만 자성이 천류하지 않는다'는 뜻이 아니다. 승조僧肇법사는 실상을 깊이 깨달아 사물이 천류한다는 것을 부정한다. 마치 항하의 강물이 아귀에게는 불로 보이지만 사람에게는 물로 보이는 것과 같이 미혹한 사람도 그와 같다는 것이다. 이러한 경지를 설명하기 위해 위의 게송을 들었다. 삼재三災 괴겁壞劫에 겁화劫火로 삼천대천세계가 활활 불타는 때에도 나의 국토는 안온하다는 것은 극도로 천류하는 가운데에도 천류하지 않는다는 것이니 이 말은 징험할 만하다고 하겠다.

【직해】 此結果由因 釋報身得名也 如是依正二報 皆由十度行熏 及本
覺不思議內熏之功 以結顯因熏習義也

여기서 이런 과果는 수행의 인因으로 말미암아 '보신報身'이라는 이름을
얻게 된다고 해석하여 결론지었다. 이와 같은 의보와 정보 두 가지는
모두 십바라밀의 수행 훈습과 본각의 부사의한 내훈內熏의 공력으로
말미암은 것이다. 이로써 수행의 인因훈습의 뜻을 결론적으로 드러낸
것이다.

❁

又爲凡夫의 所見者는 是其麤色이니 隨於六道의 各見不同하야 種種
異類라 非受樂相일새 故說爲應身이니라

또한 범부가 보는 바는 이것이 그 거친 색(麤色)이니 육도六道를
따라 각각 보는 것이 같지 않아서 갖가지 다른 무리(異類)라, 즐거움
을 받는 모양이 아니므로 응신應身이라 한다.

【직해】 此別釋應身非一 蓋隨類所見不同也 以六道見佛 各隨業感 其
相不同 以見同類 故云非受樂相

이것은 응신이 하나가 아니니, 대체로 중생류에 따라 보는 바가 각각
같지 않음을 따로 풀이한 것이다. 육도 중생이 부처님을 볼 때 각각의
업에 감응한 모양에 따라 그 모양이 같지 않으니 자기가 속한 부류로
볼 따름이다. 때문에 '즐거움을 받는 모양이 아니라'고 하였다.

❖

復次初發意菩薩等의 所見者는 以深信眞如法故로 少分而見하야 知彼色相莊嚴等事가 無來無去하야 離於分齊요 唯依心現하야 不離眞如니라 然此菩薩이 猶自分別하야 以未入法身位故로

다음에 초발의初發意 보살 등이 보는 바는 진여법을 깊이 믿는 까닭으로 적은 부분이나마 (보신의 모양을) 보아서 저 색상과 장엄 등의 일이 오고 감이 없어서 분제分齊를 여읜다. 오직 마음을 의지하여 나타나서 진여를 여의지 아니한 줄 안다. 그러나 이 보살들이 오히려 스스로 분별하는 것은 아직 법신의 지위(法身位)에 들어가지 못했기 때문이다.

【직해】此別釋三賢所見 不同地上也 前云依業識 從初發意至究竟地 乃總說所見皆報身相 然其中亦有淺深 不無分滿 故此重明也 此明三賢發心 志斷無明 深信眞如 但依六識分別比觀 但相似覺 故云少分見 以分別未忘 未證眞如 不同地上 故云未入法身

이것은 삼현보살이 보는 것이 지상地上보살과 같지 않음을 따로 풀이한 것이다. 앞에서는 업식業識을 의지해 보는 것은 처음 발심한 때부터 구경지究竟地까지 보는 바가 모두 보신의 모양임을 총괄적으로 말하였다. 그러나 그 가운데 또한 수행의 옅고 깊은 차이가 있고, 일부분(分)과 가득 참(滿)의 차별이 없지 않아, 여기에서 거듭 밝힌 것이다. 여기에서 삼현보살이 발심해 무명을 끊고 진여를 깊이 믿는다는 것을 밝혔다. 다만 육식六識의 분별사량에 의한 비관比觀뿐이어서 단지 상사각相似

覺에 불과하므로 '적은 부분이나마 보신을 본다'고 하였다. 그러나 아직 분별을 벗어나지 못해 진여를 증득하지 못했으므로 지상보살이 보는 바과 같지 않다. 그 때문에 '아직 법신의 지위에 들어가지 못한다'고 한 것이다.

❀

若得淨心하면 所見이 微妙하야 其用이 轉勝하며 乃至菩薩地盡이라야 見之究竟이니라

만약 정심지(淨心地, 初地)를 얻으면 보는 바가 미묘하여 그 用用이 더욱 뛰어나며, 보살지가 다함에 이르러야 보는 것이 구경이 된다.

【직해】 此明地上所見報身亦漸漸圓滿 至金剛後心 眞窮惑盡 故云見之究竟

여기에서 지상보살이 보는 보신이 (수행에 따라) 더욱 점차적으로 원만해지고, 나아가 금강심金剛心[157]에 이르면 혹惑이 끝까지 다하게

---

157 금강도金剛道: 번뇌를 끊는 마지막 계위를 무간도無間道라 하는 바 금강유정은 무간도에 해당된다.
※ 현장의 『팔식규구송』에서 제8식송의 일부와 감산의 해석을 소개한다.
"부동지 이전에 이미 장식藏識을 버리고, 금강도 후에 이숙식이 공해진다. 대원경지와 무구無垢식이 동시에 발생하여, 널리 시방의 모든 세계를 비춘다."
(不動地前纔捨藏 金剛道後異熟空 大圓無垢同時發 普照十方塵刹中)
감산의 해석 : "이 게송은 8식이 전환하여 대원경지가 되는 것이다 말하자면 이 식은 7식을 아我라고 집착하는 데 기인한다. 그래서 무시이래로 계속 이어져 생사의 오랜 겁의 세월 동안 생사에 잠겨왔다. 원교圓教의 보살이 발심 수행하여 점차로 습기를 끊어 삼현의 지위를 거쳐 초지에 오르면 제7지에 이르기까지

되므로 보는 바가 구경에 이른다고 하였다.

구생아집을 깨뜨린다. 이 식이 바야흐로 장식이라는 이름을 버리게 된다. 허물이 가장 무겁다는 것을 나타냈다. 그래서 말하기를 '부동지 이전에 장식을 조금이나마 버린다'고 했다. 미세한 법집이 있어 유루의 착한 종자가 간간이 일어나 오히려 후과後果를 이끌기 때문에 이숙식이라는 이름을 얻는다. 금강심 이후에 해탈도를 증득하면 이숙식이 공해져서 그렇게 게송을 말한 것이다. 이숙식이 공해지면 인과를 초월하여 바야흐로 제8식을 전환하여 대원경지를 얻는다. '무구식이 동시에 난다'는 것은 불과위佛果位 중에 무구식無垢識이라는 이름과 청정한 진여眞如가 된다. 이른바 대원경지大圓鏡智가 상응하여 법신이 현현한다. 원만하게 시방세계를 널리 비춘다. 그래서 '널리 비춘다'고 결론지은 것이다. 이치와 지혜가 하나가 되어 바야흐로 구경에 하나의 심체心體를 증득한다. 이것이 유식의 궁극의 이치이며 여래의 극과極果인 것이다.

이 식을 살펴보면 깊이 잠복해 있어 깨뜨리기 어렵다. 이 식에 극히 작은 것이라도 남아 있다면 마침내 생사의 언덕에 남아 있게 된다. 예전 대덕 스님과 조사들 가운데 이 식을 깨뜨리지 않고 부처와 조사를 뛰어넘었다는 이야기를 하지 않았다. 지금 사람들은 생멸을 잊지 못한 채, 심지心地에 잡된 물든 종자를 터럭만큼도 남지 않도록 깨끗하게 하지도 않고 도를 깨달았다고 주장하니 어찌 얻지도 못하고 얻었다고 하거나, 증득하지 못했으면서도 증득하였다고 주장하는 것이 아니겠는가. 가히 두렵지도 않은가(此頌轉成大圓鏡智也 謂此識因 七識執爲我 故從無始時來相續長劫 沉淪生死 圓敎菩薩從初發心修行 漸斷習氣 歷過三 賢登地以去 至第七地破俱生我執 此識方得捨藏識名 顯過最重 故云不動地前纔捨藏 以微細法執 及有漏善種間起 尙引後果 名異熟識 至金剛心後 證解脫道 異熟方空 故云 爾也 異熟若空 則超因果 方才轉成大圓鏡智 言無垢同時 發者 以佛果位中 名無垢識 乃淸淨眞如 謂鏡智相應法身顯現 圓明普照十方塵刹 故結云普照十方塵刹中 以理智一 如 方證究竟一心之體 此唯識之極則 乃如來之極果也 諦觀此識深潛難破 此識絲毫未透 終在生死岸頭 古德諸祖未有不破此識而有超佛越祖之談 今人生滅未忘 心地雜染種子 未淨纖毫 便稱悟道 豈非未得謂得 未證謂證 可不懼哉)."

✿

若離業識하면 則無見相이니 以諸佛法身은 無有彼此色相迭相見
故니라

만약 업식을 여의면 곧 보는 모양이 없으니 모든 부처님의 법신은
이쪽저쪽에 색상의 모양으로 번갈아 보이는 것이 없기 때문이다.

【직해】上言依業識見者 乃是報身 猶有所見 以未見法身故 今明若離
業識 則見法身 以法身眞體 唯一眞心 絶諸對待 了無色相能所 故云無
有彼此迭相見故

위에서 '업식을 의지하여 보는 것이 곧 보신이고, 보는 것이 아직
남아 있으면 법신을 보지 못한다'고 하였다. 여기에서 만약 업식을
여의면 곧 법신을 보는 것임을 밝혔다. 법신이란 진여 자체이며, 오직
하나뿐인 진심眞心으로 모든 상대를 끊고 어떤 색깔色과 모양相이나
주관·객관이 없는 것을 요달하므로 '이쪽저쪽 색상의 모양으로 번갈아
보이는 모양이 없기 때문이라'고 하였다.

蓋言可見者 雖是細妙 但屬修顯 從迷中返悟 故未離能所色相 此法身
眞體 乃一心眞源 不屬迷悟 不借緣生 自此天眞 爲正因佛性 故結指爲
究竟極則

대체로 볼 수 있는 것이 남아 있다면 아무리 미세하고 오묘하다 하더라
도 다만 수행의 단계에 속한 가운데 나타난 것이어서, 미혹으로부터
깨침으로 되돌아가야 하므로 아직 주객(能所)의 색깔과 모양을 여의지

못한다. 그러나 이 법신이라는 진여 자체는 바로 일심의 참된 근원이어서 미혹과 깨침에 속하지도 않고, 연緣을 빌려서 생기는 것도 아니다. 바로 이것이 천진天眞의 정인불성正因佛性이 되므로 구경궁극究竟窮極의 법칙이라고 가리켜 결론지었다.

❀

問曰若諸佛法身이 離色相者인댄 云何能現色相이니잇고

물어 이르되 "만약 모든 부처님의 법신이 색상色相을 여의었다면 어찌하여 색상을 나타낼 수 있는가?"

【직해】 此問明法身離相 不礙現相也

이 질문은 법신이 모양을 여의었으므로 색상을 나타냄에 장애되지 않는 것을 밝히려는 것이다.

❀

答曰卽此法身이 是色體故로 能現於色하나니 所謂從本已來로 色心이 不二라 以色性이 卽智故로 色體無形을 說名智身이요 以智性이 卽色故로 說名法身이 徧一切處니라 所現之色이 無有分齊하야 隨心能示十方世界의 無量菩薩과 無量報身과 無量莊嚴이 各各差別이로되 皆無分齊하야 而不相妨하나니 此非心識의 分別能知니 以眞如自在用義故니라

답해 이르되 "곧 이 법신이 이 색체色體이기 때문에 색을 나타낼 수 있다. 이른바 본래로부터 색법과 심법이 두 가지가 아니다.

262

색의 성품이 곧 지혜이기 때문에 색체가 형상이 없음을 설하여 이름을 지신智身이라 한다. 지혜의 성품이 곧 색色이기 때문에 '법신이 일체처一切處에 두루한다'고 말한다. 나타내는 바의 색이 분제分際가 없는지라, 마음을 따라서 능히 시방세계의 무량한 보살과 무량한 보신과 무량한 장엄을 나타냄이 각각 차별이 나지만 모두 분제가 없으나, 서로 방해하지 않는다. 이것은 심식心識의 분별로 알 수 있는 것이 아니니 진여의 자재한 작용(用)의 뜻이기 때문이다."

【직해】 答意以明法報冥一 色心不二 總顯一眞無障礙法界 以歸究竟一心眞源也 法身者一心之異稱也 以心爲萬化之源 故云法身 是色之體 故能現色

답한 뜻은 법신과 보신이 그윽이 하나로 합하고, 색色·심心이 둘이 아님을 밝혔다. 색심이 하나의 진여 무장애無障礙 법계로, 궁극에는 일심의 참된 근원으로 돌아간다고 총괄적으로 나타낸 것이다. '법신'이란 일심을 다르게 지칭한 말이다. 마음이 온갖 변화를 일으키는 근원이므로 법신이라 한다. 이 법신은 모든 색의 본체인 까닭에 능히 색을 나타낸다.

譬如虛空非色 而能出生色相 故云從本已來色心不二也 以事攬理成全空成色 故云色性卽智性故 以色體本空故 說爲智身 所謂色卽是空也 以全理成事 故事卽理 譬如虛空 遍至一切色非色處 所謂空卽是色也

비유하자면 허공은 색이 아니지만 그 가운데 온갖 색의 모양을 출생하는 것과 같다. 그래서 본래부터 '색色과 심心은 둘이 아니다'라고 말한 것이다. 현상(事)은 이치(理)를 따라 이루어지고 공空 전체가 그대로 색色을 이루고 있다. 그래서 '색의 성품이 곧 지혜의 성품이기 때문이라'고 하였다. 모든 색 자체는 본래 공空하기 때문에 '지혜의 몸(智身)'이 된다고 하였다. 이른바 색이 바로 공(色卽是空)인 것이다. 이치(理) 그대로 온전히 현상(事)이 이루어지므로 현상이 곧 이치(事卽理)이다. 비유하자면 허공이 두루하여 색과 색이 아닌 것까지 두루 감싸고 있음과 같다. 이른바 공이 바로 색(空卽是色)이라는 것이다.

由理事不二 故色隨空遍 無有分齊 由無二無分 故身土自他無障無礙 故十方世界 無量菩薩之報身 依報莊嚴之國土 各各差別 皆無分齊 而不相妨 所以華藏海中帝網諸刹重重交羅 由理事無礙 故得事事無礙 此非心識所知 皆是眞如大自在用也

이치와 현상은 둘이 아니므로 색色은 공空을 따라 두루하여 한계가 없다. 둘도 아니고 나뉘지도 않는 까닭에, 불신佛身과 불신을 수용하는 국토는 자타自他가 장애되지도 않고 걸리지도 않는다. 때문에 시방세계에 있어서 한량없는 보살의 보신과 의보依報인 장엄한 국토는 각각 다르지만, 모두 한계가 없어 서로 방해되지 않는다. 화장세계 바다 가운데 제석천의 보배 그물이 겹겹으로 교차하는 것같이 이치와 현상이 서로 장애되지 않고(理事無礙), 현상과 현상이 서로 걸리지 않는다(事事無礙). 이것은 심식心識의 분별로는 알 수 있는 경계가 아니다.

모두가 진여의 커다란 자재 작용인 것이다.

良由體周而用遍 皆一心眞如之用故 論宗一心爲一法界大總相法門
體 故解釋正義而結歸於此 所謂無不從此法界流 無不歸還此法界 故
於生滅門中 究竟顯一心之極則耳

진실로 본체本體가 두루하여 작용도 어디든지 고루 미치니, 모두가
그 일심진여의 작용이기 때문이다. 본 논서에서는 일심을 종宗으로
하여 일법계의 대총상법문체一法界大總相法門體로 삼았기에 바른 의義
를 해석하여 여기로 귀결시켰다. 이른바 "이 법계의 흐름을 따라 나오지
않은 것이 없으며, 이 법계로 돌아가지 않는 것이 없다." 따라서 생멸문
가운데 일심一心의 궁극의 법칙을 나타낸 것이다.

前顯示正義中大科分二 初顯動靜不一 從一心眞如者起至此 二門分
別已竟 下第二會相入實顯動靜不二

앞에서 현시정의顯示正義를 두 부분을 나누었다. 첫째는 동정動靜이
한 가지가 아님을 나타냈다. 일심진여로부터 여기에 이르기까지 진여
와 생멸 두 가지 문을 분별하여 마쳤다. 다음부터는 둘째 부분으로
생멸 모양에서 진여 실제로 들어가면 동정動靜이 둘이 아님을 나타낸다.

❀

復次顯示從生滅門하야 卽入眞如門하리니

다음에 생멸문으로 좇아서 곧 진여문에 들어가는 것을 나타내 보이
겠다.

【직해】 此令觀生本無生 卽生滅以入眞如門也

여기서는 생生이 본래 무생無生임을 관觀하도록 하여 생멸문에서 진여
문으로 들어가게 하는 것이다.

❀

所謂推求五陰컨대 色之與心이라 六塵境界가 畢竟無念이라 以心無
形相하야 十方求之하야도 終不可得이라 如人이 迷故로 謂東爲西나
方實不轉인달하야 衆生도 亦爾하야 無明이 迷故로 謂心爲念이나 心
實不動이니 若能觀察하야 知心無念하면 卽得隨順하야 入眞如門故
니라

이른바 오음五陰을 추구하여도 색법과 심법일 뿐이다. 육진六塵의
경계가 필경에 망념妄念이 없는 것이다. 마음은 형상이 없어서 시방
으로 구하여도 마침내 가히 얻을 수 없다. 마치 사람이 미혹하기
때문에 동을 일러서 서라 말하여도 방위는 실로 바뀌지 않는 것과
같다. 중생들도 또한 그러해서 무명으로 미혹한 까닭으로 마음(心)
을 일러 망념이라 하지만 마음은 실로 움직이지 않는다. 만약 능히
관찰해서 마음에 망념이 없음을 알면 곧 수순함을 얻어서 진여문眞
如門에 들어가기 때문이다.

【직해】 此示正觀 爲頓悟一心之妙也 謂一眞法界 本無色心 何有五陰
之衆生耶? 良由最初一念不覺 是謂無明 以無明力 卽變一心而爲業
識 依業識見相二分 以爲色心和合 故有五陰之衆生 是則衆生五陰
皆因一念而有也 故今不必計衆生是眞僞 但觀一念起處 本自無念 無

266

念卽無生 無生則衆生本無 又何有色心諸法耶?

여기서는 바른 관법(正觀)이 일심을 단박 깨치는(頓悟) 묘妙가 됨을 보이고 있다. 말하자면 일진법계一眞法界에는 본래 색色·심心이 있지 않거늘 어찌 오음으로 된 중생이 있을 수 있겠는가? 진실로 최초의 일념불각一念不覺이 바로 무명이다. 이 무명의 힘에 의해 일심이 변해 업식業識이 된다. 이 업식을 의지하여 견분見分과 상분相分 둘로 나뉘고, 색과 심이 화합하므로 오음五陰 중생이 있게 된다. 이렇게 중생의 오음은 모두 한 생각에 의해 생긴 것이다. 그 때문에 여기에서 중생의 진위를 헤아릴 필요가 없다. 다만 한 생각이 일어난 곳이 본래 무념無念임을 바로 보아야 한다. 무념이라면 곧 생긴 것이 없게 되고 생긴 것이 없으면 중생도 본래 없다. 또 어찌 색·심 등 모든 법이 있을 수 있겠는가?

所以教令直觀無念 卽當下頓入眞如門矣 此觀無念一著 乃佛祖指示修行之的訣 故達磨西來 教二祖將心來與汝安 二祖云覓心了不可得 六祖云本來無物 以下諸祖 無不指示離念境界 故今參禪 不了無念之旨 更起種種玄妙思量 豈祖師西來意耶? 不唯此論 卽一大藏 千七百則總歸無念一語 無剩法矣 學者識之

무념을 직관直觀하도록 가르친 이유는 단박 진여문으로 들어가게 한 것이다. 무념을 관하는 이 관법은 부처님과 조사들이 가르친 수행의 비결이다. 그러므로 달마 대사가 서쪽으로부터 와서 이조 혜가에게 "네가 편안하지 못하다고 하는 그 마음을 가지고 오너라. 너를 편안하게 해주겠다."라고 하자 혜가는 "마음을 아무리 찾아보아도 없습니다."라고 하였다. 육조 혜능도 "본래 한 물건도 없다(本來無一物)."라고 했다. 이 이래로 여러 조사들 중에 "생각을 여읜 경계(離念境界)"를 가리키지 않은 이가 없었다. 요즈음 참선 수행인이 무념의 본뜻을 알지 못한 채 갖가지 현묘한 사량만 일으키고 있으니 어찌 '달마 대사가 서쪽에서 온 뜻(祖師西來意)'[158]을 알겠는가? 이 『기신론』뿐만 아니라 일대 장경과 천칠백 공안公案이 모두 '무념無念' 한마디로 귀결되니, 이 이외에 어떤 법도 있지 않다. 배우는 사람은 이를 알아야 한다.

上顯示正義竟 下對治邪執

이상으로 현시정의顯示正義를 마치고, 다음은 '삿된 집착을 다스림'이다.

---

[158] '조사서래의祖師西來意'의 유래는 다음과 같다.

조주趙洲 스님께서 상당하여 대중에게 말씀하셨다. "이것은 너무도 분명하여 격을 벗어난 장부라도 여기를 벗어날 수 없다. 노승이 위산潙山에 갔을 때 한 스님이 위산 스님에게 '무엇이 조사가 서쪽에서 오신 뜻입니까?' 하고 묻자 위산스님은 '나에게 의자를 가져다주게' 하였다. 종사라면 모름지기 본분의 일로 납자를 지도해야 한다."

그때 한 스님이 물었다.

"무엇이 조사가 서쪽에서 오신 뜻입니까?"

"뜰 앞의 잣나무다."

"스님께서는 경계를 가지고 학인을 가르치지 마십시오."

"나는 경계를 가지고 학인을 가르치지 않는다."

"무엇이 조사가 서쪽에서 오신 뜻입니까?"

"뜰 앞의 잣나무다."

268

2. 대치사집對治邪執

對治邪執者는 一切邪執이 皆依我見이니 若離於我하면 則無邪執이
니라 是我見이 有二種하니 云何爲二오 一者는 人我見이요 二者는
法我見이니라

'삿된 집착을 다스린다'는 것은 일체의 삿된 집착이 모두 아견我見에
의지하므로 만약 나를 여의면 곧 삿된 집착이 없다. 이 아견에는
두 가지가 있다. 무엇이 두 가지인가? 첫째는 인아견人我見이요,
둘째는 법아견法我見이다.

【직해】 人我見者 計五蘊實有主宰 是佛法內初學大乘人 迷敎妄執 隨
言執義者 非是外道等所起也 法我見者計五蘊等一切法各有體性 卽
二乘所起也

인아견人我見은 오온五蘊에 실제 주재자가 있다고 헤아리는 생각이다.
불법佛法에 있어서 이제 처음 대승법을 배우기 시작한 수행인이 부처님
가르침에 어두워 허망하게 집착하고 언설을 따라서 그 말뜻에 집착하
여 이런 소견을 내는 것이고, 외도 등이 일으키는 것은 아니다. 법아견法
我見은 오온 등 일체법에 각각 자체 성품이 있다고 헤아리는 것으로
이승二乘이 일으키는 것이다.

❀

人我見者는 依諸凡夫하야 說有五種하니 云何爲五오

인아견이란 것은 모든 범부를 의지해서 설하면 다섯 가지가 있다.

무엇이 다섯 가지인가?

【직해】此先明人我見有 二種一者凡夫執五蘊以爲實我 依之妄起邪執 二者如來藏中有本覺義 執爲能證 故云存我覺我 此是菩薩所執 今云 人我見 乃是凡夫初學佛法 聞前二門分別 不解離言 隨語起執者 故皆 以所聞佛法而言也

여기서는 먼저 인아견에는 두 가지가 있음을 밝힌다. 첫째는 범부가 오온에 집착하여 '참다운 나(實我)'로 삼는 것이니 허망하게 그릇된 집착을 일으킨다. 둘째는 여래장 가운데 본각의 뜻을 '증득하는 사람(能證)'으로 삼아 이에 집착해 '존아存我', '각아覺我'라고 말한다. 이는 보살이 일으키는 집착이다. 여기서 말하는 인아견은 범부가 처음으로 부처님 가르침을 배워 앞에서 보인 두 가지 문을 듣고서 언설을 여읜 그 의미를 이해하지 못하고 말을 따라 집착하는 것이니, 모두가 부처님 가르침을 듣고 말하는 것이다.

❀

一者는 聞脩多羅에 說하사대 如來法身이 畢竟寂寞하야 猶如虛空하고 以不知爲破著故로 卽謂虛空이 是如來性이라 하나니 云何對治오 明虛空相은 是其妄法이라 體無不實이언마는 以對色故로 有是可見相하야 令心生滅하나니 以一切色法이 本來是心이라 實無外色이니 若無外色者인댄 則無虛空之相이니 所謂一切境界가 唯心妄起故로 有라 若心離於妄動이면 則一切境界가 滅이요 唯一眞心이 無所不徧이니 此謂如來廣大性智究竟之義니 非如虛空相故니라

첫째는 수다라(脩多羅, 經藏)에 설하시되 "여래 법신이 필경 적막하여 마치 허공과 같다"라고 함을 듣고, 이것이 집착을 깨뜨리기 위한 것임을 알지 못한 까닭에 곧 말하기를 "허공이 이 여래성如來性이라" 한다면, 어떻게 다스릴 것인가? 허공의 모양은 이것이 그 허망한 법이라, 체가 없으므로 실實이 아니지마는 색을 대하기 때문에 이것이 가히 볼 수 있는 모양이 있어서 마음으로 하여금 생멸케 한다. 그러나 일체 색법色法이 본래 이 마음이라, 실로 마음 밖에 색色이 없으니 만약 마음 밖에 색이 없다면 곧 허공의 모양도 없다. 이른바 일체 경계가 오직 마음이 망령되이 일으키기 때문에 있는 것이다. 만약 마음이 망령되이 움직임을 여의면 곧 일체 경계가 없어진다. 오직 하나의 진실된 마음이 두루하지 않은 바가 없다. 이것은 말하자면 여래의 광대한 성품의 지혜라는 구경의 뜻이요, 허공의 모양과 같지 않기 때문이다.

【직해】此破妄執事空以爲法身體也 以衆生不達法身 無相之理 執佛色身爲有礙之色質 故說法身猶如虛空 以破彼執 聞者不達 遂妄以頑空是如來性 此邪執也 云何對治? 乃破之曰 虛空是其妄法 乃妄情遍計 其體不實 理本無也 何者? 以此虛空 乃對色所顯 遍計妄執爲有 令心生滅 非法身也

이것은 허공을 법신 자체로 여기는 망집妄執을 깨뜨린 것이다. 중생은 모양이 없는 이치의 법신에 통달하지 못한 채, 부처님의 색신色身을 걸림이 있는 색질(色質礙)의 몸이 된다고 집착한다. 그래서 법신은 마치 허공과 같다고 말함으로써[159] 그 집착을 깨뜨리는 것이다. 그러나 듣는 사람이 이것을 알지 못하고 망령되게 텅 빈 허공이 여래의 성품이라고 집착하니 이는 그릇된 집착이다. 이 허물은 어떻게 다스릴 것인가? 이를 깨뜨리기 위해 말하기를 "허공도 망법妄法이어서 망령되이 정식情識으로 두루 헤아리나 허공 자체는 실답지 않아 본래 그런 이치가 없다. 왜 그런가? 이 허공이 색(色: 삼라만상)과 대비하여 나타난 것으로 두루 헤아려 망령되이 허공이 있다고 집착한다. 이 허공이 마음에 따라 생멸하게 되므로 법신이 아닌 것이다."

何以虛空是妄法耶? 以一切色法唯心所現 色本無也 若無色法 而虛空亦無 何以空色俱無耶? 所謂一切境界 唯心妄起故有 若離妄念 則一切境界頓滅 則唯一眞心 無所不遍 此之謂如來法身廣大性智 非如虛空相也

어찌하여 허공이 망법妄法인가? 일체 색법이 오직 마음에서 나타났을 뿐 색色은 본래 없는 것이다. 만일 색법色法이 없다면 허공 또한 없을 것이다. 어째서 허공과 색이 모두 없는가? 이른바 일체 경계는 오직 마음이 망령되이 일어나기 때문에 생겨난다. 만약 망령된 생각(妄念)

---

159 허공의 의미는 경전에서 여러 가지 비유로 인용되고 있다. 대승경전인 『열반경』을 중심으로 고찰하면 허공의 의미는 ①두루하다는 뜻이니 허공이 광대하고 가없기 때문이다. ②항상의 뜻이니 허공은 변하거나 바뀌는 일이 없이 항상인 성품이다. ③걸림이 없다는 뜻이다. ④분별이 없다는 뜻이니 친소親疏·원근遠近·애증愛憎의 차별이 없다. ⑤수용容受의 뜻이니 허공이 광대하여 일체 모든 세간을 용납한다는 뜻이다.

※"마음을 허공과 같이 해야 비로소 이룰 것이 있다(祇如今心如虛空相似 學始有所成)." (『백장록百丈錄』)

을 여의면 모든 차별 경계가 즉시 사라지고 오로지 하나의 진심眞心이
어느 곳에나 두루한다. 이것을 일컬어 여래 법신의 광대한 성품 지혜라
하며, 허공의 모양과 같지 않은 것이다.

❀

二者는 聞脩多羅에 說世間諸法이 畢竟體空이며 乃至涅槃眞如之
法도 亦畢竟空이라 從本已來로 自空하야 離一切相하고 以不知爲破
著故로 卽謂眞如涅槃之性이 唯是其空이라 하나니 云何對治오 明眞
如法身의 自體는 不空하야 具足無量性功德故니라

둘째는 수다라에 설하시되 "세간에 모든 법이 필경에 체가 공空이며,
내지 열반과 진여의 법이라도 또한 필경공畢竟空이라, 본래로부터
자체가 공해서 일체 모양을 여읜다"고 함을 듣고, 이것이 집착을
깨뜨리기 위한 것임을 알지 못하기 때문에 곧 말하기를 "진여열반의
성품이 오직 이 공이라" 한다면, 어떻게 다스릴 것인가? 진여법신은
자체가 공하지 않음을 밝히고 무량한 성품의 공덕(性功德)을 구족하
기 때문이다.

【직해】 此破眞如涅槃爲斷滅空也 以有不了世出世法 假名非眞 計爲
實有者 說畢竟體空 以破彼計 聞者不知破著之言 遂執言妄計眞如涅
槃爲斷滅空 云何對治? 明眞如法身自體不空 具足無漏性功德故 上
執虛空爲法身 此執法身爲斷滅空 皆墮空見者

여기서는 진여와 열반이 단멸공斷滅空이 된다는 집착을 깨뜨리는 것이
다. 세간법과 출세간법이란 말은 단지 거짓된 이름뿐이어서 참되지

못함을 알지 못하고 실제로 있다고 헤아리는 자가 있다. 이에 본체가 필경 공空이라 말함으로써 저 헤아림을 깨뜨린다. 그러나 이 말을 듣는 사람은 그릇된 집착을 깨뜨리는 것인 줄 모르고 말에 집착하여 망령되이 '진여와 열반이 단멸공이 된다'고 헤아린다. 이 허물을 어떻게 다스릴 것인가? 진여법신은 자체가 공하지 않음을 밝혀야 한다. 무루無 漏의 성품 공덕을 만족하게 갖추기 때문이다. 위 문장에서는 허공이 법신이라 하는 집착이고, 여기에서는 법신이 단멸공이라 여기는 집착 인데 모두 다 공견空見에 떨어진 것이다.

❖

三者는 聞脩多羅에 說如來之藏이 無身增減하야 體備一切功德之 法하고 以不解故로 卽謂如來之藏이 有色心法이 自相差別이라하나 니 云何對治오 以唯依眞如義說故로 因生滅染義하야 示現說差別 故니라

셋째는 수다라에 설하시되 "여래장이 증감이 없어서 체體에 일체 공덕의 법을 갖추고 있다"고 함을 듣고 이해하지 못하기 때문에 곧 말하기를 "여래장이 색色·심心의 법法이 스스로 모양의 차별이 있다"라고 한다면, 어떻게 다스릴 것인가? 오직 진여의 뜻을 의지하 여 설하였기 때문이며, 생멸生滅·염법染法의 뜻에 인해서 나타남을 차별이라고 설했기 때문이다.

【직해】此破執如來藏性同色心也 如有聞說如來藏性體具衆德 以不解 本無差別 遂執如來藏同色心差別之法 此不善義 執眞同妄也

274

여기서는 여래장의 성품이 색色·심心과 같다는 집착을 깨뜨린 것이다. '여래장의 성품 자체에 온갖 공덕이 갖추어져 있다'는 말을 듣고서 본래 차별이 없음은 잘 이해하지 못하고 여래장이 허망한 색·심의 차별법과 같다고 집착한다. 이것은 그 뜻을 잘 알지 못하여 진여가 망법妄法과 같다고 집착하는 것이다.

云何對治? 謂一切法本無差別 唯依眞如隨緣而有 法法皆眞 唯一眞如 色心不二 元無差別 但因生滅染義 示現諸差別耳 乃對妄翻染 說有差別 眞如自性 豈同色心差別耶? 此破妄執如來藏同色心者也

어떻게 다스릴 것인가? 말하자면 모든 법은 본래 차별이 없으며 오직 진여에 의지해 연緣에 따라 생긴다. 따라서 하나하나 법마다 참되고 오직 진여 하나뿐이어서 색色과 심心이 둘이 아니며 원래 차별이 없다. 다만 생멸의 염법染法의 뜻으로 말미암아 여러 차별상을 드러내 보인 것뿐이다. 그 망법에 대하여 염법을 돌이키기 위해 차별을 말한 것일 뿐, 진여의 자체 성품이 어찌 색·심의 차별상과 같겠는가? 이것이 여래장이 색·심과 같다는 그릇된 집착을 깨뜨리는 것이다.

❋

四者는 聞脩多羅에 說一切世間生死染法이 皆依如來藏而有라 一切諸法이 不離眞如하고 以不解故로 謂如來藏이 自體에 具有一切世間生死等法이라하나니 云何對治오 以如來藏이 從本已來로 唯有過恒沙等諸淨功德이 不離不斷하야 不異眞如義故며 以過恒沙等煩惱染法이 唯是妄有라 性自本無하야 從無始世來로 未曾與如來

藏相應故니 若如來藏이 體有妄法인댄 而使證會하야 永息妄者는
則無是處故니라

넷째는 수다라에 설하시되 "일체의 세간과 생사의 염법染法이 모두
여래장을 의지하여 있어서 일체 모든 법이 진여를 여의지 아니한다"
고 함을 듣고 이해하지 못하기 때문에 말하기를 "여래장 자체에
일체 세간의 생사 등의 법이 갖추어 있다"라고 한다면, 어떻게
다스릴 것인가? 여래장이 본래로부터 오직 항하사보다도 많은
모든 청정한 공덕이 있어 여의지도 않고 끊어지지도 아니해서[160]

---

160 원효는 『금강삼매경론金剛三昧經論』에서 여래장如來藏에 대해 부증불감경문不增
不減經文을 인용하여 다음과 같이 해석하고 있다. "중생계 가운데 세 가지 법이
있어 모두 진실하고 여여如如하며 불이不異하고 불차不差하다. 그 셋이란 무엇인
가? 첫째는 여래장본제상응체급청정법如來藏本際相應體及淸淨法이니, 이 법은
진실하고 허망하지 않으며 떠나거나 벗어나는 바 없는 지혜롭고 불가사의한
법이며, 무시·본제本際이래로 있는 청정에 상응하는 법체法體이다. 둘째는 여래
장본제불상응체급번뇌전불청정법如來藏本際不相應體及煩惱纏不淸淨法이니, 이
는 본제와 이탈하여 상응하지 않으며 번뇌에 감싸여 있는 불청정법으로 오직
여래의 보리지菩提智만이 능히 끊을 수 있는 법체이다. 셋째로 여래장미래제평등
항급유법如來藏未來際平等恒及有法이니, 이는 바로 일체제법의 근본으로 일체법
을 다 갖추고 있으며, 삼세의 제법에서 이탈하지 않고 있는 것이다. 생각해보니
여기에 세 가지 여래장문如來藏門이 있다. 무엇이 세 가지 문인가? ①첫째는
능섭能攝하는 여래장이다. 자성自性에 머물러 있을 때에 과果로써 얻어진 경지의
여래의 공덕을 능히 다 포섭하고 있어서, 능섭하는 여래인 까닭에 여래장이라고
이름하는 것이다. ②둘째는 소섭所攝하는 여래장이니, 번뇌에 감싸여 있는
청정치 못한 일체가 모두 다 여래의 지혜 안에 있는 것이다. 여래의 섭지攝持하는
바가 되므로 여래의 포섭하는 바라는 의미에서 여래장이라고 부른 것이다.
③셋째는 은부隱覆하는 여래장이니, 법신인 여래가 번뇌에 덮여 있어 여래가

276

진여의 뜻과 다르지 않기 때문이다. 항하사보다도 많은 번뇌 염법이 오직 이 망령됨에 있기 때문에, 자기 성품(自性)이 스스로 본래 없어서 시작이 없는 때로부터 일찍이 여래장과 더불어 상응하지 않기 때문이다. 만약 여래장 체體에 망법妄法이 있다고 하면 진리를 증득하고 이해하여 영원히 망념을 쉬게 한다는 것은 곧 옳지 않기 때문이다.

【직해】此破執如來藏性有生死染法也 以聞說妄依眞起 以不解隨緣之義 遂執藏性具有生死染法 此執眞有妄染也

여기서는 여래장 성품에 생사의 염법染法이 있다고 여기는 집착을 깨뜨린 것이다. 망법妄法이 진여에 의지해 일어난다는 말을 듣고서 '연에 따르는 뜻(隨緣之義)'을 잘 이해하지 못한 채 여래장 성품에는 생사의 염법이 있다고 집착한다. 이는 진여에 허망한 염법이 있다고 집착하는 것이다.

云何對治? 謂如來藏從本已來 唯具恒沙性德 不異眞如 以諸染法 唯是妄有 本無自性 從來不與藏性相應 若使藏體果有妄法 則使證眞息妄者 無有是處也 此二執藏性同色心 有生死染法 以不解隨緣 妄執爲實有者

이를 어떻게 다스릴 것인가? 여래장은 본래부터 오직 항하사만큼이나 많은 자성 공덕을 갖추어 진여와 다르지 않다. 여러 염법染法은 단지

───────────

스스로 숨은 것을 여래장이라고 이름하는 것이다."

망정妄情으로 헤아려서 있는 것(遍計所執性)이라 본래 자성이 없다. 따라서 여래장성과 더불어 상응하지 못한다. 만일 여래장 자체에 참으로 망법妄法이 있다고 한다면, 진리를 증득하여 망법을 쉰다는 것은 올바르지 못한 것이다. 세 번째와 네 번째의 두 가지 집착은, 여래장 성품은 색色·심心과 같아서 생사의 염법이 있어 연緣에 따라 나오는 줄 모르기 때문에 실제로 (생사의 염법이) 있다고 망령되이 집착한다.

❀

五者는 聞脩多羅에 說依如來藏故로 有生死하며 依如來藏故로 得 涅槃하고 以不解故로 謂衆生이 有始라 하며 以見始故로 復謂如來所 得涅槃이 有其終盡하야 還作衆生이라 하나니 云何對治오 以如來藏 이 無前際故로 無明之相도 亦無有始니 若說三界外에 更有衆生始 起者인댄 卽是外道經說이라 又如來藏이 無有後際니 諸佛所得涅 槃이 與之相應하야 則無後際故니라

다섯째는 수다라에 설하시되 "여래장을 의지하기 때문에 생사가 있으며 여래장을 의지하기 때문에 열반을 얻는다"고 함을 듣고 이해하지 못하는 까닭으로 말하기를 "중생들이 시작함이 있다"고 하며, 시작함을 보기 때문에 또한 말하기를 "여래께서 얻은 바 열반이 그 마침과 다함이 있어서 도리어 중생들이 된다"고 한다면, 어떻게 다스릴 것인가? 여래장이 전제(前際, 과거)가 없기 때문에 무명의 모양도 또한 시작이 없으니 "만약 삼계 밖에 다시 중생이 처음 일어남이 있다"고 말하면 곧 이것은 외도경外道經의 설이다.

278

또한 여래장이 후제(後際, 미래)가 없으니, 모든 부처님께서 얻은 바 열반이 이것과 더불어 상응해서 곧 후제가 없기 때문이다.

【직해】此破執生死涅槃有始終見也 以聞說依如來藏 有生死涅槃 以不解故 遂執衆生有始 涅槃終盡 還作衆生 此由聞妄依眞起 便謂眞先妄後 故執衆生有始 復執涅槃有終 還作衆生 故起始終之見

이것은 생사와 열반에 시작과 끝이 있다는 그릇된 견해를 깨뜨린 것이다. 여래장에 의지하여 생사 열반이 있다는 것을 듣고, 잘 이해하지 못한 까닭에 중생이 비롯함이 있고 열반도 다하면 다시 중생이 된다고 집착한다. '망념이 진여를 의지하여 일어난다'고 들은 까닭에 (시간적으로) 먼저 진여가 나중에 망념이 된다는 것이니 중생도 비롯함이 있다고 집착한다. 또한 열반에는 끝이 있어 다시 중생으로 돌아온다는 집착에서 처음과 끝이 있다는 그릇된 소견을 낸다.

云何對治? 謂衆生因無明而有 迷如來藏 且藏性無有前際 況無明無始 豈有衆生始起耶? 若說三界外有衆生始起者 卽外道大有經中說 非七佛說也 又如來藏無有後際 而諸佛所得涅槃 但與之相應而已 豈有終盡耶? 此上五見 乃凡夫有我見者 聞說佛法 以六識分別 不能離言得義 妄執言說 謬起此計耳

이 견해를 어떻게 다스릴 것인가? 중생은 무명으로 인해 있게 되어 여래장에 미혹한 것이다. 또 여래장의 성품에는 전제前際가 없거늘 어찌 무명이 시작이 없으며 어찌 중생이 비롯하여 일어남이 있겠는가? 만일 삼계 밖에 중생이 비롯함이 있다는 견해는 곧 외도가 『대유경大有

經』에서 주장하는 말이고, 과거 일곱 부처님의 가르침이 아니다.[161] 또한 여래장에는 후제後際가 없어 여러 부처님이 체득한 열반도 여기에 상응하거늘 어찌 열반이 끝날 때가 있겠는가? 이상 다섯 가지 그릇된 견해는 범부의 인아견人我見인데, 부처님 가르침을 듣고서 육식六識 망정妄情으로 분별함으로써 언설을 여읜 본래의 뜻을 알지 못한 채, 망령되이 언설에 집착하여 잘못된 생각을 일으켜 이렇게 헤아리는 것뿐이다.

❀

法我見者는 依二乘의 鈍根故로 如來가 但爲說人無我하시니 以說不究竟일새 見有五陰生滅之法하고 怖畏生死하야 妄取涅槃하나니 云何對治오 以五陰法이 自性不生이라 則無有滅하야 本來涅槃故니라

법아견法我見이란 것은 이승二乘의 둔한 근기에 의지하기 때문에

---

161 『인왕반야경』(仁王般若波羅蜜護國經) 「보살교화품菩薩教化品」 제3에 다음과 같이 나온다. "선남자여, 일체중생의 번뇌는 삼계의 창고(藏)를 벗어나지 아니하고 일체중생의 과보인 이십이근二十二根도 삼계를 벗어나지 아니하며 모든 부처님의 응신應身과 화신化身과 법신法身도 또한 삼계에서 벗어나지 않는 것이다. 삼계 밖에 중생이 없는데 부처님께서 무엇을 교화하실 수 있겠는가. 그러므로 나는 삼계 밖에 따로 한 중생계의 창고(藏)가 있다고 하는 것은 이것은 외도들이 대유경大有經에서 설한 것이지 과거의 일곱 부처님이 말씀하신 것이 아니다. 대왕이여, 나는 항상 말하기를 일체중생이 삼계의 번뇌와 업의 과보를 모두 단절한 것을 이름하여 부처라고 한다."
참고로, 『대유경大有經』은 인도 정통파 철학인 승론(勝論, Vaiśeṣika)학파의 승론 외도들이 일체법을 분별하기 위해 세운 6구의句義 가운데 대유大有를 설한 경전이다.

여래께서 (저들을) 위하여 다만 인무아人無我를 설하셨으나 구경에 이르기까지 설하시지 아니하였다. 그 때문에 오음五陰에 생멸하는 법이 있음을 보고 생사를 두려워해서 망령되이 열반을 취하나니 어떻게 다스릴 것인가? 오음의 법은 자성自性이 나지 않음이다. 곧 없어짐도 없어서 본래 열반이기 때문이다.

【직해】此破二乘妄見有生死可厭 有涅槃可證 爲法我見也 以聞如來 但說五陰無常 未說生死卽眞常 以說不究竟 故妄起此計耳 以生死涅 槃爲我所計之法 故云法我見也

여기에서는 이승二乘이 망령되이 생사를 싫어하여 열반을 증득하려는 법아견法我見을 깨뜨리는 것이다. 여래가 '오음은 무상하다'고 말했을 뿐 생사가 곧 '진실된 항상함(眞常)'은 말하지 않아 구경에 이르기까지 설하지 않았으므로 망령되이 생각을 일으켜 이렇게 헤아리는 것뿐이다. 생사 열반은 곧 스스로가 헤아린 법이 되기 때문에 법아견이라 말하는 것이다.

上明對治離 下明究竟離

여기까지는 그릇된 집착을 다스려 여의는 것을 밝혔고, 다음부터는 궁극적으로 언설까지 여의는 것을 밝힌다.

❁

復次究竟離妄執者는 當知染法淨法이 皆悉相待하야 無有自相可 說이라 是故로 一切法이 從本已來로 非色非心이며 非智非識이며

非有非無라 畢竟不可說相이로되 而有言說者는 當知如來가 善巧
方便으로 假以言說하사 引導衆生이시니 其旨趣者는 皆爲離念하야
歸於眞如니 以念一切法하면 令心生滅하야 不入實智故니라

다음에 구경의 망집妄執을 여읜다는 것은, 마땅히 알라. 염법染法·정
법淨法이 모두 다 상대하여 가기의 모양(自相)을 가히 설할 것이
없다. 이런 까닭으로 일체법이 본래부터 색色도 아니고 심心도 아니
며, 지智도 아니고 식識도 아니며, 유有도 아니고 무無도 아니다.
필경에 가히 모양을 설할 수 없으나 언설함이 있는 것은, 마땅히
알라. 여래께서 선교善巧의 방편으로 언설을 빌려서 중생을 인도하
신 것이니, 그 지취旨趣란 것은 모두 망념을 여의게 해서 진여에
돌아가기 위함이다. 일체법을 생각하면 마음으로 하여금 생멸케
하여 실다운 지혜에 들지 못하는 까닭이다.

【직해】此明究竟忘言 總歸無念 妙契眞如 以遣一往言說相也 以前染
淨相待對破空有等說 乃隨病設藥 皆是對待之說 未能究竟離言 今則
藥病俱遣 能所兩忘 言語道斷 心行處滅 心智路絶 世出世法 一切皆非
以離念境界 唯證相應故 畢竟不可說相 方爲究竟離言 以顯眞如也

여기에서 구경에는 언설을 잊어버리고 총괄적으로 무념無念에 돌아감
으로써 오묘하게 진여에 계합할 수 있음을 밝혔다. 오로지 언설의
모양을 버려야 하는 것이다. 앞에서는 정법과 염법이 상대하여 공空과
유有 등에 관한 소견을 깨뜨렸는데, 이는 병에 따라 약을 시설한 것으로,
여전히 상대법에 의존한 설명이어서 언설을 여읜 구경은 아니다.

그러나 이제 병과 약 모두를 함께 버리면 주관(能)과 객관(所)을 모두 잊고, 언설의 길이 끊어지고 마음이 행하는 곳도 사라져, 마음 지혜의 길마저도 끊어진다.[162] 세간법과 출세간법도 모두 상관없는 일이 된다. 생각을 모두 여읜 무념 경계는 오직 증득한 사람만이 상응할 수 있기 때문이다. 마침내 언설로 그 모양을 무어라 표현할 수 없어 바야흐로 구경에는 언설을 벗어난 것이니, 이로써 진여가 나타나는 것이다.

於不可說而有如上所說者 蓋是如來善巧方便 假以言說引導衆生 其旨趣者 皆爲離念 歸於眞如故也 所以必欲離念者 以念一切法 令心生滅 不入實智故

말할 수 없음에도 불구하고 위와 같이 부처님이 언설로 가르침을 펼친 것은 모두 여래의 뛰어난 방편력에 의해 언설을 빌려서 중생을 인도하기 위함이다. 부처님의 취지는 모두가 망념(念)을 여의고 진여로 돌아가기

---

162 『돈오입도요문론頓悟入道要門論』의 '언어도단言語道斷 심행처멸心行處滅'에 관한 문답을 소개한다.

"문 : 경에 이르기를 '언어의 길이 끊어지고 마음 가는 곳이 없어진다'고 하니 그 뜻이 어떠한가?

답 : 말로써 뜻(義)을 나타냄에 뜻을 얻으면 말이 끊어지니, 뜻이 곧 공空함이고, 공함이 곧 도인지라, 도는 곧 말이 끊어진 까닭에 언어의 길이 끊어졌다고 한다. 마음 가는 곳이 없어진다(心行處滅)고 하는 것은, 말하자면 중도中道 실제實際의 뜻을 얻어서 다시 관觀을 일으키지 않는 것이다. 관을 일으키지 않으면 곧 나는 것이 없다(無生). 나는 것이 없는 까닭에 일체 색의 성품이 공한 것이니, 색의 성품이 공한 까닭에 곧 만 가지 인연이 함께 끊어진다. 만 가지 인연이 함께 끊어짐이 곧 마음 가는 곳이 없어진 것이다."

위함이다. 반드시 망념을 여의어야 하는 이유는 일체법을 생각하면 마음이 생멸하게 되어 실다운 지혜에 들어가지 못하기 때문이다.

由前眞如門云 一切言說假名無實 當知一切法不可說不可念 故名眞如 又云 若離於念 名爲得入 故此解釋二門已畢 總明染淨相待 指歸離念眞如 通遣一往言說相也 其旨微哉

앞에서 진여문에서 이르기를 '일체 언설이 거짓 이름뿐이요 실다움이 없다. 마땅히 알라. 일체법이 말할 수도 없고 가히 생각할 수도 없기 때문에 진여라' 하였다. 또 '만약 생각(念)을 여의면 이름하여 들어감(得入)이라'고 하였다. 이렇게 하여 생멸문과 진여문의 해석이 끝났다. 총괄하여 밝히자면 염법과 정법이 상대하니 망념妄念을 여의면 진여로 돌아감이 된다고 가리키고 있다. 통틀어 '언설의 모양을 모두 버려야 한다'는 것이다. 이 뜻은 참으로 미묘하구나!

前對治邪執已竟 下分別發趣道相

여기까지 삿된 집착을 다스림을 끝냈다. 다음에는 '발심하여 나아가는 수행의 모양을 분별함'을 밝힌다.

3. 분별발취도상分別發趣道相

分別發趣道相者는 謂一切諸佛所證之道에 一切菩薩이 發心修行하야 趣向義故니라

284

'대승도에 발심하여 나아가는 수행의 모양을 분별한다'는 것은 이른바 일체 모든 부처님께서 증득하신 바 도에 일체 보살들이 발심하고 수행해서 취향趣向하는 뜻이기 때문이다.

【직해】此標章釋名 以釋立義分中乘義也 謂前一往所明眞如 生滅二門統歸一心 諸佛證此以爲菩提涅槃之道果 所謂大也 一切菩薩發心修行所趣向者 亦以此心爲究竟地 所謂乘也 謂前已開解 非行不階

여기서는 이 절의 제목을 해석하여 '제2장 입의분 가운데 승乘의 뜻을 밝힌다'고 표한 것이다. 앞에서 이미 밝힌 진여문과 생멸문 이 두 가지 문이 모두 일심으로 돌아가고, 여러 부처님은 이 도리를 증득하여 보리 열반의 도과道果로 삼았는데 바로 이것이 대승의 '대(大, 크다)'의 뜻이다. 모든 보살이 발심 수행하여 나아가는 것도 또한 이 마음을 구경의 경지로 삼았다. 이른바 '승乘의 뜻이다. 앞에서 이미 풀이하여 밝히기는 했으나 수행하여 한 단계씩 밟아 올라감을 말하지 않았다.

故今以行進趣解境 以取實證 非空解也 然所趣之行 發心雖一 而淺深不等 故須分別各有其相 故云分別發趣道相 由依解發行 行起解絶故云道相

그러므로 여기에 이르러 수행하여 나아감에 경계를 풀이하고 실제 증득을 취하니 헛된 이해가 아닌 것이다. 그러나 수행하여 나아감에 있어 비록 발심은 같다고 하더라도 옅고 깊은 차이는 같지 않으므로, 모름지기 그 양상의 차이를 각각 분별해야 한다. 그래서 '대승도에 발심하여 나아가는 수행의 모양을 분별함'이라고 하였다. 바르게 이해 (解)하는 것에 의지하여 발심 수행을 일으켜서 이해가 끊어지므로 '수행의 모양(道相)'이라고 하였다.

❀

略說發心이 有三種하니 云何爲三고 一者는 信成就發心이요 二者는 解行發心이요 三者는 證發心이니라

간략히 설하자면 발심이 세 가지 종류가 있으니, 무엇이 세 가지인 가? 첫째는 믿음을 성취하는 발심(信成就發心)이요, 둘째는 알고 수행하는 발심(解行發心)이요, 셋째는 증득한 발심(證發心)이다.

【직해】 此標發心有三種相也 然此三種 通該五十一位 自有深淺不同 而皆云發心者 發有不同 然信成就發心十信滿心 初發心住 乃發起之 發 亦是開發之發 以十住初心 三智五眼 一時開解故 解行發心乃發行 趣進之發 義該行向 順行十度 入十回向立也 證發心者乃登地菩薩 已破無明 發眞如用 乃發用之發 故不同耳

여기서는 세 종류의 발심 모양을 표시하였다. 그러나 이 세 가지 발심은 51계위의 수행과정을 두루 포섭하기에 깊고 옅은 차이가 있다. 모두 발심이라고 일컫기는 했으나 그 마음을 내는 데서 같지 않다. 그러나 '믿음을 성취하는 발심'은 십신十信의 단계를 채우고 십주十住의 처음 발심주初發心住[163]를 말하는데, 이는 믿음을 내어 일으키는 발심,

---

163 발심주發心住: 십주十住의 첫 번째 지위로 대보리심大菩提心을 일으켜 십신十信의 행을 닦는다. 발심주 보살이 삼보三寶를 신봉하고 항상 모든 반야바라밀에

혹은 믿음을 개발하는 발심이다. 십주의 첫 번째 단계에서 세 가지
지혜[164]와 다섯 가지 눈이 일시에 열려 이해되기 때문이다. '알고 수행하
는 발심'이란 발행發行·취진趣進의 발심으로 십행十行·십회향十廻向
을 포괄하는데, 열 가지 바라밀을 수순하여 십회향 지위에 들어가는
것이다. '증득한 발심'이란 초지初地에 오른 보살이 이미 무명을 깨뜨린
뒤 진여의 작용을 일으키므로 발용發用을 내는 발심이다. 그러므로
발심이라 해도 이처럼 세 가지가 각각 같지 않다.

❀

**信成就發心者는 依何等人이 修何等行하야 得信成就하야 堪能發
心고 所謂依不定聚衆生이**

'믿음을 성취하는 발심'이란 것은 어떤 사람들이 어떤 행을 수행하여
야 믿음의 성취함을 얻어서 능히 발심을 감당하는가? 이른바 부정취
不定聚의 중생들이

머물러 일체행과 일체법문을 닦아 익히고 항상 신심을 내어 삿된 견해를 짓지
않으며, 십중계十重戒·오역五逆 등을 범하지 않고 항상 불법을 만나 방편을
구하여 공성空性의 지위에 머무른다.

164 세 가지 지혜: 천태학에서는 다음과 같이 설명하고 있다. 공체空諦의 이치에
미迷하여 견사혹見思惑을 끊어 얻는 것을 ①일체지一切智라 하고, 가제假諦에
미혹하여 진사혹塵沙惑을 끊어 얻는 것을 ②도종지道種智라 하며, 중도체中道諦
에 미혹한 무명을 끊어 얻는 것을 ③일체종지一切種智라 한다. 앞의 각주 14
참조. 또,『대지도론』의 설명은 다음과 같다. ①일체지: 일체법의 총상을 아는
지혜, 또는 성문·연각의 지혜. ②도종지: 일체 갖가지 차별의 법을 아는 지혜, 또
는 보살의 지혜. ③일체종지: 일체법의 총상과 별상을 통달하여 혹을 끊고,
일체법의 차별을 요달하여 아는 지혜, 또는 부처님의 원만하게 맑은 지혜.

【직해】此標問明發心之人也 不定聚者有三聚謂正定 邪定 不定也 今
不定聚 乃信前初發大心 而志未決定 或進或退 謂之毛道凡夫 謂心如
空中之毛 故云不定聚也 謂此卽天台五品觀行位人也

여기서 질문은 발심을 하는 사람을 밝힌 것이다. 부정취 중생이라
했는데 세 가지 취聚가 있다. 곧 정정취正定聚, 사정취邪定聚, 부정취不
定聚[165]를 말한다. 여기에서 부정취란 말은 처음에 크게 발심하기는
했지만 뜻이 아직 확고하지 않아 혹 나아가기도 했다가 다시 물러나기
도 한다는 뜻이다. 이를 '모도범부毛道凡夫'라 한다. 마치 허공 가운데
머리카락이 바람에 날려 흔들리듯 생각이 오락가락하는 사람이니
이는 부정취 중생이다. 곧 천태의 육위六位 가운데 오품관행위五品觀行
位[166]의 지위에 있는 사람이다.

---

[165] 『인왕반야경』「보살교화품菩薩教化品」에 부정취에 대한 설명이 나온다.
　"선남자여, 처음 복인伏忍의 위치에서 습성종을 일으켜 십주행을 닦는다. 처음
　발심한 모습은 항하사만큼의 많은 중생이 있어 불법승을 보고 십심十心을 일으킨
　다. …… 선남자여, 습인習忍 이전에는 십선행을 하는 보살이 물러갈 때도
　있고 나아갈 때도 있나니, 비유하면 가벼운 털이 바람 따라 동서로 날아다니듯이,
　모든 보살도 또한 이와 같이 비록 십천겁十千劫으로 십선행을 행하여 삼먁삼보리
　심을 발하면 이에 마땅히 습인習忍의 위位에 들어간다. 또한 세 가지 복인법(三伏
　忍法)을 배우더라도 명자名字를 붙일 수 없으니, 이는 이 부정취의 사람이니라.
　정정취의 사람은 생공生空의 자리에 들어가나니, 성인의 성품인 까닭에 오역죄
　와 6가지 중죄와 28가지 가벼운 죄를 일으키지 않는다."
[166] 오품관행위(五品觀行位, 五品弟子位): 천태종에서 세운 원교의 수행지위에 있는
　8가지 지위 중 오품제자위는 첫 번째 지위로 십신 이전의 외범위外凡位로 구별되
　는 오품위五品位가 있다. 이는 육즉위(앞의 각주 40 참조) 가운데 세 번째 관행즉에
　해당한다(觀行五品位). 이는 불법을 듣고 교법대로 수행하며 언행일치를 이루었

288

❀

有熏習善根力故로 信業果報하야 能起十善하고 厭生死苦하야 欲求
無上菩提하며

훈습함이 있는 선근의 힘이 있기 때문에 업의 과보를 믿어서 능히
십선十善을 일으키고, 생사고를 싫어해서 무상보리를 구하고자
한다.

【직해】此辨最初發心因行也 熏習者以有本覺內熏 及外聞眞如所流教
法資熏 幷前世所修諸善根力因緣合集 故發心厭生死苦 欲求涅槃 然
此但能信業果 未入觀行 故當信前

여기서는 최초로 발심의 인행因行을 논했다. 훈습이라는 것은 본각이
안에서 훈습하는 내훈內熏과 밖으로부터 전해 듣는 진여 가르침의
자훈資熏이 있다. 이러한 훈습과 더불어 전생에 닦은 선근의 힘이
인연으로 모인 까닭에 생사의 고통을 싫어하고 열반을 구하기 위해
발심한다. 그러나 이것은 단지 업과 과보의 이치를 믿을 뿐이고, 아직
관행위觀行位에는 들어가지 못했으므로 십신十信 이전에 해당된다.

─────────

으나 아직 십신의 지위에 오르지 못한 범부의 지위이다. 오품五品은 다음과
같다. ①수희품, ②독송품, ③설법품(아는 것이 수승해져 타인을 인도함), ④겸행
육도바라밀품(관심觀心과 육바라밀을 겸하여 수행), ⑤정행육도바라밀품(바르게
육바라밀을 실행하여 스스로도 행하고 남도 교화하는 단계. 행위와 이치가 다 갖추어져
서 마음을 관하는 데 장애가 없으나, 아직 견혹과 수혹을 끊지 못하고 누르기만 한다).
오품은 수행자가 스스로를 교만해하거나 비굴한 마음으로부터 벗어나게 하려는
뜻에서 세워진 현실적인 계위의 척도이다.

❋

得値諸佛하야 親承供養하고 修行信心하되 經一萬劫하야 信心成就 故로 諸佛菩薩이 教令發心하야 或以大悲故로 能自發心하며 或因正 法欲滅하야 以護法因緣으로 能自發心하나니 如是信心成就하야 得 發心者는 入正定聚하야 畢竟不退니 名住如來種中하야 正因相應이 어니와

여러 부처님을 만나 뵙게 되어서 친히 받들어 공양하고 신심으로 수행하되 일만 겁을 경과해서야 신심이 성취되기 때문에, 모든 부처님과 보살들이 가르쳐서 발심케 하며, 혹 대비심으로써 능히 스스로 발심하며, 혹 정법正法이 없어지려는 때를 당하여 호법護法 의 인연으로써 능히 스스로 발심한다. 이와 같이 신심을 성취해서 발심하게 되는 이는 정정취正定聚에 들어가서 필경에 퇴전退轉하지 않는다. 이름이 여래의 종성에 머물러서 바른 인因과 상응하는 것이다.

【직해】 此明由行緣資成信心住修習位也 得値諸佛發心之因也 經一萬 劫修之時也 教令等發心之緣也 由此內因外緣 故得發決定信心 入正 定聚 以發正信 是成佛之正因 從此永不退失故

여기서는 수행을 통해 연緣이 늘어나 신심信心을 성취하여 수습위修習 位[167]에 머무름을 밝혔다. '여러 부처님을 만나는 것'은 발심의 내인內因

---

167 수습위는 유식 수행 5위 가운데 하나이다.

유식 수행의 5위란 ①자량위資糧位, ②가행위加行位, ③통달위通達位, ④수습위

290

이고, '일만 겁을 경과함'은 수행의 기간(時)이며, '가르침을 받아 발심함' 등은 발심의 외연外緣이다. 이런 안팎의 인연으로 말미암아 결정한 신심을 내어 정정취에 들어간다. 바른 믿음을 내는 것은 성불의 정인正因으로, 이후로는 영원토록 물러나지 않기 때문이다.

下明不定

修習位, ⑤구경위究竟位를 말한다. 이 가운데 ①·②는 방편위方便位이고, ③·④는 바로 무루성도無漏聖道이며, ⑤구경위는 곧 부처의 과위이다. 자량위란 십주·십행·십회향의 처음의 삼십심心의 자리로서 이것을 삼현위三賢位라 칭한다. 이 자리에서는 깊이 유식의 이치를 신해해서 비로소 불과佛果 보리菩提를 구하는 마음을 내어서 여러 가지 수승한 복덕과 지혜의 자량을 수습한다. ②가행위란 십회향의 만심滿心인 제10법계 무량회향위에서 난懪·정頂·인忍·세제일법世第一法의 사선근四善根을 닦는 자리로서 후에 통달위, 즉 견도에 들어가서 유식의 실성實性인 진여를 증득하기 위해서 앞에 모은 복덕과 지혜의 자량 위에다 다시 방편의 가행加行을 닦는 자리이다. 이 사이에 1대아승기겁을 요한다. ③통달위란 십지의 첫 번째 자리(初地), 즉 극희지極喜地의 자리로서 이 자리에서 처음으로 진리를 조견照見해서 무루지無漏智를 증득하여 유식의 실성實性인 진여의 이치를 체득(體會)한다. 그러므로 이것을 또 '견도見道'라고도 한다. ④수습위란 앞의 견도 이후 불과 증득하는 데 이르기까지의 사이로서 견도에서 본 이치를 다시 부지런히 수습하는 자리를 말한다. 그중 제2지에서 제7지에 이르기까지는 유루·무루의 행을 함께 닦되, 중생을 이익하게 하기 위해서 고의故意로 번뇌를 행하는 것이다. 이 사이에 실로 1대아승기겁을 요한다. 제8지 이상은 순무루純無漏만이 상속하고 여러 가지 행을 닦아서 번뇌가 길이 현행하지 않으며, 행하는 바도 또한 노력하지 않아도 저절로 공덕이 찰나에 증진한다. 이 사이에 또한 1대아승기겁을 요한다. 보살은 이와 같이 3대아승기겁의 수행을 거쳐 드디어 불과佛果 묘각妙覺의 자리에 도달한다.(『唯識綱要』)

다음에서는 부정취不定聚를 밝힌다.

✿

若有衆生이 善根微少하야 久遠已來로 煩惱深厚하면 雖値於佛하야
亦得供養이나 然起人天種子하고 或起二乘種子하며 設有求大乘者
라도 根則不定하야 若進若退하며 或有供養諸佛이라도 未經一萬劫
하고 於中遇緣하면 亦有發心하나니 所謂見佛色相하고 而發其心하
며 或因供養衆僧하야 而發其心하며 或因二乘之人의 敎令發心하며
或學他發心이라 如是等發心은 悉皆不定일새 遇惡因緣하면 或便退
失하야 墮二乘地하나니라

만약 어떤 중생이 선근이 미소微少해서 아득히 먼 옛날부터 번뇌가
심히 두터우면 비록 부처님을 만나서 또한 공양을 올리더라도 인천
人天의 종자를 일으키고, 혹은 이승二乘의 종자를 일으키며, 설사
대승을 구하는 이가 있을지라도 근기가 곧 결정되지 못하여 나아가
기도 하고 물러나기도 한다. 혹은 모든 부처님께 공양을 올리더라도
일만 겁을 지나지 않고 그 가운데 연緣을 만나서 또한 발심하기도
한다. 이른바 부처님의 색상을 보고 발심하며, 혹은 여러 스님께
공양함으로 인해서 발심하며, 혹은 이승 사람의 가르침을 인하여
발심하며, 혹은 다른 사람에게 배워 발심하기도 한다. 이와 같은
등의 발심은 결정이 아니니, 악한 인연을 만나면 혹 문득 물러나서
이승의 자리에 떨어진다.

【직해】此明不定性人 內外因緣微劣 故有退失也 善根微少乃內熏力

微也 惑重德薄 或倒求人天 或冀二乘 故於大乘進退未決 供佛未萬劫
則時猶未滿 及遇緣不勝 以見佛供僧 皆住色相 或遇師下劣 或非本心
如此因緣 皆有退墮 以未入信心 不得決定故也

여기서는 부정성不定性 사람이 안팎의 인연이 미소하고 하열下劣해
바른 가르침으로부터 물러남을 밝혔다. '선근이 미소하다' 함은 곧
진여가 안에서 일으키는 훈습의 힘이 미약한 것이다. 혹惑이 무겁고
덕이 얇으며, 혹은 인간과 천상에 이르고자 하며, 혹은 이승二乘이
되고자 하므로 대승법에 나아가기도 하고 물러나기도 하여 결정이
아니다. 부처님을 공양한 지 일만 겁이 지나지 않아 시기가 아직
가득차지 않고, 만나는 인연도 별로 수승하지 않아 부처님을 뵙거나
사문을 공양하기는 해도 모두 여전히 색상色相에 머물러 있다. 혹은
만나는 스승이 하열하기도 하며, 발심하더라도 본심은 아니어서 이런
인연들은 모두 퇴타退墮하기 마련이다. 아직 십신十信의 마음에 들어가
지 못한 것이니 결정심을 얻지 못하였기 때문이다.

❀

復次信成就發心者는 發何等心고 略說有三種하니 云何爲三고 一
者는 直心이니 正念眞如法故요 二者는 深心이니 樂集一切諸善行故
요 三者는 大悲心이니 欲拔一切衆生苦故니라

다음에 '믿음을 성취하는 발심'이란 것은 어떠한 마음을 발심하는
가? 간략히 설하자면 세 가지가 있으니, 무엇이 세 가지인가?
첫째는 곧은 마음(直心)이니 바르게 진여법을 생각하기 때문이다.
둘째는 깊은 마음(深心)이니 일체의 모든 선행 모으기를 좋아하기

때문이다. 셋째는 대비심이니 일체중생들의 고품를 뽑아주고자
하기 때문이다.

【직해】上明發心因緣 此正明所發之心也 一直心者所謂心如弦直 可
以入道 謂無委曲偏邪之相 由是正念眞如 此卽眞如三昧也 以眞如爲
二行之本 以具無漏功德故 爲自利之本 觀衆生性同故 爲利他之本

위에서는 발심의 인연을 밝히고 여기에서는 발심한 마음을 바로 밝히
고 있다. 첫째, 곧은 마음(直心)이란 그 마음이 활줄같이 곧아야만
도道에 들어갈 수 있다. 말하자면 마음이 굽거나 삿되게 치우친 모양이
없다. 이로 말미암아 진여를 바르게 생각(念)하는 것이니 이것이 바로
진여삼매인 것이다. 진여는 자리自利와 이타利他 두 가지 행의 근본이
되니, 무루無漏의 공덕을 갖추기 때문이다. 또 스스로를 이롭게 하는
근본이 되고, 중생과 성품이 진여와 같음을 관하기 때문에 남도 이롭게
하는 근본이 된다.

以知體具衆德 故樂修一切善行 修無修相 一一稱性 故爲深心 爲自利
行本 以同體大悲 廣拔物苦 令得菩提 爲利他行本 妙行雖廣 三心統收
故云略說三也

진여 자체에 온갖 공덕이 갖추어 있음을 아는 까닭에 선한 행을 즐겨
수행하되, 닦는 모양이 없이 닦기 때문에 하나하나의 수행이 법성과
일치하여 깊은 마음(深心)이 된다. 따라서 스스로를 이롭게 하는 근본
이 된다. 동체대비同體大悲의 마음으로 널리 중생의 고통을 빼어내어

보리를 얻도록 해주므로 남을 이롭게 하는 근본이 된다. 이처럼 자리이타自利利他의 오묘한 행위가 비록 광대하기는 하지만 세 가지 마음에 모두 수렴되므로 간략히 세 가지를 말한 것이다.

❁

問曰上說法界一相이라 佛體無二어시니 何故로 不唯念眞如하고 復假求學諸善之行이니잇고 答曰譬如大摩尼寶가 體性이 明淨이나 而有鑛穢之垢하니 若人이 雖念寶性이나 不以方便으로 種種磨治하면 終無得淨인달하야 如是衆生의 眞如之法도 體性이 空淨이나 而有無量煩惱染垢하니 若人이 雖念眞如라도 不以方便으로 種種熏修하면 亦無得淨이니 以垢無量하야 徧一切法故로 修一切善行하야 以爲對治니 若人이 修行一切善法하면 自然歸順眞如法故니라

물어 이르되 "앞에서 법계는 한 가지 모양이라 불체佛體는 두 가지가 없다고 하였는데, 무슨 까닭으로 오직 진여만 생각하지 않고 다시 모든 선행을 구하여 배우는 것을 빌리는가?" 답하여 이르되 "비유하면 큰 마니보배가 체성體性이 밝고 깨끗하나 광예鑛穢의 때가 있으니, 만약 사람이 비록 보배의 성품(寶性)을 생각하더라도 방편으로써 갖가지로 갈고 다듬지 않으면 마침내 깨끗해질 수 없는 것과 같다. 이와 같이 중생들의 진여법도 체성이 공하고 청정하나 무량한 번뇌의 물든 때가 있다. 만약 사람이 비록 진여를 생각하더라도 방편으로써 갖가지로 훈습하여 닦지 않으면 또한 깨끗함을 얻을 수 없다. 때가 무량하여 일체법에 두루하기 때문에 일체 선행을 닦음으로써 다스림(對治)이니, 만약 사람이 일체의 선법을 닦아

행하면 자연히 진여법에 귀순歸順하기 때문이다."

【직해】問明理一惑異 故須衆善也 問 謂上說體相無異 是則唯念眞如
足矣 又何假衆善耶? 答以惑有衆多 故須衆善也 以稱理而修 故外淨
妄染 內順眞如 方便卽觀行也

다음의 문답으로 이치를 밝힌다. 진여의 이치는 하나인데 혹惑이 여러
가지여서 반드시 많은 선행으로 닦아야 한다.

문: 말하자면 위에서 밝힌 대로 진여의 체體와 상相이 다르지 않으므로
오직 진여만 생각하면 충분할 텐데, 또 어찌 여러 가지 선善을 빌어서
실천해야 하는가?

답: 중생의 혹惑이 다양하므로 선행도 여러 가지로 닦아야 한다. 이치에
걸맞게 수행하여야 하므로 밖으로는 번뇌의 물듦(妄染)을 정화시키고,
안으로는 진여에 수순해야 한다. 여기에서 방편이란 곧 관행觀行이다.

下明依上三心說四種方便

다음에서는 위의 세 가지 마음에 의지해서 네 가지 방편을 밝힌다.

❀

略說方便이 有四種하니 云何爲四오 一者는 行根本方便이니 謂觀一
切法이 自性無生이라 離於妄見하고 不住生死하며 觀一切法이 因緣
和合하야 業果不失하고 起於大悲하야 修諸福德하야 攝化衆生하고
不住涅槃하야 以隨順法性의 無住故요

간략히 설하자면 방편은 네 가지가 있으니, 무엇이 네 가지인가?

296

첫째는 근본을 행하는 방편이니, 이른바 일체법의 자성自性이 무생
無生임을 관하고 망견妄見을 여의어 생사에 머물지 아니하며, 일체
법이 인연으로 화합하여서 업과業果를 잃지 않음을 관하고 대비심大
悲心을 일으키며, 모든 복덕을 닦아서 중생들을 섭수하여 교화하되
열반에 머무르지 않으니, 법성이 머무름이 없는 것을 수순하기
때문이다.

【직해】此依上三心立四方便 先明直心正念眞如修無住行也 依眞如起
行 故爲行根本 謂法本無生 離於妄見 依於大智 能斷煩惱 故不住生死
觀法緣合業果不失 依大悲故 修諸福德攝化衆生 而不住涅槃 謂空有
不住 二利齊修 故名無住行 以性本無住故 隨順法性而修也

위의 세 가지 마음을 의지해서 네 가지 방편을 세웠다. 먼저 곧은
마음(直心)으로 진여를 바르게 생각(念)해서 '머물지 않는 행(無住行)'
을 닦는 것이다. 진여를 의지하여 수행을 일으키므로 '근본을 행하는
방편'이라 했다. 말하자면 법은 본래 생하지 않으니 허망한 소견을
여의고 큰 지혜에 의지하여 능히 번뇌를 끊으므로 '생사에 머물지
않는다.' '일체법이 인연의 화합으로 업의 과보가 없어지지 않음'을
관하고, 대비심에 의지하여 많은 복덕을 닦아서 중생을 섭화하며,
열반에도 머무르지 않는다. 말하자면 공空에도 머물지 않고 유有에도
머물지 않으며, 자신과 남을 이롭게 하는 수행을 함께 닦으므로 '머물지
않는 행(無住行)'이라고 하였다. 법성은 본래 생사와 열반에 머무르지
않는 까닭에 '법성에 수순하여' 닦는 것이다.

二者는 能止方便이니 謂慚愧悔過하야 能止一切惡法하야 不令增長
하야 以隨順法性의 離諸過故요 三者는 發起善根增長方便이니 謂勤
供養禮拜三寶하고 讚歎隨喜하고 勸請諸佛하야 以愛敬三寶淳厚心
故로 信得增長하야 乃能志求無上之道하며 又因佛法僧力所護故로
能消業障하고 善根不退하야 以隨順法性의 離癡障故요

둘째는 능히 그치는 방편이다. 이른바 자신의 허물을 부끄러워하고
뉘우쳐서 능히 일체 악법을 그치고 더욱 증장하지 않도록 하니,
법성이 모든 허물을 여읨을 수순하기 때문이다. 셋째는 선근을
일으켜 증장하는 방편이다. 이른바 부지런히 삼보께 공양 예배하고,
찬탄하고, 수희하고, 모든 부처님께 권청한다. 삼보를 애경愛敬하는
순박하고 두터운 마음으로써 믿음이 증장되어서 이에 능히 무상의
도를 구하는 뜻을 둔다. 또한 불법승佛法僧의 힘에 보호됨에 의지하
기 때문에 능히 업장을 소멸하고 선근이 물러나지 않으니, 법성法性
을 수순하여 어리석음의 장애(癡障)를 여의기 때문이다.

【직해】 此二依深心修止作方便二利行也 言止方便者謂未作之惡 慚愧
能止 已作之惡 悔過不增 故云慚愧悔過 能止一切惡法不令增長 以隨
順法性修離過行 此止持也

위의 둘째와 셋째, 이 두 가지는 깊은 마음(深心)에 의지하여 허물을
그치게 하는 지지止持 방편과, 착한 법을 내어서 증장하는 작지作持
방편의 두 가지 이로운 행을 닦는 것이다. '허물을 그치게 하는 방편'이

란 아직 짓지 않은 악은 참회하여 그치고, 이미 저지른 악을 뉘우쳐 허물이 더 이상 늘지 않는 것이다. 그래서 '허물을 부끄러워하고 뉘우친다'라고 하였다. 모든 악을 그쳐 더 늘어나지 않게 함으로써 법성에 수순하여 허물을 벗어나는 수행을 한다. 바로 이것이 계를 지키고 허물을 그치게 하는 지지止持 방편이다.

三者發起善根增長方便者 謂未作之善 令其發起 已作之善 令其增長 勤供養等 卽善根也 謂愛敬三寶等以增其信 乃能志求無上之道 又因 三寶力護 得銷業障 以堅其性 謂性本離障故 隨順法性而修遠離癡障 也 禮拜離我慢障 讚歎離毁謗障 隨喜離嫉妒障等 此作持也

셋째, '선근을 일으켜 증장하는 방편'이란 아직 짓지 않은 착한 선근을 일으키고 이미 지은 선업은 더욱 증장하는 것이니, '삼보를 부지런히 공양하는 등' 선근을 증장하는 것이다. 말하자면 '삼보를 애경한다'는 것은 그 믿음을 증장시키는 것으로, 무상의 도를 구하기 위해 뜻을 세운다. 또 삼보의 힘이 호념함으로 인하여 악한 업장이 소멸되면 이러한 믿음이 더욱 견고해진다. 이를테면 진여본성은 본래 장애를 여의기 때문에 법성에 수순하여 수행하면 어리석음의 장애를 멀리 여의는 것이다. 삼보를 예배함으로서 아만我慢의 장애를 여의고, 불·법·승을 찬탄하여 삼보를 훼방하는 장애를 여의고, 수희심隨喜心을 내어 시기와 질투의 장애 등을 여읜다. 이것이 착한 법을 증장하는 작지作持 방편이다.

❀

四者는 大願平等方便이니 所謂發願하야 盡於未來토록 化度一切衆
生하야 使無有餘하야 皆令究竟無餘涅槃하야 以隨順法性의 無斷絶
故니 法性이 廣大하야 偏一切衆生하야 平等無二라 不念彼此하야
究竟寂滅故니라

넷째는 큰 서원의 평등 방편이니, 이른바 서원을 발해서 미래제가
다하도록 일체중생들을 교화하고 제도하며 남음이 없게 하여서
모두가 구경에 무여열반을 얻도록 한다. 법성의 단절함이 없음을
수순하기 때문이니, 법성이 광대하여 일체중생들에 두루해서 평등
하여 두 가지가 없다. 이 법성에 피차를 생각하지 않아서 구경에
적멸하기 때문이다.

【직해】此依悲心修大願方便利他行也 發願盡未來度一切衆生長時心
也 使無有餘廣大心也 皆令究竟涅槃 隨順法性無斷絶也 法性廣大平
等無二究竟寂滅 第一心也

이는 대비심大悲心에 의지하여 큰 원을 닦아 방편으로 모든 중생을
이롭게 하는 행(利他行)인 것이다. '미래제가 다하도록 모든 중생을
제도하기'를 발원하는 것은 장시심長時心이며, '한 중생도 남김없이
교화하려 함'은 광대심廣大心이다. '모두가 구경에 무여열반을 얻도록
한다'는 것은 법성을 수순하여 끊어지지 않게 하기 위함이다. '법성은
광대하고 평등하여 두 가지가 없다'는 것은 구경의 적멸로 곧 제일심第
一心이다.

❀

菩薩이 發是心故로 則得少分見於法身하며 以見法身故로 隨其願
力하야 能現八種하야 利益衆生하나니 所謂從兜率天退하야 入胎하
며 住胎하고 出胎하며 出家하며 成道하며 轉法論하며 入於涅槃이라

보살들이 이 마음을 냈기 때문에 곧 조금이나마 법신을 보게 되며,
법신을 보기 때문에 그 원력을 따라서 능히 여덟 가지를 나타내어
중생들을 이익하게 한다. 이른바 도솔천으로부터 물러나서 (강생降
生하고) 입태入胎하여 주태住胎하고 출태出胎하며, 출가하여 성도成
道하고 법륜을 굴리며, 열반에 드는 모양이다.

【직해】 此言發心利益也 以十住菩薩依比觀門 故得少分見法身 故八
種利益 初住菩薩 則能現八相成道 故能此事

여기서는 발심의 이로움을 말하고 있다. 십주十住보살은 비량比量에
의한 관행의 문(觀門)에 의지하여 법신을 조금이나마 보는 까닭에
여덟 가지 이로움이 있게 된다. 십주 가운데 초주(初住, 發心住)보살이
여덟 가지 모양의 도를 성취함(八相成道)을 나타내는 일을 할 수 있다.

❀

然是菩薩을 未名法身은 以其過去無量世來로 有漏之業을 未能決
斷하고 隨其所生하야 與微苦相應이어니와 亦非業繫니 以有大願自
在力故니라

그러나 이 보살을 '법신'이라 하지 못함은 그 과거의 무량한 세상으로

부터의 유루有漏 업을 능히 끊어버리지 못하고, 그 나는 바에 따라서 미소微少한 고苦와 더불어 상응한다. 그렇지만 또한 업業에 얽매임도 아니니, 큰 서원의 자재한 힘을 가졌기 때문이다.

【직해】 此明揀異地上 以有微過故也 謂初住菩薩 留惑潤生 以過去之業 未曾決斷 故有變易及隨業分段微苦 故非法身 以大願力所持 脩短自在 故不同凡夫業繫

여기에서 십주十住보살은 지상보살과 구별됨을 밝혔으니, 아직 미세한 허물이 남아 있기 때문이다. 말하자면 십주 가운데 첫 번째 지위의 보살은 혹惑이 남아 있어 생生을 윤습하게 하므로 과거의 업이 아직 끊어지지 않았다. 그런 까닭에 변역사變易死와 업에 따르는 분단사分段死라는 미세한 고통이 남아 있어 법신이 아니다. 그러나 커다란 원력을 지녀 수명을 자재하게 하므로 업에 얽매인 범부의 경우와는 같지 않다.

❀

如脩多羅中에 或說有退墮惡趣者는 非其實退라 但爲初學菩薩이 未入正位而懈怠者로 恐怖하야 令彼勇猛故니라

저 수다라 가운데 혹 악취에 물러가 떨어짐이 있다고 설한 것은 실제로 물러남이 아니다. 다만 초학의 보살들이 정위正位에 들지 못하면 게으른 자를 위하여 두렵게 하여 저로 하여금 용맹케 하기 위한 까닭이다.

【직해】此通權教也 問曰 此菩薩已離業繫 何以教中說有退墮惡趣者
耶? 答 非其實退 但爲警初學懈怠者耳 非實退也 本業經中說七住菩
薩已前名爲退分 若不遇善知識者 若一劫乃至十劫退菩提心 遇惡知
識因緣 退入凡夫 墮不善趣中 蓋權爲恐怖初學耳

여기에서는 방편의 가르침(權敎)을 통틀어 밝히고 있다.

문: 이 보살은 업의 속박으로부터 벗어났는데, 어찌하여 교설 가운데에
서는 악취惡趣에 물러나 떨어진다고 말하는가?

답: 실제로 떨어진다는 말이 아니라 다만 배우는 수행인의 나태함을
경책한 것일 뿐 실제로 물러난다는 것은 아니다. 『본업경本業經』[168]에서

---

168 『보살영락본업경菩薩瓔珞本業經』「현성학관품제삼賢聖學觀品第三」에 다음과 같
이 나온다. "불자여 혹은 물러가고 혹은 나아간다고 하는 것은 십주十住 이전의
일체 범부법 속에서 삼보리심을 일으키면 항하사 중생이 불법을 배우고 실행하
게 된다. 신상심信想心 속에서 행하는 자는 이것이 퇴분退分의 선근善根이니,
모든 선남자가 혹은 1겁, 2겁 내지 10겁에 십신十信을 수행하여 십주十住에
들어가게 된다. 이 사람이 그때에 처음 일주一住부터 제육주第六住 가운데 이르러
만약 여섯 번째의 반야바라밀을 수행하면 정관正觀이 현재전現在前하고, 또한
제불보살과 선지식을 만나 수호를 받기 때문에 제칠주(第七住, 즉 不退住)에
이르러 항상 불퇴에 머문다. 이보다 이전을 퇴분退分이라고 한다. 불자여, 만약
퇴전치 않는 자는 제육 반야에 들어가 공을 수행함에 아我와 인人과 주자主者가
없고 필경하여 무생無生이므로 반드시 정위定位에 들어간다. 불자여, 만약 선지
식을 만나지 못하는 이는 만약 1겁, 2겁 내지 10겁에 보리심에서 물러나는
것이 나의 초회初會의 대중 속에서 팔만 인이 있어서 물러남과 같다. 정목천자淨
目天子, 법재왕자法才王子, 사리불舍利弗 등과 같이 제7지에 들어가려고 원하지만
그 속에 나쁜 인연을 만나기 때문에 물러나서 범부불선凡夫不善의 악도 가운데
들어가므로 습종성習種性의 사람이라고 이름하지 않는다. 물러가 외도에 들어가
면 혹은 1겁 혹은 10겁 내지 천겁에 대사견大邪見과 오역五逆을 지어서 악을

는 십주十住 가운데 일곱 번째 지위(七住) 이전을 '물러나는 자리(退分)'라고 말한 바 있다. 만약 선지식을 만나지 못하고 1겁 내지 10겁 동안 보리심에서 물러나서 '악지식'을 만난다면 범부의 경계로 물러나 악도에 떨어진다는 것이다. 이것은 대개 초학자를 공포케 하기 위한 방편일 뿐이다.

✿

又是菩薩이 一發心後에 遠離怯弱하야 畢竟不畏墮二乘地하며 若聞無量無邊阿僧祇劫을 勤苦難行하야사 乃得涅槃이라도 亦不怯弱하나니 以信知一切法이 從本已來로 自涅槃故니라

또한 이 보살이 한 번 발심한 뒤에 겁약怯弱을 멀리 여의어서 필경 이승지二乘地에 떨어짐을 두려워하지 않는다. 만약 무량무변한 아승기겁을 부지런히 어려운 고행을 하여야 열반을 얻는다고 들을지

짓지 않음이 없으므로 이것을 퇴상退相이라고 한다."

한편, 『대지도론大智度論』 제12권에 사리불이 나쁜 인연을 만나는 이야기가 나온다.

"사리불이 60겁 동안 보살도를 행하면서 보시의 강을 건너려 했다. 그때 눈알을 보시해 달라는 걸인을 만났다. 생활에 필요하지도 않은 눈알을 달라고 생떼를 쓰는 걸인에게 사리불은 자신의 눈알을 뽑아주었더니, 걸인은 이를 받아들고 눈앞에서 냄새를 맡고 '누린내가 난다'고 하면서 땅에 버리고 발로 밟아 비볐다. 이를 본 사리불은 '이렇게 포악한 인간은 제도할 길이 없겠구나. 눈알이 필요치도 않은데 기어코 달라고 해서, 눈알을 주고 나니 버리고 또 발로 밟다니, 어쩌면 이다지도 포악할 수 있을까. 이런 사람을 제도할 수 없다. 차라리 스스로 공부하여 빨리 생사를 벗어나는 것만 못하겠구나.' 이렇게 생각하고는 보살도에서 물러나 소승으로 회향하였으니 이것이 저쪽 언덕에 이르지 못한 것이다."

라도 또한 겁내거나 나약해지지 않으니, 일체법이 본래로부터 스스로 열반임을 믿어 알기 때문이다.

【직해】此歎實行也 以此菩薩旣見法身 則知一切法卽心自性 究竟平等 知久遠劫不離一念 知一切法本來涅槃 故不怯弱 卽顯彼經是權非實

이것은 보살의 실다운 수행을 찬탄한 것이다. 이 보살이 이미 법신을 보았다면 일체법이 자기 마음 성품이어서 구경에 평등하며 오랜 겁 동안 이런 생각으로부터 벗어나지 않아, 일체법이 본래 열반임을 알기 때문에 나약해지지 않는다. 따라서 악도에 떨어진다는 경전의 말씀은 방편의 가르침이고 실교實敎가 아님을 나타냈다.

❀

解行發心者는 當知轉勝이니

알고 수행하는(解行) 발심이란 것은 마땅히 알라. 더욱 뛰어남이다.

【직해】此明解行發心也 以前信成就 乃信滿入住 此由行滿入向 故云轉勝 以前雖修二行 猶在觀行入理 此則出眞入俗 故轉勝也

여기서는 '알고 수행하는 발심'에 대해 밝힌 것이다. 앞에서 말한 '믿음을 성취하는 발심'은 십신十信의 단계를 원만하여 십주十住의 경계에 들어간다. 십주 다음으로 십행十行의 수행을 다 채우고 십회향十廻向의 경계에 들어가게 되므로 '더 한층 뛰어나다'고 하였다. 앞의 경우에는 비록 자리와 이타 두 가지 행을 닦더라도 여전히 비량比量으로 관하는 관행觀行을 수행하여 이치에 들어가는 입리入理에 머물러 있지만, 이 알고 수행하는 발심의 경우에는 진여의 세계에서 나와 세속으로 들어가므로 '더욱 뛰어나다'고 한 것이다.

下釋轉勝所以

다음에서는 더욱 뛰어난 이유를 말한다.

✿

以是菩薩이 從初正信已來로 於第一阿僧祇劫이 將欲滿故로 於眞如法中에 深解現前하야 所修離相이니

이 보살들이 처음 바른 믿음(正信地)으로부터 제1아승기겁이 장차 다 차려고 할 때이므로, 진여의 법 가운데 깊은 지해智解가 앞에 나타나서 닦는 바가 모양을 여읜다.

【직해】 此釋轉勝所以也 謂此菩薩始從正信 至十向滿心 經第一無數 劫 則勝前一萬劫也 以修眞如離相之行 則勝十善供佛敬僧著相行也 以知一切法卽心自心 成就慧身不由他悟 故云深解此勝相也 由深解 法性 故順性而修

이것은 더욱 뛰어난 이유를 밝힌 것이다. 말하자면 이 보살은 바른 신심인 십신十信으로부터 십회향十廻向의 만심에 이르기까지 제일 아승기겁이 경과한다면 앞의 일만 겁 동안의 수행보다 뛰어난 것이다. 진여법을 닦아 '모양을 여의는 수행(離相之行)'을 하면 열 가지 선행(十善)이나 부처님에게 공양하고 사문을 공경하는 '모양에 집착한 수행(著

相行)'보다도 뛰어난 것이다. 이 보살은 일체법이 자기 마음인 줄 알아 다른 사람의 깨달음에 말미암지 않고 스스로 지혜의 몸(慧身)을 성취한다. 그 때문에 말하기를 '깊은 지해智解가 앞에 나타나서'라고 하였으니 이는 뛰어난 모양인 것이다. 진여법성을 깊이 이해하므로 법성에 수순하여 모양을 여의는 수행을 하게 된다.

❀

以知法性이 體無慳貪故로 隨順修行檀波羅密하며 以知法性이 無染하야 離五欲過故로 隨順修行尸波羅密하며 以知法性이 無苦하야 離瞋惱故로 隨順修行羼提波羅密하며 以知法性이 無身心相하야 離懈怠故로 隨順修行毗梨耶波羅密하며 以知法性이 常定하야 體無亂故로 隨順修行禪波羅密하며 以知法性이 體明하야 離無明故로 隨順修行般若波羅密이니라

법성의 체體에 아끼고 탐함이 없음을 알기 때문에 그에 수순하여 단(檀, 보시)바라밀을 수행하며, 법성에 물듦이 없어서 오욕五欲의 허물을 여읨을 알기 때문에 그에 수순하여 시(尸, 지계)바라밀을 수행하며, 법성에 고통이 없어서 성내고 괴로움을 여읨을 알기 때문에 그에 수순하여 찬제(羼提, 인욕)바라밀을 수행하며, 법성에 신심身心의 모양이 없어서 게으름을 여읨을 알기 때문에 그에 수순하여 비리야(毗梨耶, 정진)바라밀을 수행하며, 법성이 항상 정定하여 체가 어지러움이 없음을 알기 때문에 그에 수순하여 선정禪定바라밀을 수행하며, 법성의 체가 밝아서 무명을 여읨을 알기 때문에 그에 수순하여 반야般若바라밀을 수행한다.

【직해】 此明所修離相之行也 波羅蜜此云到彼岸 言彼岸者 乃究竟眞
實際也 智論云 若修人天事六度 及二乘所修 皆未離相 以未達三輪體
空者 但云檀等度 未云波羅蜜

여기에서 '모양을 여읜 수행'을 밝히고 있다. 범어 '바라밀(波羅蜜,
pāramitā)'은 한자어로 '피안에 도달하다(到彼岸)'는 뜻이다. 피안이란
구경의 진리 실세를 말한다. 『대지도론』에서는 다음과 같이 말했다.
"만일 사람과 하늘 세계에 나기 위해 육바라밀을 닦고 또한 이승二乘이
되기 위한 수행을 한다면 모두 모양을 여의지 못한 것이다. 보시하는
사람, 보시 받는 사람, 그리고 보시되는 물건의 체體가 공空한 줄
모르므로 단지 단(檀, 보시) 등의 도(度, 건너감)'라고만 말하고 '단바라
밀'이라 하지 않는다."[169]

今稱般若法性所修 ——離相 故得云波羅蜜 ——皆到彼岸也 以知離
慳等諸相故 稱性而修 故修無修相 故廻向文中眞如相等 正顯離相之
行也

---

[169] 『대지도론』 제12권에 다음과 같이 나온다. "보살의 법도 이와 같아서 보시에
세 가지 장애, 즉 주는 나와 받는 너와 보시하는 재물이 있게 되면 이는 마의
경계에 떨어지나니 온갖 환란을 여의지 못한다. 보살의 보시는 세 가지가 모두
청정하여 이러한 세 가지 장애가 없어야 저쪽 언덕에 이를 수 있어 부처님들의
보호를 받는다. 이것을 보시바라밀이라 한다. 이런 까닭에 보시로 저쪽 언덕에
이른다고 한다. …… 아라한이나 벽지불이 비록 저쪽 언덕에 이르는 것은 부처님
이 저쪽 언덕에 이르는 것과 이름은 같으나 실제로 다르다. 저들은 생사로
이쪽 언덕을 삼고 열반으로 저쪽 언덕을 삼지만 보시바라밀의 저쪽 언덕으로
건너가지는 못한다."

그러나 이제 반야 법성에 맞게 수행하면 하나하나 집착하는 모양을 여의므로 '바라밀'이라 일컫는다. 이런 바라밀 하나하나를 닦음으로써 피안彼岸에 도달하게 되는 것이다. 아끼고 탐함 등 여러 가지 모양을 여읠 줄 아는 까닭에 법성과 일치하게 수행하니 '닦되 닦는 모양이 없는 수행(修無修相)'이다. 회향을 밝힌 글 가운데 진여상회향眞如相廻向[170] 등이 바로 '모양을 여의는 수행'을 나타낸 것이다.

❊

證發心者는 從淨心地로 乃至菩薩究竟地히 證何境界오 所謂眞如니 以依轉識하야 說爲境界어니와 而此證者는 無有境界요 唯眞如智일새 名爲法身이니라

증득한 발심이란 것은 정심지淨心地로부터 보살 구경지에 이르기까

---

[170] 『화엄경』「십회향품十廻向品」에 다음과 같이 나온다. "불자들이여, 무엇을 보살 마하살의 '진여의 모양인 회향(眞如相廻向)'이라 하는가? 불자들이여, 이 보살마 하살이 바른 생각이 분명하여 마음이 견고하게 머물며, 미혹을 멀리 떠나서 전심으로 수행하며, 깊은 마음이 동요하지 않아 무너지지 않는 업을 이루며, 온갖 지혜에 나아가 퇴전하지 않으며, 대승을 구하되 용맹하여 두려움이 없으 며, …… 이렇게 보리에 회향하고, 중생에 회향하고, 경계에 회향하고, 실제實際 에 회향하나니 이른바 세간에 집착하지 않고, 중생을 취하지 아니하며, 마음이 청정하여 의지할 데가 없고, 모든 법을 바로 생각하여 분별하는 소견을 여의며, 모든 부처님의 자재하신 지혜를 버리지 않고, 삼세 부처님들의 바로 회향하는 문을 어기지 않으며, 모든 평등한 법을 따르고, 여래의 진실한 모습을 파괴하지 않으며, 삼세를 평등하게 관찰하여 '중생이다, 아니다' 하는 분별이 없고, 부처 님의 도를 잘 따르고 법을 잘 말하며, 그 뜻을 깊이 알아 가장 수승한 자리에 들어가며, 진실한 법을 깨달아 지혜가 원만하고 믿음과 좋아하는 마음이 견고 하다."

지 어떤 경계를 증득하는가? 이른바 진여이니 전식轉識을 의지하여 경계가 된다고 설하지만 증證이란 것은 경계가 없고, 오직 진여의 지혜여서 이름을 법신이라 한다.

【직해】 此明證發心也 前三賢雖云順性 但是比觀 以無明未破 未能正證 今入初地 則分別二障已離 眞如顯現 開發一心 以爲正證 故云證發心 以發眞如大用故也

이것은 증득한 발심을 밝힌 것이다. 앞에서 삼현보살이 비록 법성에 따른다고 했으나 여전히 비량比量으로 헤아려 관觀할 뿐이므로, 무명이 아직 깨뜨려지지 않아 올바른 진여를 증득할 수 없다. 이제 십지 가운데 초지에 들어가면 분별하는 두 가지 장애를 여의고 진여가 나타나 일심이 열린다. 이는 올바른 증득(正證)이므로 '증득한 발심'이라 하였다. 진여의 커다란 작용이 나오기 때문이다.

證何境界? 所謂眞如 此正證之相也 以依轉識說名境界者 此顯本智緣如 無能所相 心境一如 揀非轉識後得緣如 變相觀空 有能所對待故有境界 此眞如離能所相 如智獨存 故無境界 唯一眞如智 名爲法身

'어떠한 경계를 증득하는가? 이른바 진여이다.' 이것이 올바른 증득의 모양이다. '전식轉識에 의지하여 경계가 된다'고 한 것은 근본지혜가 진여를 연하여 나타나면 주관과 객관의 모양이 없고 마음과 경계가 하나가 된다. 그러나 전식이 진여를 반연한 후득지後得智[171]를 분별하는

---

171 후득지後得智: 무분별후지無分別後智·후득무분별지後得無分別智라고도 한다. 근

것이 아니다.[172] 진여가 변한 모양(變相)인 현상現相을 통해 공의 이치를
관하면 주관과 객관의 대립이 있게 되므로 경계가 있게 된다. 그러나
이 진여는 주관과 객관의 모양을 여의어서 오직 지혜만이 홀로 있을
뿐이다. 그 때문에 경계가 없고 오직 하나뿐인 진여의 지혜를 '법신'이라
이름한다.

❀

是菩薩이 於一念頃에 能至十方無餘世界하야 供養諸佛하고 請轉
法輪하야 唯爲開導利益衆生이요 不依文字며

보살이 한 생각 동안에 능히 시방의 남김 없는 세계에 이르러서
모든 부처님께 공양하고 법륜으로 굴리시기를 청한다. 오직 중생들

본무분별지(각주 114 참조)를 얻은 다음에 능히 의타기성으로 환과 같은 경계를
분별하여 요달하는 지혜를 말한다. 여량지如量智·권지權智·속지俗智라고도 한
다. 십바라밀 중 방편方便·원願·력力·지智의 4바라밀이 이에 해당된다.

172 『기신론의기』(法藏撰) 下末에 다음과 같이 나온다. "전식轉識 등에 의지한다고
한 것은, 경계는 현식現識이다. 반드시 전상轉相을 의지하여 일어나는 까닭이다.
그러나 근본지를 증득할 때 능소能所가 없으니 어찌 경계가 된다고 설명하겠는
가. 여기에서 단지 후득지後得智 가운데 업식業識이 다하지 않았으므로 전식과
현식이 아직 남아 있다. 이 식으로 나아가서 바로 증득한 가운데 정定이 있으면
진여가 증득할 경계가 된다고 빌려온 것이다. 후득지로써 바로 증득함을 도리어
반연한다. 또한 경계와 비슷한 현식이 있어 전식이 나타난 것이라 말한 것이다.
실로 진여는 능소가 평등함을 증득하기 때문에 진여지혜를 법신이라 한 것이다
(行體中 以依轉識等者 境界卽是現識 必依轉相起故也 然本智正證之時 實無能所 豈可
得說以爲境界 今但約後得智中業識未盡故 轉現猶存 假說此識說正證中定有眞如爲所
證境也 以後得智反緣正證 亦有現似境故 說轉識現也 而實眞證能所平等 故云唯眞如智
名法身也)."

을 개도(開導: 진리를 열어 인도함)하여 이익되게 하기 위한 것이고, 문자를 의지하지 않는다.

【직해】 此下明眞如勝用 具有權實之德也 以正證眞如 則十方法界 平等顯現 如在目前 自他身相 如鏡交光 故一念能至帝網刹土 承事諸佛 請轉法輪

여기에서 진여의 뛰어난 작용에 방편과 실상의 공덕이 갖추어져 있음을 밝히고 있다. 진여를 바르게 증득하면 시방법계가 평등하게 나타나 눈앞에 있는 듯하고, 자신과 다른 사람의 몸이 마치 한 거울 속에 있는 듯 번갈아 비친다. 한 순간에 제석천의 보배 그물 같이 무수한 불국토 어디든지 도달할 수 있어 여러 부처님을 받들고 가르침을 청한다.

以見一切衆生平等無二 故唯利益一切衆生 其所說法一眞如心 故不依文字 此發眞如不思議業用 權實並彰 故下云能示

보살은 일체중생이 평등해 둘이 없음을 봄으로써 오로지 일체중생을 이롭게 할 뿐이다. 그가 말하는 법은 오직 하나, 진여의 마음이므로 문자에 의지하지 않는다. 이것은 진여 자체에서 부사의한 업의 작용을 일으켜 방편과 실상이 함께 나타난다. 그래서 다음 문장에서 '무수한 방편을 능히 보인다'라고 하였다.

312

✿

或示超地하야 速成正覺하나니 以爲怯弱衆生故요 或說我於無量阿
僧祇劫에 當成佛道라 하나니 以爲懈慢衆生故라 能示如是無數方
便하야 不可思議하되 而實菩薩은 種性根이 等하며 發心이 則等하며
所證도 亦等하야 無有超過之法이니 以一切菩薩이 皆經三阿僧祇
劫故니라 但隨衆生의 世界不同과 所見所聞의 根欲性異일새 故示所
行도 亦有差別이니라

혹은 지地를 초월하여 속히 정각正覺 이룸을 보이니 겁약한 중생들을
위한 까닭이다. 혹은 "내가 무량한 아승기겁에 마땅히 불도를 이루
리라."고 설하니, 게으르고 거만한 중생들을 위한 까닭이다. 이와
같은 무수한 방편을 능히 보여서 가히 사의思議할 수 없으나 실로
보살들은 종성의 근기가 같으며, 발심이 곧 같으며, 증득한 바도
또한 같아서 이보다 더한 법이 없다. 모든 보살들이 모두 3아승기겁
을 경과하기 때문이다. 다만 중생들의 세계가 동일하지 아니함과
보는 바와 듣는 바의 근기根機와 하고자 함(樂欲)과 종성種性이 각각
다름을 따르기 때문에 행하는 바를 보임도 또한 차별이 있는 것이다.

【직해】 此明依眞如德用 以彰權實之行也 先明權行 言爲怯弱衆生懼
佛道長遠 卽爲示現超地速成正覺 如法華龍女 涅槃廣額 華嚴善財是
也 爲懈慢衆生中路懈廢 故爲示現經無數劫 如釋迦三祇行滿是也 又
能示無數方便 隨根調伏 不可思議 此皆權智也
여기에서 진여의 공덕과 작용에 의해 방편과 실상의 행이 나타난다고

밝히고 있다. 먼저 방편의 행을 밝힌다. 말하자면 겁약한 중생에게
불도를 이루는 길이 아주 멀다고 두려워하면 십지를 순식간에 초월해
정각을 이루는 것을 보여주기도 한다. 예컨대 『법화경』의 용녀龍女[173],
『열반경』의 광액廣額[174], 『화엄경』의 선재善財[175]동자가 바로 그런 경우

---

173 『묘법연화경』 12 「제바달다품提婆達多品」에 나온다.
"그때 사리불이 용녀에게 말하였다. '네가 어떻게 여자의 몸으로 빨리 성불할
수 있다고 하느냐?'
그때 용녀에게 한 보배구슬이 있으니, 그 값은 삼천대천세계와 같았다. 그것을
부처님께 받들어 올리니 부처님께서 곧 받으시거늘, 용녀가 지적보살과 존자
사리불에게 말하였다.
'내가 지금 보배구슬을 세존께 받들어 올리니, 곧 받으셨거늘 이 일이 빠르지
않나이까?'
그들이 빠르다고 대답하니, 용녀가 다시 말하였다.
'여러분들은 신통력으로 성불하는 것을 보시오. 이보다 더 빠를 것이나이다.'
그때 모인 대중이 모두 용녀를 보니, 홀연지간에 남자의 몸으로 변하여 보살행을
갖추고, 남방의 청정한 세계에 가서 보배연꽃에 앉아 등정각을 이루었다. 그러자
32상과 80가지 좋은 모양을 갖추어, 시방의 온갖 중생을 위하여 미묘한 법을
널리 연설하고 있었다."

174 『열반경』 권제19에 다음과 같이 나온다. "대왕이시여, 바라나국에 백정이 있으니
이름이 광액廣額이라. 날마다 한량없는 양을 죽이더니 사리불을 만나서 8계를
받고 하루 낮 하루 밤을 지나고, 그 인연으로 목숨을 마치고 북방천왕 비사문의
아들이 되었나이다. 여래의 제자도 이런 공덕의 과보가 있거늘 하물며 부처님이
오리까(大王. 波羅奈國有屠兒 名曰廣額 於日日中殺無量羊 見舍利弗卽受八戒 經一日
夜 以是因緣 命終得爲北方天王毘沙門子 如來弟子尙有如是大功德果 況復佛也)."

175 『화엄경』 「입법계품」은 법계法界에 들어간 선재동자가 문수보살부터 미륵보살,
보현보살에 이르기까지 53명의 선지식을 차례로 만나는 구도 여행을 떠나
마침내 한 생에 부처님과 같은 깨침과 실천의 경지에 이른다는 순례다. 선재동
자가 만나게 되는 선지식들은 보살, 비구, 장자(재가신도), 비구니, 우바이, 선인,

314

이다. 나태한 중생이 게을러 중도에 그만두려고 하면 무량한 아승기겁
동안 수행해야 함을 보여주기도 한다. 이를테면 석가모니는 3아승기겁
동안 수행하여 깨달음이 원만해졌다고 말한 것이다. 또한 무수한
방편으로 근기에 따라 중생을 부사의하게 조복 받는 것을 능히 보이는
것도 모두 방편의 지혜인 것이다.

其實菩薩據其實行 則種性無間故根等 依眞發心故發心等 所證眞如
故證亦等 以法性平等 本無超過之法 以皆經三無數劫 延促同時 一際
平等 亦無差別之相 但隨衆生見聞不同 根欲性異 故示有差別 此實德
不殊 應機有異也

실로 이 보살이 실상의 수행에 근거한다면 종성種性에 아무런 차별이
없어 어느 근기든지 똑같고, 진여에 의해 발심하므로 발심이 똑같고,
진여를 증득하므로 증득 또한 똑같게 된다. 법성은 평등하므로 본래
이를 초과하는 법이 없다. 모두 3아승기겁을 경과하는 동안 빠르고
느림이 없이 동시이고, 모두 가지런히 평등하여 차별상이 없다. 단지
중생이 보고 듣는 바가 같지 않고, 근기와 원하는 바와 종성이 다르기
때문에 차별을 보였다. 실상의 공덕은 조금도 다를 수 없지만 근기에
따라 감응함에는 차이가 있는 것이다.

거사, 바라문, 동자, 동녀, 아가씨, 부인, 왕, 부자, 천신, 여신, 천녀 등 다양하며,
모든 신분을 포함하여 장사꾼, 뱃사공, 창녀 및 외도의 수행자도 포함된다.
여기에 출현하는 선지식들이 선재동자 보살행의 스승이자 친구이며 안내자
역할을 하는 것이다.

❀

又是菩薩의 發心相者은 有三種心微細之相하니 云何爲三고 一者
는 眞心이니 無分別故요 二者는 方便心이니 自然徧行하야 利益衆生
故요 三者는 業識心이니 微細起滅故니라

또한 이 보살의 발심상發心相이란 것은 세 가지 마음의 미세한 모양
이 있다. 무엇이 세 가지인가? 첫째는 진심眞心이니 분별이 없기
때문이다. 둘째는 방편심方便心이니 자연히 두루 행해서 중생들을
이익되게 하기 때문이다. 셋째는 업식심業識心이니 미세하게 생겨
나 없어지기(起滅) 때문이다.

【직해】 此明地上雖有權實之用 以未究竟故 不同佛也 問曰 菩薩如是
大用 豈非等同佛耶? 答曰 以三種微細心相不同 故非佛耳 一者眞心
無分別故 實智也 二方便心權智也 三者業識心微細生滅相也 謂此菩
薩雖權實二智 以異熟未空 尙有微細生滅故 此不同佛耳

여기서는 지상보살이 방편과 실상의 작용을 함께 갖춘다고 밝혔다.
그러나 구경에 이르지는 못했으므로 부처의 경지와는 같지 않은 것
이다.
문: 보살에게 이런 커다란 작용이 있는데, 어찌하여 부처 경계와
같지 않은가?
답: 이 보살에게는 세 가지 미세한 마음의 모양이 부처 경지와는
다르다. 첫째, 진심眞心은 분별하지 않으므로 실상의 지혜(實智)이다.
둘째, 방편심은 방편의 지혜(權智)인 것이다. 셋째, 업식심業識心은

316

미세한 생멸상이 있기 때문이다. 말하자면 이 보살이 방편과 실상이라는 두 가지 지혜를 갖추기는 했지만 아직 이숙식異熟識이 공적空寂해지지 않아 미세하게 생멸하기 때문에 부처의 경지와 같지 않은 것뿐이다.

❁

又是菩薩이 功德成滿하면 於色究竟處에 示一切世間最高大身하나니 謂以一念相應慧로 無明頓盡을 名一切種智니 自然而有不思議業하야 能現十方하야 利益衆生이니라

또한 이 보살들이 공덕을 원만하게 성취하면 색구경처色究竟處에 일체 세간의 최고의 대신大身을 나타낸다. 이른바 일념에 상응하는 지혜로써 무명이 단번에 다함을 일체종지一切種智[176]라 한다. 자연히 부사의한 업이 있어서 능히 시방에 나타나서 중생을 이익되게 한다.

【직해】 此明究竟果德也 以因窮果滿故 於色究竟天示成覺 以彰現報利益受佛位故 後報衆生利益故 此所謂業識盡者 自然而有不思議業用 成一切種智也 色究竟天 乃色界頂天 佛佛成道 皆於此天坐蓮華宮 現最高大身 成等正覺 乃報身佛也

여기서는 구경의 과덕果德을 밝혔다. 수행의 인행因行이 다하고 과과가 원만한 것이다. 색구경천에서 정각正覺을 성취하여 현보現報의 이익을

---

176 일체종지(一切種智, sarvathā-jnāna): 일체지一切智, 도종지道種智와 함께 세 가지 지혜 중의 하나. 부처님의 지혜로 일체지에 대하여 일체 도법道法을 알고, 일체중생의 나는 인연을 알고, 모든 법의 적멸한 모양과 그 행상의 차별을 요달하여 아는 지혜. 일체지는 통상通相인데 반하여 일체종지는 별상別相이라 한다. 도종지의 뜻은 두루 세간·출세간의 모든 도문道門의 차별을 아는 지혜이다.

드러내어 부처의 지위를 받고 후보後報의 이익으로 중생을 이롭게 한다. 바로 이것이 '업식이 다하면 자연히 부사의한 업의 작용이 있어서 일체종지를 성취한다'는 것이다. 색구경천은 색계의 여러 하늘 가운데 가장 높은 하늘로 여러 부처님들이 도를 이룰 때 이 색구경천의 연화궁에 앉은 채 최고로 광대한 몸을 나타내 등정각等正覺을 성취하는데, 바로 이것이 보신報身 부처인 것이다.

❋

問曰虛空이 無邊故로 世界無邊하고 世界無邊故로 衆生이 無邊하고 衆生이 無邊故로 心行差別도 亦復無邊이라 如是境界가 不可分齊하야 難知難解니 若無明이 斷인댄 無有心想이어늘 云何能了관대 名一切種智오?

물어 이르되, 허공이 가없기 때문에 세계가 가없고, 세계가 가없기 때문에 중생들이 가없고, 중생들이 가없기 때문에 심행心行의 차별도 또한 다시 가없는 것이다. 이와 같은 경계가 한계를 지을 수 없어서 알기 어렵고 이해하기도 어렵다. 만약 무명이 끊어진다면 심상心想이 없거늘, 어떻게 알 수 있기에 이름을 일체종지라 하는가?

【직해】此問答以明離念境界 以顯一切種智也 種智者謂一切智之種也 以能知盡虛空界極衆生心念頭數 一一盡知 是名種智 且虛空世界無邊故 衆生無邊 心行差別亦無有邊 如是境界 難解難知 然無明旣盡 絶無心想 云何一一能知 而名一切種智耶? 此以有思惟心 測度不思議境界 故設此問也

이 문답 과정은 생각(念)을 여읜 경계를 밝힘으로써 일체종지를 드러나게 하였다. 일체종지에서 종지種智란 모든 종류의 지혜를 말한다. 허공에 가득 찬 모든 중생의 심념心念 개수 하나하나를 낱낱이 알 수 있는 까닭에 종지라 일컫는다. 또 허공 세계는 다함이 없으므로 중생도 끝이 없다. 중생의 마음이 움직이는 모양(心行)의 차별도 또한 끝이 없다. 따라서 이러한 경계는 이해하기 어렵고 알기 어렵다. 그러나 무명이 다하면 심상心想도 끊어지는데 어찌하여 하나하나를 알아서 일체종지라고 하는가? 이는 범부가 사량하는 마음으로 부사의한 경계를 헤아리려 하므로 이런 질문을 설정한 것이다.

※

答曰 一切境界가 本來一心이라 離於想念이언마는 以衆生이 妄見境界故로 心有分齊하며 以妄起想念하야 不稱法性故로 不能了어니와 諸佛如來는 離於見想하야 無所不徧하시며 心眞實故로 卽是諸法之性이니 自體顯照一切妄法하야 有大智用하야 無量方便으로 隨諸衆生의 所應得解하야 皆能開示種種法義일새 是故得名一切種智니라

답하여 이르시되 "일체 경계가 본래 일심이라 상념想念을 여의었건마는 중생들이 망령되이 경계를 보기 때문에 마음에 한계가 있으며, 상념을 망령되이 일으켜서 법성法性에 일치하지 못하기 때문에 능히 분명히 알지 못한다. 그러나 모든 부처님 여래는 망견妄見과 망상妄想을 여의어서 두루하지 않은 바가 없으시다. 마음이 진실이기 때문에 곧 이것이 모든 법의 성품이니 자체가 일체 망법妄法을 밝게 비추어서 큰 지혜의 작용(用)이 있다. 무량한 방편으로 여러

중생들이 응하여 아는 바를 따라서 모두에게 능히 갖가지 법의法義를 열어 보이기 때문에 이런 까닭으로 일체종지라는 이름을 얻게 된 것이다."

【직해】此明離念境界 唯證相應 非心識能知 得名種智也 言一切境界 本來一心 故圓證此心 則衆生在一心中顯現 卽衆生心念 皆在寂滅心中分明照了 但衆生以妄念自隔 不見如來之心 而諸佛如來 旣與衆生心平等無二 則無能所 離於見相 故無所不遍 以佛心眞實無妄 則衆生心卽是佛心

여기에서 '생각(妄念)을 여읜 경계'란 오로지 증득해야 상응할 수 있는 것이고 심식으로는 알 수 있는 것이 아니어서 '일체종지'라고 이름한 것이다. 말하자면 일체 경계는 본래 일심일 뿐이므로 이 마음을 원융하게 체득하면 중생이 한 마음 가운데 현현한다. 즉 중생의 심념心念이 모두 부처님의 적멸한 마음 가운데 분명하게 드러난다. 다만 중생이 허망한 생각으로 스스로를 가로막아서 여래의 마음을 못 볼 뿐이다. 여러 부처님 여래는 중생의 마음과 이미 평등하여 둘이 아니므로 주객主客이라는 것이 없고, 보는 모양을 여의었으므로 어디든지 두루 하지 않음이 없다. 부처님 마음은 진실하고 망령됨이 없어 중생의 마음이 곧 부처의 마음이다.

以自體顯照自心中一切衆生之妄法 故微細心念 起滅頭數 乃至種種欲憶想分別 無不分明 如鏡照像 故有大智用所以而能有無量方便 隨根調伏 皆能開示種種法義 是故得名一切種智 殆非有心測度而知也

자체로 나타남을 비추어 보면 모든 중생의 허망한 법이 스스로 마음 가운데 있으므로 미세한 생각이 일어나고 없어짐(起滅)의 가짓수 내지 갖가지 하고자 함(欲), 온갖 억상憶想과 분별이 분명하지 않음이 없다. 마치 밝은 거울이 사물을 비추듯 분명하니 이것은 커다란 지혜의 작용인 까닭이다. 따라서 무량한 방편이 있어서 중생의 근기에 따라 조복하여 모두 갖가지 법의 가르침을 열어 보여준다. 이러한 까닭에 이 지혜를 일체종지라 하니, 중생이 심식으로 헤아려 아는 것이 아니다.

❀

又問曰 若諸佛이 有自然業하야 能現一切處하야 利益衆生者인댄 一切衆生이 若見其身커나 若覩神變커나 若聞其說하면 無不得利어늘 云何世間에 多不能見고 答曰 諸佛如來는 法身이 平等하사 徧一切處하사되 無有作意故로 而說自然이나 但依衆生心現하나니 衆生心者는 猶如於鏡이라 鏡若有垢인댄 色像이 不現이니 如是衆生도 心若有垢인댄 法身이 不現故니라

또한 물어 이르되 "만약 모든 부처님께서 자연한 업이 있어서 능히 일체 처소에 나타내어서 중생들을 이익되게 한다면 일체중생들이 만약 그 몸을 보거나 만약 신변神變을 보거나 만약 그 말씀을 들어서 이익을 얻지 못함이 없을 것이다. 그런데 어찌하여 세간에 능히 보지 못하는 이가 많은가?" 답하여 이르되 "모든 부처님 여래는 법신이 평등하여서 일체 처에 두루하여 지음(作意)이 없기 때문에 '자연自然'이라고 말하지만 단지 중생심을 의지하여 나타난다. 중생의 마음이란 것은 마치 거울과 같다. 거울에 만약 더러운 때가

있으면 색상色像이 나타나지 않는다. 이와 같이 중생의 마음도 만약 더러운 때가 있으면 법신이 나타나지 않기 때문이다."

【직해】 此問明法身大用常然 但以機有明昧也 問 若諸佛法身充遍 大用普周 云何世間多不見耶? 答 如來法身大用常然 遍照衆生 但衆生心垢 無明暗蔽 故不見耳 非佛咎也 以鏡喩見不見義

이 문답에서 법신은 커다란 작용을 항상 갖추고 있지만 단지 중생의 근기에 따라 밝고 어두운 차별이 있게 되는 점을 밝히고 있다.

문: 만일 모든 부처님의 법신이 충만하여 커다란 작용이 널리 두루 갖추어져 있다면 어찌하여 많은 세상 사람들은 이 법신을 보지 못하는가?

답: 여래 법신의 커다란 작용은 항상 변함없이 중생을 두루 비추지만 중생의 마음에 때가 끼어 무명에 의해 어둡게 가려지므로 단지 보지 못할 뿐이지 부처님의 허물은 아니다. 거울의 비유를 통해 법신이 보이고 보이지 않음을 나타냈다.

華嚴經云 如來出世 譬如日光普照大地 有目共睹 獨生盲者不見 然雖不見亦蒙利益 此中意貴在機 故如鏡耳

『화엄경』[177]에서 말하기를 "여래가 세상에 출현하는 것은, 비유하건대

---

[177] 『화엄』「여래출현품如來出現品」에 나온다. "또한 불자야, 마치 해가 뜨는 것을 나면서부터 소경인 중생은 눈이 없으므로 일찍 보지 못하였다. 비록 보지는 못하였으나 햇빛의 이익은 받는다. 왜냐하면 이것을 인하여 낮과 밤의 시간을 알고 갖가지 음식과 의복을 수용하여 몸을 조화롭게 하고 여러 근심을

햇빛이 대지를 두루 비추면 눈 있는 자는 모두 보지만, 유독 나면서부터 눈먼 자만은 보지 못하는 것과 같다. 그러나 보지는 못하더라도 그 이로움은 함께 입고 있다." 이 가운데 의도하는 것은 '중생의 근기에 따른다'는 것을 설명하기 위해 거울 비유를 든 것뿐이다.

前文分別發趣道相 乃明入正定聚者 依法修行之相 以結正宗以行成解之意 已明大乘義 下文復說修行信心分者 是特爲未入正定聚衆生開示信心 令發正行 乃明起信之義

여의는 까닭이다. 여래 지혜의 해도 그와 같다(復次佛子 譬如日出 生盲衆生 無眼根故 未曾得見 雖未曾見 然爲日光之所饒益 何以故 因此得知晝夜時節 受用種種衣服飮食 令身調適 離衆患故 如來智日 亦復如是)."
한편, 『섭대승론석攝大乘論釋』 권제14 「석지차별승상 제십지이釋智差別勝相第十之二」에도 다음과 같이 나온다.
"논 : 과실로 말미암아 세존께서 현현하지 않는 것이
마치 깨어진 그릇의 달과 같고
모든 세간에 두루 가득하니
법광法光으로 말미암아 해와 같다.
해석 : 이 밑으로 하나의 게송은 일곱 번째로 현현의 깊고 깊음을 밝힌다. 모든 부처님께서 현현하지 않아도 세간에서는 모든 불신佛身이 항상 머문다고 설한다. 만약 불신이 항상 머문다면 어찌하여 현현하지 않는가? 마치 깨진 그릇 가운데에 물이 머물 수 없는 것과 같다. 물이 머물지 못하기 때문에 깨진 그릇 가운데 달이 실제로 있어도 현현할 수 없다. 이와 같이 모든 중생은 사마타奢摩他가 부드럽게 미끄러지는 듯이 서로 이어짐이 없고 단지 과실이 서로 이어짐이 있다. 거기에 실제로 모든 부처님이 있다 하더라도 역시 현현할 수 없다. 물은 사마타의 부드럽고 미끄러운 성질을 비유하기 때문이다. 부처님께서 현현하지 않는다고 어찌 부처님이 없을 수 있겠는가?"

앞의 문장인 '발심하여 나아가는 수행의 모양을 분별함(分別發趣道相)'에서는 정정취에 들어간 사람이 대승법의 의거해 수행하는 모양을 밝혔다. 정종분을 결론짓게 됨은 '수행에 의하여 바른 이해가 이루어진다'는 뜻이다. 이렇게 대승의 의義가 밝혀졌다. 아래 문장인 수행신심분에서는 특히 정정취에 들어가지 못한 중생들에게 믿음을 열어 보이고 바른 수행을 하도록 하여 '믿음을 일으킨다(起信)'는 뜻을 밝힌다.

제4장 수행신심분修行信心分

❀

已說解釋分하니 **次說修行信心分**하리라

이미 해석분을 설하였으니 다음에 수행신심분을 설하겠다.

【직해】 來意上解釋正義 以明大乘 此修行信心乃明起信 爲發起未入
正定衆生 令生大乘正信 故有此來也

앞의 해석분에서 올바른 의義를 풀이하여 대승을 밝혔다. 여기의 수행
신심분에서는 신심을 일으키는 것을 밝힌다. 믿음을 내기는 했으나
아직 정정취에 들어가지 못한 중생들로 하여금 신심을 일으켜서 대승
에 대한 올바른 신심을 내도록 하기 위한 것이다. 그래서 수행신심분이
여기에 오게 되었다.

❀

是中에 依未入正定聚生故로 說修行信心이니라

이 가운데 아직 정정취正定聚에 들어가지 못한 중생들을 위하여 수행신심분을 설한다.

【직해】 此依前劣機發心不定 恐墮二乘 故特說修行信心之方便 令起大乘 進趣正定也

앞에서 설명한 근기가 하열한 중생은 그 발심이 확고하지 못하여 이승二乘에 떨어질까 염려하였다. 그 때문에 특히 신심을 수행하는 방편을 설하여 그들로 하여금 대승에 대한 믿음을 일으켜 정정취로 나아가게 한 것이다.

此結前生後

여기에서는 앞의 문장을 결론짓고 뒤 문장을 내었다.

❀

何等信心이며 云何修行고 略說信心이 有四種하니 云何爲四오

어떤 것이 신심이며 어떻게 수행하는가? 간략히 설하자면 신심은 네 가지가 있으니, 무엇이 네 가지인가?

【직해】 此徵起信行方便也 意謂前說四種方便 具明進趣修證矣 今者又說何等信心? 如何修行耶? 謂前已發正信者 但說三心四行 以信眞

如無別岐路故 即便進修 今機劣障重 必假多種方便 故說四信五門
以爲調治之方 故須此門以引攝之 非重說也

이것은 신심을 일으켜 수행하는 방편을 따져 묻고 질문을 일으킨
것이다. 말하자면 앞에서는 네 종류의 수행방편을 설명하여 진취하고
수행하여 증득함(修證)을 자세히 밝혔다. 그런데 여기에서 또 '어떤
것이 신심이며, 어떻게 수행하는가?'라고 물은 것이다. 앞에서 이미
대승에 대한 올바른 신심을 일으킨 사람에게 삼심三心과 사종방편행四
種方便行을 설하여, 진여에 대한 신심은 다른 갈림길(岐路)이 없다고
하였기 때문에 바로 나아가 수행할 수 있다. 그러나 지금의 중생은
근기가 하열하고 장애가 무거워 반드시 많은 종류의 방편을 빌려야만
한다. 그래서 사종신심四種信心과 오종방편문五種方便門을 설하여 그
들을 조복하고 다스리는 방편을 삼는 것이다. 그 때문에 모름지기
이 오종방편문으로 그들을 이끌어 포섭하였으니 중복된 설명은 아닌
것이다.

❀

一者는 信根本이니 所謂樂念眞如法故요

첫째는 근본을 믿음이니, 이른바 진여법을 즐겨 생각(念)하기 때문
이요

【직해】此標信本 以眞如爲信心之根 萬行之本 故先須樂念 前勝機已
信眞如 但云直心正念 今此劣機未發正信 故云樂念

이것으로 근본 진여법에 대한 신심을 표하였다. 진여로써 신심의

근본을 삼으니, 이것이 모든 수행(萬行)의 바탕이 되기 때문에 우선
'진여법을 즐겨 생각(念)해야 한다.' 앞에서 근기가 수승한 중생은
이미 진여법을 믿으므로 단지 '직심으로 진여법을 올바로 생각한다'고
하였다. 그러나 여기에서 근기가 하열한 중생은 대승에 대한 올바른
신심을 아직 내지 못한 까닭에 '즐겨 생각한다(樂念)'라고 말하였다.

✿

二者는 信佛有無量功德이니 常念親近供養恭敬하야 發起善根하야
願求一切智故요 三者는 信法有大利益이니 常念修行諸波羅密故
요 四者는 信僧能正修行하야 自利利他니 常樂親近諸菩薩衆하야
求學如實行故니라

둘째는 부처님께 무량한 공덕이 있음을 믿음이니, 항상 친근히
공양하고 공경할 것을 생각하여 선근을 일으켜서 일체지一切智를
구하기를 서원하기 때문이다. 셋째는 법에 큰 이익이 있음을 믿음이
니, 항상 모든 바라밀을 수행하기를 생각하기 때문이다. 넷째는
승僧이 능히 바르게 수행해서 자리이타自利利他를 믿음이니, 항상
즐거이 모든 보살 대중을 친근히 해서 여실한 수행 배우기를 구하기
때문이다.

【직해】上信樂念眞如 則內因殊勝 此信三寶 則信外緣增勝 以因緣俱
勝故 常樂常念 心心不忘 則內外交熏 故令信心速得成就 以顯前退墮
者 因緣俱劣故也 故末法修行 捨此因緣 無能發起正信矣

위에서의 '진여법을 즐겨 생각하는 믿음'은 내인內因이 수승한 것이지

만, 여기의 삼보三寶를 믿는 것은 신심에 있어 외연外緣이 더욱 수승한
것이다. 내인과 외연이 함께 수승하기 때문에 항상 즐기고 항상 생각하
면서 한 순간도 잊지 않게 된다. 곧 내인과 외연이 번갈아 훈습하기
때문에 신심을 신속하게 성취하게 된다. 이로써 앞에서 퇴전하여
떨어진 사람을 보인 것은 내인과 외연이 함께 하열하였기 때문이다.
그 때문에 말법시대에 수행을 하면서 이러한 인因과 연緣을 버린다면
대승에 대한 올바른 믿음을 일으킬 수 없다.

❀

修行이 有五門하야 能成此信이니 云何爲五오 一者는 施門이요 二者
는 戒門이요 三者는 忍門이요 四者는 進門이요 五者는 止觀門이니라

수행에 다섯 가지 문이 있어서 능히 이 믿음을 이룬다. 무엇이
다섯인가? 첫째는 보시의 문(施門)이고, 둘째는 지계의 문(戒門)이
며, 셋째는 인욕의 문(忍門)이고, 넷째는 정진의 문(進門)이며, 다섯
째는 지관의 문(止觀門)이다.

【직해】 上四信心 總是發起之因 修此五門 乃助成之緣 前治寶喻 有多
方便 故此四信五門 總該萬行 故特明之 前稱性修 此是專修

위의 사종신심은 모두가 대승을 일으키는 인因이다. 이 오종방편문을
닦는 것은 인因을 도와 성취시키는 연緣이 된다. 앞에서 마니보배의
때를 닦는 비유에는 여러 방편이 필요하였다. 그 때문에 이 사종신심과
오종방편문이 모든 수행(萬行)을 총체적으로 포함하기 때문에 여기에
서 이것을 특별히 밝히고 있다. 앞에서의 수행은 본성에 일치하는

수행이고, 여기서부터는 오로지 수행의 측면만을 다룬다.

❁

云何修行施門고 若見一切來求索者어든 所有財物을 隨力施與하야 以自捨慳貪하야 令彼歡喜하며 若見厄難恐怖危逼이어든 隨已堪任하야 施與無畏하며 若有衆生이 來求法者어든 隨已能解하야 方便爲說하되 不應貪求名利恭敬하고 唯念自利利他하야 迴向菩提故니라

어떻게 보시문布施門을 수행하는가? 만약 일체중생이 와서 구하여 찾는 이를 보거든 소유한 재물을 힘에 따라 베풀어 준다. 또 스스로 인색하고 욕심냄(慳貪)을 버려서 저들로 하여금 환희하게 한다. 만약 액난·공포·위급(危逼)을 보거든 자기가 감당할 수 있는 능력 (堪任)에 따라서 두려움 없음을 베풀어 준다. 만약 중생들이 와서 법을 구하는 이가 있거든 자기가 능히 이해하는 대로 방편으로 설하되, 마땅히 명리와 공경을 탐하여 구하지 말고 오직 자리와 이타를 생각해서 그 공덕을 보리에 회향하기 때문이다.

【직해】 菩薩利生 三檀等施 所謂財施 無畏施 法施也

보살이 중생을 이익되게 하려면 세 가지 보시를 평등하게 행해야 한다. 이른바 재물보시·두려움을 없애주는 보시·법보시이다.

❁

云何修行戒門고 所謂不殺不盜不婬하며 不兩舌不惡口不妄言不綺語하며 遠離貪嫉欺詐諂曲瞋恚邪見이니라 若出家者인댄 爲折伏

煩惱故로 亦應遠離憒鬧하고 常處寂靜하야 修習少欲知足頭陀等
行하며 乃至小罪라도 心生怖畏하야 慚愧改悔하야 不得輕於如來所
制禁戒하고 當護譏嫌하야 不令衆生으로 妄起過罪故니라

어떻게 지계문持戒門을 수행하는가? 이른바 살생하지 않고, 도둑질
(偸盜)하지 않고, 음행淫行하지 않으며, 양설兩舌하지 않고, 악구惡口
하지 않고, 망언妄言하지 않고, 기어綺語하지 않으며, 탐심·시기·속
임·아첨·진에瞋恚와 삿된 견해(邪見)를 멀리 여의는 것이다. 만약
출가한 사람이라면 번뇌를 꺾어 조복하기 위하여 마땅히 시끄러움
(憒鬧)을 멀리 여의고 항상 적정寂靜에 자리하여야 한다. 욕심이
적음과 족한 줄 아는 것과 두타頭陀[178] 등의 행을 닦아 익히며, 내지
작은 죄라도 마음에 두려워함을 내어서 부끄러워하며 고치고 뉘우
쳐야 한다. 여래께서 제정하신 바 금계禁戒를 가벼이 여기지 말며,
마땅히 기롱(譏弄: 남을 업신여겨 놀림)과 혐의(嫌疑: 꺼리고 싫어함)로
부터 마음을 보호하여 중생으로 하여금 망령되이 허물과 죄를 일으
키지 않게 하여야 한다.

【직해】 此明戒相也 然戒有多品 以三聚淨戒攝之 謂攝律儀戒 攝善法
戒 攝衆生戒 此不殺等 斷三業惡攝律儀也 少欲知足 折伏煩惱攝善法
戒也 小罪生怖 當護譏嫌 不令衆生起過攝衆生戒也 以自護戒相 不令
衆生起罪 卽攝衆生也

178 두타(頭陀: dhūta): 닦아 다스림(修治), 버려서 제거한다는(棄除) 뜻. 번뇌의 때를
제거하는 고행의 일종으로 의식주를 간단히 하여 불도를 수행하는 데 12조의
행법이 있어 12두타행이라 한다.

여기는 계를 지키는 모양을 밝힌 것이다. 계율에는 많은 품류가 있으나 그 모든 계율을 삼취정계三聚淨戒[179]로 포섭할 수 있다. 삼취정계란 곧 섭율의계攝律儀戒와 섭선법계攝善法戒와 섭중생계攝衆生戒를 말한다. 여기서 '살생하지 않고 등'은 삼업의 악(三業惡)을 끊는 섭율의계이다. '욕심이 적음과 족한 줄 아는 것과 번뇌를 겪어 조복 받는 것'은 섭선법계이며, '작은 죄라도 두려운 마음을 내고 중생들이 욕하고 미워하더라도 그들을 보호하여 허물을 일으키지 않게 하는 것'은 섭중생계이다. 스스로 계율을 보호하는 모양으로 중생들로 하여금 죄를

179 삼취정계(三聚淨戒, tri-vidhāni śīlāni): 대승보살의 계법을 가리키는 말로, 다음 3가지이다.
① 섭율의계(攝律儀戒, saṁvara-śīla): 자성계, 일체 보살계로 악을 끊어버리고 악을 그치는 율의를 포함하는 계이다. 재가자와 출가자에 따라 5계, 8계, 10계, 구족계 등의 차이가 있다.
② 섭선법계(攝善法戒, kuśala-dharma-saṁgrāhaka-śīla): 선법계를 받아지님. 일체 보살도계를 지니는 것. 일체 선법을 수습하고 몸·입·뜻으로 짓는 착한 법을 무상보리로 회향하고 항상 삼보를 공양하되, 부지런히 정진하고 마음에 방일함이 없으며, 육근을 잘 섭호攝護하여 지키고, 육바라밀을 행하며, 만약 허물을 범하면 여법하게 참회하여 제거하고 모든 선법이 자라나게 한다. 악을 그치고 선을 닦으며 보신불을 이루는 연緣을 이룬다.
③ 섭중생계(攝衆生戒, sattvārtha-kriyā-śīla): 중생을 자비로운 마음으로 요익하게 하는 계를 말한다. 그 중 일부를 예로 들면, 중생들과 함께 일을 하여 요익되게 함, 중생들이 이미 병이 발병하거나 여러 고통에 대하여 간병 등으로 함께함, 중생들에게 세간·출세간법을 설하여 방편으로 지혜를 갖게 함, 은혜를 알고 은혜를 갚음, 중생들이 갖가지 공포를 구호하고 친족이나 재물을 잃거나 여러 어려움에 처했을 때 이를 해결하거나 걱정에서 벗어나게 함, 궁핍한 중생에게 갖고 있는 것을 줌, 허물이 있는 중생에게 자비로운 마음으로 가책하여 회개하도록 함 등이다.(출처: 『佛光辭典』)

일으키지 않게 하는 것이 곧 섭중생계이다.

※

云何修行忍門고 所謂應忍他人之惱하야 心不懷報하며 亦當忍於
利衰毀譽稱譏苦樂等法故니라

어떻게 인욕문忍辱門을 수행하는가? 이른바 타인의 괴롭힘을 마땅
히 참아서 마음에 보복할 것을 품지 아니하며, 또한 마땅히 이롭게
하거나, 해롭게 하거나, 헐뜯거나, 기리거나, 칭찬하거나, 희롱하거
나, 괴롭게 하거나, 즐겁게 하는 등(利·衰·毀·譽·稱·譏·苦·樂等)[180]
의 법을 참는 것이다.

【직해】 此忍相也 以境有逆順 皆當忍之 忍他人惱逆境也 利衰等八
通於逆順 得財名利 失財名衰 攻他之惡爲毀 談己之善爲譽 面揚其善

---

180 팔풍八風: 이 여덟 가지 법이 세간의 애증을 일으키고 능히 사람의 마음을
부채질하여 어지럽히므로 바람에 비유하여 팔풍이라 한다. ①이(利, 利乃利益):
나를 이익되게 하는 일. ②쇠(衰, 衰卽衰滅): 나에게 손해를 끼쳐서 있는 바를
감손減損시키는 일. ③훼(毀, 毀卽毀謗): 그 사람을 나쁘게 하려고 다른 말로
헐뜯는 일. ④예(譽, 譽卽讚譽): 그 사람을 기쁘게 하려고 비록 얼굴을 대면하지는
않아도 좋은 말로 칭찬하여 기리는 일. ⑤칭(稱, 稱卽稱道): 그 사람을 중요하게
하기 위하여 대중 앞에서 그를 장하다고 칭찬하는 일. ⑥기(譏, 譏卽譏誹):
그 사람을 나쁘게 하기 위하여 망령되이 없는 일을 지어내어 있는 것처럼
대중에게 말하는 일. ⑦고(苦, 苦卽逼迫): 악한 연緣이나 악한 경계로 몸과
마음에 핍박을 받게 하는 일. ⑧낙(樂, 樂卽歡悅): 좋은 연緣이나 좋은 경계를
만나 몸과 마음이 모두 즐겁게 되는 일.
이러한 경계에서도 몸과 마음이 적연寂然하여 마음의 안정安定이 흔들리는
일이 없도록 수행하기를 권하고 있다.

曰稱 言刺其惡曰譏 逼身爲苦 適意爲樂 合其逆順 謂之八風 以此八境
能擊衆生心海 起貪瞋煩惱波浪 今能忍之 則八風不動矣 然忍有三種
謂生忍 無生忍 寂滅忍 此生忍也

이는 인욕忍辱하는 모양이다. 역경과 순경, 이 모두를 인욕해야 한다.
다른 사람이 나를 뇌란惱亂시킴을 견디는 것은 어려운 역경이며, 이익·
손해 등 여덟 가지는 역경과 순경 어느 쪽에도 다 통한다. 재물이나
명예를 얻는 것을 이익(利), 재물과 명예를 잃는 것을 손해(衰, 줄어듦),
다른 사람의 악을 치는 것을 헐뜯음(毁), 자기의 착한 점을 담론하는
것을 자찬(譽), 얼굴을 마주하고 그의 좋은 점을 추켜세움(稱), 말로써
그의 나쁜 점을 풍자하는 것을 나무람(譏), 자기의 육신을 핍박함을
괴로움(苦), 자기의 마음에 맞음을 즐거움(樂)이라고 하며, 이상의
역경과 순경을 합하여 팔풍八風이라고 말한다. 이 팔풍의 경계가 중생
의 심해心海를 쳐서 탐·진·치 삼독의 번뇌 파랑을 일으킨다. 여기에서
그것을 참을 수 있다면 팔풍의 역순경계에도 마음이 움직이지 않는다.
인忍[181]에는 세 종류가 있는데 생인生忍·무생인無生忍·적멸인寂滅忍을

---

181 세 가지 인忍은 다음과 같다. ①생인生忍: 보살이 일체중생에게 성내거나 그들을
괴롭히지 않는 것이니 마치 자애로운 어머니가 자식을 사랑하듯 한다. 중생들이
갖가지 악한 해를 끼치더라도 이를 능히 참고 진에심을 일으키지 않으며, 혹은
중생들이 갖가지로 공경 공양하더라도 마음에 스스로를 높이는 염착이 일어나지
않는다. 이를 생인이라 한다. ②무생인(無生忍, 법인法忍, 무생법인無生法忍):
보살은 제법실상諸法實相 가운데 불생不生의 이치에 통달하여 거기에 안주하여
움직이거나 퇴전하지 않으니 이를 법인法忍이라 칭한다. ③적멸인寂滅忍: 모든
혹惑을 끊어 다하고 청정淸淨하여 무위無爲에 이르니 담연湛然 적멸寂滅의 상태인
것을 말한다.

말한다. 여기에서는 중생의 역순 경계를 참는 생인이다.

◈

云何修行進門고 所謂於諸善事에 心不懈退하야 立志堅强하야 遠
離怯弱하고 當念過去久遠已來로 虛受一切身心大苦하야 無有利
益일새 是故로 應勤修諸功德하야 自利利他하야 速離衆苦니라 復次
若人이 雖修行信心이로되 以從先世來로 多有重罪惡業障故로 爲
邪魔諸鬼之所惱亂이어나 或爲世間事務의 種種牽纏이어나 或爲病
苦의 所惱하나니 有如是等衆多障礙일새 是故로 應當勇猛精勤하야
晝夜六時에 禮拜諸佛하야 誠心懺悔하고 勸請隨喜하며 迴向菩提하
되 常不休廢하고 得免諸障이니 善根增長故니라

어떻게 정진문精進門을 수행하는가? 이른바 모든 착한 일에 마음이
게을러 물러나지 아니해서 뜻 세움이 굳고 강하여 겁약怯弱을 멀리
여의고, 마땅히 아득히 먼 과거 이래로 헛되이 일체 몸과 마음에
큰 고苦를 받아서 이익이 없음을 생각하여야 한다. 이런 까닭으로
마땅히 부지런히 모든 공덕을 닦아서 자기도 이롭고 남도 이롭게
하여 속히 여러 고苦를 멀리 여의는 것이다. 다음으로 만약 사람이
비록 신심信心을 수행하나 선세先世로부터 수많은 무거운 죄악과
악업의 장애(惡業障)가 있기 때문에 삿된 마魔와 모든 귀신의 뇌란
한 바가 되거나, 혹 세간의 사무에 갖가지로 이끌리고 얽매이게
되거나, 혹 병고로 시달리는 바가 되기도 한다. 이와 같은 여러
가지 장애가 있기 때문에 마땅히 부지런히 용맹정근해서 주야로
육시六時에 모든 부처님께 예배하고 성심誠心으로 참회하며, 권청

勸請하고 수희隨喜하며, 보리로 회향하되 항상 쉬거나 폐지(廢)하지 않아야 한다. 이렇게 하여 모든 장애들을 면免하면 선근이 증장하는 까닭이다.

【직해】 此明進相也 先令善心不懈 立志堅强 以爲精進之本 當念下 令思惟策進 修善無疲 復次下 對障重之機 示以除障方便 禮佛者歸依 最勝 請求加護 此除障總相

여기에서 정진하는 모양을 밝히고 있다. 우선 착한 마음이 해이하지 않고 뜻을 굳세고 강하게 세움으로써 정진의 근본을 삼았다. '마땅히 생각해야 한다(當念)' 이후부터는 (아득히 먼 과거 이래로 헛되이 몸과 마음에 괴로움을 받았던 것을) 사유하고 정진하도록 경책하여 선근을 닦는 데 있어서 힘들어함이 없게 하였다. '다음으로 만약 사람이 (復次若人)' 이후부터는 장애가 무거운 근기의 중생을 다스려 장애를 제거하는 방편을 보였다. '예불'은 세간에서 가장 수승한 분에게 귀의하여 부처님 위신력의 가호를 청하는 것인데, 이것이 장애를 제거하는 총체적인 방편의 모양이다.

誠心下 別除四障 一懺悔除惡業障 二勸請除謗法障 三隨喜除嫉妒他障 四迴向菩提除樂三有障 不休廢者總結能治 免諸障者總結所治 由此四障能令行人不發善行 不趣菩提 故四障治盡 善根增長也

'성심誠心' 이후부터는 네 가지 장애(四障)를 따로따로 제거한 모양이다. 첫째로 참회는 악업의 장애를 제거함이며, 둘째로 법문을 청하는 권청勸請은 법을 비방하는 장애를 제거함이며, 셋째로 남의 착한 공덕을 따라서 기뻐하는 수희는 남을 질투하는 장애를 제거함이며, 넷째로 보리로 회향함은 삼계(三有) 중생의 삶을 즐기는 장애를 제거한 것이다. '쉬거나 폐지하지 않음'은 이상의 장애를 다스리는 주체(能)를 총체적으로 결론지은 것이고, '모든 장애를 면한다' 함은 다스려야 할 대상인 장애(所)를 총체적으로 결론지은 것이다. 이 네 가지 장애로 말미암아 수행인이 선행을 일으키지 못하고, 보리도菩提道로 취향해 나아가지 못한다. 그 때문에 이 네 가지 장애를 끝까지 다스리면 선근이 더욱 자라나는 것이다.

❋

云何修行止觀門고 所言止者는 謂止一切境界相이니 隨順奢摩他觀義故요 所言觀者는 謂分別因緣生滅相이니 隨順毗鉢舍那觀義故니라 云何隨順고 以此二義로 漸漸修習하야 不相捨離하야 雙現前故니라

어떻게 지관문止觀門을 수행하는가? 말하는 바 '지止'란 것은 이른바 일체의 경계상을 '그침'이니 사마타관奢摩他觀[182]의 뜻을 수순隨順하기 때문이다. 말하는 바 '관觀'이라 것은 인연의 생멸상을 분별함을 말하는 것이니 비발사나관毗鉢舍那觀[183]의 뜻을 수순하기 때문이다.

---

182 사마타(奢摩他, 지행止行): śamatha의 음역이다. 이를 의역하여 그침(止), 적정寂靜, 능멸能滅, 선정禪定 등 일곱 가지 이름 중의 하나이다. 마음을 섭수하여 밖의 경계에 움직이지 않도록 하여 일체의 산란심을 멀리 여의고 적정寂靜하게 머무는 것을 말한다.

183 비발사나(毘婆舍那, 관행觀行): vipaśyanā의 음역이다. 바른 지혜로 하나의 대상

어떻게 수순하는가? 이 두 가지 뜻으로써 점차로 수습하여 서로
버리고 여의지 않아서 쌍으로 앞에 나타나기 때문이다.

【직해】此釋止觀相也 六度應云定慧二門 今云止觀者 以在因曰止觀
在果曰定慧 今欲雙修並運 正在因行 故合爲一門 言奢摩他者義當空
觀 今修止門而言隨順空觀義者 意顯卽止之觀 而正意在觀 謂由止以
入觀也

여기에서 지관止觀의 모양을 풀이한 것이다. 육바라밀을 정定·혜慧의
두 문으로 나누어서 말해야 한다. 여기에서 지관이라고 말하는 것은
수행의 과정(因地)에 있어선 지관이라 말하고, 과위果位에 있어선
정혜定慧라고 말하기 때문이다. 지금은 지와 관을 쌍으로 닦고 함께
운행하는 수행의 과정에 있다. 그 때문에 지와 관을 하나의 방편문으로
하였다. 사마타라는 것은 그 의미가 공관空觀에 해당한다. 여기에서
'지止의 방편문을 닦으면서 공관의 뜻을 수순한다'고 말한 의도는 즉지
지관卽止之觀을 드러낸 것인데, 그 바른 의도는 관에 있다. 말하자면,
즉 지止방편문을 따라서 관觀으로 들어가는 것이다.

天台立有三止三觀 一謂體眞止 當空觀 謂體合眞空 諸緣自寂 一心朗
照 萬法如如 故爲卽止之觀 故順奢摩他空觀義 此觀眞如門成根本智

천태지자天台智者는 지관을 삼지三止[184]와 삼관三觀[185]으로 수립하였다.

을 관하는 것을 말한다. 지관止觀을 정혜定慧의 두 가지 법이라고 하여 계戒와
더불어 불교의 중요 실천 덕목으로 삼는다.

184 삼지三止: 체진지體眞止, 방편수연지方便隨緣止, 식이변분별지息二邊分別止를 말

삼지 가운데 첫째는 체진지體眞止[186]이다. 이는 첫 번째 공관空觀에

한다.

185 삼관三觀: 천태삼관天台三觀, 일심삼관一心三觀이라고도 한다. 연기緣起가 즉공卽
空이란 비유非有이고, 연기가 즉가卽假란 비무非無이니, 이것이 중도中道라는
것은 쌍차쌍조이다. 일심삼관은 공空·가假·중中의 삼제에 의거하여 공관空觀·
가관假觀·중도관中道觀의 삼관을 일심의 세 방면에서 세운 관법이므로 일심삼관
이라고 한다.

한편, 『보살영락본업경』「현성학관품賢聖學觀品」 제3에 다음과 같이 나온다.
"삼관三觀이란 가명假名에서 공空에 들어가는 것은 이제관二諦觀이며, 공空에서
가명에 들어가는 것은 평등관平等觀이다. 이 두 가지 관은 방편도이니, 이 두
가지 공관에 의하여 중도제일의제관中道第一義諦觀에 들어갈 수가 있다. 이제二
諦를 함께 비추어 온갖 마음이 적멸하며 나아가 초지법류初地法流의 물속에
들어감을 마하살성종성摩訶薩聖種性이라 하나니, 무상법無相法 가운데 중도이면
서 또한 둘이 아님을 행하기 때문이다(三觀者 從假名入空二諦觀 從空入假名平等觀
是二觀方便道 因是二空觀 得入中道第一義諦觀 雙照二諦心心寂滅 進入初地法流水中
名摩訶薩聖種性 無相法中行於中道而無二故)."

※ 공관空觀: 세간의 생멸 법상은 가상假相(임시적인 현상)이다. 이런 가假를
좇아서 공으로 들어가는 것을 종가입공관從假入空觀이라고도 한다. 또 가를
체득하고 공에 들어가 지관의 뜻을 결성結成한다는 것은, 모든 견혹의 바퀴가
그치고 한번 불퇴를 받아 영원히 고요해짐(寂然)을 이름하여 지止라 하고, 견혹은
무성無性이며 성공性空이 모양이 공한 것(相空)을 체달하는 것을 관觀이라고도
한다. 또, 공관은 이제관二諦觀이라고도 하는데 능소能所를 합하여 논하는 까닭
에 이제관이라고 한다. 공을 획득하였을 때 공空만 보는 것이 아니라 역시
또한 가假를 안다. 진실로 말미암아 가假가 나타나니 이것은 이제관을 획득한
것이다.

186 체진지體眞止: 『마하지관』의 설명은 다음과 같다. "체진지라는 것은 모든 법이
연緣으로부터 생기는데 그 인연이 공하고 주체가 없다. 마음을 쉬어 그치고
마음의 본원을 요달하는 까닭에 이름을 사문沙門이라 한다. 인연이 임시로
합하여 허깨비가 된 것임을 아는 까닭에 이름을 체體라 한다. 망상을 반연하여

해당하며, 말하자면 진여가 공空인 이치를 체달하면 모든 생멸의 인연
이 스스로 고요하다. 일심을 밝게 관조하면 만법이 여여如如하다.
그러므로 이는 즉지지관卽止之觀이다. 그 때문에 '사마타 공관의 뜻을
수순하는 것이다.' 이것은 진여문을 관찰하는 것으로 근본지根本智를
이룬다.

所言觀者 謂分別等 隨順毗鉢舍那觀義故者 二方便隨緣止 當假觀
謂雖心境如如 不妨觀察生滅諸法因緣幻有 雖有而性常自空 故雖觀
諸法因緣 不捨萬行 卽一道常閒 故爲卽觀之止 故云順毗鉢舍那假觀
義 此觀生滅門 成後得智也

'말하는 바 관觀이란 것은 인연의 생멸상(因緣生滅相)을 분별함을 말하
는 것이니 비발사나관毗鉢舍那觀의 뜻을 수순隨順하기 때문이다' 함은
두 번째인 방편수연지方便隨緣止[187]이다. 이는 두 번째 가관假觀에 해당

공空을 얻으면 곧 쉬게 된다. 이 공이 진실인 까닭에 진실을 체달하는 지(體眞止)
라고 한다. 무슨 까닭인가. 체진지의 경우, 인연은 가명假名이고 공하고 주체가
없음을 통달하면 유동流動의 악은 그치는 것이니, 이것의 이름이 지식止息의
뜻이다. 마음을 멈추고 이법(理)에 머물러 법을 통달하면 직접 이것이 인연을
통달하는 것이니, 이것이 정지停止의 뜻이다. 이때 이법은 진여에 즉하고 진여는
본원本源에 즉하지만 본원은 지止와 부지不止에 해당하지 않으므로, 이것은
비지非止의 지止이다. 이 세 가지가 체진지의 모양을 이룬다(體眞止者 諸法從緣生
因緣空無主 息心達本源故號爲沙門 知因緣假合幻化性虛故名爲體 攀緣妄想得空卽息
空卽是眞故言體眞止 何以故 如體眞止時達因緣假名空無主流動惡息 是名止息義 停心
在理正是達於因緣 是停止義 此理卽眞 眞卽本源 本源不當止與不止 是非止止 此三義
共成體眞止相)."

187 방편수연지方便隨緣止는 '방편으로 연을 따르는 지止'의 뜻으로 『마하지관』의

하며, 비록 일심과 경계가 하나의 이치로 항상 여여如如하지만 생멸하

설명은 다음과 같다. "만일 삼승이 똑같이 무언설의 도로써 번뇌를 끊고 진眞에 들어간다면 진眞이라는 것은 다르지 않으나 다만 번뇌와 습기는 다하고 다하지 않음이 있다. 만약 이승二乘이 진실을 체득한다면 방편을 써서 지止하지는 않겠지만, 보살은 가관假觀에 들어가서 직접 마땅히 행용行用을 하여야 하는 것으로 공을 공이 아니라고 알기 때문에 '방편'이라고 말하는 것이며, 약과 병을 분별하는 까닭에 '연을 따른다(隨緣)'고 한다. 마음을 속체俗諦에 안주하고 있으니 지止라고 이름한다. 경에 말씀하기를, 움직임과 멈춤(動止)의 마음이 항상 하나이며 또 이 뜻을 증득하는 것이다. 만약 방편지의 경우 가제假諦를 비추는 것이 자재해서 산란이나 무지無知를 쉬는 것이다. 이것이 지식止息의 뜻이다. 마음을 가제의 이법에 머무는 것은 유마 거사가 정定에 들어가 비구 스님의 선근의 성품을 관하는 것처럼 약과 병을 분별하는 것은 이것이 정지停止의 뜻이다. 가제의 이법에서 움직이지 않음은 이것이 비지非止의 지止이다. 이와 같은 세 가지 뜻이 방편수연지의 모양이다(二方便隨緣止者 若三乘同以無言說道斷煩惱入眞 眞則不異 但言煩惱與習有盡不盡 若二乘體眞不須方便止 菩薩入假正應行用 知空非空故言方便 分別藥病故言隨緣 心安俗諦故名爲止 經言動止心常一亦得證此意也 若方便止時照假自在 散亂無知息 是止息義 停心假理如淨名入三昧觀比丘根性分別藥病 是停止義 假理不動是非止止 如是三義共成方便隨緣止相也)."

※ 가관假觀에 대하여 『마하지관』에서는 종공입가관從空入假觀을 다음과 같이 설명하고 있다. "공관으로부터 가관으로 들어가는 것을 평등관平等觀이라고 한다. 만일 이것이 공관으로 들어가면 또한 공이 있을 수가 없으니 어찌 가假에 들어간다는 것인가. 마땅히 알라. 이 관은 중생을 교화하기 위한 것으로서 진실이 진실 아님을 알면서도 방편으로 가假를 나오게 하는 까닭으로 '공으로부터(從空)'라고 말한 것이다. 약과 병을 분별하여서 또한 착오가 없게 하기 위하여 '가假에 들어간다'고 한 것이다. 평등이라 말한 것은 앞에 것을 견주어 바라보고서 평등이라 칭한 것이다. 앞의 관은 가의 병을 깨뜨리고 가의 법을 쓰지 않고, 다만 진실의 법을 쓴 것이다. 하나를 깨뜨리고 하나는 깨뜨리지 않는다면 아직 평등이라 할 수 없다. 나중의 관은 공의 병을 깨뜨려서 또한 가假의 법을 쓴 것인데, 깨뜨림의 작용이 이미 균등하니 다른 경우와 서로 견주어 본 까닭에

는 모든 법의 인연이 환유(幻有: 환영과 같이 존재)임을 관찰함이 방해되지 않는다. 비록 환유처럼 존재하나 그 자성은 항상 스스로 공적하다. 그 때문에 모든 법의 인연을 관찰하면서도 만행을 버리지 않는다. 일심의 도는 항상 한가하다. 곧 즉관지지卽觀之止가 되기 때문에 '비발사나 가관假觀의 의미를 수순한다'라고 하였다. 이는 생멸문을 관찰하여 후득지後得智를 이루는 것이다.

三息二邊分別止當中道觀 謂居空而不捨萬行 涉有而一道淸淨 二邊不住 理事齊彰 中道一心 朗然齊鑑 此融會空有 妙契一心也 故由三止而成三觀 是則三觀一心 本無差別

세 번째는 식이변분별지息二邊分別止[188]로 이는 중도관中道觀[189]에 해당

평등이라 말한 것이다."

[188] 식이변분별지息二邊分別止: 『마하지관』의 설명에는 두 가지가 있다.
①"생사의 유동과 열반의 보증은 모두 다 이것이 한쪽으로 치우친 행과 용으로 중도와 부합하지 않는 것이다. 지금 속俗이 속이 아님을 알면 속변(俗邊, 俗諦)으로 치우침이 적연寂然하여지고, 또 속이 아님(非俗)을 얻을 수 없어 공변空邊도 적연하여진다. 이것을 '두 변을 쉬어 그치는 지止'라 한다(息二邊分別止 生死流動涅槃保證 皆是偏行偏用不會中道 今知俗非俗俗邊寂然 亦不得非俗空邊寂然 名息二邊止)."
②"두 가지 극단의 분별을 쉬는 경우 생사와 열반의 두 가지 모양도 함께 쉰다. 이것이 지식止息의 뜻이다. 이법理法에 들어가는 반야를 이름하여 '머문다(住)'라고 하고 마음을 연緣하여 중도에 머문다고 한다. 이것이 정지停止의 뜻이다. 이 실상의 이법理法은 지止도 아니고 부지不止도 아니다. 이것이 부지不止의 지止의 뜻이다. 이와 같은 세 가지 뜻이 함께 식이변별지를 이루는 까닭이다(息二邊時生死涅槃二相俱息 是止息義 入理般若名爲住緣心中道 是停止義 此實相理非止不止 是不止止義 如此三義共成息二邊止相故)."

한다. 말하자면 진여眞如 공에 거처하면서도(止) 만행을 버리지 않고 (觀), 삼계(三界, 즉 假有)를 거닐면서도(觀) 일심중도가 청정하여(止) 공空·유有의 양변 어느 쪽에도 머물지 않는다. 이치(理)와 현상(事)이 함께 드러나고 중도 일심을 밝게 비추는 것이다. 이는 공과 유를

---

189 중도제일의관中道第一義觀: 가장 근본이 되는 관법을 말한다. 『마하지관』의 설명은 다음과 같다. "중도제일의관이라는 것은, 앞에서 가공假空을 관한 것은 이것이 생사는 공한 것이며, 나중에 공공空空을 관한 것은 이것이 열반이 공한 것이다. 이 두 변을 함께 부정한 것이다. 이 두 공관을 방편도라 하며 중도中道를 얻게 된다. 따라서 마음 마음이 적멸하여 살바야(一切智)의 바다에 흘러 들어갔다고 말한다. 또한 처음의 관은 공관空觀을 썼고 나중의 관은 가관假觀을 쓴 것인데, 이것을 쌍으로 방편관을 있게 한 것이다. 중도관에 들어갔을 때 능히 이제二諦를 함께 비출 수가 있다. 그러므로 경에 말씀하시기를 '마음이 만약 선정에 있으면 능히 세간의 생멸법의 상을 알 수 있는 것이다'라고 하였다. 앞의 두 가지의 방편관이라고 한 뜻이 여기에 있다(中道第一義觀者 前觀假空是空 生死 後觀空空是空涅槃 雙遮二邊 是名二空觀爲方便道得會中道 故言心心寂滅流入薩 婆若海 又初觀用空後觀用假 是爲雙存方便 入中道時能雙照二諦 故經言 心若在定能 知世間生滅法相 前之兩觀爲二種方便意在此也)."

※ 중도관中道觀: 중도中道 제일의제관第一義諦觀으로써 유무 양변을 여의고 무명의 혹惑을 끊는 관을 말한다. 용수보살은 『중론』에서 팔불중도八不中道를 말하고 있다. 팔불중도란 불생不生·불멸不滅·부단不斷·불상不常·불일不一·불이不異·불거不去·불래不來이다. 여기에서 이 '팔불八不'은 잘못된 생멸生滅 등의 여덟 가지 잘못을 깨뜨리고 제법의 실상을 드러나게 하는 것으로, 『중론』「관거래품觀去來品」에서 이와 같이 인식 사고의 방법의 잘못을 지적하고 있다. 유식종의 중도관은 다음과 같다. 유식삼성으로 설명하면 '아我'와 '법法'은 변계소집성이 되고, 식識은 의타기성, 공空은 원성실성의 뜻이 된다. 고정된 자성이 없는 것을 공空이라 한다. 그러므로 자재하여 변현變現하므로 공이 바로 '진공묘유眞空妙有'라 하여 즉 '비무非無'가 된다. 이것에 의지하여 우주의 참된 실상이 즉 '비유비무非有非無 비유비공非有非空'의 중도로 파악된다.

융합하여 일심중도에 오묘하게 계합한 것이다. 그 때문에 삼지三止를 따라서 삼관三觀을 성취한다. 이리하여 삼관과 일심이 본래 차별이 없게 된다.

今此中止觀合明雙修 雖未明言三觀 而理實具足 以但了空假二門 則一心中道自顯 此爲趣大乘之要門 故此五門 前四但是助成方便 而論意正在止觀一門 故下備顯修相 在天台大小止觀義有多門 其修行之要 獨此論所明 最爲簡要直捷 學者可不盡心焉

여기에서 이 가운데 지와 관을 합하여 밝히고 쌍으로 수행함을 밝혔다. 비록 삼관三觀의 이치를 분명하게 밝히지 않았으나 그 이치(理)를 실로 구족한다. 공관·가관의 두 문을 요해了解하면 곧 일심중도관이 스스로 나타난다. 이것이 대승으로 나아가는 긴요한 문이다. 그런 까닭에 이 오종방편문 가운데 앞의 사종은 단지 지관문을 도와주는 방편문일 뿐이다. 본 논서의 의도는 지관止觀 하나의 문에 있다. 아래의 문장에서 지관을 수행하는 모양을 자세히 나타냈다. 천태天台의 『마하지관(大止觀)』과 『소지관小止觀』에는 많은 방편문이 있으나, 그 수행의 요체는 (지관으로) 이 논서에서 밝힌 것이 가장 간결한 요점이고 곧바로 가는 지름길이다. 배우는 사람은 여기에 마음을 다하여야 하지 않겠는가!

下明修止觀之方

다음에서 지관을 닦는 방법을 밝힌다.

344

若修止者인댄 住於靜處하야 端坐正意하되 不依氣息하며 不依形色하며 不依於空하며 不依地水火風하며 乃至不依見聞覺知하고 一切諸想을 隨念皆除하되 亦遣除想이니 以一切法이 本來無相하야 念念不生이며 念念不滅이니라 亦不得隨心外念境界後에 以心除心하고 心若馳散이어든 卽當攝來하야 住於正念이니라 是正念者는 當知唯心이요 無外境界며 卽復此心도 亦無自相하야 念念不可得이니라

만약 지止를 닦는 이는 고요한 처소에 머물러서 단정히 앉아 뜻을 바르게 한다. 호흡(氣息)을 의지하지 않으며, 형색形色을 의지하지 않으며, 허공(空)을 의지하지 않으며, 지수화풍地水火風을 의지하지 않으며, 내지 견문각지見聞覺知에 의지하지 않는다. 모든 상념想念을 생각에 따라 모두 버리되, 역시 버린다는 상상想마저도 버리는 것이다. 일체의 법이 본래 모양(相)이 없어서 생각 생각에 생겨나지 않으며 생각 생각에 없어지지 않는다. 또한 마음을 따라 밖으로 경계를 생각한 연후에 마음으로써 마음을 제거하지도 말아야 한다. 만일 마음이 경계에 치달려 흩어지거든 곧 그 자리에서 거두어들여 '바른 생각(正念)'에 머무는 것이다. 이 바른 생각(正念)이란 것은 마땅히 알라. 오직 마음뿐이요 바깥 경계가 없다. 곧 다시 이 마음도 또한 자기 모양이 없어서 생각 생각에 가히 얻지 못한다.

【직해】此廣明修習止觀行相也 而修心入定之方 備示於此 住於靜處 捨外緣憒鬧處也 天台小止觀 明入定之初 先學調身心息 此中端坐調

身也 不俯不仰 故云端坐

여기에서 지관을 수습하며 수행하는 모양을 자세하게 밝히고 있다. 마음을 닦아 선정에 들어가는 방법을 여기에서 빠짐없이 보였다. '고요한 처소에 머무른다' 함은 외부의 조건이 심란하고 시끄러운 처소를 버림이다. 천태의 『소지관』[190]에서는 선정에 들어가는 처음을 밝혔다. 우선적으로 조신調身·조심調心·조식調息을 배우는데, 이 가운데서 '단정히 앉는 것'은 몸을 고르게 하는 조신調身에 해당한다. 자세를 앞으로 숙이지도 않고 위로 쳐들지도 않기 때문에 '단정히 앉는다'고 하였다.

正意調心也 不沈不浮 惺寂雙流 故云正意 以此不依氣息 故不調息耳 不依氣息形色離身也 不依虛空四大離世界也 不依見聞覺知離心也

'뜻을 바르게 한다' 함은 마음을 고르게 하는 조심調心이다. 마음이 혼침에 빠지지도 않고 들뜨지도 않아서 성성惺惺과 적적寂寂이 쌍으로 흐르기 때문에 '뜻을 바르게 한다'고 하였다. 또한 '호흡을 의지하지 않기' 때문에 호흡은 고를 필요가 없다. '호흡과 형색形色을 의지하지 않음'은 육신의 집착을 여읜 것이다. '허공과 지수화풍 사대四大를

---

190 『천태소지관天台小止觀』: 원명原名은 천태지자가 저술한 『수습지관좌선법요修習止觀坐禪法要』이다. 다섯 개의 항목에 대하여 각각 다섯 가지를 정리하였기 때문에 25방편문이라 한다. 제4장에서 다섯 가지 일을 조절함(調和第四)에는 음식·수면(잠)·몸·호흡·마음을 잘 조절함이 나와 있다. 음식과 수면은 선정禪定 이외의 것이지만 몸(調身)·호흡(調息)·마음(調心)은 선정에 관련지어서 고르게 하는 것이 중요하다.

346

의지하지 않음'은 세간의 집착을 여읨이며, '견문각지를 의지하지 않음'
은 마음마저 여읜 것이다.

故古德教人參禪 內脫身心 外遺世界 只須離心意識參 出凡聖路學
離妄想境界求 故此皆云不依 卽脫也 一切諸想至念念不滅五句 的示
用心方法也

그 때문에 옛 대덕 스님은 사람들에게 참선을 가르쳤다. "안으로는
몸과 마음을 벗어 버리고 밖으로는 세계를 버려라. 모름지기 망상인
심의식心意識[191]을 여의어서 참구하되, 범부·성인이라는 상대적인 길

---

191 심의식心意識과 관련해서 천목중봉天目中峰의 『산방야화山房夜話』에 다음과 같
은 이야기가 있어 소개한다. "영가永嘉 대사 『증도가證道歌』에 '법재法財를 손상
시키고 공덕을 소멸하는 것은 바로 심의식 때문이다.'라고 했습니다. 사람들이
올바른 깨달음은 구하지 않고 헛되게 사량분별로 따져 이해한 그럴듯한 말들을
영가 스님이 통렬하게 비판한 것입니다."
한편, 『대승입능가경大乘入楞伽經』에는 심의식에 대해 다음과 같이 표현하고
있다. "마음(心)은 교묘한 기술자와 같고, 뜻(意)은 교활한 광대놀이에 장단
맞추는 자와 같네. 5식을 반려로 삼아 허망한 생각으로 무리를 보네(心如巧伎兒
意如和伎者 五識爲伴侶 妄想取伎衆)."
※ 여기에 얽힌 마조馬祖 스님의 이야기를 소개한다.
서산의 양좌주亮座主가 마조 스님께 참례하자 스님이 물었다.
"좌주는 경론을 훌륭히 강의한다고 들었는데, 그런가?"
"부끄럽습니다."
"무엇을 가지고 강의하는가?"
"마음으로 강의합니다."
"마음(心)은 재주부리는 광대 같고, 의意는 광대놀이에 장단을 맞추는 자와
같고, 육식六識은 거기에 어울리는 관중이 될 뿐인데, 어찌 경을 강의할 줄을

에서 벗어나서 배우며 망상과 그 경계를 여의어서 참구하라." 그 때문에 여기에서 '모든 것에 의지하지 말라'고 한 말은 옛 대덕 스님이 말했던 '벗어남(脫)'인 것이다. '모든 상념을 생각에 따라 모두 버리되, 역시 버린다는 상상想까지 버린다. 일체의 법이 본래 모양(相)이 없어서 생각 생각에 생겨나지 않으며 생각 생각에 없어지지 않는다'라고 한 데까지의 다섯 구절은 마음 쓰는 방법을 바르게 제시한 것이다.

一切衆生 迷本眞心 一向但依妄想用事 故今修習 以除想爲最 故楞伽 云 從上諸聖轉相傳授妄想無性一語 爲的要也

일체중생은 근본 진심을 미혹하고 한결같이 망상妄想에 의지하여 단지 일상사를 한다. 때문에 여기에서 지止방편문을 수습하여 망상을 제거

알겠는가?"

양주는 언성을 높였다.

"마음이 강의하지 못한다면 허공이 강의합니까?"

"오히려 허공이 강의할 수 있다."

양좌주는 소매를 떨치고 그냥 나가버렸다. 계단을 내려가려는데, 스님이 "좌주!" 하고 불렀다.

좌주가 고개를 돌리는 순간 스님이 말씀하셨다

"이것이 무엇인가?"

순간 양좌주는 활연대오하였다. 곧바로 절하자 스님께서 말씀하셨다.

"이 둔한 아사리(敎授, 즉 講主)야! 절은 해서 무엇 하느냐!"

양좌주는 전신에 땀을 흘렸다. 돌아가자마자 대중에게 말했다.

"내가 일생동안 경을 강설하여 나에 미칠 사람이 없다고 하였다가, 오늘 마조 스님께 한 차례 질문을 받고 평생의 공부가 얼음처럼 녹아버렸다."

마침내 강講을 그만두고 곧 서산으로 들어가 종래 소식이 없었다.

348

하는 것을 최고로 삼았다. 이런 까닭에 『능가경』192에서 "위로부터
모든 성인들이 서로가 전수했던 것이 망상은 자성이 없다."라고 말한
이 한마디 말로써 요점을 삼은 것이다.

問曰 妄想無性 云何除耶? 答曰 一切諸想 隨念皆除 謂此一念者 乃直
心正念眞如之念也 方今用心 單提此一念爲主 更無二念 以此一念觀
照之力 但見妄想起處 隨卽一念照破 當下消滅 更不容其相續
문: 망상에 자성이 없다면 어떻게 망상을 제거해야 되는가?
답: 일체 모든 상념을 상념이 일어나는 대로 따라서 제거하라. 말하자
면 이 일념—念이란 직심으로 진여법을 올바르게 생각하는 일념인
것이다. 바야흐로 지금 마음을 쓰는 데 있어서 이 일념만을 홀으로
이끌어내어 그것만을 주인(主)으로 삼고, 다시 두 번째는 없다. 이
일념이 진여법을 관조하는 힘으로써 단지 망상이 일어나는 곳을 따라
서 보이는 대로 즉시 일념에 관조하여 깨뜨린다. 그 자리에서 소멸시키
고 다시는 망상이 연이어 이어지는 것을 용납하지 않아야 한다.

---

192 『능가경』 권제2 「일체불어심품 사지이—切佛語心品四之二」에 다음과 같이 나온
다. "부처님께서 대혜에게 말씀하셨다. '과거의 성인들께서 알고 있는 것을
서로서로 전수해 주었으니, 망상에는 성품이 없다(妄想無性)는 것이다. 이를
보살마하살이 홀로 고요한 곳에 있으면서 스스로 깨달아 관찰하고, 다른 가르침
을 연유하지 않고 망상의 견해를 벗어나면, 위로 승진昇進하여 여래지如來地로
들어갈 것이다. 이를 자각성지自覺聖智의 모양이라고 이름한다.'(佛告大慧 前聖所
知轉相傳授 妄想無性 菩薩摩訶薩 獨一靜處自覺觀察不由於他 離見妄想上上昇進入如
來地 是名自覺聖智相)"

永嘉所謂斷相續心也 參禪之要 無越此一念者 此的示其要也 亦遣除
想者 謂遣除想之念也 初以一念除想 妄想旣滅 卽此一念亦無容立
故亦須遣之

이것이 영가 대사永嘉大師가 말한 "상속相續하는 마음을 끊는다."[193]라
는 것이다. 참선하는 요점이 이 일념을 벗어남이 없는데, 여기에서
그 요점을 긴요하게 적시摘示한 것이다. '역시 버린다는 상상想까지도
버린다'고 한 것은 상념을 제거한다는 생각까지도 버리는 것이다.
최초에 일념으로써 상념을 제거하여 망상이 사라지고 나면 바로 이
일념까지도 세우는 것을 용납하지 않는다. 그러므로 모름지기 이
일념마저도 버려야 한다.

---

193 『영가집』(禪宗永嘉集) 「사마타송 제사奢摩他頌第四」에 다음과 같이 나온다. "지지知
知를 일으켜 지지知를 안다면 후지後知가 날 때 전지前知는 이미 멸하나니 두 지지知가
이미 함께하지 못한다. 다만 전지가 멸함을 얻고, 멸하는 곳이 지혜 경계가
되나니 능소能所가 모두 진眞이 아니다. 전前인 즉 멸滅을 멸하여 지지知를 이끌고,
후後인 즉 지지知를 지지知하여서 멸滅을 이음이니 생멸상속, 이것이 윤회의 도이다.
여기서 앎이라고 말하는 것은 앎을 아는 것이 아니고 다만 알 뿐이다. 앞에서
멸함을 접하지 않고 후에 이끌어서 일으키지 아니하여 전후 상속이 끊어지고
중간이 스스로 외로운 것이다. 당체를 돌아보지 아니하면 그 즉시 곧 소멸하나니,
지체知體가 이미 멸한지라 활연히 허공에 의탁함과 같도다. 고요히 잠깐 사이에
오직 깨달을 뿐이고 얻는 바가 없음이라. 각覺함은 각함이 없나니 각함이 없는
각은 목석과 다르다. 이곳이 초심처初心處이다. 그윽이 생각이 끊어진다(起知知
於知 後知若生時 前知早已滅 二知旣不並 但得前知滅 滅處爲知境 能所俱非眞 前則滅
滅引知 後則知知續滅 生滅相續 自是輪迴之道 今言知者 不須知知 但知而已 則前不接
滅 後不引起 前後斷續 中間自孤 當體不顧 應時消滅 知體旣已滅 豁爾如托空 寂爾少時
間 唯覺無所得 卽覺無覺 無覺之覺 異乎木石 此是初心處 冥然絶慮 乍同死人 能所頓忘
纖緣盡淨 闃爾虛寂 似覺無知 無知之性 異乎木石 此是初心處 冥然絶慮)."

問曰 旣云正念 又何遣耶? 答曰 以此一念 特爲遣想而立 以眞心自體
本來離想 又何容念? 以妄想無性故 非本來有 妄想旣非本有 若立一
念以待妄想 是又爲資妄之本也 故此念亦無可立 以立處卽眞故[194] 眞
妄俱泯 能所兩忘 乃名正念

문: 이미 '바른 생각(正念)'이라고 하였다면 또 무엇 때문에 그 생각마저
도 버려야 하는가?

답: 이 일념은 특히 상념想念을 버리기 위해서 세운 것이다. 진여일심의
자체는 본래 망상을 여의었는데 또 무슨 상념을 용납하겠는가? 망상은
자성이 없기 때문에 본래 있는 것이 아니다. 망상이 이미 본래 있는
것이 아닌데도 만약 일념을 세워서 망상을 상대한다면 이것이 다시
그 망상을 돕는 근본이 된다. 그 때문에 이 일념마저도 세울 수가
없다. 왜냐하면 서 있는 그 자리가 바로 진여일심이기 때문이다. 진심과
망상이 함께 없어지고 주관과 객관을 모두 잊은 것을 '바른 생각(正念)'
이라고 한다.

以一念不立 則念念無生 若念念無生 則常光現前 寂照朗然 念念不滅
矣 此參禪之的旨也 言不得隨心外念境界後以心除心者 此示不善用

194 『조론肇論』「부진공론不眞空論」에도 나오는 표현이다. "경에서 이르기를 '매우
기이하십니다. 세존이시여, 진제에서 움직이지 않으시고 그 자리에서 (속제의)
모든 법을 세우는 처소로 삼는다'고 하였다. 진제를 떠나지 않고 모든 법을
건립하는 처소를 삼았기 때문에 바로 이곳이 바로 진제인 것이다.(經云 甚奇世尊
不動眞際 爲諸法立處 非離眞而立處 立處卽眞也)『임제록臨濟錄』에서 '수처작주隨
處作主 입처개진立處皆眞(어디를 가나 주인공이 되기만 한다면 선 자리 그대로가
모두 참되다)'으로 널리 알려지게 되었다."

心之病也

일념마저 세우지 않는다면 생각 생각마다 생겨남이 없게 되고, 생각 생각마다 생겨남이 없으면 상주하는 광명이 눈앞에 나타나고 적멸의 경지에서 지혜가 밝게 비추어 생각 생각마다에서 사라지지 않는다. 이것이 참선하는 종지宗旨인 것이다. '마음을 따라 밖으로 경계를 생각한 연후에는 마음으로써 마음을 제거하지도 말아야 한다'고 한 이 말은 마음을 잘 쓰지 못하는 병통을 보인 것이다.

謂當一念觀照之力 更不隨妄想轉 若隨妄想外念境界 然後卻纔以心 除心者 此是以妄除妄 乃逐生滅流轉 如此用心 畢竟不離生滅妄想 實不善用心者也 故下云若心馳散卽當攝來歸於正念

말하자면 일념으로 관조하는 힘으로써 다시는 망상을 따라 마음이 일어나지 않아야 한다. 만일 망상을 따라 밖으로 경계를 생각한 연후에 조금이라도 마음으로써 마음을 제거한다면 이것은 바로 망상으로써 망상을 제거하는 것이다. 그리하여 생멸유전을 좇는 것이 된다. 이처럼 마음을 쓴다면 마침내 생멸망상을 여의지 못하는 것이니, 실로 마음을 잘 쓰지 못하는 것이다. 그러므로 다음에서 말하기를 '만일 마음이 경계로 치달려 흩어지면 그 자리에서 거두어들여 바른 생각(正念)으로 돌아가라'고 하였다.

謂纔妄想生處 卽便照破 不隨他轉 卽歸正念 不待隨心外緣 而後攝也 故結示云 當知唯心 無外境界 不但無心外境 卽復此心亦無自相 以念

念不可得故 以內外心境一切寂滅 如此念念熏修 自然體合眞如 所謂
卽止之觀也

말하자면 조금이라도 망상이 나오면 바로 그 자리에서 즉시 관조하고
깨뜨려서 망상을 따라 마음이 구르지 않고 곧바로 바른 생각(正念)으로
돌아온다. 마음이 외부의 경계연을 따르기를 기다린 뒤에야 그것을
깨닫고 거두어들이는 것은 아니다. 그러므로 결론을 보여서 말하기를
'마땅히 알라. 오직 마음일 뿐이고 바깥 경계가 없다. 밖으로 마음의
모양인 경계뿐만 아니라 다시 안으로 이 마음까지도 역시 자체의
모양이 없어서 생각 생각마다 얻지 못하기 때문이다'라고 하였다.
안팎으로 마음과 경계에서 일체가 고요히 사라졌다. 이처럼 생각
생각마다 훈습 수행한다면 저절로 진여를 체득하고 계합하게 된다.
이것은 이른바 즉지지관卽止之觀인 것이다.

❁

若從坐起하야 去來進止에 有所施作이어든 於一切時에 常念方便하
야 隨順觀察하야 久習淳熟하면 其心이 得住라 以心住故로 漸漸猛利
하야 隨順得入眞如三昧하야 深伏煩惱하고 信心增長하야 速成不退
하리니 唯除疑惑 不信 誹謗 重罪業障 我慢 懈怠 如是等人의 所不能
入이니라

만약 앉은 처소로부터 일어나서 가거나, 오거나, 나아가거나, 그침
에 시작하는 바가 있더라도 일체 시에 항상 방편을 생각해서 수순하
고 관찰해서 오래도록 익혀서 순박하게 익으면 그 마음이 머무르게
된다. 마음이 머무르게 되면 점점 맹리猛利해져서 진여삼매眞如三昧

에 수순하여 들어가게 된다. 깊이 번뇌를 조복하고 신심信心이 증장해서 속히 불퇴不退를 이룬다. 오직 의혹·불신·비방·중죄업장·아만·해태를 제외하니, 이와 같은 사람은 들어갈 수 없다.

【직해】 此示方便隨緣止也 謂止非常坐 故示隨緣修習 勿得暫替 以觀察旣久 漸漸淳熟 其心自然安住 眞如三昧 煩惱漸伏 信心增長 卽可速成不退也

여기에서 방편수연지方便隨緣止를 보이고 있다. 말하자면 지止란 항상 단정히 앉아서만 하는 것이 아니다. 그러므로 인연을 따라 닦고 익히는 것을 보였으니, 잠시도 폐지하지 말아야 한다. 관찰을 오래 하고 나서 점점 순일하게 무르익으면 그 마음이 자연히 진여삼매에 안주한다. 번뇌를 점점 조복 받고 신심이 더욱 자라나면 속히 불퇴전의 경지를 이룰 수 있게 되는 것이다.

如是三昧 但有能信肯行者 無不皆得 唯除不信 障重我慢者 不能得入 此則非機返顯 唯以信得入也 故云佛法大海 信爲能入 正此謂也

이 같은 삼매는 능히 믿음을 성취하고 수행하려는 사람이라면 모두가 얻지 못하는 이가 없다. 오직 불신하는 자, 장애가 무거운 자, 아만을 부리는 자는 제외된다. 그들은 깨달아 들어가지 못한다. 깨달아 들어가지 못하는 근기의 사람을 들어서, 그와 상대적으로 오직 신심을 성취해야만 깨달아 들어갈 수 있음을 나타낸 것이다. 그 때문에 『대지도론』[195]

---

195 『대지도론』에 다음과 같이 나온다.

354

에서 "불법의 큰 바다는 믿음으로 들어갈 수 있다."라고 했으니, 바로
이것을 이르는 말이다.

❀

復次依是三昧故로 則知法界一相이니 謂一切諸佛法身이 與衆生
身으로 平等無二일새 卽名一行三昧라 當知眞如가 是三昧의 根本이
니 若人修行하면 漸漸能生無量三昧하나니라

다음에 이 삼매를 의지하기 때문에 곧 법계가 한 모양인 줄 알게
된다. 말하자면 일체 모든 부처님의 법신이 중생들의 몸과 평등하여
두 가지가 없으니, 곧 이름하여 일행삼매一行三昧라 한다. 마땅히
알라. 진여가 이 삼매의 근본이니 만약 사람이 수행하면 점점 무량한
삼매를 낼 수 있는 것이다.

【직해】 此結示止觀勝益也 言依三昧知法界一相者 法界卽十法界 聖
凡染淨差別之相也 安得平等? 唯依眞如三昧 總觀諸佛法身 與衆生
身 平等無二 此名一行三昧 以唯一眞如 恒沙諸佛法界 了無差別之相

"(경) 이와 같이 내가 들었다. 어느 때.

(논) 문 : 모든 불경에는 어찌하여 첫머리에 '이와 같이(如是)'라고 하였는가?
답 : 불법의 큰 바다는 믿음으로 능히 들어가고 지혜로 능히 건너나니 '이와
같이'라고 함은 곧 믿음이다. 만약 사람의 마음 청정한 믿음이 있으면 이 사람은
능히 불법에 들어갈 수 있다. 만약 믿음이 없는 이는 불법에 들어가지 못한다.
믿지 않는 이는 이 일이 이와 같지 않다 하나니, 이는 믿지 않는 모습이거니와
믿는 이는 이 일을 이와 같이 한다(初序品中緣起義 釋論龍樹菩薩造 摩訶般若波羅蜜
初品 如是我聞一時釋論第二 (經)如是我聞一時 (論)問曰 諸佛經何以故 初稱如是語 答曰
佛法大海信爲能入 智爲能度 如是義者卽是信)."

故平等耳 以眞如是三昧根本 具有不思議大用故 若人修行 漸漸能得
無量三昧也

여기에서 지관에서 얻어지는 수승한 이익을 결론으로 보이고 있다.
'진여삼매에 의지하여 법계가 한 모양임을 안다'고 한 말에서 법계는
바로 십법계의 성인과 범부, 염법과 정법의 차별적인 모양이다. 이러한
차별적인 모양이 어떻게 평등할 수 있겠는가? 오직 진여삼매를 의지해
야 제불諸佛의 법신과 중생의 몸이 평등하여 둘이 없음을 총체적으로
관찰할 수 있다. 이것을 일행삼매一行三昧[196]라고 한다. 오직 하나의

---

196 일행삼매(一行三昧, ekavyūha-samādhi): 마음을 한 가지 행에 오로지하여 정정을
닦는 익히는 것을 말한다. 일행삼매에 대한 『문수반야경』·『대지도론』·『육조단
경』에서의 설명을 소개한다.
1. 『문수반야경』(文殊師利所說摩訶般若波羅蜜 卷下)
"문수사리가 사뢰었다
'세존이시여, 무엇을 일행삼매라 하옵니까?'
부처님께서 말씀하셨다.
'법계는 한 모양이라 인연을 법계에 얽매는 것(繫緣法界), 이것을 일행삼매라
하느니라. 만약 선남자 선여인이 일행삼매에 들어가고자 하면, 마땅히 먼저
반야바라밀을 듣고 설함과 같이 배워 닦은 연후에 능히 일행삼매에 들어가면
법계의 인연과 같아 물러나지 아니하고, 무너지지 아니하고, 생략하지 못하며,
걸림이 없고, 모양도 없느니라. …… 이와 같이 일행삼매를 얻는 자는 항하사
같은 모든 부처님 법계의 차별이 없는 모양을 다 아느니라. …… 만약 일행삼매를
얻으면 모든 경의 법문을 하나하나 분별하여 깨달아 알아 결정하여 걸림이
없고 주야로 항상 설하여도 지혜와 변재가 마침내 끊어지지 아니하느니라.'"
2. 『대지도론』 47권
"어떤 것을 일행삼매라고 하는가? 이 삼매에 머무르면 이 언덕(此岸)과 저 언덕(彼
岸)을 보지 않나니 이것을 일행삼매라 하느니라. …… 일행삼매란 이 삼매는

진여로 항하사와 같은 제불의 법계에 차별적인 모양이 없는 것을 안다. 그 때문에 평등할 뿐이다. 진여는 삼매의 근본이므로 부사의한 커다란 작용을 갖추고 있다. 만약 어떤 사람이 진여삼매를 수행하면 점차 한량없는 삼매를 얻을 수 있는 것이다.

上修止觀竟 下辯魔事

이상으로 지관을 수습하는 방편문을 끝내고 다음에서는 마군의 일을 가린다.

언제나 하나의 행이어서 필경공畢竟空과 상응한 삼매이니, 이 가운데서 다시는 그 밖의 다른 행의 차례가 없다. 마치 무상하다는 행 가운데서 다음에 괴롭다는 행이 있거나, 괴롭다는 행 가운데 다음에 무아라는 행이 있거나 하는 것과 같다."

3. 『육조단경六祖壇經』

"그대들이 일체종지를 성취하고자 한다면 모름지기 일상삼매一相三昧와 일행삼매一行三昧에 통달해야 한다. 만약 모든 곳에서 모습에 머무르지 아니하며, 그 모습 속에서 싫어하고 좋아하는 마음을 내지 아니하고, 또 취하고 버림이 없고 이익을 생각하지 아니하고, 이루어짐과 부서짐을 같은 일로 보고, 안락하고 한가롭고 편안하고 고요하고 텅 비어 걸림 없이 통하고 담담하고 욕심이 없다면, 이를 일러 일상삼매라고 한다. 모든 곳에서 가고 머무르고 앉고 눕는 모든 행위에서 순수하고 한결같이 곧은 마음이면 도량에서 움직이지 아니하고 정토淨土를 참으로 이룰 것이니, 이를 일러 일행삼매라고 한다. 만약 사람이 이 두 가지 삼매를 갖춘다면 마치 땅에 종자가 크게 성장할 잠재력이 있어서 그 열매를 익게 만드는 것처럼, 일상삼매와 일행삼매 역시 그와 같다."

❁

或有衆生이 無善根力이면 則爲諸魔外道鬼神之所惑亂하야 若於
坐中에 現形恐怖어나 或現端正男女等相하나니 當念唯心하면 境界
則滅하야 終不爲惱하리라

혹 어떤 중생들이 선근善根의 힘이 없으면 곧 모든 마魔와 외도와
귀신의 혹란惑亂을 당한다. 혹은 앉아 있는 가운데 형체를 나타내어
두렵게 하거나, 혹 단정한 남녀 등의 모양을 나타낸다. 이때 마땅히
오직 마음임을 생각하면 경계가 곧 사라져서 마침내 뇌란惱亂되지
않는다.

【직해】此明魔事破壞定心 略示其相 使知對治也 楞嚴具明魔事 依禪
定中五陰未破而現 有五十種 深淺不一 且云或爲天魔 諸惡鬼神 精魅
魍魎 僉來惱汝 或汝陰魔心自作其孽 一一詳示 此但略說其槪耳

여기에서는 마군[197]의 일이 선정을 파괴하는 것을 밝히고 그 양상을

---

197 마군과 관련하여『대지도론』초품初品 중「마하살타석론摩訶薩埵釋論」제9권
제5에 다음과 같이 나온다.
"마魔에는 네 가지가 있으니 첫째는 번뇌마煩惱魔요, 둘째는 오음마五陰魔요,
셋째는 사마死魔요, 넷째는 타화자재천마他化自在天魔라. 이 보살들은 보살도를
얻었기 때문에 번뇌마를 깨뜨리고, 법신法身을 얻었기 때문에 음마陰魔를 깨뜨리
고, 도道와 법성신法性身을 얻었기 때문에 사마를 깨뜨리고, 항상 한 마음이고
온갖 곳에 마음이 집착되지 않고 부동삼매不動三昧에 들었기 때문에 타화자재천
마를 깨뜨린다. 이런 까닭에 모든 마사魔事를 초월했다 하였다. 또『반야바라밀
경』의「각마품覺魔品」에 부처님께서 마업魔業과 마사魔事를 설명하셨는데, 이
마업과 마사를 초월하였으므로 '초월했다'고 한다. 또 모든 법의 실상을 제외한

358

간략히 보여서 그것을 다스리는 방법을 알도록 밝힌 것이다. 『능엄
경』[198]에서 마군의 일을 자세히 밝히고 있다. 선정 가운데서 오음五陰이
아직 깨뜨려지지 않은 상태를 의지하여 나타난 마군의 일이 50종류가
있어 그 깊고 얕은 정도가 한결같지 않다. 또 말하기를 "혹은 천마와
여러 악한 귀신과 정매망량精魅魍魎이 모두가 찾아와 너를 뇌란시키며,
혹은 너의 오음마五陰魔와 심마心魔가 스스로 재앙을 일으키기도 한
다."라고 하여 그들 사례를 낱낱이 자세하게 보였다. 그러나 여기에서
는 단지 그 개괄적인 것만을 간략히 말하였을 뿐이다.

此言諸魔外道鬼神 蓋謂因中亦修禪定 以惡習邪見墮落此中者 故禪
定氣分熏發 故現形作惱耳 言當觀唯心境界則滅者 謂雖外魔能撓 抑
由自有惡習 因定熏發 故於自識 托彼外質 變影爲害 故云唯心 無外境
界 若觀唯心則自滅矣

여기에서 말하고 있는 '모든 마魔와 외도와 귀신'은 대체로 수행의
인지因地 가운데서 선정을 닦으면서 악한 습기와 삿된 견해 때문에
이 가운데 떨어진 것을 말하는 것이다. 그러므로 이것은 선정의 기분氣
分에서 훈습으로 발현發現하였기 때문에 형체를 나타내어 뇌란케 할

나머지 온갖 법을 다 마魔라 하나니 모든 번뇌·결사結使·욕欲·박縛·취取·전纏·5
음·18계·12입入·마왕魔王·마민魔民·마인魔人 등 이와 같은 것들을 모두 마魔라
한다."

198 『능엄경』 제10권에 따르면 수행자가 공부해 나가는 과정에서 오음, 즉 색음色陰·
수음受陰·상음想陰·행음行陰·식음識陰에 각각에 작용하는 음마陰魔가 10가지
씩 모두 50종이 있다. 애愛·만慢 등의 습기가 작용하거나 천마天魔가 함께
그 편을 타서 마업魔業을 이루는 과정이 자세히 설명되어 있다.

뿐이다. '오직 마음일 뿐임을 관찰하면 마군의 경계가 즉시 사라진다' 한 것은 비록 외부의 마군이 어지럽힌다고 해도 실제로는 자신에게 있던 악한 습기가 억눌려 있다가 선정으로 인해 훈습으로 발현한 경우이다. 그 때문에 자기의 심식에 그들 외부의 마군 자질이 의탁하여 변화로 나타난 그림자가 해를 끼친 것이다. 그 때문에 '오직 마음일 뿐이다'라고 하였다. 외부에 실재하는 경계란 없다. 만일 오직 마음일 뿐임을 관찰한다면 경계는 저절로 사라진다.

❀

或現天像菩薩像하며 **亦作如來像相好具足**하며 **或說陀羅尼**하며 **或 說布施持戒忍辱精進禪定智慧**하며 **或說平等空無相無願**하야 **無 怨無親**하고 **無因無果**하야 **畢竟空寂**이 **是眞涅槃**하며 **或令人**으로 **知 宿命過去之事**하고 **亦知未來之事**하야 **得他心智**하야 **辯才無礙**하야 **能令衆生**으로 **貪著世間名利之事**하며

혹 천상天像과 보살상을 나투며 또한 여래상如來像의 상호를 구족하며, 혹 다라니를 설하며, 혹 보시·지계·인욕·정진·선정·지혜를 설한다. 혹 평등하여 공空하고, 모양이 없고, 원願이 없으며, 원망(怨)도 없고, 친親함도 없고, 인因도 없고 과果도 없으며, 필경에 공적空寂함이 이 진실한 열반이라 설하기도 한다. 혹 사람으로 하여금 타고난 운명(宿命)과 과거의 일을 알고, 또한 미래의 일도 알아서 다른 사람의 마음을 아는 지혜(他心智)를 얻어서 변재가 걸림이 없으며, 능히 중생으로 하여금 세간의 명리名利의 일에 탐착하게 한다.

【직해】 此習氣魔也 此魔蓋因行人多生親習佛法 執相未忘 或習空見
以爲究竟 貪求宿命知見 故今因定熏發 於三昧中 故現此事 以本因不
正 故令貪著世間名利之事 此正唯心變現也

이것은 습기習氣로 일어나는 마군이다. 이들 마군은 수행을 하는 사람
이 과거 많은 생에 불법을 친근히 하고 익혔으나 그 모양에 집착하여
잊지 못하였기 때문에 일어난 것이다. 혹은 단멸의 공견空見을 익혀
그것을 구경의 진리로 삼고, 숙명에 대한 지견知見을 탐내어 찾기도
하였다. 그 때문에 지금 선정으로 인해 과거에 훈습했었던 것이 발현하
여 삼매 가운데서 이러한 마군의 일로 나타난 것이다. 근본 수행의
인지가 올바르지 못하였기 때문에, 세간의 명예와 이익에 대한 일을
탐착하게 되었던 것인데, 이것은 바로 자기의 마음이 변화하여 나타난
것이다.

❋

又令使人으로 數瞋數喜하야 性無常準이라 或多慈愛하고 多睡多病
하야 其心懈怠하며 或卒起精進이라가 後便休廢하야 生於不信하야
多疑多慮하며 或捨本勝行하고 更修雜業하야 若著世事하야 種種牽
纏하며 亦能使人으로 得諸三昧하야 少分相似하나니 皆是外道의 所
得이요 非眞三昧라

또한 사람으로 하여금 자주 성내고 자주 기뻐해서 성품에 일정한
기준(準則)이 없기도 하며, 혹 자애慈愛가 많으며, 수면睡眠이 많고,
병이 많아서, 그 마음이 게을러지게 한다. 혹 갑자기 정진을 일으키
다가 뒤에 문득 휴폐休廢하여 불신不信을 내어서 의심이 많고, 걱정

이 많게 되기도 하며, 혹 본래 수승한 행을 버리고 다시 잡된 업을 닦기도 한다. 이렇듯 세사世事에 탐착해서 갖가지로 이끌리어 얽매이게 하며, 또한 능히 사람으로 하여금 모든 삼매를 얻어서 조금이라도 서로 비슷하게 한다. 그러나 이것이 모두 다 외도가 얻은 바요, 진실한 삼매가 아닌 것이다.

【직해】此煩惱魔也 此魔蓋由曾習外道三昧 未斷煩惱 今雖依佛法修行 以未入正定故 熏發宿習 現此事耳

이것은 번뇌 마군이다. 이 마군은 일찍이 외도의 삼매를 익힘으로 말미암아서 아직 번뇌를 끊지 못했기 때문에 지금 불법을 의지하여 수행한다 해도 올바른 선정에 들어가지 못한다. 숙세의 습기가 훈습으로 발현하여 이러한 일이 나타났을 뿐이다.

❀

或復令人으로 若一日若二日若三日로 乃至七日을 住於定中하야 得自然香美飲食하야 身心이 適悅하야 不飢不渴하야 使人愛著하며 或亦令人으로 食無分齊하야 乍多乍少하야 顏色變異케 하나니 以是義故로 行者가 常應智慧觀察하야 勿令此心으로 墮於邪網하고 當勤正念하야 不取不著하면 則能遠離是諸業障하리라

혹 다시 사람으로 하여금 만약 하루나 이틀, 또는 사흘 내지 이레에 이르도록 선정 가운데 머물러서 자연히 향기로운 맛의 음식을 얻어서, 신심身心이 적열(適悅: 기뻐함)에 몰입해서 굶주리지도 않고 목마르지도 않게 해서 사람으로 하여금 애착하게 한다. 혹 또한

사람으로 하여금 먹는 음식이 분제分齊가 없어서 갑자기 많았다가 갑자기 적게 해서 안색이 다르게 변하게 한다. 이러한 까닭으로 수행하는 이는 항상 마땅히 지혜로 관찰해서 이 마음이 삿된 그물에 떨어지지 않게 하고, 부지런히 바른 생각(正念)을 닦아서 취取하지도 않고 집착(著)하지도 않으면 곧 능히 이 모든 업장業障을 멀리 여의게 될 것이다.

【직해】 此欲魔也 以衆生在五欲中 以食爲命 故攝受欲食 多生貪著 夙習濃厚 從來未曾一念捨欲食也 故今雖在定中 熏發欲習 以適悅身心故 深生愛著 故敎令常應智慧觀察 當勤正念 不取不著 則遠離也

이것은 욕심의 마군이다. 중생은 오욕五欲 가운데 있으면서 음식으로 생명을 유지한다. 그 때문에 그에 대한 욕망으로 받아 섭취하고 살아간다. 음식에 대하여 다생의 숙세로부터 익힌 습기가 농후하여 아직까지 일념 간에도 음식에 대한 욕심을 버리지 않는 것이다. 비록 지금 선정 속에 있다 할지라도 욕심의 습기가 훈습으로 발현하여 몸과 마음을 즐겁게 한다. 따라서 음식에 대한 깊은 애착의 마음을 낸다. 그러므로 '항상 지혜로 관찰하고 마땅히 바른 생각을 부지런히 닦아서 취하지도 않고 집착하지도 않는다면, 이 탐착심을 멀리 여의게 된다'라고 가르치는 것이다.

❖

應知外道의 所有三昧는 皆不離見愛我慢之心이니 貪著世間名利恭敬故요 眞如三昧者는 不住見相하고 不住得相하며 乃至出定에도

亦無懈慢하야 所有煩惱가 漸漸微薄이니 若諸凡夫가 不習此三昧
法하고 得入如來種性이 無有是處니라 以修世間諸禪三昧하면 多起
味著하야 依於我見하야 繫屬三界하야 與外道로 共이니 若離善知識
所護하면 則起外道見故니라

마땅히 알라. 외도의 삼매는 모두 아견我見·아애我愛와 아만我慢의
마음을 여의지 못한다. 세간의 명리와 공경을 탐착하기 때문이다.
진여의 삼매란 것은 견상見相에 머물지 않고, 득상得相에도 머물지
않으며, 내지 정정定에서 나오더라도 또한 게으르거나 거만함이 없
어서 가지고 있는 번뇌가 점점 엷어진다. 만약 모든 범부가 이
진여삼매법을 익히지 않고 여래종성如來種性에 들어간다는 것은
옳지 못하다. 세간의 모든 선정삼매를 닦으면 흔히 맛의 탐착을
일으켜서 아견에 의지해서 삼계에 얽매이게 되니 외도와 같게 된
다. 만약 선지식의 보호하는 바를 여의면 곧 외도의 소견을 일으키
는 까닭이다.

【직해】 此辯邪正以示眞修也 以外道依我愛見慢習氣而修 都成魔業
故內著邪見 外著邪欲 所謂錯亂修習故也

여기에서 삿된 선정과 올바른 선정을 분별하여 진여삼매의 수행을
보이고 있다. 외도는 아애·아견·아만의 전도된 습기에 의지하여 수행
함으로 모두가 마군의 업을 이룬다. 그 때문에 안으로는 삿된 견해에
집착하고, 밖으로는 삿된 욕구에 집착한다. 이른바 착란錯亂으로 삼매
를 수습하기 때문인 것이다.

以眞如三昧 湛寂一心 忘能所 滅影像 離懈慢 滅煩惱 故修行者 未有不
由此三昧得入如來種性者 其餘世間諸禪三昧 皆著我見 與外道共 若
非善知識調護 則墮外道惡見矣 故楞伽切誡遠離外道 當親近最勝知
識也

진여삼매는 담연하고 고요한 일심이다. 주관·객관을 잊고 영상(影像:
헛된 이미지)이 사라지고 게으름과 아만을 여의고 번뇌가 없어진다.
그 때문에 수행을 하는 자는 이 진여삼매를 따르지 않고 여래종성에
깨달아 들어가지 않은 자가 없다. 그 밖의 세간의 모든 선정삼매는
모두 아견에 집착하여 외도의 선정과 같아진다. 만일 선지식이 도와
보호하지 않는다면 곧 외도의 악한 견해에 떨어지게 된다. 그 때문에
『능가경』[199]에서 "외도를 멀리 여의고 가장 수승한 선지식을 친근히

---

199 『능가경』 권제1에 수행과정과 선지식에 관하여 다음과 같이 나온다.
　"대혜보살이여, 이와 같이 미세한 장식의 구경의 변제는 모든 여래 및 주지보살이
　아닌 모든 성문·연각이나 외도가 얻는 삼매나 지혜의 힘으로는 모두 측량하여
　알 수 없다. …… 모든 수행인이 산림 속에서 상중하의 수행을 하여 자기
　마음의 망상이 흐름(流注)을 능히 보고, 한량없는 국토에서 모든 부처님의
　관정 받음을 보거나, 자재력과 신통과 삼매를 얻음을 보거나, 모든 선지식과
　불자권속을 보거나, 심의식心意識이 자기 자신이 나타낸 자성의 경계임을 보거
　나, 허망한 생각이 생사 유위의 바다, 즉 업의 애착과 무지임을 보는 것과
　같은 이러한 일을 모두 초월하여 건넌다. 대혜보살이여, 모든 수행자는 가장
　훌륭한 선지식을 가까이해야 한다(大慧 如是微細藏識究竟邊際 除諸如來及住地菩
　薩 諸聲聞緣覺外道修行所得三昧智慧之力 一切不能測量決了 …… 宴坐山林下中上修
　能見自心妄想流注 無量刹土諸佛灌頂 得自在力神通三昧 諸善知識佛子眷屬 彼心意意
　識自心所現自性境界 虛妄之想生死有海 業愛無知 如是等因悉以超度 是故大慧 諸修
　行者應當親近最勝知識)."

해야 한다."라고 절실하게 경계한 것이다.

❀

復次精勤하야 **專心修學此三昧者**는 **現世**에 **當得十種利益**하리니 **云何爲十**고 **一者**는 **常爲十方諸佛菩薩之所護念**이요

다음에 부지런히 정진해서 오로지 마음으로 이 삼매를 닦아 배우는 이는 현세에 열 가지 이익을 얻는다. 무엇이 열 가지인가? 첫째는 항상 시방에 모든 부처님과 보살들의 보호하고 염려하는 바가 된다.

【직해】 **以眞如三昧妙契心 故爲護念**

진여삼매로써 부처님의 마음에 오묘하게 계합했기 때문에 부처님과 보살들이 보호하고 염려하는 바가 되는 것이다.

❀

二者는 **不爲諸魔惡鬼**의 **所能恐怖**요 **三者**는 **不爲九十五種外道鬼神之所惑亂**이요

둘째는 모든 마魔와 악귀에 능히 두려워하는 바가 되지 않는다. 셋째는 95종의 외도와 귀신에 의해 혹란惑亂하는 바가 되지 않는다.

【직해】 **以離惡習邪見 故離天魔外道之邪惑**

악한 습기와 삿된 견해를 여의기 때문에 천마와 외도의 삿된 혹란을 여읜다.

366

❀

四者는 遠離誹謗甚深之法하야 重罪業障이 漸漸微薄이요 五者는
滅一切疑와 諸惡覺觀이요

넷째는 매우 깊은 법을 비방함을 멀리 여의어서 중죄와 업장이
점차로 엷어진다. 다섯째는 일체 의혹과 모든 '나쁘고 그릇된 분별심
(覺觀)'을 없앤다.

【직해】 以深信自心 故離誹謗 習氣漸除 故業障微薄 直心正念 故滅疑
正觀

자기의 마음을 깊이 믿기 때문에 비방을 여의고 습기가 점점 제거되기
때문에 업장이 엷어진다. 곧은 마음으로 법을 올바로 생각(念)하기
때문에 의심이 없어지고 바르게 관觀한다.

❀

六者는 於如來境界에 信得增長이요 七者는 遠離憂悔하야 於生死中
에 勇猛不怯이요 八者는 其心이 柔和하야 捨於憍慢하야 不爲他人所
惱요 九者는 雖未得定이나 於一切時와 一切境界處에 則能減損煩
惱하야 不樂世間이요 十者는 若得三昧하면 不爲外緣一切音聲之所
驚動이니라

여섯째는 여래의 경계에 믿음이 증장하게 된다. 일곱째는 근심과
뉘우침을 멀리 여의어서 생사 가운데 용맹하여 겁내거나 두려워하
지 않는다. 여덟째는 그 마음이 부드럽고 온화하여 교만함을 버려서

다른 사람에게 뇌란당하는 바가 되지 않는다. 아홉째는 비록 정定을 얻지 못하더라도 일체 시와 일체 경계처에 곧 능히 번뇌가 감손減損되어서 세간을 즐기지 않는다. 열째는 만약 삼매를 얻으면 외연外緣인 일체 음성과 소리에 놀라 움직이지 않게 된다.

【직해】六七以得決定信 故信佛境界 離憂不怯 八離我忘人 故不爲他惱 九煩惱減損 故不樂世間 十寂爾忘緣 故不爲外動 六塵獨言音聲者 以入定時五根俱閉 唯耳根虛通 故音聲易動 今言不動 所謂入流亡所也

여섯 번째와 일곱 번째는 결정적인 신심을 얻기 때문에 부처님의 경계를 믿고 근심을 여의어서 생사에서 겁을 내지 않는다. 여덟 번째는 주체인 아我를 여의고 따라서 다른 사람마저 잊기 때문에 타인으로부터 뇌란을 당하지 않는다. 아홉 번째는 번뇌가 감손되었기 때문에 세간의 낙樂을 즐기지 않는다. 열 번째는 고요한 마음으로 외연外緣을 잊기 때문에 외부에 의해서 마음이 놀라서 움직이는 일이 없게 된다. 육진경계 가운데서 홀로 성진聲塵인 음성만을 말한 것은, 선정에 들어갔을 땐 이근耳根을 제외한 나머지 오근五根은 모두가 닫힌다. 그러나 오직 이근만이 텅 비어 막힘없이 소통되기 때문에 음성과 소리에 놀라 움직이기 쉽다. 그런데도 여기에서 '움직이지 않게 된다'라고 말한 것은, 『능엄경』[200]에서 이른바 "흐름 속에 들어가서도 처소를 잊는다."

---

200 『능엄경』 권제6에 관세음보살의 발언 부분이다. "관세음觀世音부처님이 세상에 나오셨을 때, 저는 그 부처님께 보리菩提의 마음을 내었습니다. 그 부처님께서는 저에게 '듣고 생각하고 닦는 지혜(聞思修)로 삼마지三摩地에 들어가라'고 가르쳐 주셨습니다. 처음에 듣는 성품 가운데(聞中)서 성품의 흐름(流: 法流)을 따라

라고 한 데에 해당한다.

上修止竟 下修觀

이상에서 지止방편문의 수행을 끝내고, 다음에서는 관觀방편문을 말한다.

✿

復次若人이 唯修於止하면 則心沈沒이어나 或起懈怠하야 不樂衆善하고 遠離大悲일새 是故로 修觀이니

다음에 어떤 사람이 오직 지(止: 사마타)만 닦는다면 곧 마음이 가라앉게 될 것이며, 혹은 게으름을 일으켜서 모든 선善을 즐기지 않고 대비를 멀리 여의기 때문에 이런 까닭으로 관(觀: 비파사나)을

들어가니, 소리의 대상(所: 聲塵)이 없어지고, 소리의 대상(所)과 들어간 지혜(入)가 이미 고요해지니, 소리의 움직임과 조용한 두 모양은 전혀 생기지 않았습니다. 이와 같이 듣는 것과 듣는 대상이 점점 다해 없어지더니 듣는 것이 다하여 머물지 않고 능각과 소각에 공하여지고 공한 각이 원만하여 능공과 소공이 멸하고 생멸이 이미 끊어진지라 적멸이 눈앞에 나타났나이다."

※『감산연보憨山年譜』권53에 감산憨山이 30세 되던 해에 오대산에서 선정 공부를 수행한 내용을 소개하면 다음과 같다. "때에 큰 바람이 불었다. 바람소리가 포효하고 물이 넘쳐흘러 굉장히 시끄러웠다. 감산은 오랫동안 선禪을 수행하여 생각을 움직이면 물소리를 들을 수 있게 되고, 생각을 움직이지 않으면 물소리를 듣지 않는 경지에 도달하였다. 하루는 다리 위에 앉아 있다가 홀연히 자신의 몸을 잊어버렸다. 그러자 곧 고요한 상태로 들어갔다. 이때부터는 어떤 소리를 들어도 모두 고요하기만 했고 두 번 다시 시끄러운 소리로 들리지 않았다."(『감산자전』)

닦아야 한다.

【직해】 心沈沒者 以向眞如 專於趣寂故 心易沈沒 故有二失 一者懈怠
不修則失自利 故下法相觀以治之 精進觀以成之 遠離大悲 則失利他
下大悲觀以治之 大願觀以成之

'마음이 가라앉는다' 함은 진여에서 오로지 고요함으로만 취향하기
때문에 마음이 쉽사리 가라앉게 된다. 그 때문에 두 가지 손실이
있게 된다. 첫째는 게으름을 피우며 수행하지 않으면 자리自利를 잃는
다. 그 때문에 다음에서 법상관法相觀으로써 그것을 다스리고 정진관精
進觀으로써 성취한다. (두 번째는) 대비심을 멀리 여의면 이타利他를
잃게 된다. 그러므로 다음에서 대비관大悲觀으로써 그것을 다스리고
대원관大願觀으로써 성취한다.

❂

修習觀者는 **當觀一切世間有爲之法**이 **無得久停**하야 **須臾變壞**하고

관觀을 수습하는 자는 마땅히 일체 세간의 유위법이 오래 머무름이
없어서 모름지기 잠깐 동안에 변하여 무너짐을 관해야 한다.

【직해】 觀行有四 初法相 二大悲 三大願 四精進 初法相中四 此初無常
觀也

관행에는 네 가지가 있다. 첫 번째는 법상관法相觀이며, 두 번째는
대비관大悲觀, 세 번째는 대원관大願觀, 네 번째는 정진관精進觀이다.
처음의 법상관이 넷이 있는데 이는 그 가운데 첫 번째 무상관無常觀이다.

❀

一切心行이 念念生滅이라 以是故로 苦니

일체 심행心行이 생각 생각에 생멸하는지라. 이런 까닭으로 고苦인
줄 관하며

【직해】 此苦觀也

이는 두 번째의 고관苦觀이다.

❀

應觀過去所念諸法이 恍惚如夢하고 應觀現在所念諸法이 猶如電
光하고 應觀未來所念諸法이 猶如於雲하야 欻爾而起하며

마땅히 과거에 생각한 모든 법이 황홀하여 꿈과 같은 줄을 관하고,
마땅히 현재에 생각하는 모든 법이 마치 번개 빛과 같음을 관하고,
마땅히 미래에 생각하는 모든 법이 마치 구름과 같아서 홀연히
일어나는 줄을 관해야 한다.

【직해】 此無我觀也 過去無體難追 現在刹那不住 未來本無積聚 但緣
集欻有 不從十方來

이는 세 번째 무아관無我觀이다. 과거는 실체가 없으므로 좇기 어렵고,
현재는 찰나 찰나에 머무르지 않고, 미래는 본래 쌓임(積聚)이 없이
단지 인연이 모여 홀연히 있으므로 시방十方을 좇아서 찾아온 것은
아니다.

❀

應觀世間一切有身이 悉皆不淨하야 種種穢汚라 無一可樂이니라

마땅히 세간에 모든 몸이 있는 것(有身)이 모두 다 부정不淨하고 갖가지로 더러워서 하나도 즐거워할 만한 것이 없는 줄 관해야 한다.

【직해】 此不淨觀也 上四觀除四顚倒可知 上法相觀竟

이는 네 번째 부정관不淨觀이다. 이상의 네 가지 법상관(四法相觀)으로 범부들이 모든 법을 상常·낙樂·아我·정淨이라고 집착하는 전도견顚倒 見을 무상·고·무아·부정의 관으로 제거한다는 것을 알 수 있다. 이상 으로 네 가지 법상관을 마친다.

❀

如是當念一切衆生이 從無始世來로 皆因無明의 所熏習故로 令心 生滅하야 已受一切身心大苦하며 現在에 卽有無量逼迫하며 未來所 苦도 亦無分齊하야 難捨難離하되 而不覺知니 衆生이 如是甚爲可愍 이니라.

이와 같이 마땅히 생각해야 한다. "일체의 중생이 시작 없는 때로부 터 모두가 무명의 훈습을 받았기 때문에 마음으로 하여금 생멸케 하여 이미 일체 몸과 마음에 커다란 괴로움을 받았으며, 현재에 곧 한량없는 핍박함이 있다. 또 미래의 괴로운 바도 또한 한량이 없어서 버리기 어렵고 여의기 어려우나 그것을 깨달아 알지 못한다.

중생들이 이와 같으므로 매우 불쌍하다."

【직해】 此大悲觀也 以不知苦 故無厭苦之心 故苦亦無限 此可愍也
非深悲莫救

이는 대비관大悲觀이다. 중생은 괴로움을 모르기 때문에 괴로움에
대해서 싫증을 내는 마음이 없다. 그러므로 괴로움 또한 한량이 없다.
이것은 참으로 불쌍하구나! 깊은 대비심이 아니면 그들을 구제할
수가 없다.

＊

作此思惟하고 卽應勇猛立大誓願하되 願令我心으로 離分別故로 徧
於十方하야 修行一切諸善功德하며 盡其未來토록 以無量方便으로
救拔一切苦惱衆生하야 令得涅槃第一義樂이니라.

이렇게 사유하고 나서 곧 용맹하게 큰 서원誓願[201]을 세워야 한다.
"원하건대 나의 마음으로 하여금 분별을 여읜 까닭으로 시방에

---

[201] 천태天台의 사홍서원四洪誓願, 즉 "중생무변서원도衆生無邊誓願度, 번뇌무수서원
단煩惱無數誓願斷, 법문무량서원지法門無量誓願知, 불도무상서원성佛道無上誓願
成"을 말한다.
『천태소지관』에서 서원에 대한 설명은 다음과 같다. "대저 수행자가 처음 좌선을
배워서 시방 삼세 불법을 수행하고자 한다면 반드시 무거운 서원을 일으키는
것이니, 일체중생을 제도하여 해탈시키고 무상보리를 구하여야 한다. 그 마음이
견고하여 마치 금강과 같고 정진하는 데 용맹스러워 몸과 목숨을 아끼지 않는다.
만약 일체 불법을 성취하지 못하면 끝내 물러나지 않겠다고 하는 것이다. 그런
다음에 단정하게 좌선을 하면서 바른 관법으로 모든 법의 진실한 모습을 생각한
다. 『십지경』에서 말한 것처럼 삼계三界의 모든 법은 마음으로 이루어진 것이다."

두루해서 일체 모든 선한 공덕을 수행하며, 미래제가 다하도록
한량없는 방편으로써 일체 고뇌하는 중생을 빼어내서 구제하여
그들로 하여금 열반의 제일의第一義 즐거움을 얻게 하리라."

【직해】此大願觀也 思惟同體 故誓救拔 離分別同體也 盡未來長時心
也 救拔一切廣大心也 得涅槃第一心也

이는 대원관大願觀이다. 일체중생들과 동체同體로 생각하기 때문에
'그들을 고통에서 빼어내어 구제하리라'고 서원하는 것이다. '분별을
여읜다' 함은 동체대비이고, '미래제가 다한다' 함은 장시심長時心이다.
'일체중생을 고뇌에서 빼어내어 구제한다' 함은 광대심廣大心이며,
'열반을 얻게 한다' 함은 제일심第一心인 것이다.

❀

以起如是願故로 於一切時一切處에 所有衆善을 隨已堪能하야 不
捨修學하야 心無懈怠니

이와 같은 서원을 일으킴으로써 일체 시時와 일체 처處에 있는
바의 여러 선善을 자기가 감당할 수 있는 능력에 따라서 버리지
않고 닦아 배워서 마음에 게으름이 없어야 한다.

【직해】 此精進觀也

이는 정진관精進觀이다.

❀

唯除坐時엔 專念於止요 若餘一切엔 悉當觀察應作不應作이니라
若行若住와 若臥若起에 皆應止觀을 俱行이니 所謂雖念諸法의 自
性不生이나 而復卽念因緣和合한 善惡之業의 苦樂等報가 不失不
壞하며 雖念因緣善惡業報나 而亦卽念性不可得이니라.

오직 앉을 때에는 지止를 오르지 전념하고, 그 이외에 만약 나머지
일체 시에는 마땅히 할 것과 하지 말아야 할 것을 관찰해야 한다.
이렇듯 행하고 이렇듯 머무름과 이렇듯 눕고 이렇듯 일어남에 모두
마땅히 지관止觀을 함께 행해야 한다. 이른바 비록 모든 법의 자성이
나지 않음을 생각하나, 다시 곧 인연으로 화합하여 선악의 업에
고락苦樂 등의 과보가 잃지도 않고 무너지지도 않음을 생각하며,
비록 인연 선악업의 과보를 생각하지만, 또한 곧 '자기 성품'도
가히 얻지 못함을 생각한다.

【직해】 此教四儀止觀雙行也 雖念諸法自性不生止也 卽觀善惡因緣業
果不壞 故廣修諸善攝化衆生卽止之觀也 雖念因緣業報觀也 卽念性
不可得卽觀之止也 以此故居空而不捨萬行 涉有而一性湛然 是謂止
觀雙修

이것은 행주좌와의 사위의四威儀에서 지관止觀을 쌍으로 수행하라고
가르치는 것이다. '비록 모든 법의 자성은 나지 않는다'고 생각함은
지止이다. 곧 선악 인연 업과業果는 무너지지 않음을 관찰한다. 그
때문에 모든 선행을 널리 닦아 중생을 거두어 교화하는 것, 이것은

즉지지관卽止之觀이다. '비록 인연 선악업의 과보를 생각한다'고 함은 관觀이다. '곧 자기 성품을 얻지 못한다'고 생각함은 즉관지지卽觀之止이다. 이러한 이유 때문에 지止의 공적함(空)에 거처해도 만행을 버리지 않고, 생사의 삼계(有)를 거닐어도 본래 한 가지 성품은 담연하다. 이것이 이른바 지관을 쌍으로 수행하는 것(止觀雙修)이다.

✿

若修止者는 對治凡夫의 住著世間하고 能捨二乘의 怯弱之見하며 若修觀者는 對治二乘의 不起大悲하야 狹劣心過하고 遠離凡夫의 不修善根이니라 以此義故로 是止觀門이 共相助成하야 不相捨離하나니 若止觀이 不具하면 則無能入菩提之道니라.

이렇듯 지止를 닦는 것은 범부가 세간에 머물러 집착함을 다스리고 능히 이승二乘의 겁약한 견해를 버릴 수 있다. 이렇듯 관觀을 닦는 것은 이승이 대비심을 일으키지 않는 좁고 용렬한 마음의 허물을 다스리고, 범부가 선근을 수행하지 않음을 멀리 여읜다. 이러한 뜻으로써 이 지관의 (두 가지) 문이 함께 서로 도와 이루어서 서로 버리고 여의지 않는다. 만약 지관을 함께 갖추지 않는다면 곧 능히 보리의 도에 들어갈 수 없다.

【직해】此約對治以明止觀也 由凡夫貪著世間 二乘怖畏生死 故示卽觀之止 令凡夫知世無常 則不著世間 二乘知本眞常 故不怖生死 故云對治凡夫住著世間 能捨二乘怯弱之見 此卽觀之止 治二過也

이것은 번뇌를 다스리는 것에 따라 지관을 밝힌 것이다. 범부는 세간을 탐착하고 이승인은 세간의 생사를 두려워한다. 그 때문에 즉관지지卽觀之止를 보여서 범부는 세간이 무상함을 알아 세간을 집착하지 않게 하고, 이승인은 세간이 본래 진여眞如 상주常住임을 알게 하기 때문에 생사를 두려워하지 않게 한다. 그래서 '범부가 세간에 머물러 집착하는 것을 다스리고 이승인의 겁약한 견해를 버릴 수 있다'라고 하였는데, 이는 즉관지지로 범부와 이승의 두 허물을 다스린 것이다.

若修卽止之觀 則治二乘狹劣之心 令起大悲 亦治凡夫離貪著心 知世無常 勤修衆善故云對治二乘不起大悲 遠離凡夫不修善根 二過也

만일 즉지지관卽止之觀을 수행한다면 이승의 좁고 용열한 마음을 다스려 대비심을 일으키게 하고, 또 범부는 세간에 머물며 탐착하는 마음을 여의고 세간은 무상함을 알아 많은 선행을 부지런히 닦게 한다. 그러므로 '이승이 대비심을 일으키지 않음을 다스리고 범부가 선근을 수행하지 않음을 멀리 여의게 한다'라고 말하여 이들 둘의 허물을 다스린 것이다.

以是下 結止觀俱行 共相助成 以凡夫能厭世間 故勤修衆善 二乘不怖生死 故能起大悲 此止觀相助 故能不住生死涅槃 方能直趣菩提 此雙運之益也

'이러한 뜻으로써……'라고 한 다음부터는 지관을 함께 수행하여 지止와 관觀이 서로가 돕고 함께 성취함을 결론지었다. 범부는 세간에 염증을 내기 때문에 많은 선행을 부지런히 닦게 되고, 이승은 생사를 두려워하지 않기 때문에 대비심을 일으킬 수가 있다. 이렇게 지와 관이 서로가 돕는다. 그 때문에 생사와 열반 어느 쪽에도 머무르지 않아야 바야흐로 보리의 도로 곧장 나아갈 수 있다. 이는 지관을 쌍으로 운행하는 데서 얻어지는 이익인 것이다.

※

復次衆生이 初學是法하야 欲求正信하되 其心이 怯弱하야 以住於此 娑婆世界에 自畏不能常値諸佛하야 親承供養하고 懼謂信心을 難 可成就라하야 意欲退者는 當知如來가 有勝方便하사 攝護信心이시 니 謂以專意念佛因緣으로 隨願得生他方佛土하야 常見於佛하야 永 離惡道니라 如脩多羅에 說若人이 專念西方極樂世界阿彌陀佛하야 所修善根으로 迴向願求生彼世界하면 卽得往生하리니 常見佛故로 終無有退라 하시니 若觀彼佛의 眞如法身하야 常勤修習하면 畢竟得 生하야 住正定故니라

다음에 중생들이 처음 이 법을 배워서 바른 믿음을 구하고자 하되 그 마음이 겁약怯弱해서 이 사바세계에 머물러서 스스로 능히 항상 모든 부처님을 만나서 친히 받들어 공양하지 못할까 두려워한다. 두려워함으로 '신심을 가히 성취하기 어렵다'라고 말하며 뜻이 퇴전 退轉하고자 하는 자가 있다. 마땅히 알라. 여래께서 수승한 방편이 있어서 신심을 거두어 보호하신다. 이르되 '뜻을 오로지' 함으로써 염불하는 인연으로 서원을 따라 타방의 불국토에 태어나게 되어서 항상 부처님을 친견하여 악도를 영원히 여의게 된다. 저 수다라(經) 에 설하시되 "만약 사람이 서방 극락세계의 아미타불을 오로지

염불해서 닦은 바의 선근으로 회향해서 저 세계에 태어나기를 구하
여 원하면 곧 왕생하게 된다. 항상 부처님을 친견하기 때문에 마침내
물러남이 없다." 하였다. 만약 저 부처님의 진여법신을 관해서 항상
부지런히 수습修習하면 필경에 왕생하게 되어서 정정취正定聚에
머물기 때문이다.

【직해】此爲劣機 示防退方便也 謂初學衆生 未得正信 內心旣劣 外缺
勝緣 故懼退失 故如來設勝方便 攝護其心 謂專意念佛 求生淨土 以依
佛保護也 卽如念阿彌陀佛 得生西方 居不退地 是其行也

이것은 중생 가운데 하열한 근기를 위하여 퇴전退轉을 방지하는 방편을
보인 것이다. 대승을 처음 배우는 중생은 올바른 신심을 체득하지
못하여 안으로는 마음이 하열하고 밖으로는 수승한 인연이 결여되어
있다. 그 때문에 올바른 신심에서 물러나서 그것을 잃을까봐 두려워한
다. 그러므로 여래께서 수승한 방편을 시설하시어 그 마음을 거두어
보호하신다. 이를테면 전일專一한 마음으로 염불하여 정토에 왕생을
구하는 것인데, 이는 부처님을 의지함으로써 그의 신심을 보호하는
것이다. 즉 아미타불을 염念[202]하고 서방정토에 왕생하여 불퇴의 수행

---

202 염불왕생에 관한 감산의 법어(『염불절요念佛切要』)를 소개한다.
　"염불하여 정토를 구하는 한 문은 생사대사를 끝내는 일입니다. 그러므로 염불은
　생사를 요달한다(염불요生死)고 하는 것입니다. 만일 염불하는 사람이 생사의
　근원을 모르면 어떻게 생사를 요달할 수 있겠습니까. 옛 사람이 말하기를
　'업이 무겁지 않으면 사바세계에 나지 않고, 애착을 끊지 못하면 정토에 나지
　못한다'고 했습니다. 이로써 애근愛根이 생사의 근주根株임을 알 수 있습니다.
　…… 애착하는 인연은 다생의 습習에 의하여 성숙되었지만, 염불은 이제 막

지에 거처하는 것이니 이것이 그 수행이다.

然淨土不退 約有三位一者如蓮華未開 信行未滿 此但約處無退緣 故
名不退 二者華開見佛 當信位滿足 分見法身 住正定聚 乃眞不退也
三者三賢位滿 得入初地 證遍滿法身 生無邊佛土 此當後位也

그러나 정토에서 물러나지 않는 것을 따르면 세 가지 지위가 있다.
첫째는 극락세계의 보배 연못 가운데 연꽃이 아직 피어나지 않아
신심과 수행이 가득차지 못한 경우이다.[203] 이는 단지 퇴전이 없는

마음을 내서 하는 것이어서 아주 생소하고 절실하지도 않습니다. 이 때문에
득력하지 못하는 것입니다. 만약 목전에 애착하는 경계에 대하여 그것을 마음대
로 제어하지 못하다면 목숨을 마칠 때에도 역시 마음대로 제어하지 못할 것입니
다. 그래서 염불하는 사람들에게는 제일 먼저 생사심이 간절해야 한다는 것을
알고 생사를 끊겠다는 마음이 간절해야 하며, 생사의 근주에서 생각 생각
끊어나가야 한다고 말씀드리겠습니다. 이렇게 되면 생사를 요달하는 것이
됩니다. …… 따라서 재가와 출가를 막론하고 오직 생사심을 알면 이것이
곧 생사를 벗어나는 시절입니다."(『감산자전』)

203 이와 관련해 원효의 『무량수경종요無量壽經宗要』 일부분을 소개한다.
"정인正因은 정토에 왕생하는 직접적인 원인이 되는 것이고, 돕는 인연(助因)은
경을 읽고, 아미타불을 심상心想으로 예배·찬탄하고, 또는 일념이라도 부처님을
생각하는 것을 돕는 인연이라고 한다.
…… 하배下輩에는 두 종류의 사람이 있다. 두 사람 가운데 각각 세 구절(三句)이
있다. 첫째는 설사 능히 많은 공덕을 짓지 못하더라도 위없는 보리심을 내는
것으로 이것은 정인正因을 밝히는 것이며, 둘째는 내지 십념十念으로 부처님을
오로지 생각하는 것이니 이것이 만업滿業을 돕는 것이며, 셋째는 저 국토에
나기를 원하는 것이니 앞의 행行과 이 원원願이 화합해서 인因이 되는 것이니
이것은 부정성不定性의 사람을 밝힌 것이다."

인연에 처하는 측면에서 그것을 불퇴위不退位라고 이름한다. 두 번째는 극락세계에 연꽃이 피어나고 아미타불을 뵙는 것인데, 이는 십신위十信位가 만족하여 그 수행의 분상만큼 부처님의 법신을 보고 정정취正定聚에 안주한 것이니 곧 진실한 불퇴위인 것이다.[204] 세 번째는 삼현위의 수행을 가득 채우고 초지初地에 깨달아 들어간 것인데 널리 두루하게 충만한 진여법신을 증득하고 가없는 불국토에 태어난다. 이는 후위後位[205]에 해당한다.

※ 십념十念에서 십은 열(10)이라는 뜻이기도 하나 한자 특성상 '많다, 가득 찼다, 또는 충분하다'는 의미로 해석하여 '일심을 다하여 염불한다'고 해석할 수도 있는 부분이다.

204 이와 관련해 원효의 『무량수경종요』 일부분을 소개한다.
"중배中輩의 인因에 네 구절이 있다. 첫째는 비록 사문沙門이 되지는 못했지만 위없는 보리심을 내는 것이니 이것은 정인正因을 밝힌 것이며, 둘째는 오로지 저 부처님을 생각하는 것이니 이것이 관觀을 닦는 것이다. 셋째는 다소의 선善을 닦는 것으로 관觀과 행行이 만업滿業을 돕는 것이며, 넷째는 저 국토에 나기를 원하는 것으로, 앞의 행行과 이 원願이 화합化合하여 인이 되는 것이다."

205 이와 관련해 원효의 『무량수경종요』 일부분을 소개한다.
"상배上輩의 인因에 다섯 구절이 있다. 첫째는 집을 떠나 욕심을 버리고 사문沙門이 되는 것이니 이것이 정인正因을 일으키는 방편을 나타낸 것이요, 둘째는 보리심을 내는 것이니 이것이 정인을 밝히는 것이요, 셋째는 저 부처님을 오로지 생각하는 것이니 이것이 관觀을 닦음을 밝히는 것이다. 넷째는 여러 가지 공덕을 짓는 것이니 이것이 행行을 일으킴을 밝히는 것으로 이 관觀과 행行이 만업을 돕는 것이며, 다섯째는 그 국토에 나기를 원하는 것이다. 이 마지막 하나는 원이요, 앞의 네 가지는 행이니, 행과 원이 화합하여 그곳에 날 수 있다."

上修行信心分竟 下勸修利益分

이상으로 수행신심분을 끝내고, 다음은 권수이익분勸修利益分 차례
이다.

제5장 권수이익분勸修利益分

❀

已說修行信心分하니 次說勸修利益分하리라 如是摩訶衍諸佛秘
藏을 我已總說하니

이미 수행신심분修行信心分을 설하였으니, 다음에 권수이익분勸修
利益分을 설하겠다. 이와 같은 마하연의 모든 부처님 비장秘藏을
내가 이미 모두 총체적으로 설명하였다.

【직해】 此結前生後也 以此論總攝如來廣大深法 上已具明 故云總說

여기에서 앞을 결론짓고 뒤 문장을 내는 것이다. 이 논론論으로써 여래의
광대하고 심오한 법을 총체적으로 포섭하고 위에서 그것을 이미 빠짐
없이 밝혔다. 그러므로 '총체적으로 설명하였다'라고 하였다.

❀

若有衆生이 欲於如來甚深境界에 得生正信하야 遠離誹謗하고 入
大乘道인댄 當持此論하야 思量修習하면 究竟能至無上之道하리니

만약 어떤 중생이 여래의 매우 깊은 경계에 바른 믿음이 생겨나서
비방함을 멀리 여의고 대승도에 들고자 한다면 마땅히 이 논을
가져서 사량思量하고 닦아 익히면 마침내 능히 무상의 도에 이르게
되리라.

【직해】 此下明信謗損益 以勸修也 若有下 總顯三慧之益 持卽聞慧
思卽思慧 修卽修慧 三爲能入故 如上所說一心二門 乃諸佛所證甚深
境界 爲所入故 須修習也

여기부터 믿음의 이익과 비방의 손해를 밝혀 수행하도록 권하였다.
'만약 어떤 중생'이라고 한 다음부터는 문혜聞慧·사혜思慧·수혜修慧
삼혜三慧[206]의 이익을 총체적으로 나타냈다. 『기신론』을 지니는 것은

---

206 삼혜三慧: 불법을 들어서 얻는 지혜(聞慧), 사유思惟해서 얻는 지혜(思慧), 수행을
통하여 얻는 지혜(修慧)를 지칭하며, 이사事理를 간택簡擇하는 세 가지의 정신작
용이다.
①문혜聞慧: 삼장三藏과 12분교分敎 혹은 선지식의 처소에서 듣는 것을 말미암아
아는 지혜. 능히 무루無漏의 성혜聖慧를 내므로 들어서 지혜(聞所成慧)를 이룬다.
이것은 성문聲聞이 성취하는 것이다.
②사혜思慧: 듣고 보는 바의 도리를 사유하여 능히 무루無漏의 성혜聖慧를 내는
것이니, 이는 연각緣覺이 성취하는 것이다.
③수혜修慧: 수행을 닦아 익혀서 능히 무루의 성혜聖慧를 내는 것이니, 이것은
보살이 성취하는 지혜이다. 그중에 문사聞思가 삼혜三慧의 인因이 되니 중생들이
만약 유포된 경장을 수지 독송하여 문혜聞慧가 생겨나고, 이 문혜를 의지하여
사혜思慧가 생겨나고, 사혜를 의지하여 수혜修慧가 있게 되니, 이것은 번뇌를
끊고 열반의 과를 증득하는 과정이다. 비유하면 종자에서 싹이 나고, 싹에
의지하여 줄기가 생겨나고, 줄기에 의지하여 가지에 잎과 꽃과 과실이 열리는
것과 같다. 그러므로 문혜와 사혜를 산지(散智: 흩어진 지혜)라고 하니 수혜를

문혜이고, 사랑함은 사혜이며, 닦아 익힘은 수혜이다. 이 세 가지 지혜가 깨달아 들어갈 수 있는 주체가 되는 까닭이다. 그러므로 이상에서 설명한 일심이문一心二門은 모든 부처님이 증득한 심히 깊은 경계이며 깨달아 들어갈 대상이 된다. 그 때문에 모름지기 삼혜로 닦아 익혀야 하는 것이다.

❀

若人이 聞是法已하고 不生怯弱하면 當知此人은 定紹佛種하야 必爲諸佛之所授記리라

만약 어떤 사람이 이 법을 듣고서 겁약怯弱함을 내지 않으면 마땅히 알라. 이 사람은 결정코 부처 종자(佛種)를 이어서 반드시 모든 부처님의 수기를 받을 것이다.

【직해】 此別顯聞慧利益也 以此論所明一心眞如 乃成佛之本 若信受不怯 故必紹佛種

여기에서는 문혜聞慧의 이익을 따로 나타낸 것이다. 이 『기신론』에서 밝힌 일심진여는 부처를 이루는 근본이다. 만일 이 가르침을 믿고 받아들여 겁약한 마음을 내지 않는다면 반드시 부처 종자를 계승하게 된다.

일으켜서 돕는 연緣이 되기 때문이다. 대승보살의 계위로 말하자면 십주위는 문혜를 얻고, 십행위는 사혜를 얻고, 십회향위는 수혜를 얻는다고 할 수 있다.

❖

假使有人이 能化三千大千世界滿中衆生하야 令行十善이라도 不如
有人이 於一食頃에 正思此法하야 過前功德하야 不可爲喩니라

설령 어떤 사람이 능히 삼천대천세계 가운데 가득한 중생들을 교화
해서 십선十善을 행하게 할지라도, 어떤 사람이 한 끼니의 밥을
먹는 동안에 이 법을 바르게 생각하는 것만 같지 못하다. 앞의
공덕을 초과해서 가히 비유할 수 없다.

【직해】 此別顯思慧益也 以十善有漏 此法一念信心卽成佛種 故不可喩

여기에서는 사혜思慧의 이익을 따로 나타내었다. 십선법十善法은 다함
이 있는 유루법이지만, 이 진여법에 일념이라도 신심을 낸다면 부처를
이룰 종자가 되므로 그것은 어떤 공덕으로도 비유할 수 없다.

❖

復次若人이 受持此論하야 觀察修行하되 若一日一夜하면 所有功德
이 無量無邊하야 不可得說이라 假令十方一切諸佛이 各於無量無
邊阿僧祇劫에 歎其功德이라도 亦不能盡이니 何以故오 謂法性功德
이 無有盡故로 此人功德도 亦復如是하야 無有邊際니라

다음에 만약 어떤 사람이 이 『기신론』을 받아 지니고 관찰하여
만약 하루 낮과 하루 밤을 수행하더라도 얻는 바 공덕이 한량이
없고 가없어서 가히 설할 수 없다. 가령 시방에 모든 부처님께서
각각 무량하고 가없는 아승기겁에 그 공덕을 찬탄하시더라도 또한

능히 다하지 못한다. 무슨 까닭인가. 이른바 법성法性의 공덕이 다함이 없기 때문에 이 사람의 공덕도 또한 이와 같아서 끝이 없다.

【직해】此別顯修慧之益也 謂依此論修 以稱性故 雖一日夜則功德無邊 以法性無盡故 歎不能盡也 故結歎功德亦不能盡

여기에서는 수혜修慧의 이익을 따로 나타낸 것이다. 이 『기신론』을 의지하여 수행하면 진여법성에 일치하기 때문에 비록 하루 낮밤 동안을 수행한다 해도 그 공덕은 가없으며, 진여법성은 다함이 없기 때문에 찬탄을 다하지 못하는 것이다. 그러므로 진여법성의 공덕도 역시 다하지 못함을 찬탄하는 것으로 결론지었다.

❀

其有衆生이 於此論中에 毁謗不信하면 所獲罪報가 經無量劫토록 受大苦惱라 是故로 衆生이 但應仰信이요 不應誹謗이니 以深自害하며 亦害他人하야 斷絶一切三寶之種하리니 以一切如來가 皆依此法하야 得涅槃故며 一切菩薩도 因之修行하야 入佛智故니라

어떤 중생이 이 논 가운데에 훼방하고 믿지 않으면 얻은 바 죄의 과보가 무량겁을 지내도록 큰 고뇌를 받을 것이다. 이러한 까닭으로 중생이 다만 마땅히 우러러 믿을 것이요, 마땅히 비방하지 말아야 한다. 깊이 스스로 해롭게 하며 또한 다른 사람도 해롭게 해서 일체 삼보三寶의 종자를 단절하게 된다. 일체 여래께서 모두 이 법을 의지하여 열반을 증득하시기 때문이며, 일체 보살들도 이것을 의지하고 수행하여 부처의 지혜에 들어가기 때문이다.

【직해】此擧毀謗之罪 切誠勸修也 其有下 擧不信之罪 以誠勸修 謂此論所詮 乃諸佛慧命 三寶種性 衆生法身故 若謗而不信 則斷佛種 絶三寶 害衆生法身 故害自害他 衆報無量也 謂一切如來依此而證涅槃 菩薩因之而成佛 固當信而勿謗也

여기에서는 훼방하는 죄를 들어 간절히 경계하고 수행을 권하였다. '어떤 중생이'라고 한 다음부터는 불신하는 죄를 들어 경계함으로써 수행하라고 권하였다. 말하자면 이 논에서 설명하고 있는 것은 모든 부처님의 혜명慧命이며, 삼보의 종성種性이며, 중생의 법신이다. 만일 이를 비방하고 믿지 않는다면 부처가 될 종자를 끊고 삼보를 단절하며 중생의 법신을 해치게 된다. 이런 까닭에 훼방은 자신을 해칠 뿐만 아니라 다른 사람에게까지 해를 끼쳐 그 죄보가 한량이 없는 것이다. 모든 여래께서 이것을 의지하여 열반을 증득하셨고, 보살들도 이를 의지하여 수행하여 부처를 이루므로 마땅히 굳게 믿을지언정 훼방하지 말아야 한다.

❀

當知過去菩薩도 已依此法하야 得成淨信이며 現在菩薩도 今依此法하야 得成淨信이며 未來菩薩도 當依此法하야 得成淨信이니 是故 衆生이 應勤修學이니라

마땅히 알라. 과거의 보살들이 이미 이 법을 의지해서 청정한 믿음을 이루었으며, 현재의 보살들이 이제 이 법을 의지해서 청정한 믿음을 이루며, 미래의 보살들도 마땅히 이 법을 의지해서 청정한 믿음을 이룰 것이다. 이런 까닭으로 중생들이 마땅히 부지런히 닦아 배워야

한다.

【직해】當知下 結信勸修也 謂諸佛旣因此法而成佛 三世菩薩皆依此
而修因 是故當必信而修之也

'마땅히 알라' 이하는 믿어 부지런히 수행하기를 권하여 맺은 것이다.
말하자면 모든 부처님이 이 법을 수행하여 부처를 이루었으며, 삼세의
보살들도 모두 이 법을 의지하여 수행하므로, 이런 까닭에 반드시
믿고 수행하여야 하는 것이다.

회향송廻向頌

❀

諸佛甚深廣大義를 我今隨分總持說하니

廻此功德如法性하야 普利一切衆生界하야지이다

모든 부처님의 심히 깊고 광대한 뜻을

내가 여기에서 분분에 따라 총지總持[207]로 설하였으니

이 공덕이 법성法性과 같음을 회향하나니

널리 일체 중생계를 이익되게 하여지이다.

【직해】此總結廻向也 初句結義 次句結文 後二句廻向 言甚深甚廣甚
大 卽體相用三大之義 乃法界總相法門 今以萬一千餘言 攝盡無餘
故總說 所謂少文而攝多義也

여기에서 총체적으로 결론짓고 그 공덕을 회향하였다. 첫 구절은
대승의 대의大義를 결론지었고, 다음 구절은 서술한 문장을 정리하였
고, 뒤의 두 구절은 그 공덕을 회향하였다. 첫 구절에서 매우 심오하고
매우 넓으며 매우 크다고 말한 것은, 이는 체·상·용 삼대三大의 뜻으로

---

207 총지總持: 한량없는 불법을 능히 모두 섭지攝持하여 기억하고 잊지 않는 염혜念慧
를 말한다. 한 가지 법이나 한 가지 문장 가운데 일체 문장의 뜻을 지니고
있어 이것을 기억하면 착한 법을 능히 지니고 악한 법은 능히 막을 수 있다.
『기신론』에서는 많은 뜻을 함축하고 있는 구절을 총지라 표현하였다.

이는 일법계총상법문이다. 여기서 그 의미를 일만 일천여 글자로 남김없이 다 거두었기 때문에 총지설總持說이라고 하였다. 이는 이른 바 '적은 문장에 많은 뜻이 거두어진 것'에 해당한다.

然造論本欲爲令衆生除疑捨執 故今迴向衆生普皆利益 欲令一切衆生 發起眞如正信 依之修習 皆得成三昧 以趣無上菩提道果故也 所謂迴向三處 言法性乃眞如菩提 普利一切乃衆生耳

이 논서를 지은 근본 의도는 중생들의 의심을 제하고 삿된 집착을 버리게 하려는 것이다. 그 때문에 여기에서 중생계로 회향하고 널리 두루 모두에게 이익되게 하였다. 일체중생들로 하여금 진여에 대한 올바른 신심을 일으키고, 그것을 의지해서 수습하여 진여삼매를 성취하도록 하려는 것이다. 그리하면 위없는 보리도과菩提道果에 나아가기 때문이다. 이른바 '삼처三處[208]로 회향한다'고 한 것이다. 법성이란 말은 진여보리이며, '널리 일체를 이익되게 한다' 하였는데, 그 일체는 중생인 것이다.

大乘起信論直解卷下(終)

---

208 회향(迴向, pariṇāma): 회향回向·시향施向으로도 쓴다. 자신이 닦은 선근공덕을 다른 중생이나 자기의 불과인 보리열반에 돌려 향한다는 뜻. 혜원慧遠이 지은 『대승의장大乘義章』에는 3가지 회향이 있다. ①보리회향菩提迴向: 자신이 닦은 바 모든 선법을 보리의 일체공덕으로 나아가 회향함. ②중생회향衆生迴向: 중생을 사념하는 까닭에 자신이 닦은 선법을 타인에게 주기를 원함. ③실제회향實際迴向: 자기의 선근을 평등하여 여실한 법성으로 회향함.

부록. 화엄종법계연기강요華嚴宗法界緣起綱要

감산 대사 지음

華嚴七祖 以馬鳴 爲初祖 然此論中未及圓融之旨 何以稱耶？ 向未有
知其說者 後學竟茫然莫辯 故了不加意 使古人建立宗旨 卒無以暢明
於世也 故今略示其要 令知所宗

화엄종의 7대 조사는 마명보살을 초조初祖로 삼는다. 그러나 이 논
가운데 『화엄경』의 원융한 종지宗旨에 대해서는 관련이 없는데, 어째
서 그를 화엄 초조로 칭하였을까? 지난날 이것에 대한 학설을 아는
이가 없어 후학들이 망연하여 그 이유를 알 수 없었다. 그 때문에
끝내 이 문제에 대한 의도를 덧붙이지 못하여 옛 사람들의 건립한
종지가 끝내는 세상에 확실하게 밝혀지지 못하게 되었다. 여기에서
그 요점을 간략히 제시하여 이 논서가 『화엄경』의 원융무애한 교리를
종지로 삼았다는 것을 알게 하려 한다.

華嚴圓宗 以一眞法界統四法界 依四法界立十玄門 惟四界十玄 皆由
六相立 是則六相以成圓融無礙之宗也 此論總明六相 則包括四界十
玄理趣無遺 以六相爲圓融之統 是則此論攝法界而無盡矣 故首標一
心眞如爲一法界大總相法門體也 且此論宗百部大乘所造 然百部大
乘乃化佛建立卽實之權 今此論總攝權乘歸於一實 要顯卽權之實 引

歸果海圓融之極致也 然論中雖未明顯圓融之旨

화엄원종華嚴圓宗은 일진법계一眞法界로써 사법계관四法界觀를 통괄하고, 사법계관에 의지하여 십현문十玄門을 세웠다. 사법계관과 십현문은 모두가 육상六相의 이론에 따라 세운 것이다. 이러하다면 육상으로 화엄의 원융무애한 종지宗旨를 세운 것이 된다. 이 논서에서는 육상을 총제적으로 밝히고 있다. 사법계·십현문의 이취理趣를 남김없이 모두 포괄하여 빠짐이 없다. 육상으로 원융무애한 종지를 총괄하였으므로 곧 본『기신론』은 법계를 포섭하여 다함이 없다. 그 때문에 서두에 일심진여一心眞如를 표시하여 일법계대총상법문체一法界大總相法門體로 삼았다. 또한 이 논서는 백 부百部의 대승경전을 근간으로 지었다. 그러나 백 부의 대승경전은 화불化佛이 건립한 것이다. 즉 화엄 실교實敎에 대한 권교權敎이다. 이제 본 논서는 실교에 대하여 권교을 일승실교一乘實敎로 귀결시키고, 권교에 대한 실實을 나타내어 화엄과해華嚴果海의 원융한 극치로 귀결시킨 것이다. 그러나 논서에서는 원융한 종지를 밝혀서 나타내지 않았다.

且三乘五性頓漸修證都歸一心果海之源 而圓融具德皆一心之妙 已具華嚴宗中 故此不說單爲引攝歸於性海 故論中最初所歸者乃報身佛 及斷惑所見者亦報身佛而論義具明染淨同眞 爲一心之相用 以一念爲染淨之源起 是則全同華嚴以法界緣起爲宗 而十二緣生卽如來普光明智也 是知要入華嚴法界 必由此論爲入法界之門也

또 삼승三乘과 오성五性의 돈점頓漸과 그에 다른 수행과 증득을 모두 일심과해一心果海의 근원으로 귀결하므로 원융한 덕을 모두 갖추었다.

이러한 일심지묘一心之妙는 화엄 종지 가운데 갖추어져 있다. 여기에서는 말하지 않았으나 홀으로 법성해法性海로 끌어들이고 포섭하였다. 그 때문에 논 가운데 최초로 귀의하는 대상은 보신불報身佛이고, 혹惑을 끊고 과果를 보이는 것도 또한 보신불이다. 논論은 염정染淨이 진여眞如와 같다는 것을 자세히 밝혀 이를 일심의 상대相大·용대用大로 삼고, 일념一念을 염정染淨이 일어나는 근본으로 삼았다. 이것은 화엄의 종지와 똑같다. 법계연기를 종宗으로 삼아 십이연생十二緣生이 여래의 보광명지普光明智와 같은 것이다. 알아야 할 것은, 화엄법계에 들어가고자 한다면 반드시 본 논서를 경유하여 법계관으로 들어가는 문으로 삼아야 한다는 것이다.

1. 육상원융六相圓融[1]

---

1 육상은 총總·별別, 동同·이異, 성成·괴壞의 서로 대립되는 세 쌍을 말한다. 이들은 서로서로 원융하여 걸림이 없는 관계에 놓여 있어 하나에 다른 다섯이 포함되면서도 여섯의 모습이 제 모습을 손상하지 않고 법계연기가 설립된다고 하여 육상원융 문이라고도 한다. 육상六相에 대한 설명을 크게 두 가지로 나누어 소개한다. ①"고덕(古德: 賢首法藏)은 『화엄일승교의분제장華嚴一乘敎義分齊章』(또는 간단히 『화엄오교장華嚴五敎章』이라 함)에서 간략한 비유로 육상六相의 이치를 밝혔는데 첫째는 총상總相, 둘째는 별상別相, 셋째는 동상同相, 넷째는 이상異相, 다섯째는 성상成相, 여섯째는 괴상壞相이다. 총상이란 무엇인가. 비유컨대 한 채의 집이 총상이라면 서까래나 기둥은 별상과 같은 것이다. 서까래와 기둥의 모든 인연이 똑같이 어울려서 집을 만드나 집이라는 전체의 틀 속에서 각자가 서로 자기의 역할에 어긋나지 않으면서도 집이 아닌 다른 사물을 만들지 않으니, 그래서 집을 만드는 같은 모습을 지녔다고 하여 동상이라 한다. 서까래나 기둥의 모든 인연은 한 채의 집을 만들면서 서로 거들고 바라보나 하나하나의 각자 역할이

言六相者 乃總別同異成壞也 一者總相 卽一心眞如 爲法界大總相法

같지 않으니, 그러므로 이것을 이상이라고 한다. 서까래나 기둥의 모든 인연은 하나의 모습과 여러 모습으로 서로 어울려서 집을 만들어내니, 그러므로 이것을 성상이라고 한다. 서까래나 기둥의 모든 인연은 집 모양 속에서 각자가 자기의 모습으로 머무니, 본래 그 자체로서는 집을 지은 것이 아니기 때문에 괴상이라고 한다"(『冥樞會要』)

※『화엄오교장』 권제4에서는 육상을 다음과 같이 설명한다. "총상은 바로 하나의 집이고 별상은 바로 모든 연이며, 동상은 바로 상호간에 서로 다름이 없는 것이고, 이상은 바로 모든 연이 다르다는 것이며, 성상은 모든 연이 과를 판별하고, 괴상은 각각의 스스로의 법에 주하는 것이다. 게송으로 말한다.

하나(一)가 다多를 갖춤을 총상總相이라 하고,

다多가 바로 하나(一)가 아님이 별상別相이네

많은 종류들이 스스로 같음(同)이 총상을 이루고,

각각의 몸이 다름(別)이 동상이다.

하나(一)와 다多의 연기법이 이법의 오묘함을 이루고(成)

괴상壞相은 스스로의 법에 주住하여 항상 변화가 없네.

다만 지혜의 경계인 것으로 사물에 대한 지식은 아니다.

이 방편에 의하여 일불승에 회귀하네."

②"또 일체중생은 총상이라 칭하고, 어리석음과 지혜로움의 구분은 별상이라 칭하고, 모두가 부처 지혜와 똑같이 있는 것은 동상이라 칭하고, 집착을 따라 업이 다른 것은 이상이라 칭하고, 인因으로 업을 지어서 과보를 받아 태어나는 것은 성상이라 칭하고, 마음이 의지한 바가 없어서 업의 체가 낳음이 없는 것은 괴상이라 칭한다.

이 한 글자 속에 6상이 있고 일체의 글자와 일체의 법이 다 이 6상에 있다. 만약 훌륭히 보는 자는 지혜가 걸림이 없는 총지문(智無礙總持門)을 얻어서 모든 법에 대해 유有나 무無, 단斷이나 상常 등의 장애에 걸리지 않으니, 망정을 여의고서 비출 수 있다면 볼 수 있을 것이다. 이 여섯 글자의  뜻이 하나라도 빠지면 곧 이지理智가 원만치 못한 것이니, 이것이 초지初地 속에서

門體 二者別相 卽一心二門 三細六麤 五意六染 修斷差別也 三者同相 卽聖凡染淨 因果性相 同一眞如 卽瓦器微塵之喩也 四者異相 卽染淨諸法 各各差別 不一不雜 如塵器之不一也 五者成相 卽染淨諸法 皆由一念緣起而成也 六者壞相 卽染淨諸淨 各住自位 各各無性 無以自立也.

『기신론』의 내용으로 육상六相을 나타냄		
1	총상 總相	일심진여가 법계의 대총상법문체가 된다.
2	별상 別相	일심·이문, 삼세·육추, 오의·육염이 모두 번뇌를 끊어가는 차별이다.
3	동상 同相	성인과 범부, 염법과 정법, 인과, 성상이 동일한 진여인데 이는 바로 질그릇과 미진의 비유에 해당한다.
4	이상 異相	염정의 제법이 각각 차별하여 같지도 않고 뒤섞이지도 않음이 마치 미진과 질그릇이 하나가 아닌 것과 같다.
5	성상 成相	염정의 제법이 모두가 일념의 연기를 따라 성립한다.
6	괴상 壞相	염정의 제법이 각자 자신의 위치에 안주하여 각자의 자성이 없으므로 자체만으로 성립할 수 없는 것이다.

세간의 일체법문을 관하여 통하기 때문이다."(이통현 장자의 『신화엄경론新華嚴經論』)

※ 육상을 체·상·용에 배대하여 평등문과 차별문을 표시하면 아래 그림과 같다.

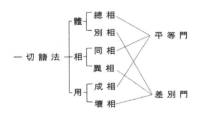

2. 사법계관四法界觀

理法界 – 卽一心眞如 更無別法 全一眞理.

첫째, 이법계는 일심진여와 구별되는 다른 법이 없어 전체가 하나의
진여이다.

事法界 – 卽一切聖凡染淨 依正因果諸差別事法也.

둘째, 사법계는 일체의 성인 범부, 의보依報과 정보正報의 인연이
모두 차별적인 사법계이다.

理事無礙法界者 由上理事相成共有十門 以事攬理成 故全理成事 以
理成事 故全事卽理 以理能成事 故事不礙理而能顯理 以事攬理成
故理不礙事而能融事 理能成事 故全事卽理 事能顯理 故全理卽事
以理事相卽 故得理事融鎔無礙也 法界觀十門分別最爲昭著 此略擧
其要

셋째, 이사무애법계는 이법계와 사법계가 상대적으로 성립하여 십문
十門이 되었다. 사법계는 이법계를 잡고 성립하였기 때문에 전체의
이법계로 사법계를 이룬다. 이법계로 사법계가 성립하기 때문에 전체
의 사법계가 이법계와 상대하였다. 이법계가 사법계를 성취할 수
있기 때문에 사법계가 이법계를 장애하지 않고 이법계를 나타낼 수
있다. 사법계에서 이법계를 잡아 성립했기 때문에 이법계가 사법계를
장애하지 않고 사법계와 융통할 수 있으며, 이법계가 사법계를 성취할

수 있기 때문에 전체의 사법계가 이법계에 상대하여 사법계가 이법계를 나타낼 수 있다. 때문에 전체의 이법계가 사법계에 상대하였으며 이법계가 사법계와 상대했기 때문에 이법계가 사법계로 서로 융통하고 하나로 용해되어 서로서로가 걸림이 없다. 화엄 법계관의 십문十門에 대한 분별이 가장 잘 드러나 있으므로 간략히 그 요점만 든 것이다.

事事無礙法界以上理事無礙 今全理成事 故不必更言其理 以全事全理 故事事融攝無障無礙 但以六相該收一切事法 則法法圓融 故成十重玄門 以彰法界之大用 故此論義會六相 則已攝事事無礙圓融具德宗也 十玄門義具在華嚴玄談中說 今但列名

넷째, 사사무애법계는 이법계와 사법계가 서로 장애가 없어 전체의 이법계가 사법계를 이룬다. 다시 그 이치를 말할 필요가 없다. 전체의 사법계가 그대로 전체의 이법계이기 때문에 사법계와 사법계가 서로 융합하고 포섭하면서 장애가 없다. 단지 육상六相으로써 일체의 사법계를 해괄該括하여 거둔다면 하나하나 사법계마다 원융하게 된다. 때문에 십현문十玄門을 이루어 진여법계의 큰 작용을 나타낸다. 그 때문에 이 논서의 의미가 육상을 회합會合하였다면 이미 사법계마다 걸림이 없이 원융하여 그 덕상과 종지를 갖춘 것이다. 십현문의 의미는

2 『화엄현담』에서는 십현문十玄門을 다음과 같이 설명하고 있다. "지엄智儼이 세운 것에 의지하지 않은 것은 현수법장이 세운 것이 순서가 있기 때문이다. ①은 동시구족상응문(同時具足相應門, 동시에 모든 것이 갖추어져 서로 결합관계를 이룬다는 뜻)이니 전체(總相)를 나타내기 때문에 구문九門의 첫 번째로 들었다(이것은 첫째 법문 뿐만 아니라 나머지 9가지 법문도 모두 이와 같이 갖추어 있다는 뜻). ②는

『화엄현담華嚴玄談』에 자세히 설하여져 있기 때문에 여기에서는 그

광협자재무애문(廣狹自在無礙門, 넓고 좁음이 자재롭고 걸림이 없는 법문)이니, 다른 문 가운데에 먼저 이것을 가린 것은 별문(別門, 別相)이기 때문이다. 위에 이사무애理事無礙 가운데에 이사理事가 모양(相)에 두루한 까닭에 아래에 여러 문이 생겼다. 우선 사事가 이理와 같이 두루하다는 편에서 광廣이라 하였고, 사상事相이 무너지지 않는 까닭에 좁다(狹)고 하였다. 그래서 사사무애의 처음이 된다. ③일다상용부동문(一多相容不同門, 하나(一)와 다多가 서로 받아들이고 있으면서 동일하지 않다는 법문)은 광협이 무애함을 말미암아서 두루한 바가 많이 있다. 이미 다多를 바라보아서 일다상용이 있다. 서로 용납(相用)하면 두 가지 체體가 함께 존재하지만 다만 역용力用이 교철交徹할 뿐이다. ④제법상즉자재문(諸法相卽自在門, 모든 법의 상즉하며 자재롭다는 법문)은 이것을 말미암아 저것을 용납하여 저것이 문득 이것에 상즉하고, 이것을 말미암아 저것에 두루하여 이것이 문득 저것에 상즉하기 때문에 상즉문이 있다. ⑤비밀은현구성문(秘密隱顯俱成門, 이 열 가지 문이 은밀하게 숨어서 하는 작용과 표면에 나타난 작용이 동시에 이루어져 있는 법문)은 서로서로 포섭攝함을 말미암아서 서로 숨고 나타남(隱顯)이 있으니, 말하자면 타他를 포섭함에 타를 볼 수 있는 까닭에 상입문相入門이 있고, 타를 포섭함에 타의 체體가 없는 까닭에 상즉문이 있다. 타를 포섭함에 타가 비록 있으나 볼 수 없는 까닭에 은현문隱顯門이 있어 문門이 다름이 된다. 그래서 이 세 가지 문이 다 서로 포섭함을 말미암아서 있게 된다. 상입함은 마치 두 거울이 서로 비추는 것과 같고, 상즉함은 마치 파도와 물이 서로 거둠(收)과 같으며, 은현함은 마치 조각달(片月)이 서로 비추는 것과 같다. ⑥미세상용안립문(微細相容安立門, 미세한 법들이 서로를 받아들여 안정되어 있다는 법문)은 이를 말미암아 타를 포섭함에 일체를 가지런히 포섭하고 저에 포섭함도 또한 그러하다. 그래서 미세상용이 있다. ⑦인다라망경계문(因陀羅網境界門, 이 열 가지 문의 체體와 상相이 중중무진重重無盡으로 상입相入하고 주반主伴을 갖추고 있음을 인다라망에 비유한 법문)은 서로 포섭하여 중복하여 겹침으로 말미암아 제망帝網과 같이 다함이 없게 된다. ⑧탁사현법생해문(託事顯法生解門, 사상事象에 뜻을 붙여 법을 나타내어서 깨달음을 얻는다는 법문)은 이미 제망과 같아서 하나를 따르면 곧 일체가 다함이 없기 때문에 탁사현법이 있게 된다. ⑨십세격법이성문(十世隔法異成門, 십세가 각각 구분되는 법으로 다르게 이루어졌다는 법문)은

명칭만 열거한다.

十門玄者. 一同時具足相應門, 二廣狹自在無礙門, 三一多相容不同門, 四諸法相卽自在門, 五秘密隱顯俱成門, 六微細相容安立門, 七因陀羅網境界門, 八託事顯法生解門, 九十世隔法異成門, 十主伴圓明具德門. 此十玄門義 如法界觀 及玄談中說

화엄華嚴 십현문十玄門

①동시구족상응문同時具足相應門, ②광협자재무애문廣狹自在無礙門, ③일다상용부동문一多相容不同門, ④제법상즉자재문諸法相卽自在門, ⑤비밀은현구성문 秘密隱顯俱成門, ⑥미세상용안립문微細相容安立門, ⑦인타라망경계문因陀羅網境界門, ⑧탁사현법생해문託事顯法生解門, ⑨십세격법이성문十世隔法異成門, ⑩주반원명구덕문主伴圓明具德門. 이 십현문의 뜻은 사법계관과 같이 『화엄현담』 가운데 설명되어 있다.

위의 ⑧이 모두 의지할 대상(所依)이 되고 이 대상의 법이 이미 융합하였다. 다음에 의지하는 주체(能依)를 가리키는데 이 주체도 또한 그러하다. ⑩주반원명구덕문(主伴圓明具德門, 주主와 반伴이 완전하고도 밝게 공덕을 갖추고 있다는 법문)은 법마다 모두다 그러해서 그 하나를 듦에 문득 주主가 되고, 이어져서(連帶) 연기緣起함을 말미암아 문득 주반이 있게 된다."

감산덕청 (1546~1623)

명나라 4대 고승 중 한 명으로, 감산憨山은 호이고 덕청德淸은 법명이다. 안휘성安徽城 금릉金陵에서 태어났으며, 속성은 채씨蔡氏이다. 19세에 남경 보은사報恩寺에서 출가한 이후, 평생 수행과 홍포에 힘썼다. 선과 염불을 함께 닦을 것(禪淨雙修)을 주장했으며, 육조 대사에서 비롯된 조계曹溪의 법맥을 중흥시켰다. 또한 유불도儒佛道 삼교에 능통하여 이의 조화를 추구하였다.

저서로 『수능엄경통의』, 『능가경관기』, 『조론약주』, 『법화경통의』, 『화엄경강요』, 『원각경직해』, 『기신론직해』, 『금강경결의』, 『몽유집』, 『중용직지』, 『노자해』, 『장자내편주』 등이 있다.

윤현로

1975년 서울대학교 전자공학과를 졸업하고, 국방과학 분야에 종사했으며, 1991년에 충남대학교에서 박사학위를 받았다.

2004년에는 연구 개발 업무에 노력한 공로로 보국훈장을 받았으며, 2012년까지 국방과학연구소에서 책임연구원으로 일하였다.

1991년부터 불교에 심취하여 불교 경전과 원효대사의 저술에 대해 연구, 해설하는 작업을 하고 있으며, 역주한 책으로 『천태소지관』이 있다.

감산의 기신론직해

초판 1쇄 인쇄 2020년 12월 9일 | 초판 1쇄 발행 2020년 12월 17일
감산덕청 해설 | 윤현로 역주 | 펴낸이 김시열
펴낸곳 도서출판 운주사

(02832) 서울시 성북구 동소문로 67-1 성심빌딩 3층
전화 (02) 926-8361 | 팩스 0505-115-8361
ISBN 978-89-5746-631-5 93220 값 23,000원
http://cafe.daum.net/unjubooks 〈다음카페: 도서출판 운주사〉